DIA a DIA com a Bíblia

Um ano de imersão na Palavra de Deus

LECTIO DIVINA

Publicações
Pão Diário

Então o reino dos céus será como as dez virgens que pegaram suas lamparinas e saíram para encontrar-se com o noivo. Cinco delas eram insensatas, e cinco prudentes. As cinco insensatas não levaram óleo suficiente para as lamparinas, mas as outras cinco tiveram o bom senso de levar óleo de reserva. Como o noivo demorou a chegar, todas ficaram sonolentas e adormeceram. À meia-noite, foram acordadas pelo grito: Vejam, o noivo está chegando! Saiam para recebê-lo! Todas as virgens se levantaram e prepararam suas lamparinas. Então as cinco insensatas pediram às outras: Por favor, deem-nos um pouco de óleo, pois nossas lamparinas estão se apagando. As outras, porém, responderam: Não temos o suficiente para todas. Vão comprem óleo para vocês. Quando estavam fora comprando óleo, o noivo chegou. Então as cinco que estavam preparadas entraram com ele no banquete de casamento, e a porta foi trancada. Mais tarde, quando as outras cinco voltaram, ficaram do lado de fora clamando: Senhor! Senhor! Abra-nos a porta! Mas ele respondeu: A verdade é que não as conheço. Portanto, vigiem, pois não sabem o dia nem a hora da volta.

DIA a DIA com a Bíblia

LECTIO DIVINA

Dia a dia com a Bíblia — Um ano de imersão na Palavra de Deus
Copyright © 2024 Publicações Pão Diário
Todos os direitos reservados

Coordenação editorial: Adolfo A. Hickmann
Transcrição dos textos bíblicos: Ana Pesch, Giovana Caetano, Lozane Winter
Elaboração das reflexões e orações: Lozane Winter
Revisão: Adolfo A. Hickmann, Giovana Caetano, Lozane Winter, Marília P. Lara
Coordenação gráfica: Audrey Novac Ribeiro
Projeto gráfico e capa: Rebeka Werner
Imagens da capa: © Freepik, © Shutterstock

Dados Internacionais de Catalogação na Publicação (CIP)

Dia a dia com a Bíblia— Um ano de imersão na Palavra de Deus
Curitiba/PR, Publicações Pão Diário, 2024.

1. Vida cristã   2. Leitura bíblica   3. Devocional   4. Reflexões diárias

---

Proibida a reprodução total ou parcial, sem prévia autorização, por escrito, da editora. Todos os direitos reservados e protegidos pela Lei 9.610 de 19/02/1998.
Permissão para reprodução: permissao@paodiario.org

Exceto se indicado o contrário, as citações bíblicas são extraídas da edição Nova Almeida Atualizada de João Ferreira de Almeida © 2017, Sociedade Bíblica do Brasil.

Publicações Pão Diário
Caixa Postal 9740
82620-981 Curitiba/PR, Brasil
publicacoes@paodiario.org
www.publicacoespaodiario.com.br
Telefone: (41) 3257-4028

JM602 • 978-65-5350-400-4
H9443 • 978-65-5350-537-7
YH915 • 978-65-5350-538-4

1ª edição: 2024

Impresso na China

APRESENTAÇÃO

Nesta obra, apresentamos a *Lectio divina*, também conhecida como leitura orante da Bíblia, um método eficaz de leitura e meditação das Sagradas Escrituras que nos ajuda a explorar o maravilhoso tesouro que é a Palavra de Deus. A história da *Lectio divina* remonta a Orígenes (185–253), segundo quem, a leitura bíblica deve ser feita com *atenção*, *constância* e *oração*.

O método da *Lectio divina*, que foi praticado, testado e aprimorado ao longo dos séculos, está agora em suas mãos com um formato inédito, no qual aliamos uma coletânea especialmente preparada de trechos bíblicos, de Gênesis a Apocalipse, a recursos de áudio (acessados por QR Codes), leituras adicionais, reflexões, espaços para anotações e orações.

A partir da leitura diária da Bíblia, de forma simples e contemplativa, você percorrerá quatro seções meditativas: *receba*, *reflita*, *reaja* e *ore*. Elas servem como um guia para reflexão e aplicação prática das Sagradas Escrituras em sua vida.

Aproveite ao máximo este material!

Antes de tudo, peça ao Espírito Santo que guie o seu tempo diário de imersão na Palavra de Deus. Que Ele que lhe dê um coração ensinável e humilde, que busque as "coisas lá do alto" (Colossenses 3:1).

Passos para a meditação diária

Receba
   a. Aqui você tem a opção de ouvir a passagem bíblica. Para isso, aponte a câmera do seu celular para o QR Code, localizado na parte superior direita da página, que o levará ao áudio da mensagem do dia, a fim de que você possa escutá-la e meditar na Palavra de Deus. Ouça atentamente a gravação disponibilizada.
   b. Leia, pausadamente e mais de uma vez, o trecho bíblico. Medite sobre o que você leu e detenha-se nos pontos em que o Espírito Santo lhe chamar a atenção.

Reflita

Leia as perguntas propostas e retorne ao texto bíblico. Pergunte a si mesmo: "O que estes versículos estão me dizendo?". Este é um momento precioso para meditar nas verdades espirituais que residem na Bíblia. O termo *Reflita* evoca a meditação sobre a verdade permanente da Palavra de Deus. Permita que Ele sonde o seu coração e confronte o trecho lido com a sua vida, seus relacionamentos, seus anseios, suas lutas. Coloque tudo isso diante do Senhor.

Reaja

Este segundo momento de perguntas tem o objetivo de aprofundar o seu aprendizado em relação ao texto bíblico. Mais do que isso, este passo meditativo desafiará você a colocar em prática o que aprendeu na reflexão do dia.

Ore

Apresente a Deus o seu coração, em reverência e gratidão, diante do que Ele ministrou a você. Este é um momento singular de dar uma resposta ao Senhor, diante de tudo o que você ouviu, leu e meditou. Lembre-se: Deus não está preocupado com lindas palavras, mas com um coração sincero. Por isso, derrame-se na presença dele! Seja você, de modo sincero e simples.

Dicas para ir além

Este material pode ser lido individualmente, em sua conversa particular com Deus; talvez você prefira fazê-lo em família ou ainda com um ou mais amigos, discutindo sobre cada trecho bíblico e suas impressões sobre ele.

Além de ler cada texto silenciosamente ou em voz alta, você poderá transcrevê-lo em um caderno, pois o ato de escrever pode ajudá-lo a memorizar o texto bíblico do dia; poderá até usá-lo para inspirar criações artísticas como canções ou ilustrações.

Sejam quais forem as estratégias que você decida usar, o importante é que você seja constante na leitura bíblica. Permita que a sua mente e o seu coração sejam inundados pela mensagem de amor do Pai e sua vida seja transformada pelo poder da "palavra de Deus [que] é viva e eficaz" (Hebreus 4:12).

Desacelere. Leia a Bíblia. Medite nela e ore ao seu Pai; Ele está disposto a falar e a ouvir você. Descubra como, muito mais que apenas leitura, a *Lectio divina* é uma conversa com Deus a partir da Sua própria Palavra.

—dos editores

Nota ao leitor

A oração e a leitura bíblica são as práticas espirituais que dão a base para toda a nossa vida de devoção a Deus. Neste livro, vamos praticá-las ao mesmo tempo. Caso você queira ter um pouco mais de apoio quanto à prática da oração, temos alguns recursos gratuitos que podem lhe ajudar:

- **O modelo de oração de Jesus**, de Haddon W. Robinson
  Sinopse: Ninguém jamais imaginaria que os próprios seguidores de Jesus — as pessoas que melhor o conheciam e que mais o ouviram ensinar — seriam os que diriam: "Senhor, ensina-nos a orar". Apesar de tudo o que ouviram e viram do Salvador, eles ainda tinham dúvidas sobre algo com o qual lutamos com frequência na atualidade: Como devemos orar? O que devemos dizer? A quem devemos dirigir nossa oração? Diante disso, Robinson o ajuda a encontrar um modelo e um padrão para desenvolver uma vida de oração significativa. Encontre respostas para algumas das perguntas mais comuns sobre oração.

  Obtenha este recurso em paodiario.me/o-modelo-de-oracao-de-jesus ou pelo QR Code.

- **Movendo montanhas — A prática de perseverar em oração**, do Dr. David M. Crump.
  Sinopse: Simplesmente acredite... Deus pode fazer isso! A Bíblia diz muito sobre a necessidade de persistência e fé na oração, e que Deus ouve e responde às orações, até mesmo a ponto de mover montanhas. Neste livreto, você será lembrado de que a oração não tem a ver com o tamanho da sua fé; mas sim em crer ou não que Deus pode fazer o que você pede a Ele. Descubra como você pode praticar a oração com fé, pedindo e confiando que milagres são possíveis para Deus.

  Obtenha este recurso em paodiario.me/movendo-montanhas ou pelo QR Code.

- **Converse com Deus — Usando as palavras da Bíblia**, de James Banks

  Sinopse: Este livreto apresenta orações de personagens bíblicos que ensinam como se pode usar a própria Palavra de Deus para falar com Ele em qualquer época da vida. Cada oração incentiva o leitor a achegar-se a Deus do jeito que está e contar tudo a Ele.

  Obtenha este recurso em paodiario.me/converse-com-deus ou pelo QR Code.

1.º de janeiro

O DEUS CRIADOR

OUÇA

📖 RECEBA
Gênesis 1:1-2,26-31

¹No princípio, Deus criou os céus e a terra ²A terra era sem forma e vazia; havia trevas sobre a face do abismo, e o Espírito de Deus se movia sobre as águas. [...]
²⁶E Deus disse: —Façamos o ser humano à nossa imagem, conforme a nossa semelhança. Tenha ele domínio sobre os peixes do mar, sobre as aves dos céus, sobre os animais domésticos, sobre toda a terra e sobre todos os animais que rastejam pela terra. ²⁷Assim Deus criou o ser humano à sua imagem, à imagem de Deus o criou; homem e mulher os criou. ²⁸E Deus os abençoou e lhes disse: —Sejam fecundos, multipliquem-se, encham a terra e sujeitem-na. Tenham domínio sobre os peixes do mar, sobre as aves dos céus e sobre todo animal que rasteja pela terra. ²⁹E Deus disse ainda: —Eis que lhes tenho dado todas as ervas que dão semente e se acham na superfície de toda a terra e todas as árvores em que há fruto que dê semente; isso servirá de alimento para vocês. ³⁰E para todos os animais da terra, todas as aves dos céus e todos os animais que rastejam sobre a terra, em que há fôlego de vida, toda erva verde lhes servirá de alimento. E assim aconteceu. ³¹Deus viu tudo o que havia feito, e eis que era muito bom.

💡 REFLITA
O relato da criação mostra que Deus criou todas as coisas, abençoou o ser humano e o colocou como mordomo de Sua criação. De que maneira saber que o Senhor criou o mundo, inclusive você, afeta a sua forma de enxergar a si mesmo e aos outros?

_____
_____
_____
_____
_____
_____
_____

⭕ REAJA
Olhe para as bênçãos de Deus em sua vida. Você tem cuidado das coisas que o Senhor colocou em suas mãos? Se tiver a oportunidade, aproveite para compartilhar essas bênçãos com alguém hoje.

_____
_____
_____
_____
_____
_____
_____

🙏 ORE
Senhor, é maravilhoso saber que não sou fruto de uma explosão, da evolução de animais ou do mero acaso, mas, sim, que Tu me criaste de modo extraordinário. Agradeço-te por ser o meu Deus e providenciares todas as coisas para que eu possa viver nesta Terra e me relacionar contigo para todo o sempre. Em nome de Jesus, amém!

2 de janeiro

CRIADOS PARA SE RELACIONAR

OUÇA

📖 RECEBA
Gênesis 2:18-23

[18]O Senhor Deus disse ainda: —Não é bom que o homem esteja só; farei para ele uma auxiliadora que seja semelhante a ele. [19]Havendo, pois, o Senhor Deus formado da terra todos os animais do campo e todas as aves dos céus, trouxe-os a Adão, para ver que nome lhes daria; e o nome que ele desse a todos os seres vivos, esse seria o nome deles. [20]O homem deu nome a todos os animais domésticos, às aves dos céus e a todos os animais selvagens; mas para o homem não se achava uma auxiliadora que fosse semelhante a ele. [21]Então o Senhor Deus fez cair um pesado sono sobre o homem, e este adormeceu. Tirou-lhe uma das costelas e fechou o lugar com carne. [22]E da costela que havia tirado do homem, o Senhor Deus formou uma mulher e a levou até ele. [23]E o homem disse: "Esta, afinal, é osso dos meus ossos e carne da minha carne; será chamada varoa, porque do varão foi tirada".

💡 REFLITA

A Bíblia fala sobre homens e mulheres em termos de complementariedade e valorização mútua. Como o seu entendimento sobre esse assunto está alinhado à visão bíblica?
_____
_____
_____
_____
_____
_____
_____

⭕ REAJA

Pense em todos os seus relacionamentos, para além da vida amorosa. O que você pode fazer hoje para que você ou alguém do seu convívio não "esteja só"?
_____
_____
_____
_____
_____
_____
_____
_____
_____
_____
_____

🙏 ORE

Senhor, agradeço-te por pensares em tudo ao me criar, inclusive na minha saúde emocional. Tu sabias que não seria bom eu estar sozinho neste mundo. Sou grato pela Tua presença e pelos relacionamentos saudáveis que tens colocado em minha vida, pois eles me ajudam a caminhar e a me aproximar de ti. Em nome de Jesus, amém!

3 de janeiro

CONVERSAS QUE LEVAM AO ERRO

 OUÇA

📖 RECEBA

Gênesis 3:1-8

¹Mas a serpente, mais astuta que todos os animais selvagens que o Senhor Deus tinha feito, disse à mulher: —É verdade que Deus disse: "Não comam do fruto de nenhuma árvore do jardim"? ²A mulher respondeu à serpente: —Do fruto das árvores do jardim podemos comer, ³mas do fruto da árvore que está no meio do jardim, Deus disse: "Vocês não devem comer dele, nem tocar nele, para que não venham a morrer." ⁴Então a serpente disse à mulher: —É certo que vocês não morrerão. ⁵Porque Deus sabe que, no dia em que dele comerem, os olhos de vocês se abrirão e, como Deus, vocês serão conhecedores do bem e do mal. ⁶Vendo a mulher que a árvore era boa para se comer, agradável aos olhos e árvore desejável para dar entendimento, tomou do seu fruto e comeu; e deu também ao marido, e ele comeu. ⁷Então os olhos de ambos se abriram; e, percebendo que estavam nus, costuraram folhas de figueira e fizeram cintas para si. ⁸Ao ouvirem a voz do Senhor Deus, que andava no jardim quando soprava o vento suave da tarde, o homem e a sua mulher se esconderam da presença do Senhor Deus, entre as árvores do jardim.

💡 REFLITA

Eva foi atraída pela beleza do fruto e, levada pelo próprio desejo, ignorou o que Deus havia dito, caindo na conversa da serpente. Analise seus anseios e desejos. Quais deles podem levar você a errar?

_____
_____
_____
_____
_____
_____
_____
_____

♻ REAJA

De que maneira você pode evitar conversas nocivas e rejeitar sugestões que o distraem e o afastam da orientação que Deus já lhe deu?

_____
_____
_____
_____
_____
_____
_____
_____
_____

 ORE

Senhor, ajuda-me a ser fiel a ti e em seguir a Tua palavra. Desejo ouvir a Tua voz em todo tempo, pois ela me direciona para a vida que há em ti. Ensina-me a evitar conversas que diminuam a Tua pessoa e a Tua obra em minha vida. Eu te agradeço por não desistires de mim e teres me buscado quando estava afastado de ti. Em nome de Jesus, amém!

4 de janeiro

CONSEQUÊNCIAS

📖 RECEBA
Gênesis 3:14-19,23

¹⁴Então o Senhor Deus disse à serpente: —Por causa do que você fez, você é maldita entre todos os animais domésticos e entre todos os animais selvagens. Você rastejará sobre o seu ventre e comerá pó todos os dias da sua vida. ¹⁵Porei inimizade entre você e a mulher, entre a sua descendência e o descendente dela. Este lhe ferirá a cabeça, e você lhe ferirá o calcanhar. ¹⁶E à mulher ele disse: —Aumentarei em muito os seus sofrimentos na gravidez; com dor você dará à luz filhos [...]. ¹⁷E a Adão disse: —Por ter dado ouvidos à voz de sua mulher e comido da árvore que eu havia ordenado que não comesse, maldita é a terra por sua causa; em fadigas você obterá dela o sustento durante os dias de sua vida. ¹⁸Ela produzirá também espinhos e ervas daninhas, e você comerá a erva do campo. ¹⁹No suor do seu rosto você comerá o seu pão, até que volte à terra, pois dela você foi formado; porque você é pó, e ao pó voltará. [...] ²³Por isso o Senhor Deus o lançou fora do jardim do Éden, para cultivar a terra da qual havia sido tomado.

💡 REFLITA
A fim de conscientizar o primeiro casal do erro que haviam cometido, Deus adotou certas medidas para discipliná-los. Que consequências a desobediência do homem trouxe para a humanidade? Como isso o ajuda a entender a dinâmica do pecado?

_____
_____
_____
_____
_____
_____

⭕ REAJA
Todas as esferas da criação foram afetadas pelo pecado: a natureza, os relacionamentos, o trabalho e a vida. Analise os efeitos disso sobre sua vida. Quais aspectos dela você ainda precisa submeter a Deus?

_____
_____
_____
_____
_____
_____
_____

🙏 ORE
Senhor, ajuda-me a entender o quão sério é ser lançado fora da Tua presença por causa do pecado. Reconheço que necessito do Teu Filho Jesus Cristo para ser resgatado do poder das trevas e para andar nos Teus caminhos de graça e misericórdia, que me conduzem à vida. Em nome de Jesus, amém!

5 de janeiro
ANDANDO COM DEUS

OUÇA

📖 RECEBA
Gênesis 6:9,11-18

⁹Noé era homem justo e íntegro entre os seus contemporâneos; Noé andava com Deus. [...] ¹¹A terra estava corrompida à vista de Deus e cheia de violência. ¹²Deus olhou para a terra, e eis que estava corrompida; porque todos os seres vivos haviam corrompido o seu caminho na terra. ¹³Então Deus disse a Noé: —Resolvi acabar com todos os seres humanos, porque a terra está cheia de violência por causa deles. Eis que os destruirei juntamente com a terra. ¹⁴—Faça uma arca de tábuas de cipreste. Nela você fará compartimentos e a revestirá com betume por dentro e por fora. ¹⁵Deste modo você a fará: seu comprimento será de cento e trinta metros, a largura, de vinte e dois; e a altura, de treze. ¹⁶Faça uma cobertura, deixando entre ela e a arca uma abertura de meio metro. Coloque uma porta lateral e faça três andares: um embaixo, um segundo e um terceiro. ¹⁷Porque vou trazer um dilúvio de águas sobre a terra para destruir todo ser em que há fôlego de vida debaixo dos céus; tudo o que há na terra será destruído. ¹⁸Mas com você estabelecerei a minha aliança, e você entrará na arca, você e os seus filhos, a sua mulher, e as mulheres dos seus filhos.

💡 REFLITA
O texto bíblico relata a ira divina contra o pecado e, ao mesmo tempo, o plano de salvação para aqueles que creem e obedecem a Deus. Como você entende esse contraste do amor divino entre a ira e a misericórdia?
_____
_____
_____
_____
_____
_____
_____

⭕ REAJA
Fé, obediência e confiança foram fundamentais para a construção da arca. Qual foi o resultado de Noé e sua família terem obedecido à ordem divina? Qual tem sido a sua atitude diante das ordenanças de Deus para a sua vida?
_____
_____
_____
_____
_____
_____
_____
_____

ORE
Senhor, sei que Tu trazes juízo sobre o pecado, mas que também demonstras misericórdia ao pecador quando ele se arrepende, busca e crê em Jesus para receber o perdão de seus pecados. Ajuda-me, Senhor, a ouvir e a obedecer às Tuas ordenanças. Ensina-me a caminhar contigo e mantenha-me seguro em Tua presença. Em nome de Jesus, amém!

6 de janeiro

FÉ E OBEDIÊNCIA

🎧 OUÇA

📖 RECEBA
Gênesis 22:1-3,6-7,9-12

¹Deus pôs Abraão à prova e lhe disse: —Abraão! Este lhe respondeu: —Eis-me aqui! ²Deus continuou: —Pegue o seu filho, seu único filho, Isaque, a quem você ama, e vá à terra de Moriá. Ali, ofereça-o em holocausto, sobre um dos montes, que eu lhe mostrar. ³Na manhã seguinte, Abraão levantou-se de madrugada e, tendo preparado o seu jumento, levou consigo dois dos seus servos e Isaque, seu filho. Rachou lenha para o holocausto e foi para o lugar que Deus lhe havia indicado. [...]
⁶Assim, os dois caminhavam juntos. ⁷Isaque rompeu o silêncio e disse a Abraão, seu pai: —Meu pai! Abraão respondeu: —Eis-me aqui, meu filho! Isaque perguntou: —Eis aqui o fogo e a lenha, mas onde está o cordeiro para o holocausto? [...]
⁹Chegaram ao lugar que Deus lhe havia indicado. Ali Abraão edificou um altar, arrumou a lenha sobre ele, amarrou Isaque, seu filho, e o deitou no altar, em cima da lenha. ¹⁰E, estendendo a mão, pegou a faca para sacrificar o seu filho. ¹¹Mas do céu o Anjo do SENHOR o chamou: —Abraão! Abraão! [...] ¹²Não estenda a mão sobre o menino e não faça nada a ele, pois agora sei que você teme a Deus, porque não me negou o seu filho, o seu único filho.

💡 REFLITA

Esta é uma narrativa impressionante que nos faz pensar sobre o lugar que Deus ocupa em nossa vida. O Senhor nos concede os tesouros mais preciosos que temos; o nosso coração está neles? O quanto você está disposto a entregá-los de volta a Deus, se Ele assim o pedir?

_____
_____
_____
_____
_____

🔄 REAJA

Abraão é apresentado na Bíblia como exemplo de fé e obediência. Neste trecho, vemos que a resposta de Abraão a Deus trouxe a ele a provisão e o livramento que esperava. Quais situações da sua vida o desafiam a exercitar sua fé em Deus?

_____
_____
_____
_____
_____
_____

🙏 ORE

Senhor, ensina-me a enxergar o Teu agir com os olhos da fé, na certeza de que aquilo que não entendo, no momento, é para aperfeiçoar o meu relacionamento contigo. Agradeço-te por expores o que há em meu coração por meio das minhas reações aos desafios que enfrento. Ajuda-me a fazer o que me pedes confiando em Tua provisão. Em nome de Jesus, amém!

7 de janeiro

O SENHOR ESTAVA COM ELE

OUÇA

📖 RECEBA
Gênesis 39:1-4,19-23

¹José foi levado para o Egito, e Potifar, oficial de Faraó, comandante da guarda, egípcio, comprou-o dos ismaelitas que o tinham levado para lá. ²O Senhor Deus estava com José, que veio a ser homem próspero e estava na casa de seu dono egípcio. ³Potifar viu que o Senhor estava com José e que tudo o que ele fazia o Senhor prosperava em suas mãos. ⁴Assim, José achou favor diante dos olhos de seu dono e o servia. E ele pôs José por mordomo de sua casa e lhe passou às mãos tudo o que tinha. [...]
¹⁹Quando o dono ouviu as palavras de sua mulher, que lhe disse: "Foi assim que o seu escravo me tratou", ele ficou irado. ²⁰E o dono de José o tomou e o lançou na prisão, no lugar onde os presos do rei estavam encarcerados; ali José ficou na prisão. ²¹O Senhor, porém, estava com José, foi bondoso com ele e fez com que encontrasse favor aos olhos do carcereiro. ²²Este confiou às mãos de José todos os presos que estavam no cárcere. E José fazia tudo o que se devia fazer ali. ²³O carcereiro não se preocupava com nada do que tinha sido entregue às mãos de José, porque o Senhor estava com ele, e tudo o que ele fazia o Senhor prosperava.

💡 REFLITA
Fosse como escravo, administrador ou prisioneiro, José serviu a Deus e aos outros. Suas ações refletiam sua devoção; por isso, o Senhor estava com ele. O que a presença de Deus representa na vida daqueles que o adoram mesmo em meio às adversidades?

_____
_____
_____
_____
_____

⟳ REAJA
José foi alguém que era firme em sua fé e caráter; assim, manteve-se fiel a Deus em meio a injustiças e tentações. A partir deste exemplo, observe atitudes suas que precisam mudar para que você seja um instrumento de bênção na vida de outros.

_____
_____
_____
_____
_____
_____
_____

🙏 ORE

Senhor, como Tu és fiel! Embora, muitas vezes, Tu não impeças as adversidades que me sobrevêm, o Senhor jamais me deixa sozinho em meio a elas. Agradeço-te pela Tua presença e por me ensinares que, um dia, compreenderei o que fazes hoje. Desejo me manter firme em Teus caminhos e servir a ti e aos outros no temor ao Senhor. Em nome de Jesus, amém!

8 de janeiro

DEUS NOS CHAMA E SE REVELA

 OUÇA

📖 RECEBA
Êxodo 3:3-6,13-15

³Então disse consigo mesmo: —Vou até lá para ver essa grande maravilha. Por que a sarça não se queima? ⁴Quando o Senhor viu que ele se aproximava para ver, Deus, do meio da sarça, o chamou e disse: —Moisés! Moisés! Ele respondeu: —Eis-me aqui! ⁵Deus continuou: —Não se aproxime! Tire as sandálias dos pés, porque o lugar em que você está é terra santa. ⁶Disse mais: —Eu sou o Deus de seu pai, o Deus de Abraão, o Deus de Isaque e o Deus de Jacó. Moisés escondeu o rosto, porque teve medo de olhar para Deus. [...]

¹³Moisés disse para Deus: —Eis que, quando eu for falar com os filhos de Israel e lhes disser: "O Deus dos seus pais me enviou a vocês", eles vão perguntar: "Qual é o nome dele?". E então o que lhes direi? ¹⁴Deus disse a Moisés: —Eu Sou o Que Sou. Disse mais: —Assim você dirá aos filhos de Israel: "Eu Sou me enviou a vocês".

💡 REFLITA
Pense no quão extraordinária foi essa visão de Moisés e o diálogo dele com o Senhor. O Deus Santo e Justo se manifesta a ele em meio ao fogo e o chama a uma mudança radical de vida: ser servo do Deus Altíssimo. De que forma Deus tem chamado você para servi-lo?

_____
_____
_____
_____
_____

○ REAJA
"Eu Sou o Que Sou" revela que Deus é autoexistente, autossuficiente e ilimitado. Você ouve o Senhor chamar você pelo seu nome? Esse Deus maravilhoso deseja se revelar a você hoje. Escreva para Ele como você se sente diante disso.

_____
_____
_____
_____
_____

🙏 ORE
Senhor, Tu és o Deus vivo que usa os meios mais inusitados para nos atrair e nos chamar. Graças te dou por me conheceres e me chamares pelo nome. Sou grato por Tu te revelares hoje por meio do Teu Filho Jesus. Agradeço-te por não desistires de mim mesmo quando resisto em fazer a Tua vontade. Em nome de Jesus, amém!

9 de janeiro

A PRIMEIRA PÁSCOA

🎧 OUÇA

📖 RECEBA
Êxodo 12:1-3,5-9,14

¹O Senhor disse a Moisés e a Arão na terra do Egito: ²—Este mês será para vocês o principal dos meses; será o primeiro mês do ano. ³Falem a toda a congregação de Israel, dizendo: No dia dez deste mês, cada um tomará para si um cordeiro, segundo a casa dos pais, um cordeiro para cada família. [...]
⁵O cordeiro será sem defeito, macho de um ano, podendo também ser um cabrito. ⁶Vocês guardarão o cordeiro até o décimo quarto dia deste mês, e todo o ajuntamento da congregação de Israel o matará no crepúsculo da tarde. ⁷Pegarão um pouco do sangue e o passarão nas duas ombreiras e na viga superior da porta, nas casas em que o comerem. ⁸—Naquela noite, comerão a carne assada no fogo, com pães sem fermento e ervas amargas. ⁹Não comam do animal nada cru, nem cozido em água, porém assado ao fogo: a cabeça, as pernas e as vísceras. [...]
¹⁴Este dia lhes será por memorial, e vocês o celebrarão como festa ao Senhor; de geração em geração vocês celebrarão este dia por estatuto perpétuo.

💡 REFLITA
A primeira Páscoa ocorreu quando o Senhor libertou Israel da escravidão no Egito. Esse memorial, estabelecido por Deus, simbolizava a libertação do pecado que Jesus Cristo, o Cordeiro de Deus, traria à humanidade. Do que e como Cristo libertou a sua vida?
___
___
___
___
___
___

⭕ REAJA
O Senhor Deus ordenou que o povo se lembrasse desse memorial. Você já se perguntou por quê? Compare a primeira Páscoa (Êxodo 12) com a última, a Ceia do Senhor (Mateus 26:26-28). Qual a relação entre as duas? Compartilhe hoje com alguém o que você descobriu!
___
___
___
___
___
___
___

🙏 ORE
Senhor, Tu és maravilhoso e inigualável. Agradeço-te por me libertares do cativeiro do pecado. Graças te dou por enviares Jesus, o Teu Cordeiro, para morrer em meu lugar e pagar o preço pelo meu resgate. Hoje, por Tua graça, eu posso viver em liberdade e servir-te com alegria, pois o pecado não tem mais domínio sobre mim. Em nome de Jesus, amém!

10 de janeiro

PUNIÇÃO? NÃO! PRESERVAÇÃO!

OUÇA

📖 RECEBA
Êxodo 20:1-4,7-8,12-17

¹Então Deus falou todas estas palavras: ²—Eu sou o SENHOR, seu Deus, que o tirei da terra do Egito, da casa da servidão. ³—Não tenha outros deuses diante de mim. ⁴—Não faça para você imagem de escultura, nem semelhança alguma do que há em cima no céu, nem embaixo na terra, nem nas águas debaixo da terra. [...] ⁷—Não tome o nome do SENHOR, seu Deus, em vão, porque o SENHOR não terá por inocente o que tomar o seu nome em vão. ⁸—Lembre-se do dia de sábado, para o santificar. [...] ¹²—Honre o seu pai e a sua mãe, para que você tenha uma longa vida na terra que o Senhor, seu Deus, lhe dá. ¹³—Não mate. ¹⁴—Não cometa adultério. ¹⁵—Não furte. ¹⁶—Não dê falso testemunho contra o seu próximo. ¹⁷—Não cobice a casa do seu próximo. Não cobice a mulher do seu próximo, nem o seu servo, nem a sua serva, nem o seu boi, nem o seu jumento, nem coisa alguma que pertença ao seu próximo.

💡 REFLITA

Você conhece os Dez Mandamentos? Eles são orientações de como nos relacionarmos com Deus e com nossos semelhantes. Os quatro primeiros dizem respeito particularmente a Deus. Leia-os novamente e responda: Por que, para Deus, a idolatria é algo tão grave?

_____
_____
_____
_____
_____
_____
_____

⭯ REAJA

Os seis últimos mandamentos dizem respeito aos nossos relacionamentos interpessoais, os quais refletem o nível da nossa comunhão com Deus. Qual deles, em sua experiência pessoal, é o mais difícil de cumprir? Por quê?

_____
_____
_____
_____
_____
_____
_____

🙏 ORE

Senhor, graças te dou pela Tua Lei. Hoje, entendo que os Teus mandamentos não são para punir, mas, sim, para preservar a vida. Ajuda-me a me manter sob a Tua orientação a fim de que eu não transgrida a Tua Palavra. Ajuda-me a te amar de todo o meu coração, alma, mente e força e ao meu próximo como a mim mesmo. Em nome de Jesus, amém!

11 de janeiro

HABILIDADE ESPECIAL PARA SERVIR

📖 RECEBA
Êxodo 31:1-11

¹O SENHOR disse mais a Moisés: ²—Eis que chamei pelo nome Bezalel, filho de Uri, filho de Hur, da tribo de Judá, ³e o enchi do Espírito de Deus, de habilidade, de inteligência e de conhecimento, em todo artifício, ⁴para elaborar desenhos e trabalhar em ouro, prata e bronze, ⁵para lapidação de pedras de engaste, para entalho de madeira, para todo tipo de trabalho artesanal. ⁶Escolhi Aoliabe, filho de Aisamaque, da tribo de Dã, para trabalhar com ele. Também dei habilidade a todos os homens hábeis, para que me façam tudo o que tenho ordenado: ⁷a tenda do encontro, a arca do testemunho, o propiciatório que está por cima dela e todos os pertences da tenda; ⁸a mesa com os seus utensílios, o candelabro de ouro puro com todos os seus utensílios e o altar do incenso; ⁹o altar do holocausto com todos os seus utensílios e a bacia com o seu suporte; ¹⁰as vestes finamente tecidas, as vestes sagradas do sacerdote Arão e as vestes de seus filhos, para servirem como sacerdotes; ¹¹o óleo da unção e o incenso aromático para o santuário; eles farão tudo segundo tenho ordenado.

💡 REFLITA

Por meio do Espírito Santo, Deus sempre capacita os Seus servos de forma especial para executar a obra para qual Ele mesmo os chama. Que dons e talentos você percebe que o Senhor tem desenvolvido em sua vida para servir a Ele?

_____
_____
_____
_____
_____
_____

💭 REAJA

Aos olhos de Deus, o nosso trabalho é também uma forma de adoração. Devemos exercer nossas atividades para a glória do Senhor. Você percebe as oportunidades de usar seus dons e talentos para servir a Deus e às pessoas?

_____
_____
_____
_____
_____
_____
_____

🙏 ORE

Senhor, agradeço-te por teres me criado com habilidades que são úteis ao Teu Reino. Graças te dou pela ação do Espírito Santo em minha vida, pois Ele me capacita ainda mais para o Teu serviço ao me conceder dons espirituais. Ajuda-me a usá-los de forma que glorifique o Teu nome e a seguir as Tuas orientações para abençoar as pessoas. Em nome de Jesus, amém!

19

12 de janeiro

JUSTIFICADOS EM CRISTO

 OUÇA

📖 RECEBA

Levítico 4:1-3

¹O Senhor disse a Moisés: ²—Fale aos filhos de Israel, dizendo: Quando alguém cometer pecado involuntário contra qualquer dos mandamentos do Senhor, por fazer contra algum deles o que não se deve fazer, ³se o sacerdote ungido pecar, de tal maneira que o povo se torne culpado, oferecerá ao Senhor, como oferta pelo pecado, um novilho sem defeito.

Romanos 3:21-26

²¹Mas, agora, sem lei, a justiça de Deus se manifestou, sendo testemunhada pela Lei e pelos Profetas. ²²É a justiça de Deus mediante a fé em Jesus Cristo, para todos e sobre todos os que creem. Porque não há distinção, ²³pois todos pecaram e carecem da glória de Deus, ²⁴sendo justificados gratuitamente, por sua graça, mediante a redenção que há em Cristo Jesus, ²⁵a quem Deus apresentou como propiciação, no seu sangue, mediante a fé. Deus fez isso para manifestar a sua justiça, por ter ele, na sua tolerância, deixado impunes os pecados anteriormente cometidos, ²⁶tendo em vista a manifestação da sua justiça no tempo presente, a fim de que o próprio Deus seja justo e o justificador daquele que tem fé em Jesus.

💡 REFLITA

Todo tipo de pecado, intencional ou não, carece do perdão de Deus. No Antigo Testamento, o ato de confessar pecados e pedir perdão ao Senhor era feito por meio de sacrifícios. Como o texto de Levítico 4 reflete o desejo de Deus de nos reconciliar com Ele?

_____
_____
_____
_____
_____

⭕ REAJA

O Novo Testamento apresenta Jesus como o sacrifício definitivo pelos nossos pecados. Quando o aceitamos, pela fé, como Senhor e Salvador da nossa vida, Ele nos torna justos diante de Deus. De que maneira você tem crescido em fé e experimentado ser justificado em Cristo?

_____
_____
_____
_____
_____

🙏 ORE

Graças te dou, Senhor, pois o sacrifício do Teu Filho, Jesus, por mim é suficiente para me justificar diante de ti e me perdoar de todo pecado. Ajuda-me a entregar minha vida sem reservas a ti, a fim de que eu viva a plenitude do que Tu me ofereces em Cristo. Ensina-me a crescer em fé e a praticar a Tua Palavra. Em nome de Jesus, amém!

13 de janeiro

ESCOLHA SER ÍNTEGRO

 OUÇA

📖 RECEBA
Levítico 6:1-7

¹O Senhor falou a Moisés, dizendo: ²—Se uma pessoa pecar e cometer ofensa contra o Senhor, negando ao seu próximo o que este lhe deu em depósito, ou como penhor; ou se roubar, ou tiver usado de extorsão para com o seu próximo; ³ou se, tendo achado um objeto perdido, negar com falso juramento que o achou, ou fizer alguma outra coisa de todas em que se costuma pecar, ⁴será, pois, que, tendo pecado e ficado culpada, essa pessoa restituirá aquilo que roubou, ou que extorquiu, ou o depósito que lhe foi dado, ou o perdido que achou, ⁵ou tudo aquilo sobre que jurou falsamente. Restituirá por inteiro e a isso ainda acrescentará a quinta parte. Entregará isso àquele a quem pertence no dia em que trouxer a oferta pela culpa. ⁶E, por sua oferta pela culpa, trará, do rebanho, ao Senhor um carneiro sem defeito, devidamente avaliado, para a oferta pela culpa; trará o carneiro ao sacerdote. ⁷E o sacerdote fará expiação por essa pessoa diante do Senhor, e ela será perdoada de qualquer dessas coisas que fez e que a tornou culpada.

💡 REFLITA
O texto de hoje traz orientações práticas para realinhar a vida aos preceitos de Deus e corrigir atitudes desonestas relacionadas às pessoas, ou seja, a busca por integridade. Por que Deus enfatiza a reparação do prejuízo ao próximo com a restituição e o arrependimento?

_____
_____
_____
_____
_____

○ REAJA
A transformação realizada por Deus no coração de qualquer pessoa se torna manifesta em seu modo de viver, principalmente no trato com as pessoas. A vida dos filhos de Deus deve refletir o Seu caráter. Quais aspectos do seu viver precisam ser realinhados aos preceitos divinos?

_____
_____
_____
_____
_____
_____

🙏 ORE
Senhor, reconheço que tenho falhado em escolher a integridade em muitas situações que enfrento. Ajuda-me a aprender os Teus decretos de forma que eles se tornem, de fato, determinantes em minha vida prática. Que o meu viver reflita o meu temor e a minha fé em ti ao me relacionar com as pessoas com as quais convivo. Em nome de Jesus, amém!

14 de janeiro

PUREZA E SANTIDADE

 OUÇA

📖 RECEBA
Levítico 11:41-45

⁴¹—Também dos que se movem sobre a terra, todo animal que rasteja sobre o chão será impuro; não se comerá. ⁴²Tudo o que anda sobre o ventre, e tudo o que anda sobre quatro pés ou que tem muitos pés, entre todas as criaturas que se movem sobre a terra, não comam, porque são abominação. ⁴³Não se façam abomináveis por nenhuma dessas criaturas, nem se contaminem por meio delas, para que vocês não fiquem impuros. ⁴⁴Eu sou o Senhor, o Deus de vocês; portanto, consagrem-se e sejam santos, porque eu sou santo; e não se contaminem por nenhuma dessas criaturas que rastejam sobre o chão, entre todas as criaturas que se movem sobre a terra. ⁴⁵Eu sou o Senhor, que os tirei da terra do Egito, para que eu seja o Deus de vocês; portanto, sejam santos, porque eu sou santo.

💡 REFLITA

As leis de pureza e purificação cerimoniais, descritas no Antigo Testamento, ajudaram os israelitas em várias áreas da vida, inclusive a perceber a santidade de Deus. A aplicação do princípio de separação do que é impuro ainda se aplica aos dias atuais? De que forma?

○ REAGE

"Consagrem-se e sejam santos, porque eu sou santo" (v.44). De que forma, atualmente, podemos nos purificar de tudo que contamina o nosso corpo ou o nosso espírito, a fim de nos tornamos santos como Deus é santo? O que significa "consagrar-se"?

🙏 ORE

Senhor, ao ler a Tua Palavra, percebo que Tu zelas pela santidade do Teu povo. Tuas orientações visam não apenas a saúde física, mas também o bem-estar espiritual de cada filho Teu. Ajuda-me a entender o que é ser santo e a me consagrar de corpo, alma e espírito a ti. Não permitas que impureza alguma impeça a minha comunhão contigo. Em nome de Jesus, amém!

15 de janeiro

AJA COM INTEGRIDADE

📖 RECEBA
Levítico 19:10-18

¹⁰Não seja rigoroso demais ao fazer a colheita da sua vinha, nem volte para recolher as uvas que tiverem caído no chão; deixe-as para os pobres e estrangeiros. Eu sou o SENHOR, o Deus de vocês. ¹¹—Não furtem, não mintam, nem usem de falsidade uns com os outros. ¹²Não façam juramentos falsos pelo meu nome, pois vocês estariam profanando o nome do seu Deus. Eu sou o SENHOR. ¹³—Não oprima nem roube o seu próximo. Que o pagamento do trabalhador diarista não fique com você até a manhã seguinte. ¹⁴—Não amaldiçoe o surdo, nem ponha tropeço diante do cego, mas tema o seu Deus. Eu sou o SENHOR. ¹⁵—Não seja injusto ao julgar uma causa, nem favorecendo o pobre, nem agradando o rico; julgue o seu próximo com justiça. ¹⁶—Não ande como mexeriqueiro no meio do seu povo, nem atente contra a vida do seu próximo. Eu sou o SENHOR. ¹⁷—Não guarde ódio no coração contra o seu próximo, mas repreenda-o e não incorra em pecado por causa dele. ¹⁸—Não procure vingança, nem guarde ira contra os filhos do seu povo, mas ame o seu próximo como você ama a si mesmo. Eu sou o SENHOR.

💡 REFLITA

O trecho bíblico de hoje nos traz mais orientações sobre como viver em sociedade. Ele nos dá diretrizes sobre como nos comportarmos em nossos relacionamentos e em nossos negócios. Ser íntegro e agir com justiça: de que forma você manifesta isso em sua vida prática?

_____
_____
_____
_____
_____

⭕ REAJA

Agir com justiça e ser íntegro reflete o nosso temor e nossa fé em Deus. Ao ler esses versículos, qual ou quais deles trazem a você a percepção de que tem falhado nisso e de que precisa mudar de atitude? O que você pretende fazer em relação a isso?

_____
_____
_____
_____
_____
_____
_____

🙏 ORE

Senhor, cada vez que leio a Tua Palavra, sou confrontado pelo Teu desejo de ver os Teus filhos sendo íntegros, honrando o Teu nome, obedecendo os Teus decretos e amando as pessoas. Ajuda-me a abandonar atitudes que não refletem o Tua presença em mim e a abençoar aqueles a quem Tu tens trazido ao meu caminho. Em nome de Jesus, amém!

16 de janeiro

CELEBRE AO SENHOR!

OUÇA

📖 RECEBA
Levítico 23:39-43

³⁹—Porém, aos quinze dias do sétimo mês, quando tiverem recolhido os produtos da terra, vocês celebrarão a festa do Senhor, durante sete dias. No primeiro dia e também no oitavo, haverá descanso solene. ⁴⁰No primeiro dia, peguem para vocês frutos das melhores árvores, ramos de palmeiras, ramos de árvores frondosas e de salgueiros; e, durante sete dias, vocês se alegrarão diante do SENHOR, o seu Deus. ⁴¹Celebrem esta festa ao SENHOR durante sete dias cada ano; é estatuto perpétuo de geração em geração; no sétimo mês, vocês celebrarão esta festa. ⁴²Durante sete dias vocês habitarão em tendas de ramos; todos os naturais de Israel habitarão em tendas, ⁴³para que as gerações de vocês saibam que eu fiz com que os filhos de Israel habitassem em tendas, quando os tirei da terra do Egito. Eu sou o SENHOR, o Deus de vocês.

💡 REFLITA

A celebração sempre caracterizou a comunhão do povo de Israel com Deus. As festas memoriais eram uma forma de agradecer e homenagear o Senhor pelo Seu favor em prol deles. De que forma celebrar ao Senhor e ser grato a Ele pode nos ajudar a superar as dificuldades?

_____
_____
_____
_____
_____

💭 REAGE

Você consegue se lembrar dos feitos e dos milagres que Deus já realizou em sua vida? Quais são eles? Faça uma lista e os torne os motivos pelos quais você também pode agradecer, descansar e celebrar ao Senhor hoje.

_____
_____
_____
_____
_____
_____
_____

🙏 ORE

Senhor, quão maravilhoso é termos razões suficientes para celebrar a Tua pessoa! A Tua Palavra é consolo sem igual, pois ela nos assegura da Tua presença conosco. Ela atesta que a Tua providência sobre nós é infalível, mesmo em meio a dificuldades que nos sobrevêm. Desejo manter-me fiel a ti como Tu és fiel a mim. Em nome de Jesus, amém!

17 de janeiro

MAIS QUE ABENÇOADOS

OUÇA

📖 RECEBA
Números 6:22-27

²²O Senhor disse a Moisés:
²³—Fale com Arão e com os seus filhos, dizendo que abençoem os filhos de Israel do seguinte modo: ²⁴"O Senhor os abençoe e os guarde;
²⁵o Senhor faça resplandecer o seu rosto sobre vocês e tenha misericórdia de vocês;
²⁶o Senhor sobre vocês levante o seu rosto e lhes dê a paz".
²⁷—Assim, os sacerdotes porão o meu nome sobre os filhos de Israel, e eu os abençoarei.

💡 REFLITA

O Senhor, nosso Deus, é abençoador, e um aspecto que envolve a vida dos redimidos por Jesus é o de abençoar as pessoas. Releia os versículos 24 a 26 e destaque o que mais chama a sua atenção neles. De que maneira você pode estender essa bênção aos outros?

_____
_____
_____
_____
_____
_____

○ REAJA

Proteção, bondade e paz; bênção, favor e aprovação do Senhor. Se usufruímos desse agir de Deus sobre nós hoje e agora, o que mais precisamos para prosseguirmos confiantes em Sua provisão? De que forma você percebe o cuidado de Deus com a sua vida?

_____
_____
_____
_____
_____
_____
_____

🙏 ORE

Senhor, concede-me a alegria de enxergar o quanto já sou abençoado pela salvação em Cristo, pela Tua Palavra e pela Tua presença comigo. Não permitas que o meu coração se torne incrédulo ou ingrato diante dos desafios que enfrento. Ajuda-me a abençoar os outros com o que Tu tens me abençoado. Em nome de Jesus, amém!

18 de janeiro

SOE AS TROMBETAS!

 OUÇA

📖 RECEBA

Números 10:1-4,8-10

¹O Senhor disse a Moisés: ²—Faça duas trombetas de prata batida. Elas serão usadas por você para convocar a congregação e para dar o sinal de partida dos arraiais. ³Quando tocarem as duas trombetas, toda a congregação se ajuntará a você à porta da tenda do encontro. ⁴Mas, quando tocar uma só, se ajuntarão a você os chefes, os cabeças dos milhares de Israel. [...] ⁸Os filhos de Arão, sacerdotes, tocarão as trombetas; e isto será para vocês por estatuto perpétuo de geração em geração. ⁹—Quando, na sua terra, vocês saírem a lutar contra os inimigos que os oprimem, também tocarão as trombetas na forma de alarme, e diante do Senhor, o Deus de vocês, haverá lembrança de vocês, e serão salvos de seus inimigos. ¹⁰Também nos dias de alegria, e nas festas fixas, e no princípio de cada mês, toquem as suas trombetas sobre os seus holocaustos e sobre os seus sacrifícios pacíficos, para que sejam por memorial diante do seu Deus. Eu sou o Senhor, o Deus de vocês.

💡 REFLITA

Em toda a narrativa bíblica, encontramos Deus estabelecendo meios para o povo ouvir a Sua voz e de Ele agir em prol deles. As trombetas de prata seriam utilizadas para relembrar o povo das ordens divinas. Quais meios Deus tem usado, hoje, para que você ouça as Suas orientações?

_____
_____
_____
_____

⭕ REAJA

Simbolicamente, podemos relacionar essas trombetas à forma de falarmos sobre Deus e com Ele. Elas podem ser associadas ao nosso modo de viver e à oração, pela qual nos apresentamos perante o Senhor. Quando e como você tem "soado a trombeta" de sua vida diante de Deus?

_____
_____
_____
_____
_____

🙏 ORE

Ó Deus, é tão gracioso da Tua parte colocar à nossa disposição meios pelos quais podemos nos comunicar contigo e o Senhor, conosco. Agradeço-te por instituíres a oração que, assim como uma trombeta, ecoa a voz do nosso coração em Tua presença, e Tu nos ouves. Graças te dou pela mediação de Cristo, pois Ele revela o Teu agir a nosso favor. Em nome de Jesus, amém!

19 de janeiro

INGRATOS PARA COM DEUS

 OUÇA

📖 RECEBA
Números 11:1-9

¹O povo se queixou de sua sorte aos ouvidos do Senhor. Quando o Senhor ouviu as reclamações, sua ira se acendeu, e fogo do Senhor ardeu entre eles e consumiu algumas extremidades do arraial. ²Então o povo clamou a Moisés. Este orou ao Senhor, e o fogo se apagou. ³Por isso aquele lugar foi chamado de Taberá, porque o fogo do Senhor se havia acendido entre eles. ⁴Um bando de estranhos que estava no meio deles veio a ter grande desejo das comidas dos egípcios. Também os filhos de Israel começaram a chorar outra vez, dizendo: —Quem nos dará carne para comer? ⁵Lembramos dos peixes que comíamos de graça no Egito. Que saudade dos pepinos, dos melões, dos alhos silvestres, das cebolas e dos alhos! ⁶Mas agora a nossa alma está seca, e não vemos nada a não ser este maná. ⁷O maná era como semente de coentro, e a sua aparência era semelhante à de bdélio. ⁸O povo ia por toda parte e o colhia. Eles o moíam em moinhos ou o socavam em pilões. Depois o cozinhavam em panelas e dele faziam bolos. O sabor do maná era como o de bolos amassados com azeite. ⁹Quando, de noite, descia o orvalho sobre o arraial, sobre este também caía o maná.

💡 REFLITA

Como é fácil, diante situações desconfortáveis, esquecermos da bondade de Deus e reclamar das ações e providência divinas a nosso favor! A ingratidão é terreno fértil para rebelião e desobediência contra Deus. Como você tem se portado diante das adversidades?

_____
_____
_____
_____
_____

⭕ REAJA

O imediatismo e o desejo de satisfazer os próprios sentidos nos levam a desprezar a provisão divina, mesmo que ela seja o melhor para nós. O que Deus tem trazido a sua vida que você tem rejeitado por não ser o que você queria? O que você precisa fazer a respeito disso?

_____
_____
_____
_____
_____
_____

 ORE

Senhor, eu nem sei como me portar diante de ti quando percebo o quão ingrato sou por todos os Teus benefícios para comigo. Perdoa-me quando reclamo por pensar que Tu não te importas comigo. Ajuda-me a reconhecer os Teus caminhos e a Tua provisão nas mínimas coisas que envolvem a minha vida. Quero ser grato a ti por tudo. Em nome de Jesus, amém!

20 de janeiro

O PERIGO DA MALEDICÊNCIA

 OUÇA

📖 RECEBA
Números 12:1-2,5-11

¹Miriã e Arão falaram contra Moisés, por causa da mulher cuxita que este havia tomado; pois ele tinha tomado uma mulher cuxita. ²E disseram: —Será que o Senhor falou somente por meio de Moisés? Será que não falou também por meio de nós? E o Senhor ouviu o que eles disseram. [...]
⁵Então o Senhor desceu na coluna de nuvem e se pôs à porta da tenda. Depois, chamou Arão e Miriã, e eles se apresentaram. ⁶Então o Senhor disse: —Ouçam, agora, as minhas palavras: se entre vocês há um profeta, eu, o Senhor, em visão me faço conhecer a ele ou falo com ele em sonhos. ⁷Não é assim com o meu servo Moisés, que é fiel em toda a minha casa. ⁸Falo com ele face a face, claramente e não por enigmas; pois ele vê a forma do Senhor. Como, pois, vocês não tiveram medo de falar contra o meu servo, contra Moisés? ⁹E a ira do Senhor se acendeu contra eles; e ele se retirou. ¹⁰Quando a nuvem se afastou de sobre a tenda, eis que Miriã estava leprosa, branca como a neve. Arão olhou para Miriã, e eis que ela estava coberta de lepra. ¹¹E Arão disse a Moisés: —Ah! Meu Senhor, não ponha sobre nós este pecado, porque agimos de forma tola e pecamos.

💡 REFLITA

O Senhor reprova a maledicência contra o nosso próximo. Miriã e Arão, por inveja, foram desrespeitosos não apenas com Moisés, mas também com Deus. Por isso, o Senhor se irou contra eles (v.9). O que significa maldizer? O que você aprendeu com essa passagem?

_____
_____
_____
_____
_____

○ REAJA

Miriã sofreu severa consequência por ter falado contra Moisés, e Arão, assustado com a ira de Deus, logo reconheceu que pecaram. Você tem o hábito de maldizer outras pessoas? Como você reage quando falam mal de você? Quando isso acontecer, siga o exemplo do Salvador, que rogou: "Pai, perdoa-lhes..." (Lucas 23:34).

_____
_____
_____
_____
_____

🙏 ORE

Senhor, agradeço-te pelo exemplo que Jesus nos deixou de amor pelos que proferem palavras maldosas contra nós. Ajuda-me a ser humilde e interceder, diante de ti, pelos que me criticam maldosamente. Dá-me um coração e lábios puros, para que eu diga sempre, com sinceridade, palavras amáveis. Que meus lábios sejam para abençoar e te glorificar! Em nome de Jesus, amém!

21 de janeiro

REBELDIA *VERSUS* OBEDIÊNCIA

📖 RECEBA
Números 14:1-9

¹Então toda a congregação se levantou e gritou em alta voz; e o povo chorou aquela noite. ²Todos os filhos de Israel murmuraram contra Moisés e contra Arão; e toda a congregação lhes disse: —Quem dera tivéssemos morrido na terra do Egito ou mesmo neste deserto! ³E por que o Senhor nos traz a esta terra, para cairmos à espada e para que nossas mulheres e nossas crianças sejam por presa? Não seria melhor voltarmos para o Egito? ⁴E diziam uns aos outros: —Vamos escolher um chefe e voltemos para o Egito. ⁵Então Moisés e Arão caíram sobre o seu rosto diante da congregação dos filhos de Israel. ⁶E Josué, filho de Num, e Calebe, filho de Jefoné, que eram daqueles que espiaram a terra, rasgaram as suas roupas ⁷e falaram a toda a congregação dos filhos de Israel, dizendo: —A terra pela qual passamos para espiar é terra muitíssimo boa. ⁸Se o Senhor se agradar de nós, então nos fará entrar e nos dará essa terra, que é uma terra que mana leite e mel. ⁹Tão somente não sejam rebeldes contra o Senhor e não tenham medo do povo dessa terra, porque, como pão, os podemos devorar; a proteção que eles tinham se foi. O Senhor está conosco; não tenham medo deles.

💡 REFLITA

Deus já havia realizado coisas incríveis em prol do povo; porém, agora que são desafiados a tomar posse do que Deus lhes tinha prometido, eles simplesmente se rebelam contra o Senhor. Em que momentos da sua vida você tem dificuldade de confiar em Deus? Por quê?

_____
_____
_____
_____

○ REAJA

A decisão de Josué e Calebe de confiar no Senhor e olhar o desafio diante deles, pela perspectiva divina, fez toda diferença para o futuro deles. De que forma o exemplo da obediência desses dois homens nos confronta quanto às escolhas que temos feito em nossa vida?

_____
_____
_____
_____
_____

 ORE

Senhor Deus, Tu realizas coisas tremendas. Entretanto, muitas vezes, sou convencido pelas circunstâncias a crer que as dificuldades são maiores que o Senhor. Perdoa-me por me rebelar contra ti em vez de te obedecer. Ajuda-me a manter o meu olhar em ti confiando em Tua fidelidade e em Tua soberania sobre todas as coisas. Em nome de Jesus, amém!

22 de janeiro
ESTRATÉGIAS DIVINAS

 OUÇA

📖 RECEBA
Números 15:2-3,24,37-40

²—Fale aos filhos de Israel e diga-lhes: Quando entrarem na terra em que vocês vão habitar, a terra que eu lhes darei, ³e ao Senhor fizerem oferta queimada, holocausto ou sacrifício, em cumprimento de um voto ou em oferta voluntária, ou, nas suas festas fixas, apresentarem ao Senhor aroma agradável com o sacrifício de gado e ovelhas. [...]
²⁴então, quando se fizer alguma coisa de forma involuntária e isso for oculto aos olhos da coletividade, toda a congregação oferecerá um novilho, para holocausto de aroma agradável ao Senhor, com a sua oferta de cereais e de libação, segundo o rito, e um bode, para oferta pelo pecado. [...]
³⁷O Senhor disse a Moisés: ³⁸—Fale aos filhos de Israel e diga-lhes que ao longo das suas gerações coloquem franjas nas extremidades das suas capas e ponham um cordão azul em cada franja. ³⁹E as franjas estarão ali para que, ao vê-las, vocês se lembrem de todos os mandamentos do Senhor e os cumpram, para que vocês não se deixem arrastar à infidelidade, seguindo os desejos do seu coração e dos seus olhos. ⁴⁰As franjas estarão ali para que vocês se lembrem de todos os meus mandamentos, os cumpram e sejam santos ao Deus de vocês.

💡 REFLITA
O livro de Números apresenta uma série de orientações para instruir os israelitas a se manterem fiéis a Deus. Assim, as franjas eram um lembrete para eles se afastarem das más inclinações (vv.38-39). Do que Deus está lembrando você para se afastar ou para fazer hoje?
_____
_____
_____
_____
_____
_____
_____

○ REAJA
Estratégias são meios para se obter algum objetivo específico. De que forma você acredita que as estratégias divinas nos ajudam a viver em santidade perante o Senhor? Você tem uma estratégia para evitar o pecado? Qual?
_____
_____
_____
_____
_____
_____

🙏 ORE
Senhor, agradeço-te por me lembrares de quem Tu és e do quanto preciso da Tua presença e das Tuas orientações. Graças te dou por providenciares meios para me fazer lembrar que devo ser santo para o Senhor, que devo me afastar do mal e que devo me manter fiel a ti e à Tua Palavra. Ajuda-me a te seguir em todo tempo. Em nome de Jesus, amém!

23 de janeiro

SIGA A ORIENTAÇÃO DIVINA

🎧 OUÇA

📖 RECEBA
Números 20:2-8,11-12

²Não havia água para o povo. Então se ajuntaram contra Moisés e contra Arão. ³E o povo discutiu com Moisés, dizendo: —Antes tivéssemos morrido quando os nossos irmãos morreram diante do Senhor! ⁴Por que vocês trouxeram a congregação do Senhor a este deserto, para morrermos aqui, nós e os nossos animais? ⁵E por que vocês nos tiraram do Egito, para nos trazer a este lugar horrível, onde não há cereais, nem figos, nem vinhas, nem romãs, nem água para beber? ⁶Então Moisés e Arão saíram da presença do povo e foram para a porta da tenda do encontro e se lançaram sobre o seu rosto; e a glória do Senhor lhes apareceu. ⁷O Senhor disse a Moisés: ⁸—Pegue o seu bordão e ajunte o povo, você e Arão, o seu irmão. E, diante do povo, falem à rocha, e ela dará a sua água. Assim vocês tirarão água da rocha e darão de beber à congregação e aos animais. [...] ¹¹Moisés levantou a mão e feriu a rocha duas vezes com o seu bordão, e saíram muitas águas; e a congregação e os seus animais beberam. ¹²Mas o Senhor disse a Moisés e a Arão: —Porque não creram em mim, para me santificarem diante dos filhos de Israel, vocês não farão entrar este povo na terra que lhe dei.

💡 REFLITA

Neste episódio durante a jornada pelo deserto, diante de mais um desafio, os israelitas se rebelaram novamente contra Moisés. Deus deu instruções precisas, mas ele não as seguiu devidamente. O que Deus disse e o que Moisés fez? Qual foi a consequência dessa desobediência?

_____
_____
_____
_____
_____

○ REAJA

A impulsividade de Moisés sobrepujou sua mansidão, e ele se descontrolou. Como Deus considerou a atitude de Moisés e Arão? Em que momentos você geralmente perde o controle e tem mais dificuldade de seguir as orientações do Senhor?

_____
_____
_____
_____
_____

🙏 ORE

Pai celestial, com frequência, sinto-me pressionado por circunstâncias e pessoas. Confesso que, nesses momentos, tenho dificuldades de manter o controle e seguir o que a Tua Palavra me instrui. Ajuda-me a desenvolver o domínio próprio, a fim de que minhas atitudes glorifiquem o Teu nome e manifeste o Teu reino aos outros. Em nome de Jesus, amém!

24 de janeiro

ESCOLHAS

📖 RECEBA
Números 32:16-22

¹⁶Então os filhos de Gade e os filhos de Rúben se aproximaram de Moisés e lhe disseram: —Edificaremos currais aqui para o nosso gado e cidades para as nossas crianças. ¹⁷Mas nós nos armaremos e vamos para a guerra adiante dos filhos de Israel, até que os tenhamos levado ao seu lugar. Porém as nossas crianças ficarão nas cidades fortificadas, por causa dos moradores da terra. ¹⁸Não voltaremos para nossas casas até que os filhos de Israel estejam de posse, cada um, da sua herança. ¹⁹Porque não herdaremos com eles do outro lado do Jordão, nem mais adiante, porque já temos a nossa herança deste lado do Jordão, ao leste. ²⁰Então Moisés lhes disse: —Se vocês fizerem isso, se vocês se armarem para a guerra diante do Senhor, ²¹e cada um de vocês, armado, passar o Jordão diante do Senhor, até que ele tenha expulsado os seus inimigos de diante dele, ²²e a terra estiver subjugada diante do Senhor, então vocês poderão voltar e estarão desobrigados diante do Senhor e diante de Israel; e a posse desta terra será de vocês diante do Senhor.

💡 REFLITA

As tribos de Rúben e Gade queriam ficar a leste do Jordão porque a terra era propícia para os seus rebanhos. Porém, como parte do povo de Israel, eles deveriam ajudar seus irmãos na conquista de toda Canaã. Quão comprometido você é com as coisas de Deus?

_____
_____
_____
_____
_____

⭕ REAJA

Essas tribos cumpriram sua palavra e lutaram pela Terra Prometida, mas optaram por ficar à margem dela. O que você escolheria: viver nas adjacências ou apropriar-se das promessas de Deus? Por quê? Em sua vida, quais interesses prevalecem?

_____
_____
_____
_____
_____
_____

🙏 ORE

Senhor, agradeço-te por Tuas promessas e pelos recursos que nos concedes para nos apropriarmos delas. Ensina-me a me comprometer com o Teu reino e a andar pelos caminhos que Tu mesmo traçaste, para que eu usufrua dos benefícios e da alegria de caminhar contigo e na Tua presença. Capacita-me, dia a dia, às batalhas do Senhor. Em nome de Jesus, amém!

25 de janeiro

CONFIANÇA NO SENHOR

OUÇA

📖 RECEBA
Deuteronômio 1:26-33

²⁶—Porém vocês não quiseram ir, mas foram rebeldes à ordem do Senhor, seu Deus. ²⁷Ficaram murmurando em suas tendas e disseram: "O Senhor está com ódio de nós e por isso nos tirou da terra do Egito para nos entregar nas mãos dos amorreus e nos destruir. ²⁸Para onde iremos? Nossos irmãos nos deixaram com medo, dizendo: 'Aquele povo é maior e mais alto do que nós. As cidades são grandes e fortificadas até o céu. Também vimos ali os filhos dos anaquins'". ²⁹—Então eu lhes disse: "Não fiquem apavorados, nem tenham medo deles. ³⁰O Senhor, o seu Deus, que vai adiante de vocês, ele lutará por vocês, segundo tudo o que viram que ele fez conosco no Egito, ³¹e também no deserto, onde vocês viram que o Senhor, seu Deus, os levou, como um homem leva o seu filho, por todo o caminho pelo qual vocês andaram, até chegar a este lugar". ³²—Mas nem assim vocês creram no Senhor, seu Deus, ³³que foi adiante de vocês por todo o caminho, para procurar o lugar onde deveriam acampar; de noite, estava no fogo, para mostrar o caminho por onde vocês deveriam andar, e, de dia, estava na nuvem.

💡 REFLITA

Este relato de Moisés relembrou o medo e a rebeldia de Israel quando se recusaram a entrar na Terra Prometida. Você já esteve diante de bênçãos que o Senhor desejava lhe conceder, mas simplesmente as recusou? Quais foram ou são os motivos para a sua recusa?

_____
_____
_____
_____
_____

⭕ REAJA

Repetidas vezes, negligenciamos o cuidado de Deus para conosco e nos desviamos da Sua vontade. De que forma você pode demonstrar sua confiança em Deus frente aos desafios? Que atitudes você pode adotar hoje para servir e obedecer ao Senhor como Ele merece?

_____
_____
_____
_____
_____
_____
_____

🙏 ORE

Senhor Deus, por vezes, em meio a dificuldades, não confio integralmente em Tua pessoa e no Teu agir. Por conta disso, desespero-me e o desânimo toma o lugar que deveria ser Teu em meu coração. Toma-me pelas mãos e me conduze novamente ao lugar da esperança e da vitória que há em Cristo. Ajuda-me a me manter em ti. Em nome de Jesus, amém!

26 de janeiro

FAZENDO O QUE ELE DIZ

📖 RECEBA
Deuteronômio 5:28-33

²⁸—Quando o S<small>ENHOR</small> ouviu o que vocês disseram, quando falavam comigo, o S<small>ENHOR</small> me disse: "Eu ouvi as palavras que este povo lhe falou, e em tudo eles falaram muito bem. ²⁹Quem dera que eles sempre tivessem tal coração, e sempre me temessem e guardassem todos os meus mandamentos! Assim tudo iria bem para eles e para os filhos deles, para sempre! ³⁰Vá e diga-lhes que voltem para as suas tendas. ³¹Mas você fique aqui comigo, e eu lhe direi todos os mandamentos, estatutos e juízos que você lhes ensinará, para que os cumpram na terra que eu lhes darei para que seja deles". ³²—Tenham o cuidado de fazer como o S<small>ENHOR</small>, seu Deus, lhes ordenou. Não se desviem, nem para a direita nem para a esquerda. ³³Andem em todo o caminho que o S<small>ENHOR</small>, seu Deus, lhes ordenou, para que vocês vivam, para que tudo lhes vá bem, e para que se prolonguem os seus dias na terra que irão possuir.

💡 REFLITA

O Senhor se agrada de um coração sincero diante dele. Deus ouve a petição dos Seus filhos quando se dispõem a temer e obedecer a Ele. A recomendação é obedecer ao que Ele diz e se manter nos caminhos dele. Qual é a sua reação diante dessas ordenanças do Senhor?

_____
_____
_____
_____

🔄 REAJA

O trecho bíblico de hoje traz uma promessa que Deus faz aos que optam por obedecer a Ele. Que promessa é essa? De que forma ela é válida para nós hoje? Qual seria essa "terra" que o Senhor promete que possuiremos se seguirmos tudo o que Ele ordena em Sua Palavra?

_____
_____
_____
_____
_____

🙏 ORE

Senhor, é tão bom conhecer os Teus estatutos, que nos ajudam a caminhar em retidão diante de ti. Ajuda-me a ter um coração disposto a obedecer e a seguir os Teus mandamentos. Creio que Tu me criaste e planejaste o Teu melhor para mim. Assim, rogo-te, Senhor, ensina-me a usufruir das Tuas promessas e da Tua presença. Em nome de Jesus, amém!

27 de janeiro

AMAR É OBEDECER

🎧 OUÇA

📖 RECEBA
Deuteronômio 6:1-9

¹—São estes os mandamentos, os estatutos e os juízos que o Senhor, seu Deus, ordenou que fossem ensinados a vocês, para que vocês os cumprissem na terra em que vão entrar e possuir, ²para que durante todos os dias da sua vida vocês, os seus filhos, e os filhos dos seus filhos temam o Senhor, seu Deus, e guardem todos os seus estatutos e mandamentos que eu lhes ordeno, e para que os seus dias sejam prolongados. ³Portanto, escute, Israel, e tenha o cuidado de cumprir esses mandamentos, para que tudo lhes corra bem e vocês muito se multipliquem na terra que mana leite e mel, como o Senhor, o Deus dos seus pais, lhes prometeu.
⁴—Escute, Israel, o Senhor, nosso Deus, é o único Senhor. ⁵Portanto, ame o Senhor, seu Deus, de todo o seu coração, de toda a sua alma e com toda a sua força. ⁶Estas palavras que hoje lhe ordeno estarão no seu coração. ⁷Você as inculcará a seus filhos, e delas falará quando estiver sentado em sua casa, andando pelo caminho, ao deitar-se e ao levantar-se. ⁸Também deve amarrá-las como sinal na sua mão, e elas lhe serão por frontal entre os olhos. ⁹E você as escreverá nos umbrais de sua casa e nas suas portas.

💡 REFLITA
Todas as instruções contidas na Lei do Senhor visavam preparar o povo de Israel para herdar a Terra Prometida e os capacitar a cuidar e a usufruir dela tendo o Senhor como seu Soberano governante. Como essas orientações de Deus se aplicam a nossa vida hoje?

_____
_____
_____
_____
_____

🔄 REAJA
Leia novamente o texto bíblico e destaque o que mais chama a sua atenção nele. O que você entende por obedecer, guardar e repetir a Palavra de Deus? Por que essas práticas são importantes para nos relacionarmos com Deus e andarmos em Sua presença?

_____
_____
_____
_____
_____
_____
_____

🙏 ORE

Ó Senhor, desejo guardar as Tuas ordenanças no meu coração para não pecar contra ti. Ensina-me a te amar com todo o meu ser de forma que o meu viver agrade a ti. Entendo que desejas o meu bem quando insistes comigo para praticar tudo que a Tua Palavra orienta. Ajuda-me a crescer em fé e na comunhão contigo. Em nome de Jesus, amém.

28 de janeiro

LEMBREM-SE DO SENHOR

OUÇA

📖 RECEBA
Deuteronômio 8:6-14

⁶Guardem os mandamentos do Senhor, seu Deus, para que vocês andem nos seus caminhos e o temam. ⁷Porque o Senhor, o Deus de vocês, os faz entrar numa terra boa, terra de ribeiros de águas, de fontes, de mananciais profundos, que saem dos vales e das montanhas; ⁸terra de trigo e cevada, de vinhas, figueiras e romãzeiras; terra de oliveiras, de azeite e mel; ⁹terra em que vocês não terão escassez e em que não lhes faltará nada; terra cujas pedras são ferro e de cujos montes vocês extrairão o cobre. ¹⁰Vocês comerão e ficarão satisfeitos, e louvarão o Senhor, seu Deus, pela boa terra que lhes deu. Admoestação contra o orgulho ¹¹—Tenham o cuidado de não se esquecer do Senhor, seu Deus, deixando de cumprir os seus mandamentos, os seus juízos e os seus estatutos, que hoje lhes ordeno. ¹²Não aconteça que, depois de terem comido e estarem fartos, depois de haverem edificado boas casas e morado nelas; ¹³depois de se multiplicarem o seu gado e os seus rebanhos, e aumentar a sua prata e o seu ouro, e ser abundante tudo o que vocês têm, ¹⁴se eleve o seu coração e vocês se esqueçam do Senhor, seu Deus, que os tirou da terra do Egito, da casa da servidão.

💡 REFLITA
As recomendações de Deus registradas por Moisés nesta passagem são interessantes. Ao mesmo tempo em que o Senhor enaltece as qualidades da Terra Prometida, Ele adverte o povo para não se esquecer dele. Conforme o texto, por que isso era possível de acontecer?

_____
_____
_____
_____
_____
_____
_____

○ REAJA
O Senhor, de fato, conhece o coração do ser humano e sabe como é fácil para nós nos afastarmos dele. Em sua experiência e opinião, em quais momentos ficamos suscetíveis a nos tornarmos orgulhosos e a nos esquecermos do Senhor?

_____
_____
_____
_____
_____
_____
_____

🙏 ORE
Meu Deus, agradeço-te por não nos negares bem algum. São tantas as maravilhas e dádivas que tens concedido aos Teus filhos, apesar de não merecermos! Contudo, por vezes, sou tentado a negar o Teu nome, a me esquecer de ti e de que vem de ti tudo o que tenho. Ajuda-me a ser fiel e grato a ti independentemente da condição em que me encontro. Em nome de Jesus, amém!

29 de janeiro

ABENÇOADO PARA ABENÇOAR

OUÇA

📖 RECEBA
Deuteronômio 26:12-15

¹²—Quando, no terceiro ano, que é o ano dos dízimos, você acabar de separar todos os dízimos da colheita, você os dará aos levitas, aos estrangeiros, aos órfãos e às viúvas, para que comam até se fartarem nas cidades de vocês. ¹³Depois, diante do Senhor, seu Deus, você dirá: "Tirei de minha casa o que é consagrado e dei também aos levitas, aos estrangeiros, aos órfãos, às viúvas, segundo todos os mandamentos que me tens ordenado; nada transgredi dos teus mandamentos, nem deles me esqueci. ¹⁴Dos dízimos não comi quando estava de luto e deles nada tirei estando impuro, nem deles dei para a casa de algum morto; obedeci à voz do Senhor, meu Deus; segundo tudo o que me ordenaste, assim eu fiz. ¹⁵Olha desde a tua santa habitação, desde o céu, e abençoa Israel, o teu povo, e a terra que nos deste, como juraste aos nossos pais, terra que mana leite e mel".

💡 REFLITA
Algo interessante a se observar aqui quanto à entrega de dízimos e de ofertas ao Senhor é isto: primeiro, é um ato de obediência a Ele; segundo, é para que pessoas sejam abençoadas. Conforme o texto, de que maneira essa prática pode afetar a sua vida diante de Deus?

_____
_____
_____
_____
_____

↻ REAJA
Nos dias de hoje, dar o dízimo e ofertar são práticas que muitos não entendem devidamente. O que você já ouviu falar ou sabe a respeito disso? De que forma essa realidade faz parte da sua prática cristã? Quais são as suas dúvidas sobre esse assunto?

_____
_____
_____
_____
_____
_____

🙏 ORE
Deus querido, Tu és tão generoso e sei que ninguém jamais conseguirá dar mais do que o Senhor! Agradeço-te por partilhares o Teu coração comigo e me desafiares a me assemelhar a ti repartindo o que recebo do Senhor. Peço-te que me leves a experimentar a alegria que há em abençoar outros com o que tenho, assim como Tu me abençoas com Tuas provisões. Em nome de Jesus, amém!

30 de janeiro

ESCOLHA A VIDA

 OUÇA

📖 RECEBA
Deuteronômio 30:11-15,19-20

¹¹—Porque este mandamento que hoje lhes ordeno não é demasiadamente difícil, nem está longe de vocês. ¹²Não está no céu, para que tenham de dizer: "Quem subirá até o céu por nós, para nos trazer o mandamento e anunciá-lo a nós, para que o cumpramos?". ¹³Nem está do outro lado do mar, para que tenham de dizer: "Quem irá atravessar o mar por nós, para nos trazer o mandamento e anunciá-lo a nós, para que o cumpramos?". ¹⁴Pois esta palavra está bem perto de vocês, na sua boca e no seu coração, para que vocês a cumpram.
¹⁵—Vejam! Hoje coloco diante de vocês a vida e o bem, a morte e o mal. [...]
¹⁹Hoje tomo o céu e a terra por testemunhas contra vocês, que lhes propus a vida e a morte, a bênção e a maldição; escolham, pois, a vida, para que vivam, vocês e os seus descendentes, ²⁰amando o SENHOR, seu Deus, dando ouvidos à sua voz e apegando-se a ele; pois disto depende a vida e a longevidade de vocês. Escolham a vida, para que habitem na terra que o SENHOR, sob juramento, prometeu dar aos pais de vocês, a Abraão, Isaque e Jacó.

💡 REFLITA
Conforme a declaração divina, no texto de hoje, uma coisa é certa: não temos desculpas diante de Deus para não obedecer aos Seus mandamentos. Por quê? Sendo assim, o que você pretende fazer para garantir que suas escolhas estejam alinhadas às orientações do Senhor?

_____
_____
_____
_____
_____

⭕ REAJA
Deus conhece muito bem o poder das escolhas. Ele sabe como as escolhas que fizermos hoje nos afetarão amanhã. Por isso, Ele é muito claro em nos orientar quanto a elas. Por que o Senhor insiste para que escolhamos a vida? No contexto, o que seria a morte da qual Ele fala?

_____
_____
_____
_____
_____
_____

🙏 ORE
Senhor, Tu és a própria vida! Tu nos criaste e sopraste o Teu fôlego sobre nós. Ensina-me a valorizar a vida como Tu a valorizas, pois ela é mais do que as circunstâncias e o tempo que passamos aqui na Terra; contigo, ela é eterna. Perdoa-me por nem sempre ouvir a Tua voz, mas seguir o meu próprio coração que, por vezes, é caminho de morte. Em nome de Jesus, amém!

31 de janeiro

LOUVE A DEUS

📖 RECEBA
Deuteronômio 31:16-19,30

¹⁶O Senhor disse a Moisés: —Eis que em breve você vai morrer e então este povo se levantará, e se prostituirá, seguindo deuses estranhos na terra em que vão entrar. Eles me deixarão, e anularão a aliança que fiz com eles. ¹⁷Nesse dia, a minha ira se acenderá contra eles; eu os abandonarei e deles esconderei o rosto, para que sejam destruídos. E tantos males e angústias os alcançarão, que naquele dia dirão: "Não é verdade que estes males nos alcançaram porque o nosso Deus não está entre nós?". ¹⁸Certamente esconderei o rosto naquele dia, por todo o mal que tiverem feito, por terem se voltado para outros deuses. ¹⁹—Escrevam para vocês este cântico e tratem de ensiná-lo aos filhos de Israel. Ponham este cântico na boca de cada um deles, para que me seja por testemunha contra os filhos de Israel. [...] ³⁰Então Moisés pronunciou, integralmente, as palavras deste cântico aos ouvidos de toda a congregação de Israel: [...]

32:3-4

³"Porque proclamarei o nome do Senhor. Louvem a grandeza do nosso Deus. ⁴Eis a Rocha! Suas obras são perfeitas, porque todos os seus caminhos são juízo. Deus é fidelidade, e nele não há injustiça; é justo e reto."

💡 REFLITA
O texto bíblico relata que Deus instruiu Moisés a ensinar aos israelitas uma canção específica e a ajudar o povo a aprendê-la. Qual a razão que o Senhor apresentou para isso? Sobre o que essa canção fala (veja Deuteronômio 32:1-43)?

_____
_____
_____
_____
_____
_____

○ REAJA
Algo a se observar na vida dos servos de Deus é que a proximidade com o Senhor resulta em cânticos de louvor a Ele; inclusive, a própria vida se torna uma canção de exaltação a Deus. Que tipo de canção o seu viver tem entoado ao Senhor nestes dias? O que comprova isso?

_____
_____
_____
_____
_____
_____

🙏 ORE
Deus bendito, peço-te que ponhas em meus lábios uma nova canção de louvor e exaltação ao Teu nome. Sei que és bom e misericordioso, então, livra-me de qualquer disposição que possa pôr em risco a minha comunhão contigo. Sonda o meu coração e me instrui a viver conforme a Tua Palavra. Que a minha vida seja uma canção que proclame a ti! Em nome de Jesus, amém!

1.º de fevereiro

FORTE E CORAJOSO

OUÇA

📖 RECEBA
Josué 1:1-2,5-9

¹Depois que Moisés, servo do S͟e͟n͟h͟o͟r͟, morreu, o S͟e͟n͟h͟o͟r͟ falou a Josué, filho de Num, auxiliar de Moisés, dizendo: ²—Moisés, meu servo, está morto. Prepare-se, agora, e passe este Jordão, você e todo este povo, e entre na terra que eu vou dar aos filhos de Israel. [...]
⁵Ninguém poderá resistir a você todos os dias da sua vida. Assim como estive com Moisés, estarei com você. Não o deixarei, nem o abandonarei. ⁶Seja forte e corajoso, porque você fará este povo herdar a terra que, sob juramento, prometi dar aos pais deles. ⁷Tão somente seja forte e muito corajoso para que você tenha o cuidado de fazer segundo toda a Lei que o meu servo Moisés lhe ordenou. Não se desvie dela, nem para a direita nem para a esquerda, para que seja bem-sucedido por onde quer que você andar. ⁸Não cesse de falar deste Livro da Lei; pelo contrário, medite nele dia e noite, para que você tenha o cuidado de fazer segundo tudo o que nele está escrito; então você prosperará e será bem-sucedido. ⁹Não foi isso que eu ordenei? Seja forte e corajoso! Não tenha medo, nem fique assustado, porque o S͟e͟n͟h͟o͟r͟, seu Deus, estará com você por onde quer que você andar.

💡 REFLITA

Antes de Josué assumir a liderança do povo, ele observou Moisés e aprendeu sobre temer e servir a Deus. Isso foi essencial para ele cumprir o desafio de conduzir Israel à Terra Prometida. Em nossos dias, qual a importância de termos exemplos que nos apresentem, de fato, o Senhor?

_____
_____
_____
_____
_____

⭕ REAJA

Deus prometeu estar com Josué, assim como esteve com Moisés. O Senhor tem pedido a você para fazer algo que o faz tremer ou sentir-se inseguro? De que maneira você pode aplicar essas palavras de encorajamento a sua vida hoje? Que diferença elas podem fazer a sua realidade?

_____
_____
_____
_____
_____

🙏 ORE

Amado Pai, agradeço-te por me chamares a participar das Tuas conquistas nesta Terra e manifestar o Teu Reino deste lado da eternidade. Tu não apenas me chamas, mas também me capacitas a realizar toda tarefa que colocas em minhas mãos. Ajuda-me a não me desviar da Tua Palavra e a ser mais que vencedor, por meio de Cristo Jesus, amém!

2 de fevereiro

LIVRAMENTO PARA QUEM CRER

OUÇA

📖 RECEBA
Josué 2:3-4,8-9,12-14

³Por isso, o rei de Jericó mandou dizer a Raabe: —Traga para fora esses homens que vieram a você e que estão aí em sua casa, porque vieram espiar toda a terra. ⁴Mas a mulher, que havia escondido os dois homens, respondeu: —É verdade que os homens vieram a mim, mas eu não sabia de onde eram. [...]
⁸Antes que os espias se deitassem, Raabe foi aonde eles estavam, no terraço, ⁹e lhes disse: —Bem sei que o SENHOR deu esta terra a vocês, e que o pavor que vocês estão causando caiu sobre nós, e que todos os moradores da terra estão se derretendo de medo. [...]
¹²E agora jurem pelo SENHOR que, assim como usei de misericórdia para com vocês, vocês também usarão de misericórdia para com a casa de meu pai e que me darão um sinal certo ¹³de que conservarão a vida de meu pai e de minha mãe, dos meus irmãos e das minhas irmãs, com tudo o que eles têm, e de que livrarão a nossa vida da morte. ¹⁴Então os homens lhe disseram: —A nossa vida responderá pela de vocês, se vocês não denunciarem esta nossa missão. E, quando o SENHOR nos der esta terra, usaremos de bondade e de fidelidade para com você.

💡 REFLITA

Raabe ouviu sobre o Senhor e não hesitou em reconhecê-lo como Aquele que podia livrar a ela e a sua família do juízo que sobreviria a Jericó. O que você ouviu ou ouve sobre Deus que fortalece a sua fé nele?

_____
_____
_____
_____
_____
_____

○ REAJA

Por vezes, a fé precisa ser ousada no Senhor. Observe mais uma vez a ação dos espias e de Raabe. Quais eram os propósitos deles para agir como agiram? Quais lições você pode aprender disso? Como pretende aplicá-las?

_____
_____
_____
_____
_____
_____
_____

 ORE

Querido Deus, como são ricos os exemplos de fé que Tu nos deixaste em Tua Palavra. Eles mostram que a salvação proveniente de ti está disponível a todos que reconhecem e creem que Tu és o único, de fato, que pode livrar-nos do pecado e do juízo. Agradeço-te por me dares a chance de ouvir e crer em ti para minha salvação. Em nome de Jesus, amém!

3 de fevereiro

A PÉ ENXUTO

OUÇA

📖 RECEBA
Josué 3:10-11,13,15-17

¹⁰—Nisto vocês saberão que o Deus vivo está no meio de vocês e que sem falta expulsará de diante de vocês os cananeus, os heteus, os heveus, os ferezeus, os girgaseus, os amorreus e os jebuseus. ¹¹Eis que a arca da aliança do SENHOR de toda a terra vai passar o Jordão na frente de vocês. [...]
¹³Quando as plantas dos pés dos sacerdotes que levam a arca do SENHOR Deus, o Senhor de toda a terra, tocarem nas águas do Jordão, elas serão cortadas, a saber, as águas que vêm de cima, e se amontoarão. [...]
¹⁵E, quando os que levavam a arca chegaram ao Jordão, e os seus pés se molharam na beira das águas (porque o Jordão transbordava sobre todas as suas ribanceiras, durante todo o tempo da colheita), ¹⁶as águas que vinham de cima pararam de correr; levantaram-se num montão, numa grande distância, até a cidade de Adã, que fica ao lado de Sartã; e as águas que desciam ao mar da Arabá, que é o mar Salgado, foram completamente cortadas. Então o povo passou diante de Jericó. ¹⁷Porém os sacerdotes que levavam a arca da aliança do SENHOR pararam firmes no meio do Jordão, e todo o Israel passou a pé enxuto, atravessando o Jordão.

💡 REFLITA

A arca da aliança representava a presença de Deus no meio do povo. Aqui, os sacerdotes a carregavam para cumprir propósitos divinos e abençoar o povo. Ela foi um divisor de águas nessa etapa rumo à Terra Prometida. A sua vida carrega a presença de Deus? De que forma?

_____
_____
_____
_____
_____

○ REAJA

Quando há propósitos do Senhor estabelecidos para o Seu povo, Ele mesmo abre caminho, diante das dificuldades, para prosseguirem. Você tem experimentado desse agir sobrenatural de Deus? De que forma? Se não, o que pretende fazer para usufruir desse agir divino em sua vida?

_____
_____
_____
_____
_____
_____
_____

🕯 ORE

Senhor, como é incrível o Teu agir! Desde a antiguidade, Tu vens demonstrando o Teu favor sobre o Teu povo. Como ainda podemos duvidar, em alguns momentos, que Tu não estás conosco? Ajuda-me a desenvolver a fé que não apenas crê, mas que também vive o Teu sobrenatural aqui e agora. Anseio verdadeiramente manifestar a Tua presença. Em nome de Jesus, amém!

4 de fevereiro

DESOBEDECER É TRÁGICO

📖 RECEBA
Josué 7:1-3,7,11-13

¹Mas os filhos de Israel foram infiéis em relação às coisas condenadas, porque Acã, filho de Carmi, filho de Zabdi, filho de Zera, da tribo de Judá, pegou para si uma parte das coisas condenadas. A ira do SENHOR se acendeu contra os filhos de Israel. ²Josué enviou alguns homens de Jericó até a cidade de Ai [...]. Os homens foram e espiaram a cidade. ³E voltaram a Josué e lhe disseram: —Não é necessário que vá todo o povo; bastam uns dois ou três mil homens, para atacar a cidade de Ai. [...]
⁷E Josué disse: —Ah! Senhor DEUS, por que fizeste este povo passar o Jordão, para nos entregares nas mãos dos amorreus, para sermos destruídos? Antes tivéssemos nos contentado em ficar do outro lado do Jordão! [...]
¹¹Israel pecou. Quebraram a minha aliança, aquilo que eu lhes havia ordenado, pois tomaram das coisas condenadas, furtaram, mentiram e até debaixo da sua bagagem o puseram. [...] ¹³—Levante-se, santifique o povo e diga: "Santifiquem-se para amanhã, porque assim diz o SENHOR, Deus de Israel: 'Há coisas condenadas no meio de vocês, ó Israel. Vocês não poderão resistir aos seus inimigos enquanto não eliminarem do meio de vocês as coisas condenadas'".

💡 REFLITA
A pré-disposição à infidelidade a Deus está presente inclusive entre os Seus filhos. Se o temor a Ele não predomina, a cobiça se assenhoreia das decisões. A atitude de Acã é um exemplo disso. Você já foi infiel a Deus? Por quê? Qual foi a consequência disso?
_____
_____
_____
_____
_____

⭕ REAJA
Israel foi derrotado por conta do pecado de Acã. Isso comprova que o erro de um pode afetar a muitos. Em que momentos ou ocasiões você é mais tentado a seguir a sua vontade e não obedecer ao Senhor? Como as suas decisões afetam os outros?
_____
_____
_____
_____
_____
_____

🙏 ORE
Pai, perdoa-me por ser, em muitos momentos, infiel a ti ao priorizar meus desejos e ambições e esquecer-me de que a fidelidade e a obediência honram e glorificam o Teu nome. Ajuda-me a entender que as Tuas restrições são para o meu bem. Quero render o meu ser a ti da forma que lhe agrada para que eu seja mais que vencedor no Teu amor. Em nome de Jesus, amém!

5 de fevereiro

AJUDA DO CÉU

OUÇA

📖 RECEBA
Josué 10:6-8,12-15

⁶Os homens de Gibeão mandaram dizer a Josué, no arraial de Gilgal: —Não deixe de ajudar estes seus servos. Venha depressa até aqui! Livre-nos e ajude-nos, pois todos os reis dos amorreus que moram nas montanhas se ajuntaram contra nós. ⁷Então Josué partiu de Gilgal, ele e todo o exército com ele e todos os valentes. ⁸E o Senhor disse a Josué: —Não tenha medo deles, porque eu os entreguei nas suas mãos. Nenhum deles poderá resistir a você. [...]
¹²Então Josué falou ao Senhor, no dia em que o Senhor entregou os amorreus nas mãos dos filhos de Israel. E, na presença dos israelitas, ele disse: "Sol, detenha-se em Gibeão, e você, lua, pare no vale de Aijalom". ¹³E o sol se deteve, e a lua parou até que o povo se vingou de seus inimigos. Não está isso escrito no Livro dos Justos? O sol se deteve no meio do céu e não se apressou a pôr-se, por quase um dia inteiro. ¹⁴Não houve dia semelhante a este, nem antes nem depois dele, tendo o Senhor, assim, atendido à voz de um homem; porque o Senhor lutava por Israel. ¹⁵Então Josué voltou ao arraial, em Gilgal, e todo o Israel foi com ele.

💡 REFLITA
Para ajudar seus irmãos, Josué e todo o exército saiu à guerra, mas quem lutava por Israel era o próprio Deus; por isso, o impossível aconteceu: o Sol e a Lua pararam o seu curso. Ao ler essa narrativa, que pensamentos lhe ocorrem? Qual o maior milagre que você já viu Deus realizar?

_____
_____
_____
_____

🔄 REAJA
O favor de Deus a esta Terra também se manifesta por meio de homens e mulheres que são fiéis a Ele. Você tem permitido que Deus use a sua vida para abençoar as pessoas? O sobrenatural de Deus tem sido um aliado no seu serviço ao Senhor e ao Seu povo? O que comprova isso?

_____
_____
_____
_____
_____

🙏 ORE
Amado Senhor, quando me deparo com algo tão tremendo como essa experiência de Josué, fico a pensar no grau de intimidade que ele tinha contigo, pois Tu lhe atendeste à voz e lutaste junto com ele pelo Teu povo. Pai, ajuda-me a estreitar o meu relacionamento contigo, quero ouvir a tua voz e obedecer a ti. Concede-me o favor de tê-lo sempre ao meu lado. Em nome de Jesus, amém!

6 de fevereiro

EM PLENO VIGOR

📖 RECEBA
Josué 14:7,10-14

⁷Eu tinha quarenta anos quando Moisés, servo do S***enhor***, me enviou de Cades-Barneia para espiar a terra. E eu lhe relatei o que estava no meu coração. [...]
¹⁰—E, agora, eis que o Senhor me conservou com vida, como prometeu. Quarenta e cinco anos se passaram desde que o S***enhor*** falou essas palavras a Moisés, quando Israel ainda andava no deserto; e, agora, eis que estou com oitenta e cinco anos. ¹¹Estou tão forte hoje como no dia em que Moisés me enviou. A força que eu tinha naquele dia eu ainda tenho agora, tanto para combater na guerra como para fazer o que for necessário. ¹²Dê-me agora este monte de que o S***enhor*** falou naquele dia, pois, naquele dia, você ouviu que lá estavam os anaquins, morando em cidades grandes e fortificadas. Se o S***enhor*** Deus estiver comigo, poderei expulsá-los, como ele mesmo prometeu. ¹³Josué o abençoou e deu a cidade de Hebrom a Calebe, filho de Jefoné, para ser a herança dele. ¹⁴Por isso, Hebrom passou a ser de Calebe, filho de Jefoné, o quenezeu, em herança até o dia de hoje, visto que havia perseverado em seguir o S***enhor***, Deus de Israel.

💡 REFLITA
Quando Deus está conosco e é por nós, idade não é um problema, quando se trata de usufruir de Suas promessas. Calebe, com 85 anos, declarou que estava em pleno vigor para novas conquistas, desde que o Senhor estivesse com ele. Em que essa narrativa o encoraja hoje? Por quê?

_____
_____
_____
_____
_____

○ REAJA
Observe o fato de Calebe ter priorizado a causa do Senhor antes de buscar os próprios interesses. Ele cumpriu a missão e somente depois reivindicou a promessa. De que forma isso confronta o seu viver? O que você pode fazer para se realinhar aos propósitos do Senhor?

_____
_____
_____
_____
_____

🙏 ORE

Querido Deus, há tantas coisas em mim que precisam ser realinhadas a Tua vontade. Frequentemente, reclamo que Tu não me abençoas sem considerar o que Tu dizes a respeito do que eu escolho sem ti. Ajuda-me a buscar o Teu Reino em primeiro lugar e a enxergar que os anos são uma dádiva para aperfeiçoar o meu relacionamento contigo. Em nome de Jesus, amém!

7 de fevereiro

LEMBRE-SE DO SENHOR

 OUÇA

📖 RECEBA
Josué 24:2,8,11-14

²Então Josué disse a todo o povo: —Assim diz o Senhor, Deus de Israel: "Antigamente, os pais de vocês, incluindo Tera, pai de Abraão e de Naor, viviam do outro lado do Eufrates e serviam outros deuses". […]
⁸—Daí eu os trouxe à terra dos amorreus, que moravam do outro lado do Jordão. Eles lutaram contra vocês, mas eu os entreguei nas mãos de vocês. Vocês tomaram posse da terra deles, e eu os destruí diante de vocês. […]
¹¹—Vocês atravessaram o Jordão e chegaram a Jericó. Os moradores de Jericó lutaram contra vocês e o mesmo fizeram também os amorreus, os ferezeus, os cananeus, os heteus, os girgaseus, os heveus e os jebuseus. Porém eu os entreguei nas mãos de vocês. […] ¹³Eu lhes dei uma terra em que vocês não trabalharam e cidades que vocês não haviam construído. Vocês estão vivendo nessas cidades, e comem das vinhas e dos olivais que não plantaram.
¹⁴—Agora, pois, temam o Senhor e o sirvam com integridade e com fidelidade. Joguem fora os deuses que os pais de vocês serviram do outro lado do Eufrates e no Egito e sirvam o Senhor.

💡 REFLITA

Josué, no fim da vida, relembrou o povo do favor de Deus para com eles, conclamando-os a temerem e a servirem o Senhor, com integridade e fidelidade, sem se renderem à idolatria. De que forma serem lembrados da própria história os beneficiaria?

_____
_____
_____
_____
_____

○ REAJA

O apelo que o Senhor fez ao Seu povo aqui tinha um caráter preventivo, pois sabia que Israel poderia facilmente se desviar dos Seus caminhos. O que o Senhor deseja evitar quando nos lembra do que Ele fez por nós? De que forma você pode servi-lo com inteireza de coração?

_____
_____
_____
_____
_____
_____

 ORE

Amado Pai, quando revisito a minha própria história, percebo a Tua bondade e a Tua misericórdia me amparando, mesmo em momentos em que desprezei a Tua direção. Faz-me saber que relembrar dos Teus feitos mantém-me unido a ti. Reconheço que tudo que tenho e sou provém de ti. Ajuda-me a servir-te com louvor e gratidão. Em nome de Jesus, amém!

8 de fevereiro

ESCOLHA A QUEM SERVIR

📖 RECEBA
Josué 24:15-21

¹⁵Mas, se vocês não quiserem servir o SENHOR, escolham hoje a quem vão servir: se os deuses a quem os pais de vocês serviram do outro lado do Eufrates ou os deuses dos amorreus em cuja terra vocês estão morando. Eu e a minha casa serviremos o SENHOR. ¹⁶Então o povo respondeu: —Longe de nós abandonar o SENHOR para servir outros deuses! ¹⁷Porque o SENHOR é o nosso Deus. Ele é quem nos tirou, a nós e aos nossos pais, da terra do Egito, da casa da servidão. Ele é quem fez estes grandes sinais aos nossos olhos e nos guardou por todo o caminho em que andamos e entre todos os povos pelo meio dos quais passamos. ¹⁸O SENHOR expulsou de diante de nós todas estas gentes, até o amorreu, morador da terra. Portanto, nós também serviremos o SENHOR, pois ele é o nosso Deus. ¹⁹Então Josué disse ao povo: —Vocês não poderão servir o SENHOR, porque é Deus santo, Deus zeloso, que não perdoará a transgressão e os pecados de vocês. ²⁰Se abandonarem o SENHOR e servirem deuses estranhos, ele se voltará contra vocês, e lhes fará mal, e os destruirá, depois de lhes ter feito bem. ²¹Então o povo disse a Josué: —Não! O que queremos é servir o SENHOR.

💡 REFLITA

Sabendo que sua partida estava próxima, Josué exortou o povo a escolher conscientemente a quem servir: o Senhor ou os deuses. Em sua opinião, ao ler o texto, por que esse líder se despediu do povo dessa forma? Que palavras chamam a sua atenção nesta leitura?

_____
_____
_____
_____
_____

⟳ REAJA

Josué acompanhou o povo de Israel desde a saída do Egito até a conquista da Terra Prometida. Ele testemunhou os altos e baixos do relacionamento deles com o Senhor. Avalie sua própria jornada e pergunte-se: Em que eu preciso ser confrontado neste momento?

_____
_____
_____
_____
_____
_____

🙏 ORE

Senhor, percebo que algumas de minhas decisões são impensadas e que tenho dificuldade em cumprir o que prometo a ti. Perdoa a minha impulsividade até mesmo quanto a coisas relacionadas à Tua causa, pois depois eu as ignoro. Ajuda-me a compreender a seriedade que é escolher servir a ti com integridade. Em nome de Jesus, amém!

9 de fevereiro

SEJA UM EXEMPLO DE FÉ

 OUÇA

📖 RECEBA
Juízes 2:6-12

⁶Depois que Josué despediu o povo, os filhos de Israel se foram, cada um à sua herança, para possuírem a terra. ⁷O povo serviu o Senhor todos os dias de Josué e todos os dias dos anciãos que ainda sobreviveram por muito tempo depois de Josué e que viram todas as grandes obras que o Senhor tinha feito por Israel. ⁸Josué, filho de Num, servo do Senhor, morreu com a idade de cento e dez anos. ⁹Foi sepultado em sua própria herança, em Timnate-Heres, na região montanhosa de Efraim, ao norte do monte Gaás. ¹⁰Toda aquela geração também morreu e foi reunida aos seus pais. E, depois dela, se levantou uma nova geração, que não conhecia o Senhor, nem as obras que ele havia feito por Israel. ¹¹Então os filhos de Israel fizeram o que era mau aos olhos do Senhor, servindo os baalins. ¹²Deixaram o Senhor, Deus de seus pais, que os havia tirado da terra do Egito, e seguiram outros deuses, os deuses dos povos que havia ao redor deles, e os adoraram, e provocaram o Senhor à ira.

💡 REFLITA

A comunhão de Josué com Deus influenciou a geração dele a temer o Senhor. Essa influência, entretanto, não foi tão eficaz para a geração seguinte, que acabou se tornando idólatra. Qual a importância de ter e de ser um exemplo que leva pessoas a conhecerem a Deus?

_____
_____
_____
_____
_____

⟳ REAJA

A narrativa de hoje revela quão facilmente o ser humano se volta à idolatria, e isso não isenta o povo de Deus. Observe ao seu redor. Quem tem sido seu exemplo de fé? Você conhece o Senhor? De que forma você tem impactado a sua geração com o conhecimento de Deus?

_____
_____
_____
_____
_____

🙏 ORE

Amado Senhor, agradeço-te pelo legado de temor ao Teu nome que Teus servos têm deixado enquanto caminham contigo. Ajuda-me a imitá-los na fé para que o conhecimento que tenho de ti não fique apenas comigo. Torna-me capaz de transmitir a minha geração o que tenho aprendido de ti e contigo. Em nome de Jesus, amém!

10 de fevereiro

QUE HERÓI É ESTE?

 OUÇA

📖 RECEBA
Juízes 3:7-11

⁷Os filhos de Israel fizeram o que era mau aos olhos do Senhor e se esqueceram do Senhor, seu Deus; e renderam culto aos baalins e ao poste da deusa Aserá. ⁸Então a ira do Senhor se acendeu contra Israel, e ele os entregou nas mãos de Cusã-Risataim, rei da Mesopotâmia; e os filhos de Israel serviram Cusã-Risataim durante oito anos. ⁹Os filhos de Israel clamaram ao Senhor, e o Senhor lhes suscitou um libertador, que os libertou: Otniel, filho de Quenaz, que era irmão de Calebe e mais novo do que ele. ¹⁰O Espírito do Senhor veio sobre ele, e ele se tornou juiz de Israel. Foi para a guerra, e o Senhor lhe entregou nas mãos Cusã-Risataim, rei da Mesopotâmia, contra o qual ele prevaleceu. ¹¹Então a terra ficou em paz durante quarenta anos. Otniel, filho de Quenaz, morreu.

💡 REFLITA
Deus nunca isentou os filhos de Israel das consequências da idolatria deles, contudo jamais deixou de socorrê-los quando sinceramente clamavam por Ele. Essas ações do Senhor revelam o zelo dele para com o Seu povo. De que maneira você consegue identificar isso em sua jornada com Ele?

_____
_____
_____
_____
_____

◯ REAJA
Deus atende as orações de Seu povo de variadas formas; uma delas é levantar pessoas para socorrê-los, como no caso aqui. Você estaria disposto a ser um desses heróis a serviço de Deus nesta Terra? Peça a Ele que o inspire e lhe indique alguém para você ajudar hoje.

_____
_____
_____
_____
_____

🙏 ORE
Querido Deus, agradeço-te por responderes a mim por meio dos Teus servos. Ajuda-me a estar em comunhão contigo em todo tempo, não apenas quando me encontro em dificuldades. Ensina-me a ser uma das pessoas que se dispõem a manifestar o Teu favor aos outros. Usa-me conforme o Teu querer, pois quando abençoo sou abençoado. Em nome de Jesus, amém!

11 de fevereiro

EXALTE AO SENHOR

OUÇA

📖 RECEBA
Juízes 5:1-5,19-21

¹Naquele dia Débora e Baraque, filho de Abinoão, cantaram assim:
²"Porque os chefes se puseram à frente de Israel, e o povo se ofereceu voluntariamente, bendigam o SENHOR!
³Escutem, ó reis! Ouçam, ó príncipes! Eu, eu mesma cantarei ao SENHOR; salmodiarei ao SENHOR, Deus de Israel."
⁴"Quando tu, ó SENHOR, saíste de Seir, marchando desde o campo de Edom, a terra estremeceu; os céus gotejaram, sim, até as nuvens gotejaram água.
⁵Os montes tremeram diante do SENHOR, e até o Sinai, diante do SENHOR, Deus de Israel." [...]
¹⁹"Vieram reis e lutaram. Os reis de Canaã lutaram em Taanaque, junto às águas de Megido, mas não levaram nenhum despojo de prata.
²⁰Lá do céu as estrelas lutaram; desde os lugares dos seus cursos lutaram contra Sísera.
²¹O ribeiro de Quisom os arrastou, Quisom, o antigo ribeiro.
Avante, ó minha alma, firme!"

💡 REFLITA
Na Bíblia, quando Deus concedia vitória ao Seu povo, uma das formas de celebrar era louvá-lo exaltando o que Ele é e faz. Reconhecer a soberania dele sobre a própria vida e atitudes seria uma forma de engrandecê-lo? Por quê? De que forma o seu viver manifesta isso?

_____
_____
_____
_____
_____

○ REAJA
Na jornada de fé com Deus, um dos recursos para renovar as forças e restaurar o ânimo é trazer à memória os feitos do Senhor. Relembre a história do seu resgate em Cristo. Que canção você pode entoar ao Senhor a partir dessas memórias? Como sua vida pode louvar e exaltar a Deus?

_____
_____
_____
_____
_____

🙏 ORE
Amado Senhor, agradeço-te por sempre me dares razões para louvar-te. Ajuda-me a exaltar o Teu nome com a minha vida, independentemente das circunstâncias. Sei que viver é experimentar alegrias e tristezas, derrotas e vitórias; apesar das adversidades, desejo engrandecer-te pelo Deus que és e pela minha salvação em Cristo. Em nome de Jesus, amém!

12 de fevereiro

VÁ NESSA FORÇA

OUÇA

📖 RECEBA
Juízes 6:7-8,10,12-16

⁷Quando os filhos de Israel clamaram ao Senhor por causa dos midianitas, ⁸o Senhor lhes enviou um profeta, que lhes disse: —Assim diz o Senhor, Deus de Israel: [...] ¹⁰"'Eu sou o Senhor, o Deus de vocês; não adorem os deuses dos amorreus, em cuja terra vocês estão morando'. Mas vocês não deram ouvidos à minha voz". [...] ¹²Então o Anjo do Senhor lhe apareceu e lhe disse: —O Senhor está com você, homem valente. ¹³Gideão respondeu: —Ah! Meu senhor! Se o Senhor Deus está conosco, por que nos aconteceu tudo isto? E onde estão todas as suas maravilhas que os nossos pais nos contaram? Eles disseram: "O Senhor nos tirou do Egito!". Porém, agora, o Senhor nos abandonou e nos entregou nas mãos dos midianitas. ¹⁴Então o Senhor se virou para Gideão e disse: —Vá nessa força que você tem e livre Israel das mãos dos midianitas. Não é verdade que eu estou enviando você? ¹⁵Gideão respondeu: —Ah! Meu Senhor! Como livrarei Israel? Eis que a minha família é a mais pobre em Manassés, e eu sou o menor na casa de meu pai. ¹⁶Mas o Senhor disse: —Já que eu estou ao seu lado, você derrotará os midianitas como se fossem um só homem.

💡 REFLITA
Aqui vemos Deus chamando Gideão para livrar Israel de seus inimigos. Pela própria descrição que ele fez de si, provavelmente, aos nossos olhos, ele não seria o mais indicado para essa missão. Se fosse você que recebesse esse chamado, de que maneira argumentaria com o Senhor?

_____
_____
_____
_____
_____

⭕ REAJA
Algo encorajador é perceber que o Senhor enxerga os Seus servos a partir do que Ele os torna, não conforme o que eles pensam sobre si mesmos. Como você costuma reagir diante de alguns desafios e solicitações? Qual pensamento, sobre você, que mais lhe ocorre nesses momentos?

_____
_____
_____
_____
_____

ORE

Senhor, Tu és incrível! A forma que Tu tens de lidar conosco excede as qualificações ou descrições que podemos fornecer sobre nós. Dou-te graças por me conceituar mediante a Tua obra redentora, e não conforme o meu limitado ser. Ensina-me a enxergar as situações e a mim mesmo pela Tua ótica, pois ela é nítida. Em nome de Jesus, amém!

13 de fevereiro

APENAS TREZENTOS

OUÇA

📖 RECEBA
Juízes 7:2-7

²O Senhor disse a Gideão: —É demais o povo que está com você, para eu entregar os midianitas nas suas mãos. Israel poderia se gloriar contra mim, dizendo: "A minha própria mão me livrou". ³Portanto, anuncie ao povo o seguinte: "Quem estiver assustado e com medo, saia da região montanhosa de Gileade e volte para casa". Então vinte e dois mil homens voltaram, e dez mil ficaram. ⁴Então o Senhor disse a Gideão: —Ainda há povo demais. Faça-os descer até as águas, e ali eu os provarei para você. Aquele de quem eu disser: "Este irá com você", esse de fato irá com você; porém todo aquele de quem eu disser: "Este não irá com você", esse não irá. ⁵Gideão fez com que os homens descessem até as águas. Então o Senhor lhe disse: —Todos os que lamberem a água com a língua, como faz o cachorro, esses você deve pôr à parte, separando-os daqueles que se ajoelharem para beber. ⁶O número dos que lamberam, levando a mão à boca, foi de trezentos homens. Todos os outros se ajoelharam para beber a água. ⁷Então o Senhor disse a Gideão: —Com estes trezentos homens que lamberam a água eu livrarei vocês, e entregarei os midianitas nas suas mãos. Diga a todos os outros que voltem para casa.

💡 REFLITA
Em nossa sociedade, números elevados costumam significar poder e garantia de sucesso. No Reino de Deus, é diferente: para o Senhor, menos de nós é mais dele. Em que aspecto essa perspectiva divina lhe surpreende? Na prática, como isso se manifesta em sua vida?

_____
_____
_____
_____
_____

○ REAJA
O método que Deus usou para separar aqueles que enfrentariam os inimigos é surpreendente. O Senhor deixou claro que era Ele quem traria o livramento a eles. O que você está enfrentando hoje? Você aceitaria vencer na força do Senhor, e não na sua? Por quê?

_____
_____
_____
_____
_____
_____

🙏 ORE
Deus amado, minha mente é limitada e o meu medo paralisante diante de certos embates. Por isso, muitas vezes, Tuas estratégias me parecem sem sentido. Caminhar contigo é um desafio de fé constante. Ajuda-me a depositar toda a minha confiança em ti para que eu consiga realizar o que Tu me orientas a fazer. Em nome de Jesus, amém!

14 de fevereiro

HÁ UM PASSO DA IDOLATRIA

OUÇA

📖 RECEBA
Juízes 8:22-24,26-27

²²Então os homens de Israel disseram a Gideão: —Domine sobre nós, tanto você como o seu filho e o filho de seu filho, porque você nos livrou do poder dos midianitas. ²³Porém Gideão lhes disse: —Não dominarei sobre vocês, nem tampouco meu filho dominará sobre vocês. O Senhor Deus dominará sobre vocês. ²⁴E Gideão continuou: —Mas quero fazer um pedido: que cada um de vocês me dê as argolas do seu despojo. É que os midianitas tinham argolas de ouro, pois eram ismaelitas. [...]
²⁶O peso das argolas de ouro que pediu foi de uns vinte quilos de ouro — sem contar os ornamentos em forma de meia-lua, os pendentes e as roupas de púrpura que os reis dos midianitas usavam, e sem contar os ornamentos que os camelos traziam ao pescoço. ²⁷Disso Gideão fez uma estola sacerdotal e a pôs na sua cidade, em Ofra. E todo o Israel se prostituiu ali, adorando essa estola. E isso veio a ser um tropeço para Gideão e toda a sua casa.

💡 REFLITA

O início da carreira de Gideão, como um dos juízes de Israel, foi muito bom. Todavia, o fim foi trágico. Sua atitude foi uma pedra de tropeço para ele mesmo, para sua casa e para o povo de Deus. Em sua opinião, o que leva alguém a abandonar a Deus e a abraçar a idolatria?

_____
_____
_____
_____
_____

🔄 REAJA

Talvez a intenção de Gideão, a princípio, era de apenas erigir um memorial de vitória, mas foi insensato ao agir sem a orientação divina. Você costuma pedir a direção de Deus para tomar decisões? Observe suas boas intenções. Por que elas são insuficientes para evitar erros? Por quê?

_____
_____
_____
_____
_____

🙏 ORE

Senhor, Criador dos Céus e da Terra, Tu conheces muito bem a inclinação do nosso coração a fabricar ídolos; por isso, és tão firme em nos alertar contra o perigo da idolatria. Ensina-nos a discernir as nossas verdadeiras intenções até mesmo em coisas que fazemos pensando no Teu Reino. Ajuda-nos a ser fiéis a ti em todo tempo. Em nome de Jesus, amém!

15 de fevereiro

ENREDADO PELA SEDUÇÃO

 OUÇA

📖 RECEBA
Juízes 16:6-9,15,17

⁶Então Dalila disse a Sansão: —Peço que você me conte em que consiste a sua grande força e com que você poderia ser amarrado e subjugado. ⁷Sansão respondeu: —Se me amarrarem com sete cordas de arco ainda úmidas, ficarei fraco e serei como qualquer outro homem. ⁸Os governantes dos filisteus trouxeram a Dalila sete cordas de arco, ainda úmidas; e com as cordas ela o amarrou. ⁹Dalila havia deixado alguns homens escondidos no seu quarto. Então ela disse: —Sansão, os filisteus vêm vindo aí! Mas ele arrebentou as cordas de arco como se arrebenta o fio da estopa chamuscada que é colocada perto do fogo. Assim, não se soube em que consistia a força que ele tinha. [...]

¹⁵Então ela lhe disse: —Como você pode dizer que me ama, se não me revela o seu segredo? Por três vezes você zombou de mim e ainda não me contou em que consiste a sua grande força. [...]

¹⁷Então ele contou o seu segredo, dizendo: —Nunca foi passada uma navalha na minha cabeça, porque sou nazireu consagrado a Deus desde o ventre de minha mãe. Se o meu cabelo for cortado, a minha força irá embora, ficarei fraco e serei como qualquer outro homem.

💡 REFLITA

Um dos mais bem-sucedidos estratagemas malignos é a sedução. Não é à toa que vemos Sansão se rendendo a Dalila. Tanto nas narrativas bíblicas quanto nas da contemporaneidade nos deparamos com ela. Em sua opinião, quais os elementos que favorecem o sucesso da sedução?

_____
_____
_____
_____
_____

⭕ REAJA

Esse tipo de manobra entre as pessoas é usado desde os primórdios. Leia Tiago 1:13-15 e observe o processo que ele descreve. Ele é aplicável à sedução? Você pode associá-lo a algo que experimentou ou levou alguém a vivenciar? O que fez ou fará em relação a isso?

_____
_____
_____
_____
_____

🙏 ORE

Senhor, ser atraído, seduzido por algo fora dos Teus caminhos pode me levar a me afastar de ti. Não permitas que a presunção ou a ingenuidade me domine a ponto de eu pensar que as minhas forças são suficientes para lidar com a sedução deste mundo sem pecar. Peço-te que me capacites dia a dia a me submeter ao Teu senhorio e a depender mais de ti. Em nome de Jesus, amém!

16 de fevereiro

A DOR PELA PERDA

📖 RECEBA
Rute 1:1-5,20-21

¹Nos dias em que os juízes julgavam, houve fome na terra de Israel. E um homem de Belém de Judá foi morar por algum tempo na terra de Moabe, com a sua mulher e os seus dois filhos. ²Este homem se chamava Elimeleque, e sua mulher se chamava Noemi. Os filhos se chamavam Malom e Quiliom. Eram efrateus, de Belém de Judá. Foram à terra de Moabe e ficaram ali. ³Algum tempo depois, Elimeleque, o marido de Noemi, morreu, e ela ficou sozinha com os dois filhos. ⁴Estes casaram com mulheres moabitas. O nome de uma delas era Orfa, e o nome da outra era Rute. E ficaram ali quase dez anos. ⁵Depois morreram também Malom e Quiliom, os dois filhos de Noemi. E assim ela ficou sozinha, sem os dois filhos e sem o marido. [...]
²⁰Porém ela lhes dizia: —Não me chamem de Noemi, mas de Mara, porque o Todo-Poderoso me deu muita amargura. ²¹Quando saí daqui, eu era plena, mas o Senhor me fez voltar vazia. Por que, então, querem me chamar de Noemi, se o Senhor deu testemunho contra mim e o Todo-Poderoso me afligiu?

💡 REFLITA

A decisão de pessoas se mudarem para outras cidades ou outros países, em busca de melhores condições de vida, não é nova. Foi o que a família de Noemi fez, porém, a satisfação deles não durou muito. Você costuma pensar em mudanças? Qual a sua maior motivação para isso?

_____
_____
_____
_____
_____

🔄 REAJA

Noemi atribui a perda do marido e dos filhos a Deus, por conta da sua dor, ela passou a se descrever como uma pessoa amarga. De que forma a amargura afeta o nosso relacionamento com Deus e com as pessoas? Pense em maneiras que podem auxiliar você e outros a lidarem com a perda.

_____
_____
_____
_____
_____
_____
_____

🙏 ORE

Pai amado, sei que a dor e o sofrimento fazem parte do viver neste mundo desde a Queda. Ajuda-me a manter o meu olhar em ti para que a amargura não ganhe espaço em meu coração. Agradeço por Tua presença e por me proporcionares consolo, por meio do Espírito Santo, em momentos nos quais enfrento dificuldades ou perdas. Em nome de Jesus, amém!

17 de fevereiro

O SEU DEUS É O MEU DEUS

📖 RECEBA
Rute 1:8,15-19,22

⁸Noemi disse às suas noras:
—Vão agora e voltem cada uma para a casa de sua mãe. E que o Senhor seja bondoso com vocês, assim como vocês foram bondosas com os que morreram e comigo. [...]
¹⁵Então Noemi disse: —Veja! A sua cunhada voltou para o seu povo e para os seus deuses. Vá você também com ela. ¹⁶Porém Rute respondeu: —Não insista para que eu a deixe nem me obrigue a não segui-la! Porque aonde quer que você for, irei eu; e onde quer que pousar, ali pousarei eu. O seu povo é o meu povo, e o seu Deus é o meu Deus. ¹⁷Onde quer que você morrer, morrerei eu e aí serei sepultada. Que o Senhor me castigue, se outra coisa que não seja a morte me separar de você. ¹⁸Quando Noemi viu que Rute estava mesmo decidida a acompanhá-la, deixou de insistir com ela. ¹⁹Então ambas se foram, até que chegaram a Belém. E aconteceu que, ao chegarem ali, toda a cidade se comoveu por causa delas. E as mulheres perguntavam: —Essa não é a Noemi? [...]
²²Foi assim que Noemi voltou da terra de Moabe, com Rute, sua nora, a moabita. E chegaram a Belém no começo da colheita da cevada.

💡 REFLITA
É admirável a atitude de Rute com a sua sogra. Certamente a vida de Noemi, ao testemunhar sobre seu Deus e seu povo, cativou sua nora. A declaração de Rute sugere isso. O que mais chama a sua atenção na atitude e palavras dela? Por quê?

_____
_____
_____
_____
_____

🔄 REAJA
O tipo de relacionamento que elas apresentam é algo abençoador. Elas se tornaram amigas e irmãs na adversidade. Você já experimentou amizade semelhante? Seu modo de viver influencia sua família e amigos a buscarem o Deus que você serve? Tenha isso como propósito de vida!

_____
_____
_____
_____
_____
_____

🙏 ORE

Querido Deus, a Tua Palavra traz exemplos de pessoas que te conheceram por influência de outras. Ajuda-me a viver de forma a expressar que Tu és Senhor da minha vida a despeito das dificuldades que enfrento. Permita-me não apenas ter, mas também ser um amigo que abençoa os Teus amados com o conhecimento da Tua pessoa. Em nome de Jesus, amém!

18 de fevereiro

ATITUDES SÃO TESTEMUNHO

 OUÇA

📖 RECEBA
Rute 2:1-8,11-12

¹Noemi tinha um parente de seu marido, dono de muitos bens, da família de Elimeleque, o qual se chamava Boaz. ²Rute, a moabita, disse a Noemi: —Deixe-me ir ao campo para apanhar espigas atrás daquele que me permitir fazer isso. Noemi respondeu: —Vá, minha filha! ³Ela se foi, chegou ao campo e apanhava espigas atrás dos ceifeiros. Por casualidade entrou na parte do campo que pertencia a Boaz, que era da família de Elimeleque. [...] ⁵Depois, Boaz perguntou ao servo encarregado dos ceifeiros: —De quem é essa moça? ⁶O servo respondeu: —Essa é a moça moabita que veio com Noemi da terra de Moabe. [...] ⁸Então Boaz disse a Rute: —Escute, minha filha, você não precisa ir colher em outro campo, nem se afastar daqui. Fique aqui com as minhas servas. [...]
¹¹Boaz respondeu: —Já me contaram tudo o que você fez pela sua sogra, depois que você perdeu o marido. Sei que você deixou pai, mãe e a terra onde nasceu e veio para um povo que antes disso você não conhecia. ¹²O Senhor lhe pague pelo bem que você fez. Que você receba uma grande recompensa do Senhor, Deus de Israel, sob cujas asas você veio buscar refúgio.

💡 REFLITA

As viúvas, nos tempos bíblicos, dependiam da bondade de outros para sobreviver. Por isso, Rute ia aos campos recolher as espigas que os ceifeiros abandonavam. O fato de ela ter entrado no campo de Boaz foi casualidade ou providência divina? Releia o texto e pense sobre isso.

_____
_____
_____
_____
_____

⭕ REAJA

A decisão de Rute em seguir Noemi e ao Deus de Israel era conhecida. As ações de Rute validavam suas palavras. O que é necessário para se ter um testemunho como esse? Existe algo em sua vida que não é coerente com a sua declaração de fé? O que você fará para mudar isso?

_____
_____
_____
_____
_____

 ORE

Senhor, peço-te que me abençoes nisto: que o meu viver testifique sobre a fé que declaro ter em ti. Não permitas que as minhas ações acabem desabonando o que falo a Teu respeito. Desejo que as minhas palavras e atitudes revelem que verdadeiramente sigo a ti e o que Tu dizes em Tua Palavra. Ajuda-me a ser coerente com a fé que professo ter no Teu filho. Em nome de Jesus, amém!

19 de fevereiro

GENEROSIDADE PRÁTICA

OUÇA

📖 RECEBA
Rute 2:13-16,19-20

¹³Então Rute disse: —Meu caro senhor, você está me favorecendo muito, pois me consolou e falou ao coração desta sua serva, e eu nem mesmo sou como uma das suas servas. ¹⁴Na hora de comer, Boaz disse a Rute: —Venha para cá e coma do pão. Molhe o seu bocado no vinho. Ela se sentou ao lado dos ceifeiros, e Boaz lhe deu grãos tostados de cereais. Ela comeu até ficar satisfeita, e ainda sobrou. ¹⁵Quando ela se levantou para ir apanhar espigas, Boaz deu esta ordem aos seus servos: —Deixem que ela apanhe espigas até no meio dos feixes e não sejam rudes com ela. ¹⁶Tirem também algumas espigas dos feixes e deixem cair, para que ela as apanhe, e não a repreendam. [...]

¹⁹Então Noemi perguntou: —Onde você foi colher hoje? Onde trabalhou? Bendito seja aquele que acolheu você com tanta generosidade! E Rute contou à sua sogra onde havia trabalhado. E acrescentou: —O nome do homem com quem trabalhei hoje é Boaz. ²⁰Então Noemi disse à sua nora: —Que ele seja abençoado pelo Senhor Deus, que não deixou de ser bondoso, nem para com os vivos nem para com os mortos. E Noemi acrescentou: —Esse homem é nosso parente chegado e um dos nossos resgatadores.

💡 REFLITA

O encontro de Rute com Boaz foi um divisor de águas na história dela. No campo de Boaz, Rute usufruiu da própria colheita. Como você descreveria o coração de Boaz a partir da atitude dele? Como você entende a generosidade nesta passagem?

_____
_____
_____
_____
_____

○ REAJA

O exemplo de generosidade de Boaz, aqui exposto, é algo que confronta o coração daquele que geralmente doa apenas o que lhe sobra. Como ser mais intencional em repartir aquilo que é para o próprio consumo? Que nota você daria as suas demonstrações de generosidade? Por quê?

_____
_____
_____
_____
_____
_____

🙏 ORE

Amado Pai, ler a Tua Palavra sempre me confronta quanto ao que eu faço e falo. Tu sempre me mostras exemplos práticos de como o meu coração deveria se mover em prol dos menos favorecidos. Ajuda-me a não ignorar o fato de que posso ajudar com o que tenho. Direciona-me àqueles que Tu desejas abençoar hoje por meu intermédio. Em nome de Jesus, amém!

20 de fevereiro

RESGATADOR DE PLANTÃO

 OUÇA

📖 RECEBA
Rute 3:1-3,6,9-11

¹Noemi, a sogra de Rute, disse: —Minha filha, não é verdade que eu devo procurar um lar para você, para que você seja feliz? ²E esse Boaz, na companhia de cujas servas você esteve, não é um dos nossos parentes? Eis que esta noite ele estará limpando cevada na eira. ³Lave-se, ponha perfume, vista a sua melhor roupa e vá até a eira. Mas não deixe que ele perceba que você está ali, até que ele tenha acabado de comer e beber. […]
⁶Então Rute foi para a eira e fez conforme tudo o que a sua sogra lhe havia ordenado. […]
⁹Boaz perguntou: —Quem é você? Ela respondeu: —Sou Rute, a sua serva. Estenda a sua capa sobre esta sua serva, porque o senhor é um resgatador. ¹⁰Boaz respondeu: —Que você seja bendita do Senhor, minha filha! Você se mostrou mais bondosa agora do que no passado, pois não foi procurar um homem mais jovem, fosse rico ou fosse pobre. ¹¹E agora, minha filha, não tenha medo. Tudo o que você falou eu vou fazer, porque todo o povo da cidade sabe que você é uma mulher virtuosa.

💡 REFLITA
Noemi queria o melhor para Rute e viu em Boaz o futuro que desejava para a nora. Por conhecer as tradições do seu povo, Noemi orientou Rute sobre o que fazer para que Boaz fosse o resgatador que necessitavam. Pense na importância do Resgatador. De que forma isso se aplica a você?

_____
_____
_____
_____
_____
_____

⭕ REAJA
Diante do que conhecia sobre Rute e sobre os costumes de seu país, Boaz se propôs a ajudá-las seguindo o que a Lei prescrevia. Leia Rute 4:1-12 e comente sobre a forma que Boaz lidou com a situação. O que você pode aprender com o modo de agir dele?

_____
_____
_____
_____
_____
_____

🙏 ORE
Senhor, o exemplo de Noemi, Boaz e Rute são inspiradores. Eles viveram na dependência de ti e fizeram o que deviam fazer a fim de viver os Teus propósitos para eles. Ensina-me o valor da experiência e do conhecimento para agir em conformidade e em parceria contigo. Ajuda-me a perceber o meu papel quando desejas te revelar a alguém. Em nome de Jesus, amém!

21 de fevereiro

FINAL FELIZ

📖 RECEBA
Rute 4:9-10,13-17

⁹Então Boaz disse aos anciãos e a todo o povo: —Hoje vocês são testemunhas de que comprei de Noemi tudo o que pertencia a Elimeleque, a Quiliom e a Malom. ¹⁰E também tomo por mulher Rute, a moabita, que foi esposa de Malom, para perpetuar o nome deste sobre a sua herança, para que este nome não seja exterminado dentre seus irmãos e do portão da sua cidade. Hoje vocês são testemunhas disso. [...] ¹³Assim Boaz recebeu Rute, e ela passou a ser a sua mulher. Ele teve relações com ela, e o SENHOR concedeu que ela ficasse grávida e tivesse um filho. ¹⁴Então as mulheres disseram a Noemi: —Bendito seja o SENHOR, que não deixou hoje de lhe dar um neto que será o seu resgatador. Que o nome dele venha a ser famoso em Israel! ¹⁵Nele você terá renovação da vida e consolo na velhice, pois a sua nora, que ama você, o deu à luz, e para você ela é melhor do que sete filhos. ¹⁶Noemi pegou o menino no colo e passou a cuidar dele. ¹⁷As vizinhas lhe deram nome, dizendo: —Nasceu um filho para Noemi! E o chamaram de Obede. Este veio a ser o pai de Jessé, pai de Davi.

💡 REFLITA
Ao observar o início e o desfecho da história de Rute, vemos que ela colheu o que plantou: "O seu povo é o meu povo, e o seu Deus é o meu Deus" (Rute 1:16). Quando você avalia o seu percurso de fé, o que você plantou que agora tem colhido?
_____
_____
_____
_____
_____

🔄 REAJA
As ações de Rute beneficiaram Noemi. Antes, lamentara-se pelas perdas; então alegrou-se com as bênçãos do Senhor, por meio de Rute. De fato, Deus conhece o nosso amanhã. Como confiar e depender de Deus elimina o temor quanto ao futuro? Qual é a sua ação de graças a Deus hoje?
_____
_____
_____
_____
_____
_____
_____

🙏 ORE
Amado Senhor, dou-te graças pela Tua provisão e pelo Teu grande amor. Tenho visto e provado o quanto Tu és bom, pois à medida que planto em ti, colho transformação em meu viver. Agradeço-te por enviares o Redentor que é Cristo e assim me libertar do pecado e mudar a minha história. Ajuda-me a entregar o meu amanhã em Tuas mãos. Em nome de Jesus, amém!

22 de fevereiro

PALAVRAS E AÇÕES QUE FEREM

 OUÇA

📖 RECEBA
1 Samuel 1:1-8

¹Houve um homem de Ramataim-Zofim, da região montanhosa de Efraim, cujo nome era Elcana, filho de Jeroão, filho de Eliú, filho de Toú, filho de Zufe, efraimita. ²Elcana tinha duas mulheres: uma se chamava Ana, e a outra se chamava Penina. Penina tinha filhos; Ana, porém, não tinha. ³Todos os anos esse homem ia da sua cidade para adorar e sacrificar ao Senhor dos Exércitos, em Siló, onde Hofni e Fineias, os dois filhos de Eli, eram sacerdotes do Senhor. ⁴No dia em que Elcana oferecia o seu sacrifício, ele dava porções deste a Penina, sua mulher, e a todos os seus filhos e filhas. ⁵A Ana, porém, dava uma porção dobrada, porque ele a amava, mesmo que o Senhor a tivesse deixado estéril. ⁶Penina, sua rival, a provocava excessivamente para a irritar, porque o Senhor a tinha deixado sem filhos. ⁷Isso acontecia ano após ano. Todas as vezes que Ana ia à Casa do Senhor, a outra a irritava. Por isso Ana se punha a chorar e não comia nada. ⁸Então Elcana, seu marido, lhe disse: —Ana, por que você está chorando? E por que não quer comer? E por que está tão triste? Será que eu não sou melhor para você do que dez filhos?

💡 REFLITA

Ao longo da história, o ambiente familiar sempre foi um dos que mais provocou feridas interiores, seja por palavras ou ações de seus integrantes. Diante das razões já expostas no texto e conforme sua experiência, quais fatores contribuem para as dores da alma? O que fazer quanto a isso?

_____
_____
_____
_____
_____

🔄 REAJA

Aqueles que não sofrem dos mesmos males, geralmente tendem a minimizar o sofrimento alheio. Essa foi basicamente a reação de Elcana à condição de Ana. Como é o seu ambiente familiar? Existe alguma dor, com a qual luta, proveniente dele? Como você tem lidado com isso?

_____
_____
_____
_____
_____
_____

 ORE

Querido Deus, Tu és Aquele que me viu ainda no ventre de minha mãe. A Tua Palavra diz que Tu conheces todos os meus dias. Por isso, sonda o meu coração e vê se há resquícios de palavras e ações nocivas em mim. Cura-me, Senhor! Desejo perdoar e pedir perdão sempre que necessário. Em nome de Jesus, amém!

23 de fevereiro

OUÇO A TUA VOZ

📖 RECEBA
1 Samuel 3:1-4,7-10

¹O menino Samuel servia o S<small>ENHOR</small>, diante de Eli. Naqueles dias, a palavra do S<small>ENHOR</small> era muito rara; as visões não eram frequentes. [...] ³Também Samuel estava deitado no templo do S<small>ENHOR</small>, onde estava a arca da aliança. Antes que a lâmpada de Deus se apagasse, ⁴o S<small>ENHOR</small> chamou o menino: —Samuel, Samuel! Este respondeu: —Eis-me aqui! [...] ⁷Porém Samuel ainda não conhecia o S<small>ENHOR</small>, e a palavra do S<small>ENHOR</small> ainda não havia sido manifestada a ele. ⁸E o S<small>ENHOR</small> chamou Samuel pela terceira vez. Ele se levantou, foi até Eli e disse: —Eis-me aqui, pois você me chamou. Então Eli entendeu que era o S<small>ENHOR</small> quem chamava o menino. ⁹Por isso, Eli disse a Samuel: —Vá deitar. Se alguém chamar, diga: "Fala, S<small>ENHOR</small>, porque o teu servo ouve". E Samuel foi para o seu lugar e se deitou. ¹⁰Então o S<small>ENHOR</small> veio e ali esteve, e chamou como das outras vezes: —Samuel, Samuel! Este respondeu: —Fala, porque o teu servo ouve.

💡 REFLITA

Samuel foi um presente de Deus a Ana em resposta à oração dela. Então, quando o desmamou, ela o levou para o santuário a fim de que ele servisse o Senhor. Desde menino, Samuel aprendeu sobre Deus e o serviço a Ele. Qual a importância de ensinar a Palavra de Deus às crianças?

_____
_____
_____
_____
_____

⚡ REAJA

Ana educou Samuel nos caminhos do Senhor. Ainda menino, Deus o chamou e ele aprendeu a ouvir a Sua voz. Em que momento da sua vida, você ouviu o chamado de Deus à salvação em Cristo? De que maneira você aprendeu a ouvir a voz do Senhor?

_____
_____
_____
_____
_____
_____

🕯️ ORE

Senhor amado, o Teu agir é inigualável e permaneces imutável em Teus propósitos. Alegro-me em ver que Tu continuas chamando pessoas à salvação em Cristo, independentemente da idade delas; usa-me para ajudá-las a ouvirem a Tua voz. Agradeço-te por teres me alcançado e me agraciado com a vida eterna contigo. Em nome de Jesus, amém!

24 de fevereiro

O SENHOR VÊ O CORAÇÃO

📖 RECEBA
1 Samuel 16:1-3,6-7

¹O SENHOR disse a Samuel: —Até quando você terá pena de Saul, se eu o rejeitei como rei de Israel? Encha um chifre de azeite e ponha-se a caminho; vou enviar você a Jessé, o belemita, porque escolhi um dos filhos dele para ser rei. ²Samuel respondeu: —Como posso fazer isso? Saul ficará sabendo e me matará. Então o SENHOR disse: —Leve um novilho e diga: "Vim para oferecer um sacrifício ao SENHOR". ³Convide Jessé para o sacrifício. Eu lhe mostrarei o que você deve fazer, e você ungirá para mim aquele que eu indicar. [...]
⁶Aconteceu que, quando eles chegaram, Samuel viu Eliabe e disse consigo: —Certamente está diante do Senhor o seu ungido. ⁷Porém o Senhor disse a Samuel: —Não olhe para a sua aparência nem para a sua altura, porque eu o rejeitei. Porque o Senhor não vê como o ser humano vê. O ser humano vê o exterior, porém o Senhor vê o coração.

💡 REFLITA

Quando Deus enviou Samuel para ungir o novo rei para Israel, o profeta fixou-se no modelo mental que ele estabelecera a partir de Saul. O Senhor chamou a atenção dele quanto a isso. Deus vê o nosso coração. O que isso significa para você? O que Ele deseja nos ensinar com isso?

_____
_____
_____
_____
_____
_____

⭕ REAJA

É comum o ser humano se deixar levar pelo exterior das pessoas e as conceituar pelo que aparentam. O que você prioriza: a aparência ou o caráter? Por quê? Em que as palavras do Senhor confrontam a sua própria vida? O que você precisa buscar a partir de hoje?

_____
_____
_____
_____
_____
_____

🙏 ORE

Pai do Céu, por vezes valorizo tanto a minha aparência e performance, a fim de agradar aos outros e a mim mesmo, que ignoro o que realmente importa para ti. Ajuda-me a ter um coração conforme a Tua verdade que liberta e transforma. Molda-me segundo o Teu querer para que a vida que derramas em meu interior se manifeste no meu exterior. Em nome de Jesus, amém!

25 de fevereiro

SOBERANIA DIVINA

OUÇA

📖 RECEBA
1 Samuel 16:14-16,19-20,23

¹⁴Depois que o Espírito do SENHOR se retirou de Saul, um espírito mau, vindo da parte do SENHOR, o atormentava. ¹⁵Então os servos de Saul lhe disseram: —Eis que, agora, um espírito mau, enviado por Deus, está atormentando o senhor, ó rei. ¹⁶Por isso, mande que estes seus servos, que estão em sua presença, busquem um homem que saiba tocar harpa. Assim, quando o espírito mau, enviado por Deus, vier sobre o senhor, o homem dedilhará a harpa e o senhor se sentirá melhor. [...]
¹⁹Saul enviou mensageiros a Jessé, dizendo: —Mande-me o seu filho Davi, aquele que está com as ovelhas. ²⁰Então Jessé pegou um jumento e o carregou de pão, um odre de vinho e um cabrito, e enviou-os a Saul por meio de Davi, seu filho. [...]
²³E sempre que o espírito mau, enviado por Deus, vinha sobre Saul, Davi pegava a harpa e a dedilhava. Então Saul sentia alívio e se achava melhor, e o espírito mau se retirava dele.

💡 REFLITA
Observe que o som da harpa de Davi afastava o tormento de Saul, pois "o espírito mau se retirava dele" (v.23). Contudo, esse alívio e bem-estar do rei não perduraram. Em sua opinião, por que isso aconteceu? As palavras de Lucas 11:24-26 podem ser aplicadas aqui? Por quê?

_____
_____
_____
_____

○ REAJA
Saul, em sua presunção, afastou-se de Deus. Devido a isso, Deus o rejeitou e "um espírito mau, vindo da parte do SENHOR, o atormentava" (v.14). Algo maligno pode realmente vir da parte de Deus? Como entender essa afirmação que o texto bíblico apresenta? Pesquise e entenda.

_____
_____
_____
_____
_____

🙏 ORE
Senhor amado, as complexidades que a Tua Palavra traz revelam a Tua soberania sobre todas as coisas. Isso é um tremendo conforto! Peço-te que me ajudes a manter-me nos Teus caminhos e em Tua presença para que o que é maligno não tenha vez em minha vida. Ensina-me a Tua Palavra e ajuda-me a obedecê-la, pois quero viver para ti. Em nome de Jesus, amém!

26 de fevereiro

EM NOME DO SENHOR

OUÇA

📖 RECEBA
1 Samuel 17:4,32,42,45-47

⁴Então do arraial dos filisteus saiu um guerreiro chamado Golias. Ele era da cidade de Gate e tinha quase três metros de altura. [...]
³²Davi disse a Saul: —Que ninguém desanime por causa dele. Este seu servo irá e lutará contra esse filisteu. [...]
⁴²O filisteu olhou e, vendo Davi, o desprezou, porque era apenas um moço ruivo e de boa aparência. [...]
⁴⁵Davi, porém, disse ao filisteu: —Você vem contra mim com espada, com lança e com escudo. Eu, porém, vou contra você em nome do SENHOR dos Exércitos, o Deus dos exércitos de Israel, a quem você afrontou. ⁴⁶Hoje mesmo o SENHOR entregará você nas minhas mãos. Eu o matarei, cortarei a sua cabeça e hoje mesmo darei os cadáveres do arraial dos filisteus às aves dos céus e às feras da terra. E toda a terra saberá que há Deus em Israel. ⁴⁷Toda esta multidão saberá que o SENHOR salva, não com espada, nem com lança. Porque do SENHOR é a guerra, e ele entregará todos vocês nas nossas mãos.

💡 REFLITA

A história de Davi e Golias é uma das mais conhecidas pelo público em geral, tanto que costuma ser usada de maneira análoga quando alguém enfrenta grandes desafios. Entretanto, há muito mais a ser visto aqui. Avalie as motivações desses personagens. Por que Davi saiu vitorioso?

_____
_____
_____
_____
_____

⟳ REAJA

Até Davi entrar em cena, Israel e Deus eram desdenhados pelos filisteus. Descreva a atitude de cada um dos personagens aqui apresentados. Com quem você se identifica: com Davi, com o gigante Golias, ou com o exército e o povo amedrontados? Por quê?

_____
_____
_____
_____
_____
_____

🙏 ORE

Deus querido, ajuda-me a enxergar que Tu és bem maior do que qualquer coisa que eu possa enfrentar neste mundo. Creio que Tu estás comigo nos embates que tentam me destruir e desvalorizar a Tua pessoa para os outros. Ensina-me a confiar plenamente em ti e a enfrentar em Teu nome os desafios que se apresentam diante de mim. Em nome de Jesus, amém!

27 de fevereiro

TEMPO DE DEUS

OUÇA

📖 RECEBA
1 Samuel 24:2-10

²Então Saul tomou três mil homens, escolhidos dentre todo o Israel, e foi ao encalço de Davi e dos seus homens, nas encostas das rochas das cabras selvagens. ³Chegou a uns currais de ovelhas no caminho, onde havia uma caverna. Saul entrou nela, para fazer as suas necessidades. Ora, Davi e os seus homens estavam sentados no mais interior da caverna. [...] ⁶e disse aos seus homens: —O SENHOR Deus me livre de fazer tal coisa ao meu senhor, isto é, que eu estenda a mão contra ele, pois é o ungido do SENHOR. ⁷Com estas palavras, Davi conteve os seus homens e não permitiu que se levantassem contra Saul. Então Saul se levantou, saiu da caverna e seguiu o seu caminho. [...] ⁹E Davi disse a Saul: —Por que o senhor dá atenção às palavras dos que dizem que Davi quer fazer-lhe mal? ¹⁰Eis que hoje o meu senhor pode ver com os seus próprios olhos que o SENHOR Deus o pôs nas minhas mãos nesta caverna, e alguns disseram que eu deveria matá-lo. Mas eu o poupei, porque disse: "Não estenderei a mão contra o meu senhor, pois é o ungido de Deus".

📍 REFLITA
Davi levava Deus a sério. Apesar da chance que teve de se vingar de Saul, ele se submeteu ao tempo do Senhor. Não foi fácil para ele viver como fugitivo; contudo, não lançou mãos da própria força. Que fator foi determinante para Davi agir da forma como agiu?

_____
_____
_____
_____
_____

⭕ REAJA
O autodomínio de Davi nessa ocasião é admirável, pois ele não foi influenciado pela oportunidade, tampouco pelo encorajamento de seus homens. Como você agiria em situação semelhante? De que forma esperar pelo tempo do Senhor pode ajudar você a superar injustiças?

_____
_____
_____
_____
_____

🙏 ORE
Senhor, embora eu esteja consciente de que, por vezes, sofro as consequências das minhas más decisões, há investidas gratuitas contra mim por parte daqueles que me desprezam. Nestes momentos, ajuda-me a permanecer firme no propósito de te servir com integridade de coração e a esperar pelo tempo em que Tu agirás em meu favor. Em nome de Jesus, amém!

28 de fevereiro

PALAVRAS QUE DESVIAM O MAL

📖 RECEBA
1 Samuel 25:21,23-25,27,32-33

²¹Ora, Davi tinha dito: —Com certeza, de nada adiantou ter protegido tudo o que esse homem possui no deserto, e de nada sentiu falta de tudo o que lhe pertence; ele me pagou o bem com o mal. [...]
²³Quando Abigail viu Davi, desceu depressa do jumento e prostrou-se sobre o rosto diante de Davi, inclinando-se até o chão. ²⁴Lançou-se aos pés de Davi e disse: —Meu senhor, que a culpa recaia sobre mim. Permita que esta sua serva fale e escute as palavras da sua serva. ²⁵Que o meu senhor não se importe com aquele homem maligno, a saber, com Nabal, porque ele é o que significa o seu nome. Nabal é o seu nome, e a tolice o acompanha. Eu, porém, esta sua serva, não vi os rapazes que o meu senhor mandou [...].
²⁷Este é o presente que esta sua serva trouxe ao meu senhor; que ele seja dado aos rapazes que seguem o meu senhor. [...]
³²Então Davi disse a Abigail: —Bendito o SENHOR, Deus de Israel, que hoje mandou você ao meu encontro. ³³Bendita seja a sua prudência, e bendita seja você mesma, que hoje me impediu de derramar sangue e de me vingar com as minhas próprias mãos.

💡 REFLITA

Percebe-se pela narrativa que Davi e seus homens prestaram um serviço a Nabal pelo qual gostariam de ser recompensados. Porém, isso não aconteceu e Davi ficou muito irado. Em sua opinião, a negação de Nabal justificaria a ação de Davi, caso ele a concretizasse? Por quê?

_____
_____
_____
_____
_____

🔄 REAJA

Em contrapartida, Abigail entendeu o risco que corriam e agiu imediatamente a fim de desviar o furor de Davi. O que você pensa sobre a ação dela? Cite uma ocasião em que você mediou algum conflito a fim de evitar prejuízos para ambas as partes? Que benefício isso trouxe?

_____
_____
_____
_____
_____
_____
_____

🙏 ORE

Amado Pai, há ocasiões em que o sangue ferve dentro em mim e a minha vontade é revidar, com palavras ou ações. Agradeço-te por me enviares os Teus servos nesses momentos; assim, Tu impedes, por intermédio deles, que eu peque contra mim e contra o próximo. Ajuda-me a manter a sensatez acima da minha ira, dando ouvidos a Tua voz. Em nome de Jesus, amém!

29 de fevereiro

REANIMANDO-SE NO SENHOR

📖 RECEBA

1 Samuel 30:1-2,5-6,18-19

¹Aconteceu que, ao terceiro dia, quando Davi e os seus homens chegaram a Ziclague, os amalequitas já tinham invadido o Sul e a cidade de Ziclague. Tomaram Ziclague e a incendiaram. ²Levaram cativas as mulheres que lá estavam, mas não mataram ninguém, nem pequenos nem grandes; tão somente os levaram consigo e foram embora. [...]
⁵Também as duas mulheres de Davi tinham sido levadas: Ainoã, a jezreelita, e Abigail, a viúva de Nabal, o carmelita. ⁶Davi ficou muito angustiado, pois o povo falava de apedrejá-lo, porque todos estavam amargurados, cada um por causa de seus filhos e suas filhas. Mas Davi se reanimou no Senhor, seu Deus. [...]
¹⁸Assim, Davi salvou tudo o que os amalequitas tinham levado. Também salvou as suas duas mulheres. ¹⁹Não lhes faltou coisa alguma, nem pequena nem grande, nem os filhos, nem as filhas, nem o despojo, nada do que lhes haviam tomado: Davi trouxe tudo de volta.

💡 REFLITA

É compreensível Davi sentir-se angustiado pela ação dos amalequitas bem como pela amargura dos seus guerreiros. A situação era, de fato, desanimadora, mas Davi buscou reanimar-se em Deus e agiu. Qual foi o resultado de Davi não ter se entregado ao desespero e confiado no Senhor?

_____
_____
_____
_____

⭘ REAJA

As provações pelas quais Davi e os que o acompanhavam passaram foram intensas. Na atualidade, em versões diferenciadas, enfrentamos momentos difíceis nos quais a nossa fé é provada. Cite um momento difícil pelo qual passou. Como a fé em Deus ajudou você a superar isso?

_____
_____
_____
_____
_____

🙏 ORE

Senhor, agradeço-te por sempre poder encontrar em ti o ânimo de que preciso para prosseguir. Quando situações difíceis me sobrevêm, sei que jamais me deixas passar por elas sozinho. Ajuda-me a manter firme a minha fé em ti quando as circunstâncias me convidam a considerar outra direção que não é a Tua. Em nome de Jesus, amém!

1.º de março

A BÊNÇÃO DA AMIZADE

 OUÇA

📖 RECEBA
2 Samuel 1:17-20,22-27

¹⁷Davi pranteou Saul e seu filho Jônatas com esta lamentação. ¹⁸E ele ordenou que se ensinasse aos filhos de Judá o Hino ao Arco, que está escrito no Livro dos Justos. ¹⁹"A sua glória, ó Israel, foi morta sobre os seus montes! Como caíram os valentes! ²⁰Não anunciem isso em Gate, nem o publiquem nas ruas de Asquelom, para que não se alegrem as filhas dos filisteus, nem saltem de contentamento as filhas dos incircuncisos. [...]
²²Sem sangue dos feridos, sem gordura dos valentes, nunca se recolheu o arco de Jônatas, nem voltou vazia a espada de Saul. ²³Saul e Jônatas, queridos e amáveis, nem na vida nem na morte se separaram! Eram mais ligeiros do que as águias, mais fortes do que os leões."
²⁴"Filhas de Israel, chorem por Saul! Ele as vestia de rico escarlate, e enfeitava com ouro as roupas de vocês. ²⁵Como caíram os valentes no meio da batalha! Jônatas sobre os montes foi morto! ²⁶Estou angustiado por sua causa, meu irmão Jônatas; você era amabilíssimo para comigo! Excepcional era o seu amor, ultrapassando o amor de mulheres. ²⁷Como caíram os valentes, e pereceram as armas de guerra!"

💡 REFLITA

Davi lamentou profundamente a perda do amigo. Jônatas era alguém leal e íntegro que chegou a arriscar a própria vida em prol de Davi. Observe a amizade deles a partir de 1 Samuel 18 e liste as ações de Jônatas até sua morte. O que mais o impressiona na conduta dele?

_____
_____
_____
_____
_____
_____

♻ REAJA

A amizade de Jônatas e Davi era extraordinária, pois, além de se apoiarem mutuamente, eles tinham comunhão com Deus. Atualmente, isso é algo raro, já que os relacionamentos estão cada vez mais descartáveis. O que é um verdadeiro amigo? Você é ou tem alguém assim?

_____
_____
_____
_____
_____
_____

 ORE

Deus amado, dou-te graças por teres me dado um amigo inigualável: o Teu Filho Jesus. O amor dele por mim é incomparável, pois Ele deu a vida dele por mim. Agradeço-te também por me abençoares com amigos verdadeiros. Ajuda-me a ser leal e íntegro em minhas amizades a fim de expressar a Tua vida e o Teu caráter em mim. Em nome de Jesus, amém!

2 de março

BOAS INTENÇÕES BASTAM?

OUÇA

📖 RECEBA
2 Samuel 6:12,16-18,21-22

¹²Avisaram o rei Davi, dizendo: —O Senhor abençoou a casa de Obede-Edom e tudo o que ele tem, por causa da arca de Deus. Então Davi foi e, com alegria, trouxe a arca de Deus da casa de Obede-Edom à Cidade de Davi. [...]
¹⁶Quando a arca do Senhor estava entrando na Cidade de Davi, Mical, filha de Saul, olhou pela janela. E, ao ver o rei Davi, que ia saltando e dançando diante do Senhor, ela o desprezou em seu coração. ¹⁷Levaram a arca do Senhor e a puseram no seu lugar, no meio da tenda que Davi tinha preparado para ela. Então Davi trouxe holocaustos e ofertas pacíficas diante do Senhor. ¹⁸Depois de trazer os holocaustos e as ofertas pacíficas, Davi abençoou o povo em nome do Senhor dos Exércitos. [...]
²¹Mas Davi disse a Mical: —Eu fiz isso diante do Senhor, que me escolheu em lugar de seu pai e de toda a casa dele, ordenando que eu fosse príncipe sobre o povo do Senhor, sobre Israel. Foi diante do Senhor que me alegrei. ²²E me farei ainda mais desprezível e me humilharei aos meus próprios olhos. Quanto às servas, de quem você falou, serei honrado por elas.

💡 REFLITA

A primeira tentativa de Davi de levar a "arca de Deus" para Jerusalém foi desastrosa (vv.3-9). Ele seguiu sua vontade sem observar *como* deveria transportá-la. Leia 1 Crônicas 15:2-15 e considere: as boas intenções suplantam a forma que Deus estabeleceu para servi-lo? Por quê?

_____
_____
_____
_____
_____

⚙ REAJA

Após Davi alinhar o seu desejo com o direcionamento de Deus, ele foi bem-sucedido em seu intento e pôde dançar alegremente diante do Senhor. Qual a importância de se observar as ordenanças de Deus ao realizar a Sua obra? O que você precisa ajustar com relação a isso?

_____
_____
_____
_____
_____
_____
_____

🙏 ORE

Querido Senhor, como é bom descansar em Tua fidelidade, pois não há nada que Tu peças que não venha acompanhado da Tua orientação para fazê-lo. Desperta-me para buscar em Tua Palavra a direção que necessito para adorar-te e servir-te como Tu desejas. Desejo me alegrar a cada conquista Tua em minha vida. Em nome de Jesus, amém!

3 de março

À MESA DO REI

📖 RECEBA
2 Samuel 9:3-4,7-9,11

³Então Davi perguntou: —Existe mais alguém da família de Saul para que eu use da bondade de Deus para com ele? Ziba respondeu: —Ainda existe um filho de Jônatas, aleijado de ambos os pés. Então o rei perguntou: ⁴—E onde está ele? Ziba respondeu: —Ele está na casa de Maquir, filho de Amiel, em Lo-Debar. [...]
⁷Então Davi lhe disse: —Não tenha medo, porque serei bondoso com você por causa de Jônatas, seu pai. Vou restituir a você todas as terras de Saul, seu pai, e você sentará sempre à minha mesa para comer. ⁸Então Mefibosete se inclinou e disse: —Quem é este seu servo, para que o meu senhor tenha olhado para um cão morto como eu? ⁹Então Davi chamou Ziba, servo de Saul, e lhe disse: —Tudo o que pertencia a Saul e a toda a casa dele eu dei ao neto de seu senhor. [...]
¹¹Ziba disse ao rei: —Farei tudo o que o rei, meu senhor, ordena a este seu servo. E assim Mefibosete passou a fazer as refeições à mesa de Davi, como um dos filhos do rei.

💡 REFLITA

Ao tornar-se rei, Davi demonstrou consideração e bondade para com o neto de Saul. Apesar de poder ignorar Mefibosete, Davi escolheu honrá-lo e permitiu que ele se assentasse à sua mesa. Em que essa atitude de Davi o confronta? Você faria o mesmo? Por quê?

_____
_____
_____
_____

⭕ REAJA

Pela reação de Mefibosete, percebe-se que ele não esperava receber tamanho favor de Davi. Considere esta analogia: Cristo, o Rei, estende Sua graça e favor aos Mefibosetes, pecadores, que carecem de Sua bondade. Como a graça desse Rei o alcança? Como você corresponde a Ele?

_____
_____
_____
_____
_____

🙏 ORE

Pai amado, agradeço-te por estenderes o Teu favor imerecido a mim por meio de Jesus Cristo. O pecado havia aleijado os meus pés impedindo-me de caminhar contigo, mas pela Tua graça, Tu me restauras à Tua presença e à Tua mesa. Dou-te graças por me considerares um dos Teus filhos e me assistires em minhas debilidades. Em nome de Jesus, amém!

4 de março

PEQUEI CONTRA O SENHOR

 OUÇA

📖 RECEBA
2 Samuel 12:2-5,7-9,13-14

²O rico tinha ovelhas e gado em grande número, ³mas o pobre não tinha coisa nenhuma, a não ser uma cordeirinha que havia comprado. Ele a criou, e ela cresceu em sua casa, junto com os seus filhos [...]. ⁴Certo dia chegou um viajante à casa do homem rico, e este não quis pegar uma das suas ovelhas ou um dos seus bois para dar de comer ao visitante que havia chegado; em vez disso, pegou a cordeirinha do homem pobre e a preparou para o homem que havia chegado. ⁵Então o furor de Davi se acendeu contra aquele homem, e ele disse a Natã: —Tão certo como vive o Senhor, o homem que fez isso deve ser morto. [...]
⁷Então Natã disse a Davi: —Esse homem é você. Assim diz o Senhor, o Deus de Israel: "Eu o ungi rei sobre Israel e eu o livrei das mãos de Saul [...]. ⁹Por que, então, você desprezou a palavra do Senhor, fazendo o que era mau aos olhos dele?". [...]
¹³Então Davi disse a Natã: —Pequei contra o Senhor. E Natã respondeu: —Também o Senhor perdoou o seu pecado; você não morrerá. ¹⁴Mas, porque com isto você deu motivo a que os inimigos do Senhor blasfemassem, também o filho que lhe nasceu morrerá.

💡 REFLITA
Natã usou uma metáfora para confrontar Davi, que havia cometido adultério e pecado contra o Senhor. Até então, o rei parecia estar tranquilo com isso, mas foi sacudido ao enxergar o próprio pecado. Quando você peca, como age depois? Em que a Palavra de Deus o confronta hoje?
_____
_____
_____
_____

🔄 REAJA
Davi, ao reconhecer e confessar o próprio pecado, foi perdoado por Deus; contudo, o Senhor deixou claro que haveria consequências. Como você se sente ao saber que o nome do Senhor pode ser blasfemado e ridicularizado por seu pecado? É possível evitar o pecado? De que maneira?
_____
_____
_____
_____
_____

🙏 ORE
Senhor e Pai, concede-me um coração sensível a Tua voz e repleto de amor por ti. Não são poucas as vezes que faço a minha vontade e rejeito a Tua. Perdoa-me por entristecer-te e me comportar, em muitos momentos, como se eu não te conhecesse. Ajuda-me a confessar quando peco para que a minha comunhão contigo não seja interrompida. Em nome de Jesus, amém!

5 de março

LEALDADE *VERSUS* TRAIÇÃO

📖 RECEBA
2 Samuel 15:13-19,21-26

¹³Então um mensageiro veio a Davi, dizendo: —Todo o povo de Israel está seguindo Absalão. ¹⁴Diante disto, Davi disse a todos os servos que estavam com ele em Jerusalém: —Levantem-se, e vamos fugir, porque não poderemos nos salvar de Absalão. Saiam o mais depressa possível, para que ele não nos alcance, lance sobre nós a ruína e passe a cidade a fio de espada. ¹⁵Então os servos do rei lhe disseram: —Eis aqui os seus servos, dispostos a fazer tudo o que o rei, nosso senhor, determinar. [...] ¹⁹Então o rei disse a Itai, o geteu: —Por que também você está indo conosco? [...]
²¹Porém Itai respondeu ao rei: —Tão certo como vive o Senhor Deus, e como vive o rei, meu senhor, no lugar em que estiver o rei, meu senhor, seja para morte seja para vida, lá estará também este seu servo. [...] ²⁵Então o rei disse a Zadoque: —Leve a arca de Deus de volta para a cidade. Se eu encontrar favor aos olhos do Senhor, ele me fará voltar para lá e me deixará ver tanto a arca como a sua habitação. ²⁶Se ele, porém, disser: "Não tenho prazer em você", eis-me aqui; faça de mim o que achar melhor.

💡 REFLITA
Absalão, filho de Davi, por ambicionar o trono de seu pai, criou um estratagema e conquistou o coração do povo para segui-lo. Diante de tal traição, Davi fugiu com sua família e servos. Quais implicações a traição pode trazer à vida de alguém? Como você lida com algo dessa natureza?

_____
_____
_____
_____

🔄 REAJA
Concomitantemente a isso, Davi usufruiu da lealdade e amor de um dos seus servos, Itai. É um grande conforto, em momentos turbulentos, poder contar com alguém que nos ama. O que você entende por amor leal? Em que momentos ele é essencial? Você é alguém leal?

_____
_____
_____
_____

🙏 ORE

Querido Deus, Tu conheces a dor da traição, pois frequentemente os Teus filhos te desobedecem e te abandonam escolhendo seguir o próprio entendimento. Ajuda-me a manifestar um amor leal a ti e aos Teus amados, pois desejo ser alguém com quem o Teu povo e o Teu Reino podem contar. Sonda o meu coração e conduze-me pelos Teus caminhos de vida. Em nome de Jesus, amém!

6 de março

PROCESSANDO O LUTO

OUÇA

📖 RECEBA
2 Samuel 18:31-33; 19:1-4

³¹Então o etíope chegou e disse: —Boas notícias para o rei, meu senhor! Hoje o Senhor Deus livrou o rei das mãos de todos os que se levantaram contra ele. ³²Então o rei perguntou ao etíope: —Vai bem o jovem Absalão? O etíope respondeu: —Que aquilo que aconteceu com aquele jovem aconteça com os inimigos do rei, meu senhor, e todos os que se levantam contra ele. ³³Então o rei, profundamente comovido, subiu à sala que estava por cima do portão e chorou. E, andando, dizia: —Meu filho Absalão, meu filho, meu filho Absalão! Quem me dera que eu tivesse morrido em seu lugar, Absalão, meu filho, meu filho! [...]

¹Disseram a Joabe: —Eis que o rei anda chorando e se lamentando por Absalão. ²Assim, a vitória se tornou, naquele mesmo dia, em luto para todo o povo, porque, naquele dia, o povo tinha ouvido dizer: "O rei está de luto por causa de seu filho". ³Naquele mesmo dia, o povo entrou às escondidas na cidade, como o faz quando foge envergonhado da batalha. ⁴O rei tinha coberto o rosto e exclamava em alta voz: —Meu filho Absalão! Absalão, meu filho! Meu filho!

💡 REFLITA

Independentemente do abalo que sofreu devido à rebelião de Absalão, a notícia de sua morte trouxe grande tristeza a Davi, pois antes de ser seu inimigo, Absalão era seu filho. De que forma você receberia a notícia da morte de alguém considerado um inimigo? Por quê?

_____
_____
_____
_____

⟳ REAJA

A morte daqueles que amamos, familiares ou amigos, é algo difícil de lidar. Por isso, é preciso se permitir as etapas do luto; coisa que, nem sempre, quem está fora da situação entende. Avalie as perdas que já sofreu, você processou o luto de forma saudável? Qual foi o resultado disso?

_____
_____
_____
_____
_____

🙏 ORE

Pai do Céu, por mais que a vida seja um presente Teu, viver é um grande desafio, principalmente, quando enfrentamos perdas. Ajuda-me a processar, de maneira adequada, os meus momentos de luto, a fim de que eu usufrua do consolo e encorajamento que Tu me ofereces. Que eu possa me alegrar em ti quando tristezas me sobrevierem. Em nome de Jesus, amém!

7 de março

MEU SALVADOR

📖 RECEBA
2 Samuel 22:1-7,17-18,32-34

¹Davi falou ao Senhor as palavras deste cântico, no dia em que o Senhor o livrou das mãos de todos os seus inimigos e das mãos de Saul. ²Ele disse: "O Senhor é a minha rocha, a minha fortaleza, o meu libertador; ³o meu Deus, o meu rochedo em que me refugio; o meu escudo, a força da minha salvação, o meu alto refúgio. Ó Deus, tu me salvas da violência. ⁴Invoco o Senhor, digno de ser louvado, e serei salvo dos meus inimigos". ⁵"Porque ondas de morte me cercaram, torrentes de perdição me impuseram terror. ⁶Cadeias infernais me envolveram, e tramas de morte me surpreenderam." ⁷"Na minha angústia, invoquei o Senhor; gritei por socorro ao meu Deus. Do seu templo ele ouviu a minha voz, e o meu clamor chegou aos seus ouvidos." [...]
¹⁷"Do alto o Senhor me estendeu a mão e me segurou; ele me tirou das águas profundas. ¹⁸Livrou-me de forte inimigo e dos que me odiavam, pois eram mais poderosos do que eu. [...]
³²"Pois quem é Deus além do Senhor? E quem é rochedo, a não ser o nosso Deus? ³³Deus é a minha fortaleza e a minha força e ele aperfeiçoa o meu caminho. ³⁴Ele deu aos meus pés a ligeireza das corças e me firmou nas minhas alturas."

💡 REFLITA
Neste salmo, Davi exaltou Aquele que o livrou de seus inimigos: o Senhor que ouviu o seu clamor e lhe deu a vitória. Ele não deixou dúvidas sobre sua fé e confiança em Deus. Em quais momentos você tem mais dificuldade de confiar no Senhor? Por quê? Quem ou o que pode mudar isso?

_____
_____
_____
_____

○ REAJA
Embora fosse conhecido por sua proeza militar, Davi não se vangloriou de seus feitos como guerreiro, mas atribuiu seu triunfo a Deus. Liste os livramentos que Deus já concedeu a você até aqui. O seu coração é grato a Ele? Pelo que você poderia salmodiar o Senhor hoje?

_____
_____
_____
_____
_____

🙏 ORE

Deus amado, dou-te graças porque Tu és tão poderoso e benévolo. Agradeço-te pelo Teu grande feito a meu favor: a salvação, por meio do Teu filho Jesus. Tu me livraste de meus grandes inimigos: o pecado e a morte, pois triunfaste sobre eles. Ajuda-me a render-me a ti e a reconhecer que Tu és quem me concedes a vitória. Em nome de Jesus, amém!

8 de março

OS TRÊS VALENTES

OUÇA

📖 RECEBA
2 Samuel 23:8-17

⁸São estes os nomes dos valentes de Davi: Josebe-Bassebete, filho de Taquemoni, o principal de três [...]. ⁹Depois dele, Eleazar, filho de Dodô, filho de Aoí [...], ¹⁰se levantou e atacou os filisteus. [...]. ¹¹Depois dele vinha Sama, filho de Agé, o hararita, quando os filisteus se juntaram em Leí [...]. ¹²Sama pôs-se no meio daquele terreno, e o defendeu, e matou os filisteus; e o Senhor efetuou grande livramento.
¹³No tempo da colheita, três dos trinta chefes desceram à caverna de Adulão, onde Davi estava; e uma tropa de filisteus tinha acampado no vale dos Refains. ¹⁴Nessa época Davi estava na fortaleza, e a guarnição dos filisteus estava em Belém. ¹⁵Davi suspirou e disse: —Quem me dera beber água do poço que está junto ao portão de Belém! ¹⁶Então aqueles três valentes romperam pelo acampamento dos filisteus, tiraram água do poço junto ao portão de Belém e a levaram a Davi. Ele não a quis beber, mas a derramou como libação ao Senhor. ¹⁷E disse: —Longe de mim, ó Senhor, fazer tal coisa! Beberia eu o sangue dos homens que lá foram colocando em risco a sua vida? E assim não a quis beber. São estas as coisas que fizeram os três valentes.

💡 REFLITA
Entre os guerreiros de Davi, havia os valentes; entre eles, estavam Josebe-Basete, Eleazar e Sama. Eles honraram Davi com a própria vida, e isso foi registrado para honra deles. Como você avalia a atitude deles e a de Davi? Leia Romanos 13:7, você deve honrar alguém? A quem?

_____
_____
_____
_____

○ REAJA
Davi não desprezou o gesto desses três homens, apenas entendeu que aquela oferta, a vida deles, pertencia ao Senhor, não a ele. Que tremendo isso! Davi entregou o seu desejo a Deus, mesmo podendo saciá-lo. Você seria capaz de fazer algo semelhante? Por quê?

_____
_____
_____
_____
_____

🙏 ORE
Querido Senhor, como são impactantes e preciosos os exemplos de lealdade e fé que encontramos em Tua Palavra. Ajuda-me a honrar aqueles, ao meu redor, que honram o Teu nome e o Teu Reino por pertencerem a ti. Ensina-me a dedicar a ti as dádivas que recebo, pois Tu és digno de tudo que o meu ser, em Cristo, é capaz de ofertar-te. Em nome de Jesus, amém!

9 de março

PEDIDO ATENDIDO

📖 RECEBA
1 Reis 3:5-7,9-12

⁵Em Gibeão, o SENHOR apareceu a Salomão de noite, em sonhos. E Deus lhe disse: —Peça o que você quer que eu lhe dê. ⁶Salomão respondeu: —Foste muito bondoso com o teu servo Davi, meu pai, porque ele andou contigo em fidelidade, em justiça e em retidão de coração, diante da tua face. Mantiveste para com ele esta grande bondade e lhe deste um filho que se assentasse no seu trono, como hoje se vê. ⁷E agora, ó SENHOR, meu Deus, tu fizeste reinar teu servo em lugar de Davi, meu pai. Mas eu não passo de uma criança, não sei como devo agir. [...]
⁹Dá, pois, ao teu servo coração compreensivo para governar o teu povo, para que, com prudência, saiba discernir entre o bem e o mal. Pois quem seria capaz de governar este teu grande povo? ¹⁰Estas palavras agradaram ao SENHOR, por haver Salomão pedido tal coisa. ¹¹E Deus lhe disse: —Já que você pediu isso e não me pediu longevidade, nem riquezas, nem a morte de seus inimigos, mas pediu entendimento, para discernir o que é justo, ¹²eis que farei como você pediu. Eu lhe dou um coração sábio e inteligente, de maneira que antes de você nunca houve ninguém igual a você, nem haverá depois de você.

💡 REFLITA

Que experiência incrível essa! Além de Deus ter aparecido a Salomão em sonhos, Ele ainda disse: "Peça o que você quer que eu lhe dê" (v.5). Imagine isso sendo dito a você hoje. O que você pediria ao Senhor? De que maneira você fundamentaria o seu pedido a Ele?

_____
_____
_____
_____
_____
_____

⟳ REAJA

Salomão, antes de apresentar o seu inusitado pedido, enalteceu o Senhor e reconheceu suas necessidades para ser um bom rei. Assim, o Senhor atendeu a sua petição. Leia Tiago 4:2-3. Qual é a causa de as orações não serem respondidas? Em que isso lhe confronta?

_____
_____
_____
_____
_____
_____

🙏 ORE

Senhor e Pai, é tão fácil eu me perder em meio aos meus anseios e esquecer-me realmente do essencial. Ensina-me a orar pedindo o que, de fato, necessito e que agrada a ti. Desejo ter um coração sábio para que meus desejos estejam alinhados com o melhor que Tu tens para mim. Ajuda-me a cumprir os Teus propósitos para minha vida. Em nome de Jesus, amém!

10 de março

SABEDORIA INIGUALÁVEL

📖 RECEBA
1 Reis 4:29-34

²⁹Deus deu a Salomão sabedoria, entendimento fora do comum e uma inteligência tão vasta como a areia que está na praia do mar. ³⁰A sabedoria de Salomão era maior do que a de todos os homens do Oriente e do que toda a sabedoria dos egípcios. ³¹Era mais sábio do que todos os homens: mais sábio do que Etã, ezraíta, e do que Hemã, Calcol e Darda, filhos de Maol. E a sua fama se espalhou por todas as nações ao redor. ³²Compôs três mil provérbios, e os seus cânticos foram mil e cinco. ³³Falou sobre todas as plantas, desde o cedro que está no Líbano até o hissopo que brota dos muros; também falou sobre os animais e as aves, os animais que rastejam e os peixes. ³⁴De todos os povos vinha gente para ouvir a sabedoria de Salomão, e também mensageiros de todos os reis da terra que tinham ouvido falar da sua sabedoria.

💡 REFLITA

Conforme Provérbios 9:10, o fundamento da sabedoria é o "temor do Senhor". Esse temor denota uma confiança em Deus sem superficialidades, envolta em reverência, respeito e admiração por Ele. De que forma a sua vida reflete esse temor a Deus?

_____
_____
_____
_____
_____

⭕ REAJA

Por mais que seja admirável e abrangente, Salomão não adquiriu sua sabedoria, entendimento e inteligência por meios naturais, mas sim por ação divina. Leia o texto bíblico novamente. O que ele revela a você a respeito de Deus, a partir do que é dito sobre Salomão?

_____
_____
_____
_____
_____
_____
_____
_____

🙏 ORE

Deus amado, o Teu agir sobre a vida de Salomão foi algo tremendo! E como Tu és o mesmo hoje, entendo que posso usufruir, por meio do temor a ti, da sabedoria que provém de ti. Ensina-me a temer o Teu nome como Tu desejas a fim de que eu viva o Teu Reino sem superficialidades. Agradeço-te pelas dádivas que Tu concedes a mim e ao Teu povo. Em nome de Jesus, amém!

11 de março

A VOZ DA EXPERIÊNCIA

OUÇA

📖 RECEBA
1 Reis 12:4-9,12-14

⁴—O seu pai nos impôs um pesado jugo; alivie a dura servidão de seu pai e o pesado jugo que ele nos impôs, e nós o serviremos. [...] ⁶O rei Roboão foi pedir conselho aos anciãos que haviam estado na presença de Salomão, seu pai, quando este ainda vivia, dizendo: —Como vocês me aconselham a responder a este povo? ⁷Eles disseram: —Se hoje o senhor se tornar servo deste povo e o servir, e, em resposta, falar boas palavras, eles se farão seus servos para sempre. [...] ⁸Mas Roboão desprezou o conselho que os anciãos lhe tinham dado e foi pedir conselho aos jovens que haviam crescido com ele e o serviam. ⁹Ele perguntou: —O que vocês me aconselham? O que devo responder a este povo que me pediu para aliviar o jugo que o meu pai lhes impôs? [...]
¹²No terceiro dia, Jeroboão e todo o povo foram falar com Roboão, como o rei lhes havia ordenado, dizendo que voltassem em três dias. ¹³O rei deu uma resposta dura ao povo, porque havia desprezado o conselho dos anciãos. ¹⁴Preferiu seguir o conselho dos jovens, dizendo: —Meu pai lhes impôs um pesado jugo, mas eu o tornarei ainda mais pesado. Meu pai castigou vocês com açoites; eu vou castigá-los com escorpiões.

💡 REFLITA

Roboão, sucessor de Salomão, foi insensato ao dar ouvidos aos amigos e desprezar o conselho dos anciãos quanto à reivindicação do povo. O resultado foi desastroso, pois isso dividiu o reino unificado de Israel em dois: Israel ao norte e Judá ao sul. A quem você costuma ouvir? Por quê?

_____
_____
_____
_____
_____

REAJA

É cada vez mais comum, na atualidade, a opinião dos mais velhos e experientes ser ignorada. Para muitos, o que é considerado "ultrapassado" não tem voz ou vez diante do novo. Você avalia as opiniões antes de adotá-las? Qual a importância da sensatez e da experiência nas decisões?

_____
_____
_____
_____
_____

🙏 ORE

Senhor, por vezes, sou tão impulsivo que não considero as consequências das minhas escolhas. Ajuda-me a ser mais prudente quanto a ouvir e a seguir as pessoas à minha volta. Ensina-me a ter a Tua Palavra como parâmetro em minhas decisões. Peço-te que me ajudes a considerar os mais experientes mesmo que isso confronte a minha vontade. Em nome de Jesus, amém!

12 de março

OUÇA O SENHOR, NÃO A HOMENS

OUÇA

📖 RECEBA
1 Reis 13:11,14-18,20-21

¹¹Em Betel morava um velho profeta. Os seus filhos vieram e lhe contaram tudo o que o homem de Deus havia feito naquele dia em Betel. [...]
¹⁴Então ele foi atrás do homem de Deus e, achando-o sentado debaixo de um carvalho, perguntou-lhe: —Você é o homem de Deus que veio de Judá? Ele respondeu: —Sou eu mesmo. ¹⁵Então o velho profeta lhe disse: —Venha comigo até a minha casa e coma alguma coisa. ¹⁶Mas o profeta de Judá respondeu: Não posso voltar com você, nem entrar em sua casa [...]. ¹⁷Porque me foi dito pela palavra do SENHOR: "Ali, você não deve comer nem beber nada; também não deve voltar pelo caminho por onde foi." ¹⁸O velho profeta respondeu: —Também eu sou profeta como você, e um anjo me falou por ordem do SENHOR, dizendo: "Faça-o voltar com você à sua casa, para que coma e beba alguma coisa". Mas isso era mentira. [...]
²⁰Estando eles à mesa, a palavra do SENHOR veio ao profeta que o tinha feito voltar [...], ²¹dizendo: —Assim diz o SENHOR: "Você foi rebelde à palavra do SENHOR e não guardou o mandamento que o SENHOR, seu Deus, lhe havia ordenado".

💡 REFLITA
É lamentável o que vemos aqui: um homem, a quem o Senhor falara diretamente, ignorou a voz divina e deu ouvidos a outro homem simplesmente por ele apresentar uma suposta credencial. Veja em 1 Reis 13:22-29 o resultado disso. O que essa história está falando a você hoje?

_____
_____
_____
_____

⭕ REAJA
Essa narrativa bíblica traz uma séria advertência: cuidado com aqueles que usam o nome de Deus, mas contradizem a Sua Palavra; eles mentem em prol dos próprios interesses. Você consegue identificar isso a sua volta? Como e em quê? Quais são os prejuízos disso à vida espiritual?

_____
_____
_____
_____

🕯️ ORE
Querido Deus, oro aqui as palavras do salmista: "SENHOR, livra-me dos lábios mentirosos, da língua enganadora" (Salmo 120:2). Ajuda-me a conhecer-te profundamente para que eu não seja enredado por mentiras que distorcem a Tua Palavra e me afastam de ti. Desejo andar em comunhão contigo seguindo a Tua verdade. Em nome de Jesus, amém!

13 de março

ABENÇOADO PARA ABENÇOAR

📖 RECEBA
1 Reis 17:8-9,12-16

⁸Então a palavra do SENHOR veio a Elias, dizendo: ⁹—Levante-se e vá a Sarepta, que pertence a Sidom, e fique por lá. Ali ordenei a uma viúva que dê comida para você. [...]
¹²Porém ela respondeu: —Tão certo como vive o SENHOR, seu Deus, não tenho nenhum pão assado. Tenho apenas um punhado de farinha numa panela e um pouco de azeite num jarro. E, como você pode ver, apanhei dois pedaços de lenha e vou preparar esse resto de comida para mim e para o meu filho. Vamos comer e depois morreremos de fome. ¹³Elias disse a ela: —Não tenha medo. Vá e faça o que você disse. Mas primeiro faça um pãozinho com o que você tem e traga-o para mim. Depois, prepare o resto para você e para o seu filho. ¹⁴Porque assim diz o SENHOR, Deus de Israel: "A farinha da panela não acabará, e o azeite do jarro não faltará, até o dia em que o SENHOR fizer chover sobre a terra". ¹⁵A viúva foi e fez segundo a palavra de Elias. Assim, comeram ele, ela e a sua casa durante muitos dias. ¹⁶A farinha da panela não acabou, e o azeite do jarro não faltou, segundo a palavra do SENHOR, anunciada por meio de Elias.

💡 REFLITA

Essa viúva, devido à escassez em que se encontrava, avistava para si e o filho somente a morte. Porém, Deus a surpreendeu com abundância após ela atender o pedido de Elias. Isso revela que o Senhor não ignorava a situação dela. Que tipo de encorajamento esse agir de Deus lhe traz hoje?

_____
_____
_____
_____
_____

◯ REAJA

Deus é tremendo em Seu jeito de ser e de agir. Ele usa a necessidade para manifestar a Sua providência e o Seu favor aos Seus servos. De fato, o pouco com o Senhor é muito. Você tem procurado ajudar os necessitados? O que o motiva a isso?

_____
_____
_____
_____
_____
_____

🙏 ORE

Senhor do Céu, da Terra e de tudo que neles há, perdoa-me por pensar que o que tenho é apenas para mim mesmo e, por vezes, ignorar a Tua direção para atender o necessitado. Ajuda-me a manter os meus olhos abertos para enxergar a forma e a quem Tu desejas abençoar por meu intermédio, pois à medida que abençoo sou abençoado por ti. Em nome de Jesus, amém!

14 de março

O QUE VOCÊ FAZ AÍ?

OUÇA

📖 RECEBA
1 Reis 19:9-12,15-16

⁹E eis que a palavra do Senhor veio a ele e lhe disse: —O que você está fazendo aqui, Elias? ¹⁰Ele respondeu: —Tenho sido muito zeloso pelo Senhor, Deus dos Exércitos, porque os filhos de Israel deixaram a tua aliança, derrubaram os teus altares e mataram os teus profetas à espada. Só fiquei eu, e eles estão querendo tirar-me a vida. ¹¹Então foi-lhe dito: —Saia daí e fique diante do Senhor no monte. Eis que o Senhor estava passando. E um grande e forte vento fendia os montes e quebrava as rochas diante do Senhor. Mas o Senhor não estava no vento. Depois do vento, houve um terremoto. Mas o Senhor não estava no terremoto. ¹²Depois do terremoto, veio um fogo. Mas o Senhor não estava no fogo. E, depois do fogo, veio o som de um suave sussurro. [...]
¹⁵Então o Senhor disse a Elias: —Vá, volte ao seu caminho para o deserto de Damasco. Chegando lá, unja Hazael como rei da Síria. ¹⁶Unja também Jeú, filho de Ninsi, como rei de Israel e Eliseu, filho de Safate, de Abel-Meolá, como profeta em seu lugar.

💡 REFLITA
Depois que Elias eliminou os profetas de Baal, Jezabel mandou dizer a ele que o mataria. Diante disso, "Elias ficou com medo" (v.3) e fugiu. Essa atitude afastou Elias dos propósitos do Senhor? Por quê? Como você costuma agir quando sente medo? Isso o atrapalha? De que maneira?

_____
_____
_____
_____
_____

⭕ REAJA
Deus encontrou Elias em uma caverna e, por duas vezes, perguntou o que ele estava fazendo ali (vv.9,13). A resposta de Elias demonstrou que ele não confiava no Senhor para livrá-lo (vv.10,14). Que lição você entende que Deus deseja ensinar a você aqui?

_____
_____
_____
_____
_____

🙏 ORE
Amado Pai, por vezes sou surpreendido por situações que me apavoram a tal ponto que me esqueço que Tu és refúgio e socorro bem presentes. Ensina-me a lançar fora todo o medo e a me apropriar do Teu perfeito amor por mim. Capacita-me a enfrentar os desafios olhando firmemente para ti a fim de que eu não seja dominado pelas circunstâncias. Em nome de Jesus, amém!

15 de março

PORÇÃO DOBRADA

📖 RECEBA
2 Reis 2:1-2,9-13

¹Quando o Senhor estava para tomar Elias ao céu num redemoinho, Elias saiu de Gilgal em companhia de Eliseu. ²E Elias disse a Eliseu: —Fique aqui, porque o Senhor me enviou a Betel. Mas Eliseu disse: —Tão certo como vive o Senhor, e como você vive, não o deixarei ir sozinho. [...]
⁹Quando eles tinham passado o Jordão, Elias disse a Eliseu: —Diga o que você quer que eu faça por você, antes que eu seja levado embora. Eliseu disse: —Quero receber por herança porção dobrada do seu espírito. ¹⁰Elias respondeu: —Você fez um pedido difícil. Mas, se você me vir quando eu for levado embora, será como você pede; porém, se você não me vir, não será assim. ¹¹Enquanto iam caminhando e falando, eis que um carro de fogo, com cavalos de fogo, os separou um do outro, e Elias subiu ao céu num redemoinho. ¹²Ao ver isso, Eliseu gritou: —Meu pai, meu pai! Carros de Israel e seus cavaleiros! E nunca mais ele viu Elias. E, pegando a sua própria roupa, rasgou-a em duas partes. ¹³Então levantou o manto de Elias, que havia caído, e voltou para a margem do Jordão.

💡 REFLITA
Elias é um dos casos raros na Bíblia, pois ele não passou pela morte, algo tão comum aos seres humanos; simplesmente, ele foi arrebatado. Pesquise a vida de Elias. Em sua opinião, quais fatores foram determinantes para que o Senhor agisse assim com ele? Em que isso lhe desafia?

_____
_____
_____
_____

○ REAJA
Eliseu era um fiel discípulo de Elias e fez um pedido ousado ao seu mestre. Elias não o repreendeu, mas impôs uma condição: Eliseu teria que vê-lo ser arrebatado para receber o que pediu. O que você pensa que isso exigiu de Eliseu? O que você pode aprender com esse exemplo?

_____
_____
_____
_____

🙏 ORE
Senhor, entendo que, se eu caminhar verdadeiramente contigo, poderei viver o Teu sobrenatural. Eu sei que Tu ages de forma específica conforme o que designaste para os Teus servos. Ajuda-me a fazer a minha parte, pois quero usufruir do que Tu dispões a mim e experimentar mais de ti. Ajuda-me a andar contigo sempre. Em nome de Jesus, amém!

16 de março

QUEBRA DE PARADIGMAS

 OUÇA

📖 RECEBA
2 Reis 5:9-14

⁹Então Naamã foi com os seus cavalos e os seus carros e parou à porta da casa de Eliseu. ¹⁰Eliseu lhe mandou um mensageiro, dizendo: —Vá e lave-se sete vezes no Jordão, e a sua carne será restaurada, e você ficará limpo. ¹¹Mas Naamã ficou indignado e se foi, dizendo: —Eu pensava que ele certamente sairia para falar comigo, ficaria em pé, invocaria o nome do SENHOR, seu Deus, passaria a mão sobre o lugar da lepra e restauraria o leproso. ¹²Por acaso não são Abana e Farfar, rios de Damasco, melhores do que todas as águas de Israel? Será que eu não poderia me lavar neles e ficar limpo? Deu meia-volta e foi embora muito irritado. ¹³Então os seus oficiais se aproximaram e lhe disseram: —Meu pai, se o profeta tivesse dito alguma coisa difícil, por acaso o senhor não faria? Muito mais agora que ele apenas disse: "Lave-se e você ficará limpo". ¹⁴Então Naamã desceu e mergulhou no Jordão sete vezes, conforme a palavra do homem de Deus; e a sua pele se tornou como a pele de uma criança, e ficou limpo.

💡 REFLITA
Eliseu seguiu os passos de Elias em servir o Senhor. Sua reputação como homem de Deus cruzou fronteiras. Naamã, "comandante do exército do rei da Síria" (v.1) foi a Israel, em busca de cura, por conta do testemunho de uma menina (v.2). O que mais chama a sua atenção nessa história?

_____
_____
_____
_____

⚙ REAJA
Não foi a credencial de Naamã que levou Eliseu a atendê-lo. Leia 2 Reis 5:3-8, qual foi o motivo? Esse comandante, certamente, precisava de cura, mas não apenas da lepra. Como você avalia a atitude de Eliseu e a reclamação de Naamã? Por quê? Em que isso lhe confronta?

_____
_____
_____
_____
_____

🕯 ORE
Querido Deus, agradeço-te pela Tua Palavra quebrar os padrões mentais que estabeleço para Tu agires em minha vida. Tu vês muito além da necessidade que apresento a ti, pois Tu enxergas o estado da minha alma e desejas me transformar de dentro para fora. Ajuda-me a renovar a minha mente pelos Teus preceitos, pois desejo conhecer a Tua vontade. Em nome de Jesus, amém!

17 de março

PERDER PARA GANHAR

📖 RECEBA
2 Reis 8:1-6

¹Eliseu falou àquela mulher cujo filho ele havia restaurado à vida, dizendo: —Levante-se e saia daqui com os membros de sua casa e fique peregrinando onde você puder peregrinar, porque o Senhor determinou que haverá uma fome neste país, a qual irá durar sete anos. ²A mulher se levantou e fez segundo a palavra do homem de Deus: saiu com os de sua casa e peregrinou durante sete anos na terra dos filisteus. ³Ao final dos sete anos, a mulher voltou da terra dos filisteus e foi falar com o rei, para reclamar a sua casa e as suas terras. ⁴O rei estava falando com Geazi, o servo do homem de Deus, dizendo: —Conte-me todas as grandes obras que Eliseu tem feito. Ele estava contando ao rei como Eliseu havia restaurado à vida um morto, quando a mulher cujo filho ele havia restaurado à vida chegou para reclamar a sua casa e as suas terras [...]. ⁶O rei interrogou a mulher, e ela lhe contou tudo. Então o rei colocou um oficial à disposição da mulher e lhe deu a seguinte ordem: —Faça com que lhe seja restituído tudo o que era dela, inclusive todas as rendas do campo desde o dia em que deixou a terra até agora.

💡 REFLITA

Diante da tremenda experiência que tivera anteriormente (veja 2 Reis 4:8-37), a mulher não hesitou em agir conforme Eliseu orientara. O que você pensa dessa palavra do profeta à mulher? Seria fácil para você seguir uma orientação semelhante a essa? Por quê?

_____
_____
_____
_____
_____

○ REAJA

Certamente, a atitude da mulher garantiu sobrevivência a ela e a sua família. Observe que, quando ela retornou, ao falar com o rei e por conta do testemunho dela, recebeu o favor dele. De que forma a obediência contribuiu para esse desfecho? Isso lembra você de algo, o quê?

_____
_____
_____
_____
_____
_____
_____

🙏 ORE

Senhor amado, ensina-me a enxergar que, dentro dos Teus propósitos, as perdas podem significar ganhos. Ajuda-me a discernir a Tua voz em meio às vozes que emergem das dificuldades, pois creio que se eu seguir a Tua orientação estarei seguro em ti. Livra-me dos receios que tenho quanto ao futuro. Desejo confiar plenamente na Tua provisão. Em nome de Jesus, amém!

18 de março

CONFIANÇA EM DEUS

OUÇA

📖 RECEBA
2 Reis 19:9-10,14-19

⁹Quando o rei ouviu dizer que Tiraca, rei da Etiópia, havia saído para guerrear contra ele, mandou de novo mensageiros a Ezequias, com esta missão: ¹⁰—Digam a Ezequias, rei de Judá: "Não deixe que o seu Deus, em quem você confia, o engane, ao dizer: 'Jerusalém não será entregue nas mãos do rei da Assíria'". [...] ¹⁴Ezequias recebeu a carta das mãos dos mensageiros e a leu. Então Ezequias subiu à Casa do Senhor e estendeu a carta diante do Senhor. ¹⁵E Ezequias orou diante do Senhor, dizendo: —Ó Senhor, Deus de Israel, que estás entronizado acima dos querubins, somente tu és o Deus de todos os reinos da terra; tu fizeste os céus e a terra. ¹⁶Inclina, ó Senhor, os ouvidos e ouve; abre, Senhor, os olhos e vê; ouve as palavras de Senaqueribe, as quais ele enviou para afrontar o Deus vivo. ¹⁷É verdade, Senhor, que os reis da Assíria assolaram todas as nações e suas terras ¹⁸e lançaram no fogo os deuses deles, porque não eram deuses, mas objetos de madeira e pedra, feitos por mãos humanas; por isso, os destruíram. ¹⁹Agora, ó Senhor, nosso Deus, livra-nos das mãos dele, para que todos os reinos da terra saibam que só tu, ó Senhor, és Deus.

💡 REFLITA

Observe o terrorismo psicológico que os inimigos fizeram na tentativa de abalar a fé de Ezequias e intimidá-lo. De fato, os reis da Assíria assolaram outras nações, mas não eram páreo para o Deus Altíssimo. De que maneira a sua fé em Deus já foi colocada à prova? O que fez a respeito?

_____
_____
_____
_____

○ REAJA

Ezequias entendeu a ameaça contra ele como uma afronta ao Deus vivo. Por isso, pegou a carta recebida, apresentou-a ao Senhor e orou. Primeiro, ele enalteceu a Deus e, em seguida, pediu por livramento. O que mais chama a sua atenção na atitude de Ezequias? Por quê?

_____
_____
_____
_____
_____

🙏 ORE

Deus Todo-poderoso, por vezes o inimigo da minha alma me intimida a tal ponto que não me atento a Tua soberania, pois tudo que vejo e ouço são os meus temores. Ajuda-me a conhecer-te e a crescer genuinamente em confiança em ti. Leva-me ao entendimento de quem sou em ti. Vê as afrontas em minha vida e vence-as por amor do Teu nome. Em nome de Jesus, amém!

19 de março

AVIVAMENTO

OUÇA

📖 RECEBA
2 Reis 22:1-2,8,10-13

¹Josias tinha oito anos de idade quando começou a reinar e reinou trinta e um anos em Jerusalém. A mãe dele se chamava Jedida e era filha de Adaías, de Boscate. ²Josias fez o que era reto aos olhos do Senhor, andou em todo o caminho de Davi, seu pai, e não se desviou nem para a direita nem para a esquerda. [...]
⁸Então o sumo sacerdote Hilquias disse ao escrivão Safã: —Achei o Livro da Lei na Casa do Senhor. Hilquias entregou o livro a Safã, e este o leu. [...]
¹⁰Depois o escrivão Safã anunciou ao rei: —O sacerdote Hilquias me entregou um livro. E Safã o leu diante do rei. ¹¹Quando ouviu as palavras do Livro da Lei, o rei rasgou as suas roupas. ¹²Então deu ordens a Hilquias, o sacerdote, a Aicão, filho de Safã, a Acbor, filho de Micaías, a Safã, o escrivão, e a Asaías, servo do rei, dizendo: ¹³—Vão consultar o Senhor por mim, pelo povo e por todo o Judá, a respeito das palavras deste livro que foi encontrado. Porque é grande o furor do Senhor, que se acendeu contra nós, porque os nossos pais não deram ouvidos às palavras deste livro, para fazerem segundo tudo o que está escrito a nosso respeito.

💡 REFLITA
O que é dito sobre Josias é notável. Seu reinado foi virtuoso, pois "fez o que era reto aos olhos do Senhor" (v.2). Considerando a atuação do Espírito Santo, no tempo de Josias, como você imagina que ele conseguiu esse feito? E você, consegue fazer isso hoje? De que maneira?
_____
_____
_____
_____
_____

🔄 REAJA
O "Livro da Lei" estava perdido na própria "Casa do Senhor" (v.8), foi por causa de uma reforma que ele foi encontrado. O que essa constatação traz de lição a você hoje? O avivamento começa por voltarmos à Palavra de Deus e colocá-la em prática. Como você vivido a Palavra de Deus?
_____
_____
_____
_____
_____
_____

🙏 ORE
Amado Deus, agradeço-te por ter acesso às Escrituras hoje e pelo Teu Espírito habitar em mim mediante a salvação que tenho em Cristo. Peço-te que não permitas que eu negligencie a Tua Palavra a ponto de perdê-la em meio ao serviço que presto a ti. Ajuda-me a buscar-te de coração e obedecer a ti, pois quero fazer o que é reto aos Teus olhos. Em nome de Jesus, amém!

20 de março

REFORMA ESPIRITUAL

OUÇA

📖 RECEBA
2 Reis 23:12-14,21,24-25

¹²O rei também derrubou os altares que estavam sobre a sala de Acaz, sobre o terraço, altares que foram feitos pelos reis de Judá, bem como os altares que Manassés tinha construído nos dois átrios da Casa do SENHOR. Ele os fez em pedaços, tirou dali e lançou o pó deles no ribeiro de Cedrom. [...] ¹⁴Semelhantemente, fez em pedaços as colunas, cortou os postes da deusa Aserá e encheu de ossos humanos o lugar onde haviam estado. [...]
²¹O rei deu ordem a todo o povo, dizendo: —Celebrem a Páscoa ao SENHOR, o Deus de vocês, como está escrito neste Livro da Aliança. [...]
²⁴Josias também eliminou os médiuns, os feiticeiros, os ídolos do lar, os ídolos e todas as abominações que se viam na terra de Judá e em Jerusalém, para cumprir as palavras da lei, que estavam escritas no livro que o sacerdote Hilquias havia achado na Casa do SENHOR. ²⁵Antes dele, não houve rei que lhe fosse semelhante, que se convertesse ao SENHOR de todo o seu coração, de toda a sua alma e com todas as suas forças, segundo toda a Lei de Moisés; e, depois dele, nunca se levantou outro igual.

💡 REFLITA
A reforma espiritual empreendida por Josias foi incomparável, tanto que "depois dele, nunca se levantou outro [rei] igual" (v.25). Uma de suas medidas foi combater a idolatria, pois desejava que o povo voltasse para Deus. Por que erigir ídolos no coração é algo tão fácil de acontecer?
_____
_____
_____
_____

⭘ REAJA
Afastar-se de Deus é uma tendência antiga e tem consequências trágicas. Sabendo disso, Josias cumpriu o que o "Livro da Aliança" prescrevia, pois queria o melhor para si e para seu povo. De que maneira a postura de Josias o confronta pessoalmente hoje? O que fará quanto a isso?
_____
_____
_____
_____
_____
_____

🙏 ORE
Senhor, reconheço o quanto sou infiel em guardar a Tua Palavra. Perdoa-me por me deixar levar, muitas vezes, não pelos ventos do avivamento que necessito, mas pelas ondas mercadológicas do momento. Livra-me do mal da idolatria, ajuda-me a perceber os ídolos que abrigo. Ensina-me a servir-te com integridade de coração e com todas as minhas forças. Em nome de Jesus, amém!

21 de março

CELEBRANDO COM JÚBILO

📖 RECEBA
1 Crônicas 16:1-11

¹Levaram a arca de Deus e a puseram no meio da tenda que Davi tinha preparado para ela. Então trouxeram holocaustos e ofertas pacíficas diante de Deus. ²Depois de trazer os holocaustos e as ofertas pacíficas, Davi abençoou o povo em nome do Senhor. [...] ⁴Designou dentre os levitas os que haviam de ministrar diante da arca do Senhor, e celebrar, louvar e exaltar o Senhor, Deus de Israel, a saber, ⁵Asafe, o chefe, Zacarias, o segundo, e depois Jeiel, Semiramote, Jeiel, Matitias, Eliabe, Benaia, Obede-Edom e Jeiel, com liras e harpas; e Asafe fazia ressoar os címbalos. ⁶Os sacerdotes Benaia e Jaaziel estavam continuamente com trombetas, diante da arca da aliança de Deus. ⁷Foi naquele dia que Davi encarregou, pela primeira vez, Asafe e seus irmãos de celebrarem com hinos o Senhor. ⁸Deem graças ao Senhor, invoquem o seu nome; tornem conhecidos entre os povos os seus feitos. ⁹Cantem a Deus, cantem louvores a ele; falem de todas as suas maravilhas. ¹⁰Gloriem-se no seu santo nome; alegre-se o coração dos que buscam o Senhor. ¹¹Busquem o Senhor e o seu poder; busquem continuamente a sua presença.

💡 REFLITA

Após Davi observar as ordenanças do Senhor quanto ao transporte da "arca de Deus", ele finalmente a levou para Jerusalém. Este feito foi celebrado com expressivo júbilo pelo rei e pelo povo. Por que isso trouxe tamanha alegria a eles? O que significava a arca para Israel?

_____
_____
_____
_____
_____

○ REAJA

Nessa celebração, foram introduzidos, pela primeira vez, hinos de louvor ao Senhor. Assim, a música e os cânticos, desde então, passaram a fazer parte do culto ao Senhor. Que lugar o louvor e a ação de graças a Deus ocupam em sua vida? O que a presença do Senhor significa para você?

_____
_____
_____
_____
_____

🙏 ORE

Sê exaltado Senhor, pois Tu és grande e maravilhoso em todas as Tuas obras. Que o meu ser se renda completamente à Tua presença em reconhecimento de que não há nada nem ninguém semelhante a ti. Peço-te, amado da minha alma, que me ensines a entoar os mais altos louvores ao Teu nome por meio do meu viver. Em nome de Jesus, amém!

22 de março

SÓ O SENHOR É DEUS

 OUÇA

📖 RECEBA
1 Crônicas 17:16-20,23-24

¹⁶Então o rei Davi se pôs diante do Senhor e disse: —Quem sou eu, Senhor Deus, e qual é a minha casa, para que me tenhas trazido até aqui? ¹⁷E como se isto fosse pouco aos teus olhos, ó Deus, também falaste a respeito da casa de teu servo para tempos distantes e me trataste como se eu fosse um homem ilustre, ó Senhor Deus. ¹⁸Que mais ainda te poderá dizer Davi a respeito das honras feitas a teu servo? Pois tu conheces bem o teu servo. ¹⁹Ó Senhor, por amor de teu servo e segundo o teu coração, fizeste toda esta grandeza, para tornar conhecidas todas estas grandes coisas!
²⁰—Senhor, não há ninguém semelhante a ti, e não há outro Deus além de ti, segundo tudo o que nós mesmos temos ouvido. [...]
²³—E agora, Senhor, quanto a esta palavra que disseste a respeito de teu servo e a respeito da sua casa, seja estabelecida para sempre; e faze como falaste. ²⁴Seja estabelecido e para sempre engrandecido o teu nome, e que se diga: "O Senhor dos Exércitos, o Deus de Israel, é Deus para Israel". E a casa de Davi, teu servo, será estabelecida diante de ti.

💡 REFLITA
Diante das promessas feitas pelo Senhor, por meio do profeta Natã (vv.1-15), Davi orou e exaltou a Deus reconhecendo a Sua bondade para com ele, pois tudo que ele era e tinha lhe fora concedido pelo Altíssimo. De que forma a postura de Davi é um exemplo a ser seguido?

_____
_____
_____
_____
_____

○ REAJA
Pela narrativa bíblica, você diria que Davi foi humilde nas declarações que fez? Por quê? Veja estas palavras: "Deus resiste aos soberbos, mas dá graça aos humildes" (Tiago 4:6), de que maneira elas se aplicam à história de Saul e de Davi? Em que elas o desafiam pessoalmente hoje?

_____
_____
_____
_____
_____

🙏 ORE
Senhor do Céu e da Terra, Tu és o único e verdadeiro Deus! Agradeço-te por te importares comigo e me assistires com a Tua graça e misericórdia. Diariamente Tu me privilegias com a Tua inigualável presença e me tornas mais que vencedor no Teu amor. Ajuda-me a manter o meu coração humilde diante de ti para que a soberba não me domine. Em nome de Jesus, amém!

23 de março

DESÍGNIO DIVINO

 OUÇA

📖 RECEBA
1 Crônicas 28:9-13,20

⁹—Quanto a você, meu filho Salomão, conheça o Deus de seu pai e sirva-o de coração íntegro e espírito voluntário, porque o Senhor esquadrinha todos os corações e penetra todos os desígnios do pensamento. Se você o buscar, ele se deixará achar por você; mas, se você o abandonar, ele o rejeitará para sempre. [...] ¹¹Davi entregou a Salomão, seu filho, a planta do pórtico com as suas casas, as suas tesourarias, os seus cenáculos e as suas câmaras interiores, bem como do lugar do propiciatório. ¹²Também entregou a planta de tudo o que tinha em mente com referência aos átrios da Casa do Senhor, e a todas as câmaras ao redor, para os tesouros da Casa de Deus e para os tesouros das coisas consagradas. ¹³Deu-lhe instruções para organizar os turnos dos sacerdotes e dos levitas, e para toda obra do ministério da Casa do Senhor, e para todos os utensílios para o serviço da Casa do Senhor. [...]
²⁰Então Davi disse a Salomão, seu filho: —Seja forte e corajoso e mãos à obra! Não tenha medo, nem fique assustado, porque o Senhor Deus, meu Deus, estará com você. Ele não o deixará, nem o abandonará, até que você termine todas as obras para o serviço da Casa do Senhor.

💡 REFLITA

Davi intencionava construir a "Casa de Deus", mas por causa do seu histórico de guerras, o Senhor não o permitiu (vv.2-6). Diante disso, Davi entregou os materiais que havia juntado e os planos para o Templo ao seu sucessor. Em sua opinião, foi fácil ou difícil para ele fazer isso? Por quê?

_____
_____
_____
_____
_____
_____

↻ REAJA

Deus atribuiu a Salomão a tarefa de edificar o Templo; então Davi trata de instruir seu filho a isso. Releia os conselhos de Davi a Salomão, quais deles você poderia aplicar a sua vida hoje? O que a submissão de Davi, a esse desígnio divino, ministra a você?

_____
_____
_____
_____
_____
_____

 ORE

Amado Deus, de fato, "O coração do ser humano pode fazer planos, mas a resposta certa vem dos lábios do Senhor" (Provérbios 16:1). Ensina-me a receber as Tuas respostas, sejam elas sim ou não, como parte dos Teus planos para minha vida. Ajuda-me a desenvolver o caráter da rendição a ti, pois somente assim as minhas ações glorificarão a ti. Em nome de Jesus, amém!

24 de março

CORAÇÃO SINCERO

📖 RECEBA
1 Crônicas 29:11-14,17-19

¹¹Teu, SENHOR, é o poder, a grandeza, a honra, a vitória e a majestade, porque teu é tudo o que há nos céus e na terra. Teu, SENHOR, é o reino, e tu te exaltaste como chefe sobre todos. ¹²Riquezas e glória vêm de ti. Tu dominas sobre tudo, e na tua mão há força e poder. Contigo está o engrandecer e dar força a todos. ¹³Agora, ó nosso Deus, graças te damos e louvamos o teu glorioso nome. ¹⁴Porque quem sou eu, e quem é o meu povo para que pudéssemos dar voluntariamente estas coisas? Porque tudo vem de ti, e nós só damos o que vem das tuas mãos. [...] ¹⁷Bem sei, meu Deus, que tu provas os corações e que te agradas da sinceridade. Eu também, na sinceridade de meu coração, dei voluntariamente todas estas coisas, e acabo de ver com alegria que o teu povo aqui reunido te faz ofertas voluntariamente. ¹⁸SENHOR, Deus de nossos pais Abraão, Isaque e Israel, conserva para sempre no coração do teu povo estas disposições e pensamentos; firma o coração deles em ti. ¹⁹E ao meu filho Salomão dá coração íntegro para guardar os teus mandamentos, os teus testemunhos e os teus estatutos, fazendo tudo para edificar este palácio para o qual fiz todos estes preparativos.

💡 REFLITA
Davi não desperdiçava as oportunidades para louvar e engrandecer a Deus. As declarações dele dão uma ideia de como ele, de fato, conhecia o Senhor. O que é necessário para se conhecer e se relacionar profundamente com Deus? Isso é algo que você tem buscado? De que forma?

_____
_____
_____
_____
_____

⭕ REAJA
Esse salmista, tinha um profundo amor por Deus e Sua Palavra. O coração de Davi era sincero em buscar o que agradava ao Senhor. Logo, ele desejava que o seu povo e sua família fizessem o mesmo. Quais benefícios a sinceridade, indicada por Davi, pode trazer às áreas de sua vida?

_____
_____
_____
_____
_____
_____

🕯 ORE
Querido Pai, que o meu viver demonstre o meu amor por ti e pela Tua Palavra. Não permitas que os meus interesses sejam maiores que o temor ao Teu nome. Põe em meus lábios louvores que exaltam a ti e expressem a Tua grandeza. Peço-te que me ajudes a firmar o meu coração em ti para que eu cresça, cada vez mais, na sinceridade que te agrada. Em nome de Jesus, amém!

25 de março

CASA DO SENHOR

 OUÇA

📖 RECEBA
2 Crônicas 5:7-10,13-14

⁷Os sacerdotes puseram a arca da aliança do Senhor no seu lugar, no santuário mais interior do templo, que é o Santo dos Santos, debaixo das asas dos querubins. ⁸Pois os querubins estendiam as asas sobre o lugar da arca e, do alto, cobriam a arca e os seus cabos. ⁹Os cabos sobressaíam tanto, que suas pontas eram vistas do Santo Lugar, diante do Santo dos Santos; porém de fora não podiam ser vistos. ¹⁰E ali estão até o dia de hoje. Nada havia na arca a não ser as duas tábuas que Moisés havia colocado ali em Horebe, quando o Senhor fez aliança com os filhos de Israel, ao saírem do Egito. [...] ¹³e quando em uníssono, ao mesmo tempo, tocaram as trombetas e cantaram para se fazerem ouvir, para louvar e dar graças ao Senhor; e quando levantaram eles a voz com trombetas, címbalos e outros instrumentos musicais para louvarem o Senhor porque ele é bom, porque a sua misericórdia dura para sempre, então o templo, a saber, a Casa do Senhor se encheu de uma nuvem, ¹⁴de maneira que os sacerdotes não puderam permanecer ali para ministrar, por causa da nuvem, porque a glória do Senhor encheu a Casa de Deus.

💡 REFLITA
A obra do Templo levou 7 anos para ser concluída (1 Reis 6:38). Sua inauguração foi celebrada com sacrifícios, músicas e cânticos. Se você fosse um dos participantes nessa celebração, o seu sentimento seria de obrigação ou de gratidão? Por quê?

_____
_____
_____
_____
_____

🔄 REAJA
O texto relata que "a glória do Senhor encheu a Casa de Deus" (v.14). Quais foram as ações que antecederam essa manifestação do Senhor (vv.11-13)? Paulo afirma que o cristão é "santuário de Deus" (1 Coríntios 3:16). Logo, o que você pode fazer para glória do Senhor encher a sua vida?

_____
_____
_____
_____
_____

🙏 ORE
Altíssimo Deus, como é preciosa a manifestação da Tua presença. Agradeço-te por me tornares, por meio de Cristo, um santuário Teu. Peço-te, Senhor, que Tu me enchas com a Tua glória. Não permitas que aquilo que é mundano profane a Tua habitação que é a minha vida. Rogo-te que, pela ação do Teu Santo Espírito, Tu purifiques o meu ser. Em nome de Jesus, amém!

26 de março

ORAÇÃO RESPONDIDA

 OUÇA

📖 RECEBA

2 Crônicas 7:1-3,6,10

¹Quando Salomão acabou de orar, desceu fogo do céu e consumiu o holocausto e os sacrifícios; e a glória do Senhor encheu o templo. ²Os sacerdotes não podiam entrar na Casa do Senhor, porque a glória do Senhor tinha enchido a Casa do Senhor. ³Todos os filhos de Israel, vendo descer o fogo e a glória do Senhor sobre o templo, se inclinaram com o rosto em terra sobre o pavimento, adoraram, e louvaram o Senhor, porque ele é bom, porque a sua misericórdia dura para sempre. [...]
⁶Os sacerdotes estavam nos seus devidos lugares, bem como os levitas com os instrumentos musicais do Senhor, que o rei Davi tinha feito para com eles louvar o Senhor — porque a sua misericórdia dura para sempre — quando Davi o louvava pelo ministério deles. [...]
¹⁰No vigésimo terceiro dia do sétimo mês, o rei despediu o povo para as suas tendas; e todos voltaram alegres e de coração contente por causa do bem que o Senhor tinha feito a Davi, a Salomão e a Israel, seu povo.

💡 REFLITA

Após abençoar "toda a congregação de Israel" (2 Crônicas 6:3), Salomão orou "diante do altar do Senhor" (v.12). A resposta que recebeu indica que Deus agradou-se da oração dele. Observe a oração de Salomão em 2 Crônicas 6:14-40, o que mais chama a sua atenção nela? Por quê?

_____
_____
_____
_____
_____

⟳ REAJA

Deus respondeu à oração de Salomão da seguinte forma: "desceu fogo do céu e consumiu o holocausto e os sacrifícios" (v.1). Leia 1 Reis 18:30-38. Quais similaridades você percebe entre as narrativas lidas hoje? Em sua opinião, o que propiciou respostas tão semelhantes?

_____
_____
_____
_____
_____
_____
_____

🙏 ORE

Amado Senhor, reconheço que não sei orar como convém, pois a Tua Palavra assim me revela. Ensina-me a orar hoje como Tu ensinaste aos discípulos. Quero santificar o Teu nome e glorificar-te em reconhecimento ao Deus único e verdadeiro que és. Concede-me um coração sábio para agir em conformidade com a Tua vontade. Em nome de Jesus, amém!

27 de março

É DEUS QUEM VENCE

📖 RECEBA
2 Crônicas 13:10-12,14-16

¹⁰—Quanto a nós, o Senhor é o nosso Deus, e nunca o abandonamos. Temos sacerdotes, que ministram ao Senhor, a saber, os filhos de Arão e os levitas na sua obra. ¹¹Cada dia, de manhã e à tarde, oferecem holocaustos e queimam incenso aromático, colocando em ordem os pães da proposição sobre a mesa puríssima e o candelabro de ouro e as suas lâmpadas para se acenderem cada tarde, porque nós guardamos o preceito do Senhor, nosso Deus, ao passo que vocês o abandonaram. ¹²Eis que Deus está conosco, à nossa frente, e também os seus sacerdotes, tocando com as trombetas, para darem o grito de guerra contra vocês, ó filhos de Israel. Não lutem contra o Senhor, o Deus de seus pais, porque vocês não serão bem-sucedidos. [...]
¹⁴Quando os homens de Judá olharam, viram que a batalha estava por diante e por detrás. Então clamaram ao Senhor, e os sacerdotes tocaram as trombetas. ¹⁵Os homens de Judá gritaram. Quando gritavam, Deus derrotou Jeroboão e todo o Israel diante de Abias e de Judá. ¹⁶Os filhos de Israel fugiram de diante de Judá, e Deus os entregou nas suas mãos.

💡 REFLITA
Abias, filho de Roboão, assumiu o trono em meio à guerra contra o reino do Norte, Israel, e estava humanamente em desvantagem (vv.2-3). As palavras desse rei a Jeroboão (vv.4-12) revelam ousadia e fé, ou simplesmente foram um blefe? Em que você ampara a sua resposta?

_____
_____
_____
_____
_____

🔄 REAJA
"Deus derrotou Jeroboão e todo o Israel diante de Abias e de Judá" (v.15). Leia novamente a narrativa bíblica de hoje e liste os fatores que contribuíram para esse desfecho. O que você precisa desenvolver em sua vida para vencer suas batalhas físicas e espirituais?

_____
_____
_____
_____
_____

🙏 ORE
Querido Deus, leva-me a entender que, quando obedeço a ti e a Tua Palavra, Tu és quem, na verdade, vences as minhas batalhas e derrotas os meus inimigos. Senhor, peço-te que me ajudes a viver de forma coerente sendo fiel a ti no meu falar e no meu agir. Que, pelos méritos de Cristo, eu seja considerado um dos Teus filhos diante da Tua presença. Em nome de Jesus, amém!

28 de março

O SOCORRO VEM DO SENHOR

📖 RECEBA
2 Crônicas 14:1-3,6,9-11

¹Abias morreu, e eles o sepultaram na Cidade de Davi. E Asa, seu filho, reinou em seu lugar. Nos dias dele, a terra esteve em paz durante dez anos. ²Asa fez o que era bom e reto aos olhos do Senhor, seu Deus. ³Porque aboliu os altares dos deuses estranhos e o culto nos lugares altos, quebrou as colunas e cortou os postes da deusa Aserá. [...]
⁶Asa construiu cidades fortificadas em Judá, pois havia paz na terra, e não houve guerra contra ele naqueles anos, porque o Senhor lhe tinha dado repouso. [...]
⁹Zerá, o etíope, saiu contra eles com um exército de um milhão de homens e trezentos carros de guerra, e chegou até Maressa. ¹⁰Então Asa saiu contra ele, e eles se prepararam para a batalha no vale de Zefatá, perto de Maressa. ¹¹Asa clamou ao Senhor, seu Deus, e disse: —Senhor, além de ti não há quem possa socorrer numa batalha entre o poderoso e o fraco. Ajuda-nos, Senhor, nosso Deus, porque em ti confiamos e no teu nome viemos contra esta multidão. Senhor, tu és o nosso Deus; que não prevaleça contra ti o homem.

💡 REFLITA

Asa foi o terceiro rei do reino do Sul, Judá. Ele "fez o que era bom e reto aos olhos do Senhor, seu Deus" (v.2) e usufruiu dos benefícios disso. Quais resultados o servir a Deus de coração traz aos que são Seus filhos? Você se alegra com isso mesmo diante de conflitos? Por quê?

_____
_____
_____
_____

⭕ REAJA

Durante o seu governo, Asa enfrentou períodos de paz e de conflito. Em uma das batalhas, diante do descomunal exército que se posicionou contra Judá, no vale de Zefatá (v.10), "Asa clamou ao Senhor" (v.11) e foi ouvido. Como Deus o respondeu (v.12)? O que isso lhe ensina hoje?

_____
_____
_____
_____
_____

🙏 ORE

Pai amado, achego-me a ti para confessar, em Tua presença, a minha debilidade e declarar que sem ti nada posso fazer. "Senhor, além de ti não há quem possa socorrer numa batalha entre o poderoso e o fraco" (2 Crônicas 14:11). Por isso, Pai, rogo-te que o homem não prevaleça contra a minha vida nem contra o Teu nome sobre mim. Em nome de Jesus, amém!

29 de março

CONHEÇA DEUS E SUA PALAVRA

OUÇA

📖 RECEBA
Leitura 2 Crônicas 17:1-4,7-12

¹Em lugar de Asa, reinou o seu filho Josafá, que se fortificou contra Israel. ²Ele pôs tropas em todas as cidades fortificadas de Judá e estabeleceu guarnições na terra de Judá e nas cidades de Efraim, que Asa, seu pai, havia conquistado. ³O Senhor esteve com Josafá, porque ele andou nos primeiros caminhos de Davi, seu pai, e não buscou os baalins. ⁴Pelo contrário, buscou o Deus de seu pai e andou nos seus mandamentos, e não segundo as obras de Israel. [...] ⁷No terceiro ano do seu reinado, Josafá enviou os seus oficiais Ben-Hail, Obadias, Zacarias, Natanael e Micaías, para ensinarem nas cidades de Judá. [...] ⁹Eles ensinaram em Judá, tendo consigo o Livro da Lei do Senhor; percorriam todas as cidades de Judá e ensinavam o povo. ¹⁰O terror do Senhor veio sobre todos os reinos das terras que estavam ao redor de Judá, de maneira que não fizeram guerra contra Josafá. ¹¹Alguns dos filisteus trouxeram presentes a Josafá e prata como tributo. Também os árabes lhe trouxeram sete mil e setecentos carneiros e sete mil e setecentos bodes. ¹²Josafá se tornou cada vez mais poderoso, e construiu fortalezas e cidades-armazéns em Judá.

💡 REFLITA

Quando começou a reinar, Josafá tratou de fortalecer as defesas de seu reino contra possíveis ataques. Assim, ele designou soldados para ficarem ao longo das fronteiras de Judá. Se o Senhor não estivesse com Josafá, seria prudente ele cuidar dessa questão primeiro? Por quê?

_____
_____
_____
_____

🔄 REAJA

"No terceiro ano do seu reinado" (v.7), Josafá, visando o fortalecimento espiritual do reino, comissionou oficiais, levitas e sacerdotes para ensinar o povo sobre o Senhor e Sua Lei (vv.7-11). Qual a importância dessa medida? Conhecer a Deus e a Sua Palavra evitará o que em sua vida?

_____
_____
_____
_____
_____
_____

🙏 ORE

Poderoso Deus, ajuda-me a perceber se há alguma área em minha vida desguarnecida da Tua presença. Mostra-me o que fazer para fortalecer os locais em mim onde é necessário mais de ti. Não permitas que eu negligencie a ti ou a Tua Palavra enquanto cuido de alguma demanda. Peço-te que, por amor do Teu nome, Tu me instruas na Tua verdade. Em nome de Jesus, amém!

30 de março

LIBERDADE E RECONSTRUÇÃO

OUÇA

📖 RECEBA
Esdras 3:8,10-12

⁸No segundo ano depois que eles voltaram à Casa de Deus, em Jerusalém, no segundo mês, Zorobabel, filho de Sealtiel, e Jesua, filho de Jozadaque, e os seus outros irmãos, sacerdotes e levitas, e todos os que voltaram do cativeiro a Jerusalém puseram mãos à obra e constituíram levitas com mais de vinte anos para supervisionar a reconstrução da Casa do SENHOR. [...]
¹⁰Quando os construtores lançaram os alicerces do templo do SENHOR, apresentaram-se os sacerdotes, paramentados e com trombetas, e os levitas, filhos de Asafe, com címbalos, para louvarem o SENHOR, segundo as instruções deixadas por Davi, rei de Israel. ¹¹Cantavam responsivamente, louvando e dando graças ao SENHOR, com estas palavras: "Ele é bom, porque a sua misericórdia dura para sempre sobre Israel". E todo o povo jubilou com altas vozes, louvando o SENHOR por terem sido lançados os alicerces da Casa do SENHOR. ¹²Porém muitos dos sacerdotes, levitas e chefes de famílias, já idosos, que tinham visto o primeiro templo, choraram em alta voz quando, diante de seus olhos, foram lançados os alicerces deste templo; muitos, no entanto, levantaram as vozes com gritos de alegria.

💡 REFLITA

Após 70 anos de cativeiro babilônico, o novo monarca, Ciro, permitiu aos judeus que voltassem para Jerusalém. Muitos deles retornaram e cuidaram da reconstrução do Templo. Qual seria a sua sensação e reação ao voltar para um lugar totalmente devastado? Por quê?

_____
_____
_____
_____

⟳ REAJA

Diante do lançamento dos "alicerces do templo do SENHOR" (v.10) a comoção foi geral. De que forma os participantes reagiram a esse fato? Apesar das reações diferenciadas, qual foi o sentimento comum entre eles? Pense em sua história e relacione liberdade com reconstrução.

_____
_____
_____
_____
_____
_____

🙏 ORE

Senhor amado, Tu me libertaste do poder das trevas e me transportaste "para o Reino do [Teu] Filho amado, em quem [tenho] a redenção, a remissão dos pecados" (Colossenses 1:13-14). Agradeço-te por me trazeres de volta para ti e disponibilizares os recursos de que necessito para reconstruir a minha vida, o Teu santuário, alicerçado em Tua Palavra. Em nome de Jesus, amém!

31 de março

SERVOS DO DEUS DOS CÉUS E DA TERRA

 OUÇA

📖 RECEBA
Esdras 5:6-13,17

⁶Eis a cópia da carta que [...] enviaram ao rei Dario, ⁷na qual lhe deram um relatório nos seguintes termos: "Ao rei Dario, toda a paz! ⁸Saiba o rei que nós fomos à província de Judá, ao templo do grande Deus, que está sendo construído com grandes pedras. [...] ⁹Perguntamos aos anciãos e assim lhes dissemos: 'Quem deu ordem para vocês reconstruírem este templo e restaurarem esta muralha?'. [...] ¹¹Esta foi a resposta que nos deram: 'Nós somos servos do Deus dos céus e da terra e estamos reconstruindo o templo que há muitos anos tinha sido construído, o qual um grande rei de Israel construiu e terminou. ¹²Mas, depois que os nossos pais provocaram o Deus dos céus à ira, ele os entregou nas mãos de Nabucodonosor, rei da Babilônia, o caldeu, o qual destruiu este templo e transportou o povo para a Babilônia. ¹³Porém Ciro, rei da Babilônia, no primeiro ano do seu reinado, deu ordem para que esta Casa de Deus fosse reconstruída'. [...] ¹⁷"Agora, se parecer bem ao rei, que se busque nos arquivos reais, na Babilônia, se é verdade que há uma ordem do rei Ciro para reconstruir esta Casa de Deus, em Jerusalém. E que o rei nos faça saber a sua vontade quanto a isto".

💡 REFLITA

Não faltaram inimigos para se opor à reconstrução da "Casa de Deus". Tanto que fizeram uma queixa formal ao rei esperando que ele, de alguma forma, punisse os responsáveis por ela. De que maneira os anciãos reagiram à investida dos adversários? Por que eles não se intimidaram?

_____
_____
_____
_____

○ REAJA

"...os olhos de Deus estavam sobre os anciãos dos judeus, de maneira que não foram obrigados a parar..." (v.5). Leia, em sua Bíblia, o capítulo 5 de Esdras e observe o quanto eles estavam seguros de quem eram e do que faziam. O que você pode aprender com isso e aplicar em sua vida hoje?

_____
_____
_____
_____
_____
_____

🙏 ORE

Querido Deus, por vezes, sou tão intimidado pelas investidas dos meus adversários, sejam eles humanos ou espirituais, que logo desanimo frente aos desafios. Senhor, a Tua Palavra afirma que Tu não me deste "espírito de covardia, mas de poder, de amor e de moderação" (1 Timóteo 1:7). Por isso, peço-te: capacita-me a fluir no que Tu já fizeste por mim. Em nome de Jesus, amém!

1.º de abril

DETERMINAÇÃO

OUÇA

📖 RECEBA
Esdras 7:1-6,8-10,27

¹Passadas estas coisas, no reinado de Artaxerxes, rei da Pérsia, Esdras veio da Babilônia. Esdras era filho de Seraías, filho de Azarias, filho de Hilquias, ²filho de Salum, filho de Zadoque, filho de Aitube, ³filho de Amarias, filho de Azarias, filho de Meraiote, ⁴filho de Zeraías, filho de Uzi, filho de Buqui, ⁵filho de Abisua, filho de Fineias, filho de Eleazar, filho de Arão, o sumo sacerdote. [...] ⁶Ele era escriba versado na Lei de Moisés, dada pelo Senhor, Deus de Israel. E, como a mão do Senhor, seu Deus, estava sobre ele, o rei lhe deu tudo o que ele havia pedido. [...]
⁸Esdras chegou a Jerusalém no quinto mês, no sétimo ano deste rei. ⁹Ele partiu da Babilônia no primeiro dia do primeiro mês, e, no primeiro dia do quinto mês, chegou a Jerusalém, porque a mão bondosa do seu Deus estava sobre ele. ¹⁰Porque Esdras pôs no coração o propósito de buscar a Lei do Senhor, cumpri-la e ensinar em Israel os seus estatutos e os seus juízos. [...]
²⁷—Bendito seja o Senhor, Deus de nossos pais, que deste modo moveu o coração do rei para adornar a Casa do Senhor, em Jerusalém.

💡 REFLITA

Esdras nasceu na Babilônia, contudo conhecia a Lei de Moisés e sabia sobre a pátria de seus pais. Anos se passaram e a reconstrução do Templo já havia terminado, antes de ele ir a Jerusalém. Qual a relevância do registro da genealogia dele? Que contribuições ele poderia trazer ao povo?

_____
_____
_____
_____

⭕ REAJA

Esdras era sacerdote e escriba. Ele chegou a Jerusalém com este propósito: "buscar a Lei do Senhor, cumpri-la e ensinar em Israel os seus estatutos e os seus juízos" (v.10). Seria esse o motivo de a mão de Deus estar sobre ele? Por quê? O que a atitude de Esdras sugere a você hoje?

_____
_____
_____
_____
_____
_____

🙏 ORE

Tua, Senhor, é a grandeza e o poder! Ler a tua Palavra e saber dos Teus feitos me encoraja a conhecer-te cada vez mais. A Tua fidelidade para com o Teu povo é impressionante. Louvo-te, pois as Tuas misericórdias não têm fim e as Tuas promessas jamais falham. Ajuda-me a buscar a Tua Palavra, a praticá-la e a compartilhá-la com o meu próximo. Em nome de Jesus, amém!

2 de abril

ORAÇÃO DE CONFISSÃO

📖 RECEBA
Esdras 9:5-9

⁵Na hora do sacrifício da tarde [...], me pus de joelhos, estendi as mãos para o SENHOR, meu Deus, ⁶e disse: —Meu Deus! Estou confuso e envergonhado, para levantar a ti a face, meu Deus, porque as nossas iniquidades se multiplicaram sobre a nossa cabeça, e a nossa culpa chega até os céus. ⁷Desde os dias dos nossos pais até hoje, estamos em grande culpa e, por causa das nossas iniquidades, nós, os nossos reis e os nossos sacerdotes fomos entregues aos reis de outras terras, à espada, ao cativeiro, ao roubo e à vergonha, como hoje se vê. ⁸Agora, por um breve momento, se manifestou a graça do SENHOR, nosso Deus, deixando que alguns escapassem, dando-nos estabilidade no seu santo lugar. Assim, iluminaste os nossos olhos, ó nosso Deus, e nos deste um pouco de vida em meio à nossa servidão. ⁹Porque éramos escravos, mas o nosso Deus não nos abandonou em nossa servidão. Pelo contrário, estendeu sobre nós a sua misericórdia, e achamos favor diante dos reis da Pérsia, para revivermos, para levantarmos o templo do nosso Deus, para restaurarmos as suas ruínas e para nos dar um muro de segurança em Judá e em Jerusalém.

💡 REFLITA

Esdras ficou perplexo ao ouvir que os exilados que retornaram a Jerusalém se misturaram com os povos vizinhos e desobedeceram ao Senhor (vv.1-4,11-12). Hoje, ao se deparar com certas práticas e prédicas que priorizam pessoas e desprezam a Deus, o que você faz?

_____
_____
_____
_____
_____
_____

⭕ REAJA

O "nós" permeia a oração de confissão que Esdras faz ao Senhor. Ele não apenas confessa a culpa por pecados específicos, mas também reconhece a justiça e a misericórdia de Deus. Como Igreja do Senhor, de que forma você tem orado: eles ou nós temos pecado? Por quê?

_____
_____
_____
_____
_____
_____

🙏 ORE

Senhor amado, ajuda-me a manter o meu coração puro e as minhas ações íntegras para o Teu louvor. Torna-me sensível quanto aos meus erros para que eu os confesse a ti. Ensina-me a interceder adequadamente pelo Teu povo reconhecendo que sou parte dele, assim se ele é disciplinado ou é abençoado por ti, eu também o sou. Em nome de Jesus, amém!

3 de abril

ORAÇÃO COMO PRIORIDADE

OUÇA

📖 RECEBA
Neemias 1:3-6,10-11

³E eles me responderam: —Os restantes, os que sobreviveram ao exílio e se encontram lá na província, estão em grande miséria e humilhação. As muralhas de Jerusalém continuam em ruínas, e os seus portões foram destruídos pelo fogo. ⁴Quando ouvi estas palavras, eu me sentei, chorei e lamentei por alguns dias. Fiquei jejuando e orando diante do Deus dos céus. ⁵Eu disse: —Ah! Senhor, Deus dos céus, Deus grande e temível, que guardas a aliança e a misericórdia para com aqueles que te amam e guardam os teus mandamentos! ⁶Estejam atentos os teus ouvidos, e os teus olhos, abertos, para que atendas a oração do teu servo, que hoje faço diante de ti, dia e noite, pelos filhos de Israel, teus servos. Faço confissão dos pecados dos filhos de Israel, os quais temos cometido contra ti. [...]
¹⁰Estes ainda são teus servos e o teu povo que resgataste com o teu grande poder e com a tua mão poderosa. ¹¹Ah! Senhor, estejam atentos os teus ouvidos à oração do teu servo e à oração dos teus servos que se agradam de temer o teu nome. Faze com que o teu servo seja bem-sucedido hoje e encontre misericórdia diante desse homem. Nesse tempo eu era copeiro do rei.

💡 REFLITA
Neemias era descendente dos que foram levados cativos à Babilônia. Quando ele ouviu sobre a situação caótica de Jerusalém, angustiou-se profundamente. Quando ouve notícias que arruínam a reputação da Igreja, você fica triste ou indiferente a elas? O que costuma fazer sobre isso?

_____
_____
_____
_____

⭕ REAJA
Antes de falar com Artaxerxes, Neemias orou ao Senhor confessando o pecado do povo. Ele também pediu a Deus que o ajudasse a ser bem-sucedido perante o rei. O que você entende por oração? Que lugar a oração tem em sua vida? Ela vem antes ou depois das suas ações?

_____
_____
_____
_____
_____

🙏 ORE
Deus Todo-poderoso. Agradeço-te pela Tua misericórdia se renovar diariamente sobre a minha vida. Ajuda-me a viver e a entender a dinâmica do corpo de Cristo, a Tua Igreja, conforme Paulo ensina: "...se um membro sofre, todos sofrem com ele; e, se um deles

4 de abril

COMO CIDADE MURADA

 OUÇA

📖 RECEBA
Neemias 2:4-5,11-13,17-18

⁴O rei me disse: —O que você me pede agora? Então orei ao Deus dos céus ⁵e disse ao rei: —Se for do agrado do rei, e se este seu servo encontrou favor em sua presença, peço que o rei me envie a Judá, à cidade onde estão os túmulos dos meus pais, para que eu a reconstrua. [...] ¹¹Então cheguei a Jerusalém. [...] ¹²Não declarei a ninguém o que o meu Deus havia posto no meu coração para eu fazer em Jerusalém. ¹³De noite, saí pelo Portão do Vale, em direção à Fonte do Dragão e ao Portão do Monturo, e inspecionei as muralhas de Jerusalém, que estavam em ruínas e cujos portões tinham sido destruídos pelo fogo. [...] ¹⁷Então eu lhes disse: —Vocês estão vendo a miséria em que nós estamos: Jerusalém em ruínas e os seus portões destruídos pelo fogo. Venham, vamos reconstruir as muralhas de Jerusalém, para nos livrarmos desta vergonha. ¹⁸E lhes declarei como a mão bondosa do meu Deus havia estado sobre mim e também as palavras que o rei me havia falado. Então disseram: —Vamos nos preparar e começar a reconstrução! Então se prepararam para fazer esta boa obra.

💡 REFLITA
Por ser copeiro, um cargo de confiança, seria difícil substituir Neemias na corte persa. Porém, o Senhor moveu o coração do rei e este deu permissão a Neemias para ir a Jerusalém. Neemias era íntegro diante dos homens e de Deus. O que o exemplo dele lhe ensina hoje? Por quê?

_____
_____
_____
_____
_____

⭕ REAJA
Naquela época, os muros e os portões de uma cidade representavam sua força e segurança. Como você entende a importância do trabalho que Neemias desejava realizar? Leia Provérbios 25:28. De forma análoga, como a disposição e a obra realizada por Neemias se aplicam a sua vida?

_____
_____
_____
_____
_____
_____
_____

 ORE

Amado Senhor, dou-te graças por Tua proteção e auxílio em minha jornada aqui. Tu estás ao meu redor e me chamas a fortificar a minha vida em ti para que ataques inimigos não tirem vantagem de mim nem comprometam a minha comunhão contigo. Ensina-me a fazer uso de todos os recursos que Tu colocas a minha disposição hoje. Em nome de Jesus, amém!

5 de abril

LEITURA E PRÁTICA

OUÇA

📖 RECEBA
Neemias 8:1-3,5-6,8

¹Quando chegou o sétimo mês e os filhos de Israel já estavam morando nas suas cidades, todo o povo se reuniu, como um só homem, na praça, diante do Portão das Águas. E pediram a Esdras, o escriba, que trouxesse o Livro da Lei de Moisés, que o Senhor havia ordenado a Israel. ²Esdras, o sacerdote, trouxe a Lei diante da congregação, composta por homens, mulheres e todos os que eram capazes de entender o que ouviam. Era o primeiro dia do sétimo mês. ³Esdras leu o livro em voz alta, diante da praça que fica em frente ao Portão das Águas, desde o amanhecer até o meio-dia, na presença dos homens, das mulheres e dos que podiam entender. E todo o povo tinha os ouvidos atentos ao Livro da Lei. [...]
⁵Esdras abriu o livro à vista de todo o povo, porque se encontrava num lugar mais elevado do que todo o povo. Quando abriu o livro, todo o povo se pôs em pé. ⁶Esdras louvou o Senhor, o grande Deus, e todo o povo, levantando as mãos, respondeu: —Amém! Amém! Inclinaram-se e adoraram o Senhor, com o rosto em terra. [...]
⁸Eles iam lendo o Livro da Lei de Deus, claramente, dando explicações, de maneira que o povo entendesse o que se lia.

💡 REFLITA
Neemias, no temor do Senhor, liderou a reconstrução dos muros e estabeleceu diretrizes para Jerusalém. Depois dessa coisas, "todo o povo se reuniu, como um só homem" (v.1) para ouvir a Lei de Deus. O que essa atitude do povo sugere a você? Que benefícios isso traria a esses repatriados?

_____
_____
_____
_____

🔄 REAJA
O texto de hoje, é um relato inspirador da leitura pública da Lei do Senhor. Conhecer a Deus e a Sua Palavra é vital à vida espiritual do cristão. Leia o Salmo 1:2-3 e observe a comparação que o salmista faz. Que mensagem isso lhe traz? O que você já faz ou pretende fazer a respeito disso?

_____
_____
_____
_____
_____

🙏 ORE
Querido Deus, agradeço-te por Tua Palavra, pois por meio dela posso adquirir o conhecimento sobre a Tua vontade e o Teu Reino. Ajuda-me a valorizá-la como um precioso tesouro com o qual Tu me sustentas a alma e falas ao meu espírito. Perdoa-me por, muitas vezes, negligenciá-la ao escolher algo que agrada mais a mim do que a ti. Em nome de Jesus, amém!

6 de abril

CONFISSÃO NUNCA É DEMAIS

OUÇA

📖 RECEBA
Neemias 9:2-3,32-35

²Os da linhagem de Israel separaram-se de todos os estrangeiros, puseram-se em pé e fizeram confissão dos seus pecados e das iniquidades de seus pais. ³Levantando-se no seu lugar, leram no Livro da Lei do Senhor, seu Deus, durante uma quarta parte do dia; e durante outra quarta parte do dia fizeram confissão e adoraram o Senhor, seu Deus. [...]
³²—Agora, pois, ó Deus nosso, ó Deus grande, poderoso e temível, que guardas a aliança e a misericórdia, não menosprezes toda a aflição que nos sobreveio, a nós, aos nossos reis, aos nossos príncipes, aos nossos sacerdotes, aos nossos profetas, aos nossos pais e a todo o teu povo, desde os dias dos reis da Assíria até o dia de hoje. ³³Tu foste justo em tudo o que nos aconteceu, pois agiste com fidelidade, enquanto nós procedemos mal. ³⁴Os nossos reis, os nossos príncipes, os nossos sacerdotes e os nossos pais não guardaram a tua lei, nem deram ouvidos aos mandamentos e aos testemunhos que lhes deste. ³⁵Pois eles, no seu reino, na abundância de bens que lhes deste, na terra espaçosa e fértil que puseste diante deles não te serviram, nem se converteram de suas obras más.

💡 REFLITA

À medida que o "Livro da Lei" era lido e ensinado, o povo era confrontado por sua mensagem. Assim, ao reconhecerem que pecaram contra o Senhor, fizeram confissão de suas transgressões a Deus. Leia Tiago 5:16, que tipo de encorajamento essas palavras lhe trazem hoje?

_____
_____
_____
_____
_____

🔄 REAJA

A Palavra de Deus é como um límpido espelho que expõe o pecado daquele que se posiciona diante dela. Desse modo, conforme o coração do leitor, ele se arrepende, ou a ignora. Sonde o seu coração. Veja Provérbios 28:13. Em que o conselho do sábio o confronta? Por quê?

_____
_____
_____
_____
_____
_____

ORE

Amado Senhor, ajuda-me a entender a importância da confissão e a abandonar o pecado. Há muitas coisas que, devido à normalização delas, já não são consideradas como transgressão ou desonra ao Teu nome. Ensina-me a Tua Palavra para que eu possa discerni-las e confessá-las a ti. Não permitas que eu seja negligente e peque contra ti. Em nome de Jesus, amém!

7 de abril

BANQUETEANDO-SE

📖 RECEBA
Ester 1:1,4-5,9-12

¹Isto aconteceu nos dias de Assuero, o Assuero que reinou sobre cento e vinte e sete províncias, desde a Índia até a Etiópia. [...]
⁴Então Assuero mostrou as riquezas da glória do seu reino e o esplendor da sua excelente grandeza durante muitos dias, durante cento e oitenta dias. ⁵Passados esses dias, o rei deu um banquete a todo o povo que estava na cidadela de Susã, tanto para os maiores como para os menores, durante sete dias, no pátio do jardim do palácio real. [...]
⁹Também a rainha Vasti deu um banquete às mulheres no palácio do rei Assuero. ¹⁰No sétimo dia, quando o seu coração já estava alegre por causa do vinho, o rei Assuero ordenou a Meumã, Bizta, Harbona, Bigtá, Abagta, Zetar e Carcas, os sete eunucos que serviam na presença dele, ¹¹que trouxessem à sua presença a rainha Vasti, com a coroa real. Ele queria mostrar aos povos e aos príncipes a beleza dela, pois ela era muito bonita. ¹²Porém a rainha Vasti se recusou a atender a ordem do rei, transmitida por meio dos eunucos. Diante disso, o rei muito se enfureceu e se inflamou de raiva.

💡 REFLITA

Assuero, mais conhecido como Xerxes, rei do Império Persa, exibiu o seu reino aos seus convidados durante seis meses e fechou esse período com um banquete de sete dias para todo povo. Se as ações refletem as intenções do coração, o que você imagina que seriam as desse rei?

_____
_____
_____
_____

🔄 REAJA

A pompa descrita em Ester 1 é quase inimaginável. E para fechar tal evento, o rei desejou exibir a beleza da sua rainha, Vasti, aos seus convivas; mas, ela se recusou a isso. Em sua opinião, quais seriam as possíveis motivações para Vasti agir assim? Considere o contexto desse episódio.

_____
_____
_____
_____
_____

🙏 ORE

Querido Deus, toda história tem dois lados ou mais. Acima de todos eles, há o Teu soberano propósito. Creio que os registros que há na Bíblia não estão ali por acaso, pois Tu os inspiraste para me ensinar, repreender, corrigir e me instruir na Tua justiça. Senhor, o que desejas me ensinar em Tua Palavra hoje? Ajuda-me a aplicar essa lição ao meu viver. Em nome de Jesus, amém!

8 de abril

UMA GRANDE VIRADA

OUÇA

📖 RECEBA
Ester 2:1-4,8,12,16-17

¹Depois disto, quando a raiva do rei Assuero já havia passado, ele se lembrou de Vasti e do que ela havia feito, e do que havia sido decretado contra ela. ²Então os servos do rei, que o serviam, lhe disseram: Que se procurem moças virgens de boa aparência para o rei. [...] ³E que se dê a elas os produtos de beleza que desejarem. ⁴A moça que cair no agrado do rei, essa reine em lugar de Vasti. O rei concordou com isto, e assim se fez. [...]
⁸Quando a ordem e o decreto do rei foram divulgados, muitas moças foram levadas para a cidadela de Susã, sob os cuidados de Hegai. Levaram também Ester ao palácio real e a entregaram aos cuidados de Hegai, guarda das mulheres. [...]
¹²Depois de doze meses de tratamento seguindo as prescrições para as mulheres [...], chegava a vez de cada moça ser levada ao rei Assuero. [...] ¹⁶Assim, Ester foi levada ao rei Assuero, ao palácio real, no décimo mês, que é o mês de tebete, no sétimo ano do seu reinado. ¹⁷O rei amou Ester mais do que todas as mulheres, e ela alcançou diante dele favor e aprovação mais do que todas as virgens. E o rei pôs a coroa real na cabeça dela e a fez rainha em lugar de Vasti.

💡 REFLITA

A atitude de Vasti custou-lhe a coroa. Assim, um tipo de concurso de beleza aconteceu (vv.8-12) para a escolha de uma nova rainha. Ester, uma judia exilada e órfã (vv.5-7), tornou se a rainha da Pérsia (v.17). Essa virada na vida de Ester foi providencial ou circunstancial? Por quê?

_____
_____
_____
_____
_____

⚪ REAJA

Mordecai enxergou em toda essa situação uma oportunidade para Ester, e ele a encorajou a se candidatar à rainha. Diferentemente de conspirações que a ficção apresenta, Mordecai era leal ao rei persa e ao povo judeu. Leia Ester 2:21-22. O que esse texto revela sobre o caráter dele?

_____
_____
_____
_____
_____
_____

🙏 ORE

Grandioso Senhor, a Tua fidelidade e misericórdia se estende além dos Céus e alcança o Teu povo deste lado da eternidade. Dou-te graças, pois Tu és Aquele que mudou o curso da minha história: de pecador a justo, de perdido a salvo, de escravo a livre e de mendigo a integrante da realeza. Ajuda-me a viver conforme a obra que realizaste por mim na cruz. Em nome de Jesus, amém!

9 de abril

PESSOA CERTA NO LUGAR CERTO

📖 RECEBA
Ester 4:5,7-9,13-14

⁵Então Ester chamou Hataque, um dos eunucos do rei, que este tinha escolhido para a servir, e lhe ordenou que fosse a Mordecai para saber o que se passava e por que ele estava fazendo aquilo. [...]
⁷Mordecai contou tudo o que havia acontecido com ele. Disse também a quantia certa de prata que Hamã tinha prometido pagar aos tesouros do rei pelo aniquilamento dos judeus. ⁸Também lhe deu uma cópia do decreto escrito que havia sido publicado em Susã, ordenando a destruição dos judeus. Mordecai pediu a Hataque que mostrasse a cópia a Ester e a pusesse a par de tudo, a fim de que ela fosse falar com o rei e lhe pedisse misericórdia e, na sua presença, lhe suplicasse pelo povo dela. ⁹Hataque voltou e transmitiu a Ester as palavras de Mordecai. [...]
¹³Então Mordecai pediu que respondessem a Ester: "Não pense que, por estar no palácio real, você será a única, entre todos os judeus, que conseguirá escapar. ¹⁴Porque, se você ficar calada agora, de outro lugar virá socorro e livramento para os judeus, mas você e a casa de seu pai perecerão. Mas quem sabe se não foi para uma conjuntura como esta que você foi elevada à condição de rainha?".

💡 REFLITA

Ao saber do sórdido plano de Hamã, Mordecai ficou devastado. Então, ele "rasgou as suas roupas, se cobriu de pano de saco e de cinza, e saiu pela cidade, clamando em alta voz" (v.1). O que isso significava na época? Hoje, como você agiria se soubesse que sua vida estivesse em perigo?

_____
_____
_____
_____
_____

↻ REAJA

Mordecai, diante do perigo que os judeus corriam, apelou a Ester para que ela, como rainha e judia, se envolvesse na situação a fim de ajudá-los. Leia novamente os versículos 13 e 14, em que as palavras de Mordecai o confrontam pessoalmente? Por quê?

_____
_____
_____
_____
_____

🙏 ORE

Pai, não permitas que eu seja indiferente ao sofrimento e ameaças contra os Teus filhos, pois sou um deles. Sensibiliza o meu coração para chorar com os que choram e me alegrar com os que se alegram. Ensina-me a me converter a ti "de todo o coração; com jejuns, com choro e com pranto" e a rasgar "o [meu] coração" (Joel 2:12-13) *diante de ti. Em nome de Jesus, amém!*

10 de abril

AUTORIZADOS

📖 RECEBA
Ester 8:3-5,9-11

³Ester voltou a falar com o rei. Ela se lançou aos pés dele e, com lágrimas, lhe implorou que revogasse a maldade de Hamã, o agagita, e a trama que ele havia arquitetado contra os judeus. ⁴O rei estendeu o cetro de ouro para Ester. Então ela se levantou, pôs-se em pé diante do rei ⁵e disse: —Se for do agrado do rei, se eu achei favor diante dele, se isto parecer justo aos olhos do rei e se nisto lhe agrado, que se escreva uma ordem revogando os decretos concebidos por Hamã, filho de Hamedata, o agagita, os quais ele escreveu para aniquilar os judeus que se encontram em todas as províncias do rei. [...]
⁹Então foram chamados imediatamente os secretários do rei [...]. E, segundo tudo o que Mordecai ordenou, foi redigido um decreto [...]. ¹⁰Escreveu-se em nome do rei Assuero, e se selou com o anel-sinete do rei. As cartas foram enviadas por meio de mensageiros montados em ginetes criados nas estrebarias do rei. ¹¹Nas cartas, o rei permitia aos judeus de cada cidade que se reunissem e se organizassem para defender a sua vida, para destruir, matar e aniquilar de vez toda e qualquer força armada do povo da província que viesse contra eles, crianças e mulheres, e que se saqueassem os seus bens.

💡 REFLITA

Ester, arriscando a própria vida (4:11), procurou o rei e alcançou o favor dele (5:1-2). Ela sabiamente expôs a ele a sua origem e o plano de Hamã contra os judeus (7:9-10). Leia Ester 4:16. O que ela fez antes de agir? O que você imagina que foram os motivos dela para priorizar isso?

_____
_____
_____
_____
_____

○ REAJA

Como os decretos do rei, já promulgados, não podiam ser revogados (8:8), um outro foi escrito autorizando os judeus a se defenderem contra qualquer um que procurasse destruí-los. De que forma, a atitude de Ester e o agir divino no natural desafiam você neste dia? Por quê?

_____
_____
_____
_____
_____
_____
_____

🙏 ORE

Soberano Senhor, nada acontece sem que Tu o permitas, pois Tu tens reinos e governos em Tuas mãos. Por vezes, Tu intervéns naturalmente na história do Teu povo sem que isso seja imputado a ti. Agradeço-te, Senhor, pois conforme os Teus propósitos, Tu viabilizas aquilo que seria impossível aos homens. Ensina-me a ver que a Tua providência me alcançou hoje. Em nome de Jesus, amém!

11 de abril

PROVADO PELO FOGO

OUÇA

📖 RECEBA
Jó 2:2-6,8-10

²Então o S‍enhor perguntou a Satanás: —De onde você vem? Satanás respondeu ao S‍enhor: —De rodear a terra e passear por ela. ³E o S‍enhor disse a Satanás: —Você reparou no meu servo Jó? Não há ninguém como ele na terra. Ele é um homem íntegro e reto, que teme a Deus e se desvia do mal. Ele ainda conserva a sua integridade, embora você me incitasse contra ele, para destruí-lo sem motivo. ⁴Então Satanás respondeu ao S‍enhor: —Pele por pele! Um homem é capaz de dar tudo o que tem pela sua vida. ⁵Mas estende a tua mão e toca nos ossos e na carne dele, para ver se ele não blasfema contra ti na tua face. ⁶Então o S‍enhor disse a Satanás: —Você pode fazer com ele o que quiser; mas poupe-lhe a vida. [...]
⁸Jó, sentado em cinza, pegou um caco de barro para com ele raspar as feridas. ⁹Então a mulher dele disse: —Você ainda conserva a sua integridade? Amaldiçoe a Deus e morra! ¹⁰Mas Jó respondeu: —Você fala como uma doida. Temos recebido de Deus o bem; por que não receberíamos também o mal? Em tudo isto Jó não pecou com os seus lábios.

💡 REFLITA
A história de Jó é uma das mais conhecidas, inclusive fora do ambiente cristão. A forma como ele lidou com o sofrimento rendeu-lhe a expressão popular: "paciência de Jó". Em sua opinião, por que a experiência de Jó ecoa para além da narrativa bíblica? Qual a sua experiência com isso?

_____
_____
_____
_____

⭕ REAJA
A um mundo permeado por dor e sofrimento, o livro de Jó propõe a forma de como lidar com isso: fé e esperança em Deus. Em sua opinião, esses fatores foram essenciais para que Jó não sucumbisse à calamidade? Por quê? O que você faz geralmente quando é assolado pela dor?

_____
_____
_____
_____
_____

🙏 ORE
Amado Deus, o sofrimento permanece como um dos meus grandes questionamentos. Por vezes, dependendo das circunstâncias, sou tentando a duvidar que Tu és amor. Peço-te, Senhor, que me conduzas novamente à cruz para que eu enxergue o que Tu suportaste em meu lugar. Ajuda-me a me render a Tua soberania e a viver com fé e esperança plena em ti. Em nome de Jesus, amém!

12 de abril

CONSOLO *VERSUS* ACUSAÇÃO

📖 RECEBA
Jó 12:2-5,7-11,13-15

²"Na verdade, vocês são o povo, e com vocês morrerá a sabedoria. ³Mas eu também tenho entendimento; em nada sou inferior a vocês. Quem não sabe coisas como essas? ⁴Eu sou motivo de riso para os meus amigos — eu, que invocava a Deus, e ele me respondia; o justo e o reto são motivo de riso. ⁵No pensamento de quem está seguro há desprezo pela desgraça, um empurrão para aquele cujos pés já vacilam." […]
⁷"Mas pergunte agora aos animais, e cada um deles o ensinará; pergunte às aves do céu, e elas lhe contarão. ⁸Ou fale com a terra, e ela o instruirá; até os peixes do mar lhe contarão. ⁹De todos estes, quem não sabe que a mão do Senhor fez isto? ¹⁰Na sua mão está a vida de todos os seres vivos e o espírito de todo o gênero humano. ¹¹Por acaso, o ouvido não avalia as palavras, assim como o paladar prova as comidas?" […]
¹³"Com Deus estão a sabedoria e a força; ele tem conselho e entendimento. ¹⁴O que ele derruba não pode ser reconstruído; se ele lança alguém na prisão, ninguém a pode abrir. ¹⁵Se ele retém as águas, elas secam; se ele as solta, elas devastam a terra."

💡 REFLITA
Os amigos de Jó, primeiramente, demonstraram compaixão (2:11-13); mas depois, como se fossem superiores, acusaram-no pelo próprio sofrimento. Então, Jó confrontou a presunção deles. Em meio à dor, você já tentou consolar ou já foi consolado por alguém? Como foi a sua experiência?

_____
_____
_____
_____
_____

💭 REAJA
Como se não bastassem todas as suas perdas, Jó também teve que lidar com a ignorância dos amigos. Como "homem íntegro e reto, temente a Deus" (1:1) que era, Jó espera pelo socorro do Senhor. Leia o texto bíblico novamente. Quais declarações chamam a sua atenção? Por quê?

_____
_____
_____
_____
_____
_____

🙏 ORE

Imutável Senhor, não há quem possa comparar-se à Tua grandeza e à Tua sabedoria. Os filhos dos homens traçam julgamentos baseados no próprio entendimento, enquanto Tu ages conforme a Tua essência e os Teus propósitos. Ensina-me o que é a compaixão e o consolo de que os Teus filhos necessitam em meio à dor. Desejo aprender contigo, Pai. Em nome de Jesus, amém!

13 de abril

O SENHOR É JUSTO

 OUÇA

📖 RECEBA
Jó 23:1-12

¹Então Jó respondeu: ²"Ainda hoje a minha queixa é de um revoltado, apesar de a minha mão reprimir o meu gemido. ³Quem dera eu soubesse onde encontrá-lo! Então me chegaria ao seu tribunal. ⁴Exporia diante dele a minha causa, encheria a minha boca de argumentos. ⁵Saberia com que palavras ele me responderia e entenderia o que ele fosse me dizer. ⁶Será que ele discutiria comigo, segundo a grandeza do seu poder? Não! Ele me atenderia. ⁷Ali, o homem reto apresentaria a sua causa diante dele, e eu me livraria para sempre do meu juiz". ⁸"Se me adianto, Deus não está ali; se volto para trás, não o percebo. ⁹Se ele age à minha esquerda, não o vejo; se ele se esconde à minha direita, não o enxergo. ¹⁰Mas ele sabe o meu caminho; se ele me provasse, eu sairia como o ouro. ¹¹Os meus pés seguiram as suas pisadas; guardei o seu caminho e não me desviei dele. ¹²Do mandamento dos seus lábios nunca me afastei; escondi no meu íntimo as palavras da sua boca."

💡 REFLITA

Elifaz, um dos amigos de Jó, por entender que Deus pune o culpado, argumentou que Jó estava sofrendo devido à sua maldade e iniquidade (22:5). Muitas pessoas, ainda hoje, pensam da mesma maneira. Será que todo sofrimento, de fato, é uma manifestação do juízo de Deus? Por quê?

_____
_____
_____
_____

○ REAJA

Em resposta, Jó confessou sua revolta e declarou que era inocente. Parece que o que mais o afligiu foi não saber onde encontrar Deus, pois sabia que o Senhor agiria muito diferentemente de Elifaz. Observe as palavras de Jó. O que elas revelam sobre ele e sobre sua confiança em Deus?

_____
_____
_____
_____
_____

🙏 ORE

Senhor, Tu és o Todo-Poderoso Deus e não existe coisa alguma que foge ao Teu controle. Ensina-me a entender que, mesmo quando permites a dor em minha vida, isso não significa que Tu estás aplicando o Teu juízo sobre mim. Ajuda-me a descansar em ti e a discernir o que é o Teu juízo sobre o pecado e o que é Tu aperfeiçoando a minha salvação em Cristo. Em nome de Jesus, amém!

14 de abril

SINAIS DE INTEGRIDADE

 OUÇA

📖 RECEBA
Jó 31:4-8,16-23

⁴"Será que Deus não vê os meus caminhos e não conta todos os meus passos? ⁵Se andei com falsidade ou se o meu pé se apressou para o engano ⁶— que Deus me pese numa balança justa e conhecerá a minha integridade! ⁷Se os meus passos se desviaram do caminho, se o meu coração segue os meus olhos, e se alguma mancha se apegou às minhas mãos, ⁸então que outros comam o que eu semeei, e que seja arrancado o que se produz no meu campo." [...]
¹⁶"Se retive o que os pobres desejavam ou deixei que os olhos das viúvas esperassem em vão; ¹⁷ou, se sozinho comi o meu bocado, sem reparti-lo com os órfãos ¹⁸— porque desde a minha mocidade eu os criei como se fosse pai deles, durante toda a minha vida fui o guia das viúvas —; ¹⁹se vi alguém perecer por falta de roupa ou notava que o necessitado não tinha com que se cobrir; ²⁰se ele não me agradeceu do fundo do coração [...]; ²¹se eu levantei a mão contra o órfão, sabendo que eu tinha o apoio dos juízes, ²²então que a omoplata caia do meu ombro, e que o meu braço seja arrancado da articulação. ²³Porque o castigo de Deus seria para mim um assombro, e eu não poderia enfrentar a sua majestade."

💡 REFLITA
As palavras dos amigos não trouxeram consolo algum a Jó, apenas lhe provocaram indignação, visto que eles tentaram provar que estavam certos, e Jó errado. Se você fosse um desses amigos, agiria diferente diante da dor do outro? Por quê? Seu modo de viver atestaria suas palavras?
_____
_____
_____
_____
_____

⟳ REAJA
Jó termina o debate dele com Elifaz, Bildade e Zofar discorrendo sobre sua integridade. Ele, tendo Deus como sua testemunha, demonstra que eles falaram sem conhecimento. Perceba a segurança com a qual Jó se defende. O que os diálogos entre eles (Jó 4–31) lhe ensinam sobre julgamentos?
_____
_____
_____
_____
_____
_____

 ORE

Amado Deus, agradeço-te por me permitires te conhecer por intermédio do Teu filho Jesus. Ajuda-me a me manter firme em ti e a fazer o que é certo independentemente da opinião dos outros. Ensina-me a enxergar, à luz da Tua Palavra, quem verdadeiramente sou em ti. Concede-me ousadia para rebater as falsas acusações que contra mim se levantam. Em nome de Jesus, amém!

15 de abril

MARAVILHOSO CRIADOR

OUÇA

📖 RECEBA

Jó 38:1-11

¹Então, do meio de um redemoinho, o Senhor respondeu a Jó e disse: ²"Quem é este que obscurece os meus planos com palavras sem conhecimento? ³Cinja os lombos como homem, pois eu lhe farei perguntas, e você me responderá". ⁴"Onde você estava, quando eu lancei os fundamentos da terra? Responda, se você tem entendimento. ⁵Quem determinou as medidas da terra, se é que você o sabe? Ou quem estendeu sobre ela uma linha de medir? ⁶Sobre o que estão firmadas as suas bases ou quem lhe assentou a pedra angular, ⁷quando as estrelas da alva, juntas, alegremente cantavam, e todos os filhos de Deus gritavam de alegria?" ⁸"Ou quem encerrou o mar com portões, quando irrompeu do ventre, ⁹quando eu lhe pus as nuvens por vestimenta e a escuridão por fraldas, ¹⁰quando eu lhe tracei limites, e lhe pus ferrolhos e portas, ¹¹e disse: 'Até aqui você pode chegar, mas deste ponto não passará. Aqui se quebrará o orgulho das suas ondas'?".

💡 REFLITA

Quando os amigos e Jó se calaram, a voz de Deus tornou-se audível e "do meio de um redemoinho, o Senhor respondeu a Jó" (v.1). Essa ação divina evidenciou que nem Jó nem seus amigos estavam certos. O que significa conhecer o Senhor? De que maneira isso é possível?

_____
_____
_____
_____
_____

🔄 REAJA

O Deus eterno se revela a Jó dissertando sobre Sua criação. O Senhor questiona Jó sobre coisas que ele não teria condições de responder ou entender sozinho. Em sua opinião, por que o Senhor confrontou Jó dessa forma? O que a criação revela a você sobre o Criador?

_____
_____
_____
_____
_____
_____

🙏 ORE

Supremo Criador, ensina-me a maravilhar-me diante das Tuas obras, pois elas revelam a Tua beleza e a Tua criatividade. Senhor, tudo que existe na Terra e fora dela manifesta a Tua grandeza. Sensibiliza os ouvidos do meu coração, pois quero ouvir o que a Tua criação fala sobre ti. Ajuda-me a separar momentos durante o meu dia para conversar contigo. Em nome de Jesus, amém!

16 de abril

INFORMAÇÃO *VERSUS* REVELAÇÃO

OUÇA

📖 RECEBA
Jó 42:1-5,7-10

¹Então Jó respondeu ao Senhor e disse: ²"Bem sei que tudo podes, e nenhum dos teus planos pode ser frustrado. ³Tu perguntaste: 'Quem é este que, sem conhecimento, encobre os meus planos?'. Na verdade, falei do que eu não entendia, coisas que são maravilhosas demais para mim, coisas que eu não conhecia. ⁴Disseste: 'Escute, porque eu vou falar; farei perguntas, e você me responderá'. ⁵Eu te conhecia só de ouvir, mas agora os meus olhos te veem". [...] ⁷Depois que o Senhor falou estas palavras a Jó, o Senhor disse também a Elifaz, o temanita: —A minha ira se acendeu contra você e contra os seus dois amigos, porque vocês não falaram a meu respeito o que é reto, como o meu servo Jó falou. ⁸Agora peguem sete novilhos e sete carneiros, e vão até o meu servo Jó, e ofereçam holocaustos em favor de vocês. O meu servo Jó orará por vocês, e eu aceitarei a intercessão dele [...]. ⁹Então Elifaz, o temanita, Bildade, o suíta, e Zofar, o naamatita, foram e fizeram o que o Senhor lhes havia ordenado; e o Senhor aceitou a oração de Jó. ¹⁰O Senhor restaurou a sorte de Jó, quando este orou pelos seus amigos, e o Senhor lhe deu o dobro de tudo o que tinha tido antes.

💡 REFLITA

Jó era um homem temente a Deus; contudo, sua devoção baseava-se mais em informações. Então, o Senhor mudou isso revelando-se pessoalmente a ele (Jó 38–41). O que se perde quando se conhece a Deus "só de ouvir"? Que benefício o "agora os meus olhos te veem" (v.5) traz à vida?

_____
_____
_____
_____
_____

○ REAJA

A presença do Senhor expôs a Jó e a seus amigos para realinhá-los à verdade divina. Os propósitos de Deus e o Seu agir trouxeram honra e restituição a Jó. O que mais lhe impressiona nessa narrativa bíblica? De que forma ela o encoraja a aprofundar o seu relacionamento com Deus?

_____
_____
_____
_____
_____
_____

🙏 ORE

Senhor, Tu és Aquele para quem não há impossíveis. Dou-te graças pela Tua soberania em todas as coisas, mesmo quando não entendo o Teu modo de agir. Ajuda-me a aceitar a Tua vontade e a crer que os Teus planos são bons e nenhum deles pode ser frustrado. Revela-te a mim, Senhor, para que eu te conheça como Tu realmente és e descanse em Tua fidelidade. Em nome de Jesus, amém!

17 de abril

MEDITAR É MAIS QUE LER

OUÇA

📖 RECEBA
Salmo 1

¹Bem-aventurado é aquele que não anda no conselho dos ímpios, não se detém no caminho dos pecadores, nem se assenta na roda dos escarnecedores. ²Pelo contrário, o seu prazer está na lei do Senhor, e na sua lei medita de dia e de noite. ³Ele é como árvore plantada junto a uma corrente de águas, que, no devido tempo, dá o seu fruto, e cuja folhagem não murcha; e tudo o que ele faz será bem-sucedido. ⁴Os ímpios não são assim; são, porém, como a palha que o vento dispersa. ⁵Por isso, os ímpios não prevalecerão no juízo, nem os pecadores, na congregação dos justos. ⁶Pois o Senhor conhece o caminho dos justos, mas o caminho dos ímpios perecerá.

💡 REFLITA

O livro de Salmos apresenta uma coletânea de orações e cânticos que exemplificam a adoração a Deus nas mais diversas situações. Em sua opinião, esse primeiro salmo salienta o quê? Que contraste o salmista apresenta entre a conduta do justo e do ímpio para com a Palavra de Deus?

_____
_____
_____
_____

🔄 REAJA

Conforme o Salmo 1, o justo não anda, não se detém nem se assenta com aqueles que desprezam a Deus e a Sua Palavra. Antes, "o seu prazer está na lei do Senhor, e [nela] medita de dia e de noite" (v.2). O que essas atitudes trazem à vida espiritual? O que significa meditar neste contexto?

_____
_____
_____
_____
_____
_____

🙏 ORE

Amado Deus, a Bíblia é tão clara quanto às razões para os Teus filhos meditarem na Tua Palavra. Creio que ela é alimento para minha alma e luz para o meu caminho. Agradeço-te por falares comigo por meio dela e me instruíres a viver como cidadão do Céu neste mundo. Ensina-me a ler a Tua Palavra adequadamente e a te buscar como Tu desejas. Em nome de Jesus, amém!

18 de abril

EM MEIO AO DESESPERO

📖 RECEBA
Salmo 6

¹Senhor, não me repreendas na tua ira, nem me castigues no teu furor. ²Tem compaixão de mim, Senhor, porque eu me sinto debilitado; sara-me, Senhor, porque os meus ossos estão abalados. ³Também a minha alma está profundamente perturbada; mas tu, Senhor, até quando? ⁴Volta-te, Senhor, e socorre-me; salva-me por tua graça. ⁵Pois, na morte, não há recordação de ti; no sepulcro, quem te dará louvor? ⁶Estou cansado de tanto gemer; todas as noites faço nadar o meu leito, de minhas lágrimas o alago. ⁷De tristeza os meus olhos se consomem, envelhecem por causa de todos os meus adversários. ⁸Afastem-se de mim, todos vocês que praticam a iniquidade, porque o Senhor ouviu a voz do meu lamento; ⁹O Senhor ouviu a minha súplica; o Senhor acolhe a minha oração. ¹⁰Sejam envergonhados e fiquem extremamente perturbados todos os meus inimigos; retirem-se, num instante, cobertos de vergonha.

💡 REFLITA

As palavras nesse salmo indicam que Davi estava em um momento de grande angústia e aflição. Assim, ele suplica ao Deus justo, compassivo e misericordioso por livramento. Quais das declarações do salmista aqui chamam mais a sua atenção? O que elas transmitem a você?

_____
_____
_____
_____

⭕ REAJA

Embora as circunstâncias não sejam claras, o salmista faz questão de registrar a condição de sua alma e o seu pedido de socorro ao Senhor. E, concomitantemente, ele afirma que o Senhor ouviu a sua voz. Leia novamente os versículos 8 a 10, o que eles sugerem a você? Esse foi um ato de fé?

_____
_____
_____
_____
_____

🙏 ORE

Pai bendito, como é maravilhoso poder achegar-me a ti e derramar a minha alma em Tua presença. Agradeço-te por me sustentares com a Tua graça e a Tua misericórdia em momentos em que me sinto tão abatido. Ajuda-me a crer que Tu ouves a minha voz e me respondes mesmo quando os meus olhos ainda não veem o Teu agir sobre mim. Em nome de Jesus, amém!

19 de abril

DEUS, O MEU PASTOR

OUÇA

📖 RECEBA
Salmo 23

¹O Senhor é o meu pastor; nada me faltará. ²Ele me faz repousar em pastos verdejantes. Leva-me para junto das águas de descanso; ³refrigera-me a alma. Guia-me pelas veredas da justiça por amor do seu nome. ⁴Ainda que eu ande pelo vale da sombra da morte, não temerei mal nenhum, porque tu estás comigo; o teu bordão e o teu cajado me consolam. ⁵Preparas-me uma mesa na presença dos meus adversários, unges a minha cabeça com óleo; o meu cálice transborda. ⁶Bondade e misericórdia certamente me seguirão todos os dias da minha vida; e habitarei na Casa do Senhor para todo o sempre.

💡 REFLITA

Davi antes de ser rei foi pastor de ovelhas, e ele usa a vida pastoril, com a qual estava familiarizado, para descrever o cuidado de Deus para com ele: o Senhor o estava apascentando. Por que o pastor era essencial à vida da ovelha? Você pode dizer que Deus é seu pastor? Por quê?

_____
_____
_____
_____
_____

↻ REAJA

A metáfora do Senhor como pastor é comum na Bíblia, pois sendo Ele o Deus provedor: Ele está sempre presente, protegendo e guiando o Seu povo. Assim, o Seu rebanho tem o que necessita. De que forma, hoje, você entende e experimenta o "nada me faltará" (v.1) expresso por Davi?

_____
_____
_____
_____
_____
_____

🙏 ORE

Senhor, Pastor da minha alma, agradeço-te por me guiares, em todo tempo, ao caminho que me conduz à vida. Confesso que há momentos em que tenho dificuldades para confiar em ti de todo coração; por isso, peço-te, Senhor: aumenta a minha fé. Concede-me a graça da Tua presença e da Tua provisão. Sinto-me seguro por Tu estares ao meu lado. Em nome de Jesus, amém!

20 de abril

A BÊNÇÃO DO PERDÃO

📖 RECEBA

Salmo 32:1-7,10-11

¹Bem-aventurado aquele cuja transgressão é perdoada, cujo pecado é coberto. ²Bem-aventurado é aquele a quem o Senhor não atribui iniquidade e em cujo espírito não há engano. ³Enquanto calei os meus pecados, envelheceram os meus ossos pelos meus constantes gemidos todo o dia. ⁴Porque a tua mão pesava dia e noite sobre mim, e o meu vigor secou como no calor do verão. ⁵Confessei-te o meu pecado e a minha iniquidade não mais ocultei. Eu disse: "Confessarei ao Senhor as minhas transgressões"; e tu perdoaste a iniquidade do meu pecado. ⁶Sendo assim, todo o que é piedoso te fará súplicas em tempo de poder te encontrar. Com efeito, quando transbordarem muitas águas, não o atingirão. ⁷Tu és o meu esconderijo; tu me preservas da tribulação e me cercas de alegres cantos de livramento. [...] ¹⁰Muitos são os sofrimentos do ímpio, mas o que confia no Senhor, a misericórdia o cercará. ¹¹Alegrem-se no Senhor e regozijem-se, ó justos; exultem, todos vocês que são retos de coração.

💡 REFLITA

Perdão, em termos gerais, significa absolver o culpado. Ao longo da história bíblica, é perceptível o agir de Deus no sentido de alcançar o ser humano com o Seu perdão. Por que o Senhor investiu tanto, a ponto de entregar a própria vida, a fim de perdoar o homem? Como saber disso o afeta?

_____
_____
_____
_____
_____

○ REAJA

O perdão divino é graça de Deus, e todo aquele que usufrui dele, segundo a Bíblia, é feliz e verdadeiramente livre. Diante disso, conceitue, biblicamente, o que é felicidade e o que é liberdade. Sendo você perdoado por Deus, qual a importância de você perdoar os outros?

_____
_____
_____
_____
_____
_____

🙏 ORE

Pai querido, dou-te graças por perdoares os meus pecados e me reconciliares contigo por meio do sacrifício do Teu filho amado, Jesus. Peço-te que me ajudes a enxergar a dimensão da obra que realizaste a meu favor. Ajuda-me a ser fiel e grato a ti. Ensina-me a perdoar os meus ofensores assim como Tu tens me perdoado as transgressões. Em nome de Jesus, amém!

21 de abril

O VÍRUS DA COMPARAÇÃO

 OUÇA

📖 RECEBA

Salmo 73:1-5,12-15,21-25

¹De fato, Deus é bom para com Israel, para com os de coração limpo. ²Quanto a mim, porém, quase me resvalaram os pés; pouco faltou para que se desviassem os meus passos. ³Pois eu invejava os arrogantes, ao ver a prosperidade dos maus. ⁴Para eles não há preocupações, o seu corpo é forte e sadio. ⁵Não partilham das canseiras dos mortais, nem são afligidos como os outros. [...]
¹²Eis que estes são os ímpios; e, sempre tranquilos, aumentam as suas riquezas. ¹³Com certeza foi inútil conservar puro o meu coração e lavar as minhas mãos na inocência. ¹⁴Pois o dia inteiro sou afligido e cada manhã sou castigado. ¹⁵Se eu tivesse pensado em falar tais palavras, já aí teria traído a geração de teus filhos, ó Deus. [...]
²¹Quando o meu coração estava cheio de amargura e o meu íntimo se comoveu, ²²eu estava embrutecido e sem entendimento; era como um animal diante de ti. ²³No entanto, estou sempre contigo, tu me seguras pela minha mão direita. ²⁴Tu me guias com o teu conselho e depois me recebes na glória. ²⁵Quem tenho eu no céu além de ti? E quem poderia eu querer na terra além de ti?

💡 REFLITA

Asafe, autor desse salmo, confessa que quase corrompeu-se ao invejar "os arrogantes, ao ver a prosperidade dos maus" (v.3). Assim, ao se deter nisso, ele ficou amargurado. Que prejuízos a inveja e a amargura podem trazer à vida de alguém? Qual seria o antídoto contra isso?

_____
_____
_____
_____

⭕ REAJA

Esse salmo indica sentimentos nocivos que afetam o ser humano quando começam a se comparar aos outros. Asafe, então, fornece a solução para isso: voltar-se ao Senhor e enxergar os ímpios e suas injustiças pela perspectiva de Deus e Sua Palavra. O que você fará quanto a isso?

_____
_____
_____
_____
_____
_____

🙏 ORE

Deus amado, perdoa-me pelas vezes que penso que Tu favoreces mais os incrédulos do que os Teus filhos. Cura-me da comparação, pois ela é como um vírus que adoece o meu relacionamento contigo. Que a declaração de Asafe: "Quem tenho eu no céu além de ti? E quem poderia eu querer na terra além de ti?" (v.25), seja verdade em mim. Em nome de Jesus, amém!

22 de abril

DIGNO DE LOUVOR

📖 RECEBA
Salmo 96

¹Cantem ao Senhor um cântico novo, cantem ao Senhor, todas as terras. ²Cantem ao Senhor, bendigam o seu nome; proclamem a sua salvação, dia após dia. ³Anunciem entre as nações a sua glória, entre todos os povos, as suas maravilhas. ⁴Porque o Senhor é grande e digno de ser louvado, mais temível do que todos os deuses. ⁵Porque todos os deuses dos povos não passam de ídolos; o Senhor, porém, fez os céus. ⁶Glória e majestade estão diante dele, força e formosura, no seu santuário. ⁷Deem ao Senhor, ó famílias dos povos, deem ao Senhor glória e força. ⁸Deem ao Senhor a glória devida ao seu nome; tragam ofertas e entrem nos seus átrios. ⁹Adorem o Senhor na beleza da sua santidade; tremam diante dele, todas as terras. ¹⁰Digam entre as nações: "Reina o Senhor". Ele firmou o mundo para que não se abale e julga os povos com justiça. ¹¹Alegrem-se os céus, e a terra exulte; ruja o mar e a sua plenitude. ¹²Alegre-se o campo e tudo o que nele há; cantem de alegria todas as árvores do bosque, ¹³na presença do Senhor, porque vem, vem julgar a terra; julgará o mundo com justiça e os povos, de acordo com a sua fidelidade.

💡 REFLITA

O salmista aqui exalta a glória e a majestade de Deus. Assim, ele convida, entusiasticamente, a criação a adorar o Seu Criador como o único e verdadeiro Deus "na beleza da sua santidade" (v.9). Qual seria a motivação do salmista para essa convocação? O que ele expressa sobre o Senhor?

_____
_____
_____
_____
_____

⭕ REAJA

Leia novamente o Salmo 96 e sublinhe os verbos que se encontram nele. A quais ações eles o desafiam hoje? Baseado nisso, pense em como você pode cantar "ao Senhor um cântico novo" (v.1) e se alegrar "na presença do Senhor" (v.13) como criação dele.

_____
_____
_____
_____
_____
_____

🙏 ORE

Senhor, reina em minha vida como único e soberano Deus. Não permitas que as dificuldades que enfrento endureçam ou ceguem o meu coração a ponto de eu desconsiderar a Tua formosura e a beleza da Tua santidade. Ensina-me a louvar-te em novidade de vida e a me alegrar em ti, pois Tu és justo e bom. Somente Tu és digno do meu louvor e adoração. Em nome de Jesus, amém!

23 de abril

BENEFÍCIOS ILIMITADOS

OUÇA

📖 RECEBA
Salmo 103:1-14

¹Bendiga, minha alma, o Senhor, e tudo o que há em mim bendiga o seu santo nome. ²Bendiga, minha alma, o Senhor, e não se esqueça de nem um só de seus benefícios. ³Ele é quem perdoa todas as suas iniquidades; quem cura todas as suas enfermidades; ⁴quem da cova redime a sua vida e coroa você de graça e misericórdia. ⁵É ele quem enche de bens a sua vida, de modo que a sua mocidade se renova como a da águia. ⁶O Senhor faz justiça e julga todos os oprimidos. ⁷Manifestou os seus caminhos a Moisés e os seus feitos aos filhos de Israel. ⁸O Senhor é compassivo e bondoso; tardio em irar-se e rico em bondade. ⁹Não repreende perpetuamente, nem conserva para sempre a sua ira. ¹⁰Não nos trata segundo os nossos pecados, nem nos retribui conforme as nossas iniquidades. ¹¹Pois quanto o céu se eleva acima da terra, assim é grande a sua misericórdia para com os que o temem. ¹²Quanto o Oriente está longe do Ocidente, assim ele afasta de nós as nossas transgressões. ¹³Como um pai se compadece de seus filhos, assim o Senhor se compadece dos que o temem. ¹⁴Pois ele conhece a nossa estrutura e sabe que somos pó.

💡 REFLITA

Davi ordenou à própria alma que bendissesse ao Senhor. Isso, além de ser uma escolha intencional, deveria envolver todo o seu ser não importando quão fraco, temeroso ou desanimado ele estivesse. Confiar no Senhor pode afetar o modo de se lidar com as emoções? De que forma?

_____
_____
_____
_____

⭕ REAJA

Na sequência, o salmista para não ter desculpas, ele lista os benefícios do Senhor que sua alma não deveria esquecer (vv.2-5). Qual o maior benefício que Deus já fez a seu favor? Que benefícios pessoais você poderia listar para ordenar a si mesmo hoje: "Bendiga, minha alma, o Senhor"?

_____
_____
_____
_____
_____
_____

🙏 ORE

Misericordioso Deus, por vezes, minha alma fica tão atribulada que me vejo envolto em queixas e lamentos como se eu não tivesse experimentado vitórias antes. Peço-te que me ajudes a bendizer-te independentemente das circunstâncias. Senhor, não quero me esquecer dos Teus benefícios, pois eles são provisões que Tu tens dispensado a mim. Em nome de Jesus, amém!

24 de abril

ESTRUTURA E DIREÇÃO

📖 RECEBA
Salmo 104:10-15,18-24

¹⁰Tu fazes rebentar fontes no vale, cujas águas correm entre os montes; ¹¹dão de beber a todos os animais do campo; os jumentos selvagens matam a sua sede. ¹²Junto delas as aves do céu têm o seu pouso e, por entre a ramagem, elas se põem a cantar. ¹³Do alto de tua morada, regas os montes; a terra farta-se do fruto de tuas obras. ¹⁴Fazes crescer a relva para os animais e as plantas que o ser humano cultiva, para que da terra tire o seu alimento: ¹⁵o vinho, que alegra o coração, o azeite, que lhe dá brilho ao rosto, e o pão, que lhe sustém as forças. [...] ¹⁸Os altos montes são das cabras-monteses, e as rochas, o refúgio dos arganazes. ¹⁹Fez a lua para marcar o tempo; o sol conhece a hora de se pôr. ²⁰Envias as trevas e vem a noite, na qual vagueiam os animais da selva. ²¹Os leõezinhos rugem pela presa e buscam de Deus o sustento; ²²em vindo o sol, eles se recolhem e se acomodam nos seus covis. ²³Então as pessoas saem para o seu trabalho e para o seu serviço até a tarde. ²⁴Que variedade, SENHOR, nas tuas obras! Fizeste todas elas com sabedoria; a terra está cheia das tuas riquezas.

💡 REFLITA
A engrenagem que mantém a criação em movimento é, extraordinariamente, perfeita. O fato do Operador dela ser o mesmo que a criou a torna infalível. Cada coisa criada, exceto o homem, obedece a sua estrutura e direção. Em que sentido a natureza é mais sábia que o ser humano?

_____
_____
_____
_____
_____

🔄 REAJA
À vida é um milagre com o qual Deus aprovisiona a Terra diariamente. Todos os sistemas relacionados a ela foram sabiamente criados, definidos e organizados. Quais das obras de Deus você mais admira? Por quê? Pare e pense nas lições que você pode aprender a partir delas.

_____
_____
_____
_____
_____
_____

🙏 ORE
Magnífico Criador, fico extasiado diante da exuberante beleza e ordem em tudo que criaste. Na criação, todas as coisas vivem conforme o Teu propósito, manifestam a Tua glória e glorificam o Teu nome. Senhor, ensina-me a depender de ti e a seguir o Teu perfeito plano. Peço-te que não permitas que eu me apoie no meu próprio entendimento. Em nome de Jesus, amém!

25 de abril

ONISCIENTE E ONIPRESENTE

OUÇA

📖 RECEBA
Salmo 139:1-6,13-18

¹SENHOR, tu me sondas e me conheces. ²Sabes quando me sento e quando me levanto; de longe conheces os meus pensamentos. ³Observas o meu andar e o meu deitar e conheces todos os meus caminhos. ⁴A palavra ainda nem chegou à minha língua, e tu, SENHOR, já a conheces toda. ⁵Tu me cercas por todos os lados e pões a tua mão sobre mim. ⁶Tal conhecimento é maravilhoso demais para mim: é tão elevado, que não o posso atingir. [...]
¹³Pois tu formaste o meu interior, tu me teceste no ventre de minha mãe. ¹⁴Graças te dou, visto que de modo assombrosamente maravilhoso me formaste; as tuas obras são admiráveis, e a minha alma o sabe muito bem. ¹⁵Os meus ossos não te foram encobertos, quando no oculto fui formado e entretecido como nas profundezas da terra. ¹⁶Os teus olhos viram a minha substância ainda informe, e no teu livro foram escritos todos os meus dias, cada um deles escrito e determinado, quando nem um deles ainda existia. ¹⁷Que preciosos para mim, ó Deus, são os teus pensamentos! E como é grande a soma deles! ¹⁸Se os contasse, seriam mais do que os grãos de areia; quando acordo, ainda estou contigo.

💡 REFLITA
O Senhor é o soberano, onisciente, onipresente e onipotente Deus. Não há coisa alguma que Ele não conheça, lugar algum em que Ele não esteja ou coisa alguma que Ele não possa fazer. De que forma saber de tudo isso influencia o seu caráter e o seu modo de viver?
_____
_____
_____
_____
_____

⟳ REAJA
Deus como um exímio artífice formou o ser humano "de modo assombrosamente maravilhoso" (v.14). Cada pessoa é única, embora todos nós sejamos constituídos, fisicamente, da mesma matéria. Observe-se como uma obra de Deus. Quais impressões divinas você percebe em sua vida?
_____
_____
_____
_____
_____
_____
_____

🙏 ORE
Deus amado, não há palavras que possam descrever-te; Tu és surpreendentemente maravilhoso em tudo que és e fazes. Senhor, louvo-te por teres me criado e peço-te: "Sonda-me, ó Deus, e conhece o meu coração, prova-me e conhece os meus pensamentos; vê se há em mim algum caminho mau e guia-me pelo caminho eterno" (vv.23-24). *Em nome de Jesus, amém!*

26 de abril

CONSELHOS DE UM PAI

🎧 OUÇA

📖 RECEBA
Provérbios 3:1-8,21-24

¹Meu filho, não se esqueça dos meus ensinos, e que o seu coração guarde os meus mandamentos, ²porque eles aumentarão os seus dias e lhe acrescentarão anos de vida e paz. ³Não deixe que a bondade e a fidelidade abandonem você. Amarre-as ao pescoço; escreva-as na tábua do seu coração ⁴e você encontrará favor e boa compreensão diante de Deus e das outras pessoas. ⁵Confie no Senhor de todo o seu coração e não se apoie no seu próprio entendimento. ⁶Reconheça o Senhor em todos os seus caminhos, e ele endireitará as suas veredas. ⁷Não seja sábio aos seus próprios olhos; tema o Senhor e afaste-se do mal. ⁸Isto será como um remédio para o seu corpo e refrigério para os seus ossos. [...]
²¹Meu filho, que estas coisas não se afastem dos seus olhos; guarde a verdadeira sabedoria e o discernimento; ²²porque serão vida para a sua alma e enfeite para o seu pescoço. ²³Então você andará seguro no seu caminho, e o seu pé não tropeçará. ²⁴Quando se deitar, você não terá medo; sim, você se deitará e o seu sono será tranquilo.

💡 REFLITA

Provérbios traz uma série de ensinamentos práticos para o dia a dia. Esse livro apresenta a pessoa de Deus como a fonte de toda sabedoria e encoraja o seu leitor a buscá-la. O que é ser sábio aos olhos de Deus? De que forma é possível desenvolver a sabedoria indicada na Bíblia?

_____
_____
_____
_____
_____

⭕ REAJA

Esse é um texto que adverte ao mesmo tempo que apresenta os benefícios de decisões sábias. Leia novamente essa coletânea de conselhos, quais deles mais o desafiam? Por quê? O que você fará com o que a Palavra de Deus ministrou ao seu coração hoje?

_____
_____
_____
_____
_____

 ORE

Pai querido, que precioso é receber do Senhor orientações práticas que me auxiliam a viver de maneira apropriada neste mundo. Ensina-me a andar fielmente no caminho que Tu traçaste a fim de que eu usufrua das benesses de Tuas promessas. Ajuda-me a buscar a sabedoria que vem ti, pois somente assim não serei sábio aos meus próprios olhos. Em nome de Jesus, amém!

27 de abril

PRUDÊNCIA *VERSUS* INSENSATEZ

OUÇA

📖 RECEBA
Provérbios 12:1-2,10-18,28

¹Quem ama a disciplina ama o conhecimento, mas o que odeia a repreensão é tolo. ²Quem faz o bem alcança o favor do Senhor, mas aquele que tem más intenções, este o Senhor condena. [...]
¹⁰O justo cuida dos seus animais, mas o coração dos ímpios é cruel. ¹¹O que lavra a sua terra terá pão em abundância, mas quem corre atrás de coisas sem valor não tem juízo. ¹²O ímpio quer viver do que caçam os maus, mas a raiz dos justos produz o seu fruto. ¹³Os maus se enredam na transgressão daquilo que falam, mas os justos escaparão da angústia. ¹⁴Cada um se farta de bem pelo fruto daquilo que diz, e o que as suas mãos fizerem, isso receberá de volta. ¹⁵O caminho do insensato parece reto aos seus olhos, mas o sábio ouve os conselhos. ¹⁶O insensato mostra logo a sua ira, mas o prudente ignora os insultos. ¹⁷Quem diz a verdade favorece a justiça, mas a testemunha falsa está a serviço da fraude. ¹⁸Palavras precipitadas são como pontas de espada, mas as palavras dos sábios são remédio. [...]
²⁸Na vereda da justiça está a vida, e neste caminho não há morte.

💡 REFLITA
O contraste mais comum encontrado em Provérbios diz respeito ao prudente e ao insensato e a seus correlatos: justo e ímpio, sábio e tolo. E a principal diferença entre eles está na forma como agem. Com quais das comparações mencionadas no texto você mais se identifica? Por quê?

_____
_____
_____
_____

⟳ REAJA
Observe está afirmação: "Cada um se farta de bem pelo fruto daquilo que diz, e o que as suas mãos fizerem, isso receberá de volta" (v.14). De que forma você já experimentou a veracidade dela? Por que as palavras e as ações podem ser consideradas uma forma de semeadura?

_____
_____
_____
_____
_____

🙏 ORE

Senhor, quero viver de maneira sábia e sensata. Ajuda-me a reconhecer as minhas faltas mesmo quando creio que tenho razão. Que a Tua Palavra seja o meu parâmetro para avaliar a minha conduta e realinhar o meu viver a Tua vontade que é boa, perfeita e agradável. Não permitas que os meus olhos se fartem com aquilo que Tu condenas. Em nome de Jesus, amém!

28 de abril

ENSINO DO SÁBIO

📖 RECEBA
Provérbios 13:10-20

¹⁰Da soberba só resulta a discórdia, mas a sabedoria está com os que se aconselham. ¹¹A riqueza obtida com facilidade, essa diminui, mas quem a ajunta pelo trabalho, esse a vê aumentar. ¹²Esperança adiada faz adoecer o coração; desejo cumprido é árvore de vida. ¹³Quem despreza a palavra terá de pagar por isso, mas o que teme o mandamento será recompensado. ¹⁴O ensino do sábio é fonte de vida para evitar os laços da morte. ¹⁵O bom senso conquista favor, mas o caminho dos infiéis é intransitável. ¹⁶Quem é prudente age com conhecimento, mas o tolo espalha a sua tolice. ¹⁷O mensageiro perverso se precipita no mal, mas o embaixador fiel produz cura. ¹⁸Pobreza e vergonha sobrevêm ao que rejeita a instrução, mas o que aceita a repreensão será honrado. ¹⁹O desejo que se cumpre agrada a alma, mas os tolos detestam afastar-se do mal. ²⁰Quem anda com os sábios será sábio, mas o companheiro dos tolos acabará mal.

💡 REFLITA
Vemos aqui uma continuação das características que distinguem o prudente do insensato e as consequências que seguem as suas ações. De que maneira esses ensinamentos podem ser interiorizados a fim de evitar os males provenientes da insensatez?

🔄 REAJA
Atente a estes versículos: "O ensino do sábio é fonte de vida para evitar os laços da morte" (v. 14) e "Quem anda com os sábios será sábio, mas o companheiro dos tolos acabará mal" (v.20), como você os correlacionaria? Quais lições você pode tirar dessas palavras e aplicar à sua vida?

🙏 ORE
Onipotente Deus, faz de mim um fiel embaixador Teu neste mundo. Afasta de mim o orgulho para que eu não semeie contenda. Torna-me um filho sábio para que eu viva e espalhe a Tua sabedoria. Não quero ser achado entre os tolos que rejeitam a Tua repreensão e a Tua instrução. Honra-me com a Tua presença e purifica-me por Tua Palavras. Em nome de Jesus, amém!

29 de abril

O PODER DA LÍNGUA

OUÇA

📖 RECEBA
Provérbios 15:1-5,21-23,28-32

¹A resposta branda desvia o furor, mas a palavra dura suscita a ira. ²A língua dos sábios adorna o conhecimento, mas a boca dos insensatos derrama tolices. ³Os olhos do Senhor estão em todo lugar, contemplando os maus e os bons. ⁴A língua serena é árvore de vida, mas a língua perversa esmaga o espírito. ⁵O insensato despreza a instrução de seu pai, mas o que aceita a repreensão consegue a prudência. [...]
²¹Quem não tem juízo se alegra com a sua tolice, mas quem é sábio anda retamente. ²²Sem conselhos os projetos fracassam, mas com muitos conselheiros há sucesso. ²³Que alegria é ter a resposta adequada! Como é boa a palavra dita na hora certa! [...]
²⁸O coração do justo medita o que há de responder, mas a boca dos ímpios derrama maldades. ²⁹O Senhor está longe dos ímpios, mas ouve a oração dos justos. ³⁰O brilho nos olhos alegra o coração; uma boa notícia fortalece até os ossos. ³¹Quem dá ouvidos à repreensão construtiva terá a sua morada no meio dos sábios. ³²Quem rejeita a disciplina despreza a si mesmo, mas o que aceita a repreensão adquire entendimento.

💡 REFLITA
Que poder tem a língua e as palavras que dela emanam? O sábio afirma: "A morte e a vida estão no poder da língua…" (Provérbios 18:21), e Tiago acrescenta: "Ora, a língua é um fogo; é um mundo de maldade…" (3:6). Qual cuidado se deve ter quanto ao uso da língua?

○ REAJA
Releia o texto bíblico e veja este versículo: "Porque todos tropeçamos em muitas coisas. Se alguém não tropeça no falar, é um indivíduo perfeito, capaz de refrear também todo o corpo" (Tiago 3:2). De que forma esses textos indicam que a saúde da alma e do corpo está relacionada a boca?

🙏 ORE
Amado Pai, torna-me capaz de refrear a minha língua e enche o meu coração de ti para que as minhas palavras sejam saúde àqueles que as ouvem. Ajuda-me a ser perfeito e a não tropeçar no meu falar. Senhor, que "As palavras dos meus lábios e o meditar do meu coração sejam agradáveis na tua presença [...], rocha minha e redentor meu!" (Salmo 19:14). Em nome de Jesus, amém!

30 de abril

RESPONDA SE FOR CAPAZ

 OUÇA

📖 RECEBA
Provérbios 30:1-9

¹O homem disse: "Estou cansado, ó Deus; estou cansado, ó Deus, e exausto ²porque sou demasiadamente estúpido para ser homem. Não tenho a inteligência de um ser humano, ³não aprendi a sabedoria, nem tenho o conhecimento do Santo. ⁴Quem subiu ao céu e desceu? Quem pegou o vento com as suas mãos? Quem amarrou as águas na sua roupa? Quem estabeleceu todas as extremidades da terra? Qual é o seu nome, e qual é o nome de seu filho, se é que você o sabe? ⁵Toda palavra de Deus é pura. Ele é escudo para os que nele confiam. ⁶Não acrescente nada às suas palavras, para que ele não o repreenda, e você seja achado mentiroso".
⁷Duas coisas te peço, ó Deus; não recuse o meu pedido, antes que eu morra: ⁸afasta de mim a falsidade e a mentira; não me dês nem a pobreza nem a riqueza; dá-me o pão que me for necessário, ⁹para não acontecer que, estando eu farto, te negue e diga: "Quem é o SENHOR?". Ou que, empobrecido, venha a furtar e profane o nome de Deus.

💡 REFLITA
O autor dessas palavras basicamente declara que sem a sabedoria e "o conhecimento do Santo" (v.3), o que resta ao homem é a estupidez. Em que ele fundamenta tal conclusão? O intelecto humano é capaz de conhecer verdadeiramente a Deus sem a Palavra revelada? Por quê?

_____
_____
_____
_____
_____

🔄 REAJA
Atente-se a este pedido: "...não me dês nem a pobreza nem a riqueza" (v.8). Como essas palavras soam a você? As razões que Agur fornece na sequência dessa fala convencem você de essa ser uma oração sábia? Por quê? Seria essa uma forma de combater a ambição alojada no coração?

_____
_____
_____
_____
_____
_____
_____

🙏 ORE

Excelso Deus, é realmente inútil tentar te conhecer sem que antes Tu te reveles a mim. Ainda que eu use todos os recursos disponíveis e o meu intelecto em busca de respostas sobre ti, se eu depender apenas de mim, não saberei dizer quem Tu és. Senhor, eu quero te conhecer e usufruir verdadeiramente de um relacionamento pessoal contigo. Em nome de Jesus, amém!

1.º de maio

A TEMPORALIDADE DA VIDA

 OUÇA

📖 RECEBA
Eclesiastes 3:1-8,11,17

¹Tudo tem o seu tempo determinado, e há tempo para todo propósito debaixo do céu: ²há tempo de nascer e tempo de morrer; tempo de plantar e tempo de arrancar o que se plantou; ³tempo de matar e tempo de curar; tempo de derrubar e tempo de construir; ⁴tempo de chorar e tempo de rir; tempo de prantear e tempo de saltar de alegria; ⁵tempo de espalhar pedras e tempo de ajuntar pedras; tempo de abraçar e tempo de deixar de abraçar; ⁶tempo de procurar e tempo de perder; tempo de guardar e tempo de jogar fora; ⁷tempo de rasgar e tempo de costurar; tempo de ficar calado e tempo de falar; ⁸tempo de amar e tempo de odiar; tempo de guerra e tempo de paz. [...]
¹¹Deus fez tudo formoso no seu devido tempo. Também pôs a eternidade no coração do ser humano, sem que este possa descobrir as obras que Deus fez desde o princípio até o fim. [...]
¹⁷Então eu disse a mim mesmo: "Deus julgará o justo e o ímpio; porque há um tempo para todo propósito e para toda obra".

💡 REFLITA
Este texto, a partir dos contrastes que apresenta, salienta a transitoriedade da vida e a soberania de Deus sobre o tempo. Assim, as pessoas, bem como suas atividades, têm o seu prazo neste mundo. Qual o risco de não se considerar essa verdade hoje?

_____
_____
_____
_____
_____

⭕ REAJA
Deus, "pôs a eternidade no coração do ser humano" (v.11) a fim de que este busque no Senhor o seu sentido e propósito existencial, bem como encontre nele o caminho para a vida eterna. De que maneira é possível viver a eternidade aqui e agora?

_____
_____
_____
_____
_____
_____
_____

🙏 ORE

Poderoso Deus, os Teus pensamentos e desígnios são tão profundos e maravilhosos que a minha limitada mente não consegue alcançá-los. Ajuda-me a lidar com o tempo e com as etapas da minha vida sabiamente. Peço-te, Senhor, que me prepares, durante o meu tempo aqui, para viver eternamente contigo. Em nome de Jesus, amém!

2 de maio

CORRER ATRÁS DO VENTO

 OUÇA

📖 RECEBA
Eclesiastes 4:4-12

⁴Então vi que toda fadiga e toda habilidade no trabalho provêm da inveja do ser humano contra o seu próximo. Também isto é vaidade e correr atrás do vento. ⁵O tolo cruza os braços e destrói a si mesmo. ⁶Melhor é um punhado de descanso do que ambas as mãos cheias de trabalho e correr atrás do vento. ⁷Então considerei outra vaidade debaixo do sol: ⁸um homem sem ninguém, que não tem filhos nem irmãos, mas que não cessa de trabalhar e cujos olhos não se fartam de riquezas. E ele não pergunta: "Para quem estou trabalhando, se não aproveito as coisas boas da vida?". Também isto é vaidade e enfadonho trabalho. ⁹Melhor é serem dois do que um, porque maior é o pagamento pelo seu trabalho. ¹⁰Porque se caírem, um levanta o companheiro. Mas ai do que estiver só, pois, caindo, não haverá quem o levante. ¹¹Também, se dois dormirem juntos, eles se aquecerão; mas, se for um sozinho, como se aquecerá? ¹²Se alguém quiser dominar um deles, os dois poderão resistir; o cordão de três dobras não se rompe com facilidade.

💡 REFLITA

Faz sentido "trabalhar para ganhar a vida". Porém, quando isso está fundamentado na ambição e na busca desenfreada pelo sucesso, qual o verdadeiro ganho disso? Nesse contexto, o que o texto quer dizer com "vaidade e correr atrás do vento"?

_____
_____
_____
_____
_____

⭕ REAJA

Perceba que, além da insatisfação, aquele que é movido pela ambição, muitas vezes, está sozinho. No que tange ao trabalho, quais seriam os benefícios do apoio mútuo, do companheirismo, que o autor apresenta? Como você poderia melhorar nisso?

_____
_____
_____
_____
_____
_____
_____

🙏 ORE

Amado Senhor, não permitas que o meu desejo por uma vida melhor comprometa meus relacionamentos e a minha saúde. Ensina-me a experimentar o verdadeiro contentamento e a viver conforme os propósitos que Tu tens para mim. Ajuda-me a não desperdiçar a vida com o que é vaidade. Em nome de Jesus, amém!

3 de maio

NA CONTRAMÃO DO USUAL

 OUÇA

📖 RECEBA
Eclesiastes 7:1-10

¹A boa fama é melhor do que um bom perfume, e o dia da morte é melhor do que o dia do nascimento. ²Melhor é ir à casa onde há luto do que ir à casa onde há banquete, pois naquela se vê o fim de todas as pessoas; e que os vivos o tomem em consideração. ³Melhor é a mágoa do que o riso, porque com a tristeza do rosto se melhora o coração. ⁴O coração dos sábios está na casa do luto, mas o dos insensatos, na casa da alegria. ⁵Melhor é ouvir a repreensão do sábio do que ouvir a canção dos tolos. ⁶Pois, como o crepitar dos espinhos debaixo de uma panela, assim é a risada dos tolos. Também isto é vaidade. ⁷Certamente a opressão faz do sábio um tolo, e o suborno corrompe o coração. ⁸Melhor é o fim das coisas do que o seu princípio; a paciência é melhor do que a arrogância. ⁹Não se apresse em ficar irado, porque a ira se abriga no íntimo dos tolos. ¹⁰Nunca pergunte: "Por que os dias passados foram melhores que os de agora?". Pois não é sábio fazer essa pergunta.

💡 REFLITA

Sem dúvida, estes são tópicos que confrontam o ser humano: a morte, a tristeza, o luto, a mágoa, a ira. De que forma o ponto de vista do Pregador, sobre essas realidades da vida, desafia você a um comportamento diferente do usual?

_____
_____
_____
_____
_____
_____

○ REAJA

"Melhor é o fim das coisas do que o seu princípio" (v.8). Como os conselhos compartilhados pelo Pregador podem auxiliar você a chegar a esse "melhor"? Escolha uma das afirmações aqui apresentadas para você refletir e desenvolver hoje.

_____
_____
_____
_____
_____
_____
_____

🙏 ORE

Meu Deus e Pai, que desafiadoras são essas Tuas palavras, pois elas vão na contramão daquilo que a minha natureza humana geralmente me sugestiona a fazer. Ajuda-me a agir diferente sempre que me deparar com tais realidades dentro e fora de mim. Quero usufruir desse melhor ao qual Tu me desafias hoje. Em nome de Jesus, amém!

4 de maio

NAS MÃOS DE DEUS

📖 RECEBA
Eclesiastes 9:1-4,8,10

¹Tenho refletido sobre todas estas coisas para chegar à seguinte conclusão: os justos e os sábios, com os seus feitos, estão nas mãos de Deus; e, se é amor ou se é ódio que está à sua espera, isso ninguém sabe. Ninguém sabe o que vai acontecer. ²Tudo acontece igualmente com todos: o mesmo acontece com o justo e com o ímpio, com o bom e com o mau, com o puro e com o impuro, com o que oferece sacrifícios e com o que não os oferece, com o bom e com o pecador, tanto com o que faz juramentos como com aquele que tem medo de fazê-los. ³Este é o mal que há em tudo o que se faz debaixo do sol: a mesma coisa acontece com todos. Também o coração das pessoas está cheio de maldade; está cheio de loucura enquanto elas vivem; depois, rumo aos mortos. ⁴Para aquele que está entre os vivos há esperança, porque mais vale um cão vivo do que um leão morto. [...]
⁸Que as suas vestes sejam sempre brancas, e que nunca falte óleo sobre a sua cabeça. [...]
¹⁰Tudo o que vier às suas mãos para fazer, faça-o conforme as suas forças, porque na sepultura, que é para onde você vai, não há obra, nem projetos, nem conhecimento, nem sabedoria alguma.

💡 REFLITA
O Pregador apresenta tanto a soberania divina como a herança recebida de Adão: a morte (Romanos 5:12). Se em termos físicos não há como se escapar dela, o que se pode fazer quanto à vida espiritual, já que para "os vivos há esperança" (v.4)?

_____
_____
_____
_____
_____
_____

🔄 REAJA
"Que as suas vestes sejam sempre brancas, e que nunca falte óleo sobre a sua cabeça" (v.8). A que essas palavras podem espiritualmente ser relacionadas? De que forma elas o convocam a ser responsável pela sua vida diante de Deus hoje (v.10)?

_____
_____
_____
_____
_____
_____
_____

🙏 ORE
Amado Senhor, agradeço-te por enviares Jesus Cristo para me salvar da morte eterna, pois por meio dele posso viver para sempre contigo. Peço-te, não permitas que a corrupção da vida aqui deteriore a minha visão quanto ao caminho que devo seguir. Ajuda-me a manter as minhas vestes brancas diante de ti. Em nome de Jesus, amém!

5 de maio

ENQUANTO HÁ TEMPO

OUÇA

📖 RECEBA
Eclesiastes 12:2-7,13-14

²Lembre-se do Criador antes que se escureçam o sol, a lua e as estrelas, e as nuvens voltem depois da chuva. ³Lembre-se dele antes do dia em que tremerem os guardas da casa, os seus braços, e se curvarem os homens que no passado eram fortes, as suas pernas, e cessarem os moedores da sua boca, por já serem poucos, e se escurecerem os que olham pelas janelas, os seus olhos. ⁴Faça isso antes que as portas da rua se fechem e o ruído das pedras do moinho se torne difícil de ouvir; quando você se levantar à voz das aves, e todas as harmonias, filhas da música, começarem a desaparecer [...] ⁶Lembre-se do seu Criador, antes que se rompa o fio de prata, e se despedace o copo de ouro, e se quebre o cântaro junto à fonte, e se desfaça a roda junto ao poço, ⁷e o pó volte à terra, de onde veio, e o espírito volte a Deus, que o deu. [...]
¹³De tudo o que se ouviu, a conclusão é esta: tema a Deus e guarde os seus mandamentos, porque isto é o dever de cada pessoa. ¹⁴Porque Deus há de trazer a juízo todas as obras, até as que estão escondidas, quer sejam boas, quer sejam más.

💡 REFLITA
O Pregador faz uma advertência descrevendo, poeticamente, o processo de debilitamento humano à medida que o tempo passa. Isso, seria o mesmo que exortar: "Busquem o SENHOR enquanto ele pode ser encontrado; invoquem-no enquanto ele está perto" (Isaías 55:6)? Por quê?

_____
_____
_____
_____
_____

○ REAJA
O autor de Eclesiastes termina sua abordagem como uma síntese de seus ensinamentos. Releia o versículo 13. Ele o desafia a quê? Observe estas palavras: "Hoje, se ouvirem a sua voz, não endureçam o coração" (Hebreus 3:15), de que forma isso poderia acontecer a você?

_____
_____
_____
_____
_____
_____

🙏 ORE

Querido Deus, à medida que o tempo passa, o meu corpo vai se desgastando e o vigor da vida vai se esvaindo. Ensina-me a viver os meus dias de maneira plena, Senhor, buscando a Tua face e honrando o Teu nome hoje a fim de que eu usufrua de um amanhã seguro em Tua presença. Ajuda-me a temer somente a ti e a louvar-te com a minha vida. Em nome de Jesus, amém!

6 de maio

EXALTAÇÃO AO AMOR

OUÇA

📖 RECEBA
Cântico dos Cânticos 2:4-5,8-14,16

Esposa
⁴Ele me levou à sala do banquete, e o seu estandarte sobre mim é o amor. ⁵Sustentem-me com passas, confortem-me com maçãs, pois estou morrendo de amor. [...] ⁸Ouço a voz do meu amado. Eis que ele vem, saltando sobre os montes, pulando sobre as colinas. ⁹O meu amado é semelhante ao gamo ou ao filho da gazela. Eis que ele está detrás de nossa parede, olhando pelas janelas, espreitando pelas grades. ¹⁰O meu amado fala e me diz:

Esposo
Levante-se, minha querida, minha linda, e venha comigo. ¹¹Porque eis que passou o inverno, a chuva cessou e se foi, ¹²aparecem as flores na terra, chegou o tempo de cantarem as aves, e já se ouve a voz da rolinha em nossa terra. ¹³A figueira começou a dar seus figos, e as vinhas em flor exalam o seu aroma. Levante-se, minha querida, minha linda, e venha comigo. ¹⁴[...] mostre-me o seu rosto, deixe-me ouvir a sua voz; porque a sua voz é doce, e o seu rosto é lindo.

Esposa
¹⁶O meu amado é meu, e eu sou dele; ele apascenta o seu rebanho entre os lírios. ¹⁷Antes que rompa o dia e fujam as sombras, volte, meu amado.

💡 REFLITA
O livro de Cânticos dos Cânticos, seja ele interpretado de forma literal ou alegórica, é um hino de exaltação ao amor. O relacionamento entre o casal é apresentado de forma poética e saudável. De que forma a leitura desse livro poderia ensinar você a perspectiva divina sobre o casamento?

_____
_____
_____
_____

🔄 REAJA
"O meu amado é meu, e eu sou dele" (v.16). Que grau de comprometimento essa declaração revela que há entre o casal? Se você empregar tais palavras a Cristo, o noivo, e a Sua Igreja, você como Sua noiva, em que isso afetará a sua forma de se relacionar romanticamente? Por quê?

_____
_____
_____
_____
_____

🙏 ORE
Maravilhoso Deus, o pecado distorceu a Tua vontade; entretanto, ele não alterou os Teus propósitos. Dou-te graças, pois em Cristo posso usufruir do Teu plano original: comunhão contigo e com o próximo. Senhor que, independentemente de eu ser solteiro ou casado, eu me lembre que pertenço a ti e que devo honrar-te em meus relacionamentos. Em nome de Jesus, amém!

7 de maio

FORTE COMO A MORTE

OUÇA

📖 RECEBA
Cântico dos Cânticos 8:5-7,12-14

⁵Quem é esta que vem subindo do deserto, apoiada em seu amado?
Esposa
Debaixo da macieira eu o despertei; ali a sua mãe teve dores de parto, ali esteve com dores aquela que o deu à luz. ⁶Ponha-me como selo sobre o seu coração, como selo sobre o seu braço, porque o amor é tão forte como a morte, e o ciúme é tão duro como a sepultura. As suas chamas são chamas de fogo, são labaredas enormes. ⁷As muitas águas não poderiam apagar o amor, nem os rios, afogá-lo. Ainda que alguém oferecesse todos os bens da sua casa para comprar o amor, receberia em troca apenas desprezo. [...] ¹²A minha vinha, que me pertence, dessa cuido eu! Você, Salomão, terá as suas mil moedas, e os que guardam o fruto dela, as suas duzentas.
Esposo
¹³Você, que habita nos jardins, os meus companheiros querem ouvir a sua voz! Eu também quero ouvi-la.
Esposa
¹⁴Venha depressa, meu amado, correndo como um gamo ou um filho da gazela sobre os montes perfumados.

💡 REFLITA
Este é o ápice de toda mensagem que se desenrola ao longo dos capítulos desse mais excelente Cântico dos Cânticos. Ele apresenta o amor em sua forma mais pura e intensa, o qual, em sua essência, não pode ser revogado ou superado. Que tipo de amor é esse? Como é possível experimentá-lo?
_____
_____
_____
_____
_____

○ REAJA
O autor usa figuras significativas e fortes para mostrar que o amor verdadeiro é indestrutível. Na antiguidade, quando usado, o selo indicava o quê? Que comparações aqui confrontam o seu conceito de amor e a sua forma de amar? Como o amor pode ser aperfeiçoado em você?
_____
_____
_____
_____
_____
_____
_____

🙏 ORE
Senhor amado, a Tua Palavra declara que Tu és amor, assim, o amor é parte da Tua essência. Creio que, ao me criares, Tu colocaste em mim a capacidade de amar verdadeiramente. Liberta-me dos falsos conceitos e aperfeiçoa-me no Teu amor, pois, mesmo em minha humanidade, desejo amar e ser amado na forma mais elevada que Tu o propões em ti. Em nome de Jesus, amém!

8 de maio

A GRANDE LUZ

 OUÇA

📖 RECEBA
Isaías 9:2-7

²O povo que andava em trevas viu grande luz, e aos que viviam na região da sombra da morte resplandeceu-lhes a luz. ³Tu, Senhor, tens multiplicado este povo e aumentaste a sua alegria; eles se alegram diante de ti, como se alegram no tempo da colheita e como exultam quando repartem os despojos. ⁴Porque tu quebraste o jugo que pesava sobre eles, a vara que lhes feria os ombros e o cetro do seu opressor, como no dia da vitória sobre os midianitas. ⁵Porque toda bota com que o guerreiro anda no tumulto da batalha e toda roupa revolvida em sangue serão queimadas, servirão de pasto ao fogo. ⁶Porque um menino nos nasceu, um filho se nos deu. O governo está sobre os seus ombros, e o seu nome será: "Maravilhoso Conselheiro", "Deus Forte", "Pai da Eternidade", "Príncipe da Paz". ⁷Ele estenderá o seu governo, e haverá paz sem fim sobre o trono de Davi e sobre o seu reino, para o estabelecer e para o firmar com juízo e com justiça, desde agora e para sempre. O zelo do Senhor dos Exércitos fará isto.

💡 REFLITA

Isaías, o profeta messiânico do Antigo Testamento, profetizou sobre a vinda e o reinado do Messias 700 anos antes do Seu nascimento. Sua mensagem era de esperança e redenção para o "povo que andava em trevas" (v.2). De que maneira isso diz respeito à humanidade?

___
___
___
___
___
___
___

🔄 REAJA

Além dos nomes relacionados ao Messias aqui (v.6), há um outro mencionado pelo profeta anteriormente: "Emanuel" (7:14). Leia Mateus 1:23, qual o seu significado? Que mensagem de encorajamento os nomes do Messias lhe trazem hoje?

___
___
___
___
___
___
___
___

🙏 ORE

Magnânimo Deus, o Teu nome revela Teus atributos e Tu os manifesta ao mundo na pessoa do Messias, o Teu Filho amado. Dou-te graças por me resgatares das trevas e resplandeceres a Tua Luz sobre mim. Tu és Aquele que está comigo e me conduz à vida eterna. Agradeço-te por Tu seres o meu conselheiro, a minha força, o meu Pai e a minha paz. Em nome de Jesus, amém!

9 de maio

PROMESSA DE RESTAURAÇÃO

📖 RECEBA
Isaías 40:3-8,28-31

³Uma voz clama: "No deserto preparem o caminho do Senhor! No ermo façam uma estrada reta para o nosso Deus! ⁴Todos os vales serão levantados, e todos os montes e colinas serão rebaixados; o que é tortuoso será retificado, e os lugares ásperos serão aplanados. ⁵A glória do Senhor se manifestará, e toda a humanidade a verá, pois a boca do Senhor o disse". ⁶Uma voz diz: "Proclame!". E alguém pergunta: "Que hei de proclamar?". Toda a humanidade é erva, e toda a sua glória é como a flor do campo. ⁷A erva seca e as flores caem, soprando nelas o hálito do Senhor. Na verdade, o povo é erva. ⁸A erva seca e as flores caem, mas a palavra do nosso Deus permanece para sempre. [...]
²⁸Será que você não sabe, nem ouviu que o eterno Deus, o Senhor, o Criador dos confins da terra, nem se cansa, nem se fatiga? A sabedoria dele é insondável. ²⁹Ele fortalece o cansado e multiplica as forças ao que não tem nenhum vigor. ³⁰Os jovens se cansam e se fatigam, e os moços, de exaustos, caem, ³¹mas os que esperam no Senhor renovam as suas forças, sobem com asas como águias, correm e não se cansam, caminham e não se fatigam.

💡 REFLITA

O precursor do Rei deveria lhe preparar o caminho. Então, quando Ele chegasse restauraria o que fosse necessário. Assim, a Sua gloriosa bondade e misericórdia seria vista por todos. Como você estava antes de o Rei adentrar a sua vida? Que restauração o Senhor promoveu em você?

_____
_____
_____
_____

⟳ REAJA

O autor compara a fragilidade e a efemeridade da vida humana com a eternidade de Deus, o Criador e sustentador de tudo. Destaque no texto as palavras que evidenciam essas diferenças. Quais são as promessas que Deus faz ao débil (vv.29-31). Qual a condição para vê-las se cumprir?

_____
_____
_____
_____
_____

🙏 ORE

Pai de misericórdia, dou-te graças por não estares limitado às minhaa fraquezas. Às vezes, sinto-me tão debilitado para prosseguir; por isso, agradeço-te por Tu renovares constantemente as minhas forças e o meu vigor. Tu és incansável em Teu agir e infalível no Teu poder, na Tua bondade e na Tua misericórdia. Ajuda-me a confiar cada vez mais em ti. Em nome de Jesus, amém!

10 de maio

O SERVO SOFREDOR

 OUÇA

📖 RECEBA
Isaías 53:2-7,11-12

²Porque foi subindo como um renovo diante dele e como raiz de uma terra seca. Não tinha boa aparência nem formosura; olhamos para ele, mas não havia nenhuma beleza que nos agradasse. ³Era desprezado e o mais rejeitado entre os homens, homem de dores e que sabe o que é padecer. E, como um de quem os homens escondem o rosto, era desprezado, e dele não fizemos caso. ⁴Certamente ele tomou sobre si as nossas enfermidades e as nossas dores levou sobre si […]. ⁵Mas ele foi traspassado por causa das nossas transgressões e esmagado por causa das nossas iniquidades; o castigo que nos traz a paz estava sobre ele, e pelas suas feridas fomos sarados. ⁶Todos nós andávamos desgarrados como ovelhas; cada um se desviava pelo seu próprio caminho, mas o SENHOR fez cair sobre ele a iniquidade de todos nós. ⁷Ele foi oprimido e humilhado […], como ovelha muda diante dos seus tosquiadores, ele não abriu a boca. […]
¹¹Ele verá o fruto do trabalho de sua alma e ficará satisfeito. O meu Servo, o Justo, com o seu conhecimento justificará a muitos, porque as iniquidades deles levará sobre si. ¹²[Ele] levou sobre si o pecado de muitos e pelos transgressores intercedeu.

💡 REFLITA
Este texto, um dos mais conhecidos do livro de Isaías, descreve, de forma vívida, o sofrimento do Messias e a Sua obra redentora em favor dos pecadores. Por que, mesmo as pessoas o rejeitando, o Senhor não desistiu delas? Foi por você que Ele suportou tamanha dor. O que isso lhe diz?

_____
_____
_____
_____
_____

○ REAJA
O Senhor tomou sobre si todo tipo de pecado existente a fim de salvar as pessoas. Imagine, hoje, o Rei da glória encontrando em você "o fruto do trabalho de sua alma" (v.11). Que pensamentos ou sentimentos lhe ocorrem? Leia novamente o texto e medite no imensurável amor de Deus?

_____
_____
_____
_____
_____
_____

🙏 ORE
Amado Deus, faltam-me palavras para expressar a minha gratidão diante de tão vasto amor que a mim demonstras. Agradeço-te, pois mesmo sendo o Rei da glória, Tu enviaste ao mundo o Teu Filho Amado, que tornou-se um servo e sofreu em meu lugar. Que o Teu coração se alegre com a minha vida ao encontrar em mim o fruto do Teu penoso trabalho. Em nome de Jesus, amém!

11 de maio

VENHAM A MIM

OUÇA

📖 RECEBA
Isaías 55:1-7

¹"Ah! Todos vocês que têm sede, venham às águas; e vocês que não têm dinheiro, venham, comprem e comam! Sim, venham e comprem, sem dinheiro e sem preço, vinho e leite. ²Por que vocês gastam o dinheiro naquilo que não é pão, e o seu suor, naquilo que não satisfaz? Ouçam com atenção o que eu digo, comam o que é bom e vocês irão saborear comidas deliciosas. ³Deem ouvidos e venham a mim; escutem, e vocês viverão. Porque farei uma aliança eterna com vocês, que consiste nas fiéis misericórdias prometidas a Davi. ⁴Eis que eu fiz dele uma testemunha aos povos, um príncipe e governador dos povos. ⁵Eis que você chamará uma nação que você não conhece, e uma nação que nunca o conheceu virá correndo para junto de você, por causa do Senhor, seu Deus, e do Santo de Israel, porque este o glorificou." ⁶Busquem o Senhor enquanto ele pode ser encontrado; invoquem-no enquanto ele está perto. ⁷Que o ímpio abandone o seu mau caminho, e o homem mau, os seus pensamentos; converta-se ao Senhor, que se compadecerá dele, e volte-se para o nosso Deus, porque é rico em perdoar.

💡 REFLITA

Este é um convite do Senhor aos sedentos à vida, à satisfação e à alegria que apenas Ele pode fornecer. Porém, para usufruir disso, é necessário abandonar os próprios interesses e ouvir a Sua voz. Leia Mateus 5:6, de que forma você é desafiado ou encorajado por esse convite?

_____
_____
_____
_____

⟳ REAJA

Há bênçãos a serem usufruídas por aqueles que atentam à voz do Senhor (vv.2-3). Assim, Ele diz ao Seu povo para buscá-lo e invocá-lo (v.6); e ao ímpio Ele recomenda que se arrependa a fim de receber perdão (v.7). Mesmo não sendo ímpio, há algo de que você precisa se arrepender?

_____
_____
_____
_____

🙏 ORE

Misericordioso Senhor, agradeço-te pela Tua abundante graça sobre a minha vida. Dou-te graças por usufruir diariamente de Tua presença e de Tua provisão. Ajuda-me a agir conforme a Tua Palavra e não como quem despreza os Teus preceitos. Pelo Teu Espírito, ensina-me a ouvir a Tua voz e a dispor o meu coração a te buscar diligentemente. Em nome de Jesus, amém!

12 de maio

O JEJUM QUE AGRADA A DEUS

📖 RECEBA
Isaías 58:5-10

⁵"Seria este o jejum que escolhi: que num só dia a pessoa se humilhe, incline a sua cabeça como o junco e estenda debaixo de si pano de saco e cinza? É isso o que vocês chamam de jejum e dia aceitável ao Senhor? ⁶Será que não é este o jejum que escolhi: que vocês quebrem as correntes da injustiça, desfaçam as ataduras da servidão, deixem livres os oprimidos e acabem com todo tipo de servidão? ⁷Será que não é também que vocês repartam o seu pão com os famintos, recolham em casa os pobres desabrigados, vistam os que encontrarem nus e não voltem as costas ao seu semelhante?". ⁸"Então a luz de vocês romperá como a luz do alvorecer, e a sua cura brotará sem demora; a justiça irá adiante de vocês, e a glória do Senhor será a sua retaguarda. ⁹Então vocês pedirão ajuda, e o Senhor responderá; gritarão por socorro, e ele dirá: 'Eis-me aqui'". "Se tirarem do meio de vocês todo tipo de servidão, o dedo que ameaça e a linguagem ofensiva; ¹⁰se abrirem o seu coração aos famintos e socorrerem os aflitos, então a luz de vocês nascerá nas trevas, e a escuridão em que vocês se encontram será como a luz do meio-dia."

💡 REFLITA

O jejum é uma prática antiga que, geralmente, inclui a abstinência parcial ou total de alimentos por um tempo determinado. Porém é inútil, se motivado por religiosidade e egoísmo. Conforme o texto bíblico, que tipo de jejum agrada a Deus? Em que isso nos confronta hoje?

_____
_____
_____
_____

○ REAJA

Na época de Jesus, muitos judeus praticavam o jejum, mas desprezavam "os preceitos mais importantes da Lei: a justiça, a misericórdia e a fé" (Mateus 23:23). Reveja sua prática e motivação para o jejum. Releia o texto. Quais benefícios advirão do jejum que agrada a Deus (vv.8-10)?

_____
_____
_____
_____
_____

ORE

Deus amado, pela Tua Palavra, as razões pelas quais Tu me convidas a jejuar vão além do meu entendimento. Senhor, creio que Tu desejas que eu me aproxime de ti a fim de me aperfeiçoares enquanto derramas o Teu coração em mim. Por isso, peço-te: ajuda-me a praticar o jejum que te agrada, pois quero ouvir a Tua voz a me dizer: "Eis-me aqui". Em nome de Jesus, amém!

13 de maio

CAPACITAÇÃO DIVINA

 OUÇA

📖 RECEBA
Jeremias 1:4-12

⁴A palavra do Senhor veio a mim, dizendo: ⁵"Antes de formá-lo no ventre materno, eu já o conhecia; e, antes de você nascer, eu o consagrei e constituí profeta às nações". ⁶Então eu disse: —Ah! Senhor Deus! Eis que não sei falar, porque não passo de uma criança. ⁷Mas o Senhor me disse: "Não diga: 'Não passo de uma criança. Porque a todos a quem eu o enviar, você irá; e tudo o que eu lhe ordenar, você falará. ⁸Não tenha medo de ninguém, porque eu estou com você para livrá-lo", diz o Senhor. ⁹Depois, o Senhor estendeu a mão e tocou na minha boca. E o Senhor me disse: "Eis que ponho as minhas palavras na sua boca. ¹⁰Veja! Hoje eu o constituo sobre as nações e sobre os reinos, para arrancar e derrubar, para destruir e arruinar, e também para edificar e plantar".
¹¹A palavra do Senhor veio a mim, dizendo: —O que você está vendo, Jeremias? Respondi: —Vejo um ramo de amendoeira. ¹²O Senhor me disse: —Você viu bem, porque eu estou vigiando para que a minha palavra se cumpra.

💡 REFLITA

Por ocasião do chamado de Jeremias, Deus lhe disse: "eu já o conhecia; e, antes de você nascer, eu o consagrei e constituí profeta às nações" (v.5). Se ocorresse isso com você hoje, o que você pensa que Deus lhe diria? Ele confirmaria o que você já faz, ou lhe daria outro direcionamento?

_____
_____
_____
_____
_____

🎧 REAJA

Jeremias tentou se esquivar declarando-se incapaz para tal tarefa. Entretanto, para Deus isso não era empecilho, pois toda capacitação necessária viria dele. Leia Êxodo 4:10-12. O que há de semelhante nessa passagem? Como você reagiria diante de tarefas como essas?

_____
_____
_____
_____
_____

🙏 ORE

Senhor, observando a postura de Jeremias e Moisés chego à conclusão de que, na minha humanidade, eu não agiria diferente deles. Porém, como Tu és Aquele que capacita os improváveis para realizar a Tua obra; Senhor, eis-me aqui. Peço-te que, além de forças, Tu me revistas com sabedoria para que eu cumpra os Teus propósitos. Em nome de Jesus, amém!

14 de maio

ÍDOLOS FABRICADOS

 OUÇA

📖 RECEBA
Jeremias 10:3-7,12-13,23

³Porque os costumes dos povos são vaidade. Cortam uma árvore do bosque, e um artífice a trabalha com o machado. ⁴Com prata e ouro a enfeitam, com pregos e martelos a fixam, para que não caia. ⁵Os ídolos são como um espantalho em pepinal; eles não falam. Necessitam de quem os leve, porque não podem andar. ⁶Não há ninguém semelhante a ti, ó Senhor! Tu és grande, e grande é o poder do teu nome. ⁷Quem não temeria a ti, ó Rei das nações? Porque isto te é devido. Porque entre todos os sábios das nações e em todo o seu reino não há ninguém semelhante a ti. [...]

¹²O Senhor fez a terra pelo seu poder. Com a sua sabedoria, estabeleceu o mundo; e, com a sua inteligência, estendeu os céus. ¹³Quando ele faz soar a sua voz, logo há tumulto de águas no céu, e nuvens sobem das extremidades da terra. Ele cria os relâmpagos para a chuva e dos seus depósitos faz sair o vento. [...]

²³Eu sei, ó Senhor, que não cabe ao ser humano determinar o seu caminho, nem cabe ao que anda dirigir os seus passos.

💡 REFLITA
A idolatria é um pecado que Deus não tolera. Ela consiste comumente em colocar algo ou alguém no lugar da adoração a Deus e representá-los por imagens fabricadas; porém, ela vai muito além disso. Quais coisas podem se tornar ídolos na vida de alguém? Por quê?

_____
_____
_____
_____
_____

○ REAJA
Como qualquer coisa pode se tornar um ídolo, não é de surpreender que pessoas se tornem ídolos para outras quando admiradas em excesso e amadas de forma intensa por elas. Você tem ídolos dessa natureza? Que preço você pagaria para estar com eles? Pense a respeito da idolatria.

_____
_____
_____
_____
_____

🙏 ORE
Vivo e poderoso Deus, Tu és inigualável! Não há quem possa se comparar a ti. A Tua sabedoria e a Tua soberania se estendem além dos céus. Senhor, altíssimo e tremendo, como não te adorar e não temer o Teu nome? Ajuda-me a discernir se, de alguma forma, abrigo ou fabrico ídolos no meu coração, pois quero livrar-me daquilo que te não te agrada em mim. Em nome de Jesus, amém!

15 de maio

DERRAMANDO O CORAÇÃO

📖 RECEBA
Jeremias 15:15-20

¹⁵Ó SENHOR, tu o sabes. Lembra-te de mim, ampara-me e vinga-me dos meus perseguidores. Não permitas que, por causa da tua longanimidade, eu seja arrebatado. Fica sabendo que por causa de ti tenho sofrido afrontas. ¹⁶Achadas as tuas palavras, logo as comi. As tuas palavras encheram o meu coração de júbilo e de alegria, pois sou chamado pelo teu nome, ó SENHOR, Deus dos Exércitos. ¹⁷Nunca me assentei na roda dos que se divertem, nem me alegrei. Oprimido por tua mão, eu me assentei solitário, pois me encheste de indignação. ¹⁸Por que a minha dor não passa, e a minha ferida me dói e não admite cura? Serias tu para mim como ribeiro ilusório, como águas que enganam? ¹⁹Portanto, assim diz o SENHOR: "Se você se arrepender, eu o farei voltar e você estará diante de mim. Se separar o que é precioso daquilo que não presta, você será a minha boca. Eles se voltarão para você, mas você não passará para o lado deles. ²⁰Farei de você um forte muro de bronze diante deste povo. Eles lutarão contra você, mas não conseguirão derrotá-lo, porque eu estou com você para salvá-lo e livrá-lo deles", diz o SENHOR.

💡 REFLITA

Derramar o coração diante de Deus, em oração, é talvez a forma mais íntima de orar. Jeremias, expôs honestamente ao Senhor as suas dores e os seus questionamentos mais profundos. Ao fazer isso, o que ele recebeu do Senhor? O que essa atitude dele revela? O que isso ensina a você?

_____
_____
_____
_____
_____

○ REAJA

Em sua aflição, Jeremias recorreu a Deus, o seu refúgio, Aquele em quem ele confiava, e o Senhor o acolheu. Releia o texto bíblico e observe as palavras do profeta bem como as do Senhor. O que mais chama a sua atenção na conversa entre eles? Por quê?

_____
_____
_____
_____
_____

🙏 ORE

Amado Pai, como é preciso ser acolhido por ti quando me encontro afligido e desanimado. Senhor, como sou grato por poder derramar o meu coração diante de ti e receber o Teu conforto. Agradeço-te por Tua Palavra ser fonte de encorajamento e alegria para mim; ajuda-me a absorvê-la plenamente para que a minha alma prospere em ti. Em nome de Jesus, amém!

16 de maio

NAS MÃOS DO OLEIRO

 OUÇA

📖 RECEBA
Jeremias 18:1-6,11-12

¹Palavra que foi dita a Jeremias da parte do Senhor: ²—Levante-se e desça até a casa do oleiro, e lá você ouvirá as minhas palavras. ³Desci à casa do oleiro, e eis que ele estava trabalhando sobre a roda. ⁴Como o vaso que o oleiro fazia de barro se estragou nas suas mãos, ele tornou a fazer dele outro vaso, segundo bem lhe pareceu. ⁵Então a palavra do Senhor veio a mim, dizendo: ⁶—Casa de Israel, será que não posso fazer com vocês como fez esse oleiro? — diz o Senhor. Eis que, como o barro na mão do oleiro, assim são vocês na minha mão, ó casa de Israel. [...]
¹¹Portanto, fale agora ao povo de Judá e aos moradores de Jerusalém, dizendo: Assim diz o Senhor: "Eis que estou forjando uma calamidade e formando um plano contra vocês. Por isso, convertam-se, cada um de vocês, do seu mau caminho e corrijam a sua conduta e as suas ações". ¹²Mas eles dizem: "Não! É inútil! Porque seguiremos os nossos planos, e cada um fará segundo a dureza do seu coração maligno".

💡 REFLITA
Deus, sem dúvida, queria ensinar algo a Jeremias quando o levou à casa do oleiro. De que maneira essa analogia do oleiro criando a sua obra e a refazendo, quando necessário, revela o modo de Deus agir com o Seu povo? Você se vê como um vaso remodelado pelo Oleiro? Por quê?

_____
_____
_____
_____
_____

○ REAJA
"Como o vaso que o oleiro fazia de barro se estragou nas suas mãos, ele tornou a fazer dele outro vaso" (v.4). Observe que o barro não foi descartado, mas sim remodelado. Será que isso significa: Você era desse jeito, mas eu não desisti de você? O que essa mensagem ministra a você hoje?

_____
_____
_____
_____
_____
_____

🙏 ORE
Admirável Oleiro, quão únicas são as obras de Tuas mãos. Tu és o Deus que criou tanto o barro quanto o vaso; assim, mesmo que a forma dele se estrague, Tu preservas o barro, pois é precioso para ti. Molda-me conforme o Teu querer, Senhor! Faz de mim um vaso de honra que abriga o tesouro da Tua Palavra e da Tua presença. Em nome de Jesus, amém!

17 de maio

AMOR ETERNO

📖 RECEBA
Jeremias 31:3-6,33-35

³De longe o Senhor lhe apareceu, dizendo: "Com amor eterno eu a amei; por isso, com bondade a atraí. ⁴Eu a edificarei de novo, e você será edificada, ó virgem de Israel! Mais uma vez você se enfeitará com os seus tamborins e sairá com o coro dos que dançam. ⁵Mais uma vez você plantará vinhas nos montes de Samaria; aqueles que as plantarem comerão os frutos. ⁶Porque virá o dia em que os atalaias gritarão na região montanhosa de Efraim: 'Levantem-se, e subamos a Sião, ao Senhor, nosso Deus!'". […] ³³Porque esta é a aliança que farei com a casa de Israel, depois daqueles dias, diz o Senhor: Na mente lhes imprimirei as minhas leis, também no seu coração as inscreverei; eu serei o Deus deles, e eles serão o meu povo. ³⁴Não ensinará jamais cada um ao seu próximo, nem cada um ao seu irmão, dizendo: "Conheça o Senhor!". Porque todos me conhecerão, desde o menor até o maior deles, diz o Senhor. Pois perdoarei as suas iniquidades e dos seus pecados jamais me lembrarei. ³⁵Assim diz o Senhor, que dá o sol para a luz do dia e as leis fixas à lua e às estrelas para a luz da noite, que agita o mar e faz bramir as suas ondas; Senhor dos Exércitos é o seu nome.

💡 REFLITA

Em meio à lamentável situação do povo, Jeremias descreve um cenário de esperança e restauração futuras, oriundas do amor, da bondade e do perdão de Deus; mas o povo precisaria cooperar. O que eles teriam de fazer para usufruir das promessas divinas? Isso vale para você?

_____
_____
_____
_____

○ REAJA

Durante anos Jeremias chamou o povo ao arrependimento para que não sofressem o exílio; porém, eles não o ouviram. Assim, Deus os disciplinou, mas não os abandonou. De que forma essa mensagem o confronta hoje? Sobre o que Deus tem alertado você ultimamente?

_____
_____
_____
_____
_____

🙏 ORE

Amado Deus, agradeço-te por não desistires de mim e me atraíres com o Teu amor. Revela-te a mim, imprime as Tuas leis em minha mente e em meu coração. Desperta o meu ser, Senhor, para amar-te mais e mais. Senhor, livra-me das armadilhas deste mundo e das influências que me afastam de ti. Leva-me a usufruir da vida que tens para mim em ti. Em nome de Jesus, amém!

18 de maio

PAZ E PROSPERIDADE

OUÇA

📖 RECEBA
Jeremias 33:2-3,6-11

²—Assim diz o Senhor que faz estas coisas, o Senhor que as forma para as estabelecer — Senhor é o seu nome: ³Chame por mim e eu responderei; eu lhe anunciarei coisas grandes e ocultas, que você não conhece. [...] ⁶—Eis que lhe trarei saúde e cura e os sararei; e lhes revelarei abundância de paz e segurança. ⁷Restaurarei a sorte de Judá e de Israel e os edificarei como no princípio. ⁸Eu os purificarei de toda a sua iniquidade com que pecaram contra mim e perdoarei todas as suas iniquidades com que pecaram e se revoltaram contra mim. ⁹Jerusalém será para mim um motivo de fama, louvor e glória, entre todas as nações da terra que ouvirem todo o bem que eu lhe faço. Temerão e tremerão por causa de todo o bem e por causa de toda a paz que eu lhe dou. ¹⁰—Assim diz o Senhor: "Neste lugar, que vocês dizem que está deserto, sem pessoas e sem animais, nas cidades de Judá e nas ruas de Jerusalém, que estão arrasadas, sem pessoas, sem moradores e sem animais, ainda se ouvirá ¹¹o som das festas e da alegria, a voz do noivo e a voz da noiva, e a voz dos que cantam: 'Deem graças ao Senhor dos Exércitos, porque ele é bom, porque a sua misericórdia dura para sempre'".

💡 REFLITA
Jeremias estava encarcerado e a cidade de Jerusalém sob o cerco babilônico quando essas palavras do Senhor vieram a ele. Diante desse cenário, Deus o chamou a orar e revelou o motivo pelo qual ele deveria fazê-lo (v.3). De que forma essas palavras o confortam e o encorajam hoje?

_____
_____
_____
_____
_____

○ REAJA
O Senhor não evitaria a destruição de Jerusalém tampouco o exílio; mas, em Sua misericórdia, traria restauração. Releia o texto destacando as promessas de Deus e as razões pelas quais a calamidade lhes sobreveio. No Senhor, o caos é o fim ou uma oportunidade? Por quê?

_____
_____
_____
_____
_____
_____

🙏 ORE
Senhor dos Exércitos, dou-te graças porque Tu és bom e a Tua misericórdia dura para sempre. Tu és quem estabeleces todas as coisas conforme os Teus propósitos e me instruis a chamar por ti para que me reveles as coisas grandes e maravilhosas que fazes. Não permitas que as minhas aflições me levem à desesperança por não conhecer os Teus planos. Em nome de Jesus, amém!

19 de maio

MISERICÓRDIAS RENOVADAS

OUÇA

📖 RECEBA
Lamentações 3:17-32

¹⁷Já não sei o que é ter paz e esqueci o que é desfrutar do bem. ¹⁸Então eu disse: "Não tenho mais forças. A minha esperança no Senhor acabou". ¹⁹Lembra-te da minha aflição e do meu andar errante, do absinto e da amargura. ²⁰Minha alma continuamente se lembra disso e se abate dentro de mim. ²¹Quero trazer à memória o que pode me dar esperança. ²²As misericórdias do Senhor são a causa de não sermos consumidos, porque as suas misericórdias não têm fim; ²³renovam-se cada manhã. Grande é a tua fidelidade. ²⁴"A minha porção é o Senhor", diz a minha alma; "portanto, esperarei nele". ²⁵O Senhor é bom para os que esperam nele, para aqueles que o buscam. ²⁶Bom é aguardar a salvação do Senhor, e isso, em silêncio. ²⁷Bom é para o homem suportar o jugo na sua mocidade. ²⁸Que ele se assente solitário e fique em silêncio, porque esse jugo Deus pôs sobre ele. ²⁹Ponha a sua boca no pó; talvez ainda haja esperança. ³⁰Dê a face ao que o fere e suporte todas as afrontas. ³¹O Senhor não rejeitará para sempre. ³²Ainda que entristeça alguém, terá compaixão segundo a grandeza das suas misericórdias.

💡 REFLITA

Esse é um relato pessoal da aflição de Jeremias. Embora, ele entenda que Deus é justo em Seus juízos, esse profeta lamenta profundamente a perda de Jerusalém. Por que, mesmo quando se tem fé, o sofrimento abate a alma e gera certos questionamentos?

_____
_____
_____
_____
_____

○ REAJA

Em meio à escassez de alegria e de recursos, Jeremias fez uma profunda declaração sobre a bondade e a misericórdia do Senhor. A confiança em Deus lhe restaurou a esperança. De que forma você pode encontrar, neste texto, orientações para lidar com situações difíceis hoje?

_____
_____
_____
_____
_____
_____

🙏 ORE

Pai de amor, dou-te graças pelas Tuas misericórdias se renovarem sobre mim a cada manhã. Diante dos sofrimentos, faz-me lembrar que Tu és bom. Ajuda-me a aprender o que desejas me ensinar mediante às situações da vida que enfrento. Agradeço-te por me alcançares com Tua graça e por seres a esperança de que necessito para viver aqui. Em nome de Jesus, amém!

20 de maio

CONSEQUÊNCIAS

OUÇA

📖 RECEBA
Lamentações 5:1-6,15-21

¹Lembra-te, Senhor, do que nos aconteceu; considera e olha para a nossa desgraça. ²A nossa herança foi entregue a estranhos, e as nossas casas, a estrangeiros. ³Somos órfãos, já não temos pai; as nossas mães são como viúvas. ⁴Temos de comprar a nossa própria água; temos de pagar pela nossa própria lenha. ⁵Os nossos perseguidores estão sobre o nosso pescoço; estamos exaustos e não temos descanso. ⁶Submetemo-nos aos egípcios e aos assírios, para nos fartarem de pão. [...]
¹⁵Cessou a alegria de nosso coração; a nossa dança se transformou em lamentações. ¹⁶Caiu a coroa da nossa cabeça. Ai de nós, porque pecamos! ¹⁷Por causa disso, o nosso coração está doente; por causa dessas coisas, os nossos olhos se escureceram. ¹⁸Pelo monte Sião, que está abandonado, vagueiam os chacais. ¹⁹Tu, Senhor, reinas eternamente, o teu trono subsiste de geração em geração. ²⁰Por que te esquecerias de nós para sempre? Por que nos desampararias por tanto tempo? ²¹Converte-nos a ti, Senhor, e seremos convertidos; renova os nossos dias como antigamente.

💡 REFLITA

O profeta, diante da assolação em que o povo se encontrava, suplicou ao Senhor que Ele se lembrasse do sofrimento deles, ou seja, que interviesse em favor deles. Por que é tão comum desprezar as advertências divinas quando as coisas vão bem e apelar por Seu auxílio quando elas vão mal?

_____
_____
_____
_____
_____

○ REAJA

Jeremias mesclou lamento e confissão, pois enquanto lamentava a calamidade, reconhecia o pecado como a causa dela. Observe: Deus ama os pecadores, mas não os isenta da responsabilidade de seus atos. Como você entende isso? Em que isso o faz pensar em suas decisões?

_____
_____
_____
_____
_____

ORE

Senhor amado, agradeço-te por me tornares consciente de que minhas ações têm consequências. Não permitas que a mentalidade do "não dá nada" encontre espaço em minha vida e, assim, eu despreze a Tua Palavra. Sei que Tu me amas e me perdoas, mas que também me disciplinas pelo pecado. Ajuda-me a estar mais atento às escolhas que faço. Em nome de Jesus, amém!

21 de maio

ATALAIA

📖 RECEBA
Ezequiel 3:16-21

¹⁶Depois dos sete dias, a palavra do Senhor veio a mim, dizendo: ¹⁷—Filho do homem, eu o coloquei como atalaia sobre a casa de Israel. Você ouvirá a palavra da minha boca e lhes dará aviso da minha parte. ¹⁸Quando eu disser ao ímpio: "Você certamente morrerá", e você não o avisar e nada disser para o advertir do seu mau caminho, para lhe salvar a vida, esse ímpio morrerá na sua maldade, mas você será responsável pela morte dele. ¹⁹Mas, se você avisar o ímpio, e ele não se converter da sua maldade e do seu mau caminho, ele morrerá na sua maldade, mas você terá salvo a sua vida.

²⁰—Também quando o justo se desviar da sua justiça e fizer maldade, e eu puser diante dele um tropeço, ele morrerá. Visto que você não o avisou, ele morrerá no seu pecado, e os atos de justiça que ele havia praticado não serão lembrados, e você será responsável pela morte dele. ²¹No entanto, se você avisar o justo, para que não peque, e ele não pecar, certamente viverá, porque foi avisado; e você terá salvo a sua vida.

💡 REFLITA

Deus designou Ezequiel como um atalaia para advertir o povo sobre a má conduta deles. Assim, ele deveria avisá-los sobre o juízo divino que experimentariam caso não fossem fiéis ao Senhor. E caso ele não o fizesse seria culpado pela punição deles. A que você pode relacionar isso?

_____
_____
_____
_____
_____

⚙ REAJA

No decorrer dos séculos, Deus sempre usou Seus servos para alertar as pessoas sobre o risco que elas correm se continuarem a pecar contra Ele. De que forma saber que atalaias e ouvintes são responsáveis pelo que fazem com a mensagem divina impacta o seu modo de viver o evangelho?

_____
_____
_____
_____
_____
_____

🙏 ORE

Gracioso Deus, agradeço-te por me chamares ao arrependimento, por me convenceres do pecado da justiça e do juízo. Leva-me a entender que o fato de ter ouvido a Tua Palavra e conhecer a Tua verdade me torna um atalaia Teu neste mundo. Ajuda-me a ser diligente e a não negligenciar a Tua mensagem nem as pessoas que precisam ouvi-la. Em nome de Jesus, amém!

22 de maio

FALSOS PROFETAS

OUÇA

📖 RECEBA
Ezequiel 13:2-9

²—Filho do homem, profetize contra os profetas de Israel. A esses que profetizam o que lhes vem do coração, diga que ouçam a palavra do Senhor. ³—Assim diz o Senhor Deus: "Ai dos profetas insensatos, que seguem o seu próprio espírito sem nada terem visto! ⁴Os seus profetas, ó Israel, são como chacais entre as ruínas. ⁵Vocês não foram consertar as brechas, nem fizeram muralhas para a casa de Israel, para que ela permaneça firme na batalha do Dia do Senhor. ⁶As visões que eles tiveram são falsas e as adivinhações são mentirosas. Dizem: 'O Senhor disse', quando o Senhor não os enviou. E ainda esperam que a palavra se cumpra! ⁷Não é fato que vocês tiveram visões falsas e anunciaram adivinhações mentirosas, quando disseram: 'O Senhor diz', sendo que eu não disse nada?". ⁸—Portanto, assim diz o Senhor Deus: "Como vocês anunciam falsidades e têm visões mentirosas, por isso eu estou contra vocês", diz o Senhor Deus. ⁹"Minha mão será contra os profetas que têm visões falsas e que adivinham mentiras [...]. E vocês saberão que eu sou o Senhor Deus.

💡 REFLITA
Na antiguidade, a presença de falsos profetas entre o povo de Deus era comum. Por meio de Ezequiel, o Senhor manifesta a Sua indignação contra eles. De que maneira o Senhor os descreve? Como você pode identificá-los hoje. Que prejuízos eles trazem à Igreja de Cristo?

_____
_____
_____
_____
_____

○ REAJA
O Novo Testamento indica a profecia com um dom espiritual (1 Coríntios 12:10; Romanos 12:6). Ela está relacionada à proclamação ou à declaração da vontade divina, não necessariamente à previsão do futuro. Leia 1 Coríntios 14:3. Segundo Paulo, qual é o propósito do dom de profecia?

_____
_____
_____
_____
_____
_____

🙏 ORE

Senhor, livra-me do perverso e da língua enganadora. Ajuda-me a discernir as armadilhas que falsos profetas e mestres armam para mim usando palavras como se fossem Tuas. Sei que preciso conhecer melhor a Tua Palavra do que a conheço hoje. Ensina-me a me resguardar para não ser enganado por falsos ensinamentos, tão comuns nos dias atuais. Em nome de Jesus, amém!

23 de maio

PASTORES NEGLIGENTES

OUÇA

📖 RECEBA
Ezequiel 34:2-6,10-11

²—Filho do homem, profetize contra os pastores de Israel; profetize e diga-lhes: Assim diz o Senhor Deus: "Ai dos pastores de Israel que apascentam a si mesmos! Será que os pastores não deveriam apascentar as ovelhas? ³Vocês comem a gordura, vestem-se da lã e matam as melhores ovelhas para comer, mas não apascentam o rebanho. ⁴Vocês não fortaleceram as fracas, não curaram as doentes, não enfaixaram as quebradas, não trouxeram de volta as desgarradas e não buscaram as perdidas, mas dominam sobre elas com força e tirania. ⁵Assim, elas se espalharam, por não haver pastor, e se tornaram pasto para todos os animais selvagens. ⁶As minhas ovelhas andam desgarradas por todos os montes e por todas as colinas. As minhas ovelhas andam espalhadas por toda a terra, sem haver quem as procure ou quem as busque". […]
¹⁰"Assim diz o Senhor Deus: Eis que estou contra os pastores e lhes pedirei contas das minhas ovelhas. Farei com que deixem de apascentar ovelhas, e não apascentarão mais a si mesmos. Livrarei as minhas ovelhas da sua boca, para que já não lhes sirvam de comida." ¹¹—Porque assim diz o Senhor Deus: "Eis que eu mesmo procurarei as minhas ovelhas e as buscarei".

💡 REFLITA
Deus ordenou a Ezequiel que denunciasse os líderes infiéis que, por ganância, negligenciavam o cuidado para com o povo. Para ilustrar isso, o Senhor usa a figura do pastor e das ovelhas. Que advertência Deus faz por meio dessa metáfora? De que forma ela é aplicável à atualidade?

_____
_____
_____
_____

○ REAJA
As ovelhas pertencem ao Senhor; logo, aqueles que estão em posição de liderança não devem explorá-las, mas sim cuidar delas com amor e compaixão. Veja Mateus 9:36. O que Jesus diz sobre a condição do povo? Leia João 10:11-15. Que diferença há entre o pastor e o mercenário?

_____
_____
_____
_____
_____
_____

🙏 ORE
Amado Pastor, agradeço-te por teres me buscado e me encontrado quando estava perdido. Dou-te graças por me trazeres à Tua casa e cuidares de mim. Tu és o Pastor que verdadeiramente me conduz aos pastos verdejantes e às águas de descanso. Livra-me dos falsos pastores que apenas pensam em si mesmos e buscam tirar alguma vantagem de mim. Em nome de Jesus, amém!

24 de maio

FÔLEGO DE VIDA

📖 RECEBA
Ezequiel 37:1-6,10-11,14

¹Veio sobre mim a mão do S<small>ENHOR</small>, e ele me levou pelo Espírito do S<small>ENHOR</small> e me deixou no meio de um vale que estava cheio de ossos. ²Ele me fez andar ao redor deles [...]. ³Então me perguntou: —Filho do homem, será que estes ossos podem reviver? Respondi: —Senhor D<small>EUS</small>, tu o sabes. ⁴Então ele me disse: —Profetize para estes ossos e diga-lhes: "Ossos secos, ouçam a palavra do S<small>ENHOR</small>". ⁵—Assim diz o Senhor D<small>EUS</small> a estes ossos: "Eis que farei entrar em vocês o espírito, e vocês viverão. ⁶Porei tendões sobre vocês, farei crescer carne sobre vocês e os cobrirei de pele. Porei em vocês o espírito, e vocês viverão. Então vocês saberão que eu sou o S<small>ENHOR</small>". [...]
¹⁰Profetizei como ele me havia ordenado. O espírito entrou neles, eles viveram e se puseram em pé [...]. ¹¹Então ele me disse: —Filho do homem, esses ossos são toda a casa de Israel. Eis que dizem: "Os nossos ossos estão secos, perdemos a nossa esperança, fomos exterminados". [...]
¹⁴Porei em vocês o meu Espírito, e vocês viverão. Eu os estabelecerei na sua própria terra, e vocês saberão que eu sou o S<small>ENHOR</small>. Eu falei e eu o cumprirei, diz o S<small>ENHOR</small>".

💡 REFLITA
Embora essa visão de Ezequiel simbolizasse a restauração que Deus traria a Israel tempos depois, essa mensagem é aplicável à atualidade. Por que aqueles ossos estavam secos (v.11)? O que eles precisavam para voltar a viver (v.14)? O que isso diz pessoalmente a você hoje?

_____
_____
_____
_____
_____

○ REAJA
Observe o processo de revivescimento (vv.5-6). Por onde Deus começa? O que isso indica? Leia Provérbios 17:22. Qual o contraste que o sábio apresenta? Veja Salmo 32:3. O que o pecado pode ocasionar aos ossos? De que forma se pode relacionar esses versículos com o texto de hoje?

_____
_____
_____
_____
_____
_____

ORE

Misericordioso Deus, de fato, Tu não rejeitas um coração quebrantado e contrito que clama por Teu socorro. Agradeço-te por soprares sobre mim um novo fôlego de vida, a esperança. Que tremendo é o processo que começaste em meu interior mediante o agir do Teu Espírito. Em meio às adversidades da vida, ajuda-me a me manter firme em ti. Em nome de Jesus, amém!

25 de maio

CORAÇÃO FIEL

OUÇA

📖 RECEBA
Daniel 1:1-8

¹No ano terceiro do reinado de Jeoaquim, rei de Judá, Nabucodonosor, rei da Babilônia, veio a Jerusalém e a sitiou. ²O Senhor entregou nas mãos dele Jeoaquim, rei de Judá, e alguns dos utensílios da Casa de Deus. Nabucodonosor levou esses utensílios para a terra de Sinar, para o templo do seu deus, e os pôs na casa do tesouro do seu deus. ³Depois, o rei ordenou [...] que trouxesse alguns dos filhos de Israel, tanto da linhagem real como dos nobres, ⁴jovens sem nenhum defeito, de boa aparência, sábios, instruídos, versados no conhecimento e que fossem competentes para servirem no palácio real. E [...] lhes ensinasse a cultura e a língua dos caldeus. ⁵O rei determinou que eles recebessem uma alimentação diária tirada das finas iguarias da mesa real e do vinho que ele bebia. Os jovens deveriam ser educados ao longo de três anos e, ao final desse período, passariam a servir o rei. ⁶Entre eles, se achavam Daniel, Hananias, Misael e Azarias, que eram da tribo de Judá. ⁷O chefe dos eunucos lhes deu outros nomes [...]. ⁸Daniel resolveu não se contaminar com as finas iguarias do rei, nem com o vinho que ele bebia; por isso, pediu ao chefe dos eunucos que lhe permitisse não se contaminar.

💡 REFLITA
Daniel foi levado como escravo à Babilônia para servir no palácio real. Lá ele recebeu outro nome: Beltessazar. Ele não tinha qualquer controle sobre tal situação; contudo, ele "resolveu não se contaminar..." (v.8). O que isso revela sobre o caráter de Daniel. O que o levou a tal decisão?

_____
_____
_____
_____
_____

⚙ REAJA
Esse jovem de família nobre poderia ter sido seduzido pela cultura babilônica (iguarias, religião, educação etc.); porém, mesmo estando inserido nela, Daniel não negociou seus valores nem sua fé. O que esse exemplo de Daniel lhe ensina? Em sua vida prática, como você aplicará isso?

_____
_____
_____
_____
_____
_____

🙏 ORE

Senhor amado, não permitas que eu seja seduzido pelo que há no mundo: "os desejos da carne, os desejos dos olhos e a soberba da vida" (1 João 2:16), pois isso não procede de ti. Ajuda-me, Senhor, a manter o meu coração fiel a ti em meio às dificuldades. Sustenta-me com a Tua presença e alimenta-me com a verdade da Tua Palavra. Em nome de Jesus, amém!

26 de maio

EM MEIO AO FOGO

OUÇA

📖 RECEBA
Daniel 3:14-18,23-25

¹⁴Nabucodonosor lhes disse: —Sadraque, Mesaque e Abede-Nego, é verdade que vocês não prestam culto aos meus deuses, nem adoram a imagem de ouro que levantei? ¹⁵Agora [...], prostrem-se e adorem a imagem que eu fiz. Mas, se não a adorarem, serão, no mesmo instante, lançados na fornalha de fogo ardente. E quem é o deus que os poderá livrar das minhas mãos? ¹⁶Sadraque, Mesaque e Abede-Nego responderam ao rei: [...] ¹⁷Se o nosso Deus, a quem servimos, quiser livrar-nos, ele nos livrará da fornalha de fogo ardente e das suas mãos, ó rei. ¹⁸E mesmo que ele não nos livre, fique sabendo, ó rei, que não prestaremos culto aos seus deuses, nem adoraremos a imagem de ouro que o senhor levantou. [...]
²³E os três homens, Sadraque, Mesaque e Abede-Nego, caíram amarrados dentro da fornalha de fogo ardente. ²⁴Em seguida, o rei Nabucodonosor, muito espantado, se levantou depressa e perguntou aos seus conselheiros: —Não eram três os homens que amarramos e jogamos no fogo? Eles responderam: —É verdade, ó rei. ²⁵Mas o rei disse: —Eu, porém, estou vendo quatro homens soltos, andando no meio do fogo! Não sofreram nenhum dano! E o aspecto do quarto é semelhante a um filho dos deuses.

💡 REFLITA
Hananias, Misael e Azarias, agora com outros nomes, recusaram-se a adorar a imagem erigida por Nabucodonosor; por isso, foram lançados "na fornalha de fogo ardente" (v.23). Eles demonstraram uma fé inabalável. Releia a declaração deles (vv.17-18). Ela o encoraja a que hoje?

_____
_____
_____
_____
_____

○ REAJA
Esses jovens não temeram a morte; antes, escolheram ser fiéis a Deus. O Senhor, milagrosamente os poupou: havia um ser celestial "andando no meio do fogo" (v.25) com eles. O Senhor não lhes evitou o fogo, mas impediu que este lhes causasse danos. Que conforto essa palavra lhe traz?

_____
_____
_____
_____
_____
_____

🙏 ORE
Deus Todo-Poderoso, agradeço-te por Tua constante presença junto a mim. Peço-te que me fortaleças na força do Teu poder. Capacita-me a ser cada vez mais fiel a ti, assim estarei mais apto a enfrentar as dificuldades sem que a minha fé desfaleça. Senhor, faz-me um testemunho vivo do que Tu podes fazer por aqueles que te amam e esperam em ti. Em nome de Jesus, amém!

27 de maio

INOFENSIVOS LEÕES

📖 RECEBA
Daniel 6:19-20,22-23,26-27

¹⁹Pela manhã, ao romper o dia, o rei se levantou e foi depressa à cova dos leões. ²⁰Ao se aproximar da cova, chamou Daniel com voz triste. O rei disse a Daniel: —Daniel, servo do Deus vivo! Será que o seu Deus, a quem você serve continuamente, conseguiu livrá-lo dos leões? [...]
²²O meu Deus enviou o seu anjo e fechou a boca dos leões, para que não me fizessem mal algum. Porque fui considerado inocente diante dele. E também não cometi nenhum delito contra o senhor, ó rei. ²³Então o rei, com muita alegria, mandou que tirassem Daniel da cova. Assim, Daniel foi tirado da cova, e não se achou nele ferimento algum, porque havia confiado em seu Deus. [...]
²⁶"Faço um decreto pelo qual, em todo o domínio do meu reino, todos tremam e temam diante do Deus de Daniel. Porque ele é o Deus vivo e que permanece para sempre. O seu reino não será destruído, e o seu domínio não terá fim. ²⁷Ele livra, salva, e faz sinais e maravilhas no céu e na terra. Foi ele quem livrou Daniel do poder dos leões."

💡 REFLITA
Nessa ocasião, Dario era o rei da Babilônia e Daniel tinha um alto cargo público. Então, por conta de sua fidelidade a Deus, conspiraram contra Daniel e ele foi lançado na cova dos leões, mas o Senhor lhe preservou a vida. O que de novo, essa conhecida história bíblica, traz a você hoje?

_____
_____
_____
_____
_____

⚙ REAJA
O relacionamento com Deus, por meio da oração, era prioridade para Daniel. Sua devoção era notória e o livramento que o Senhor lhe trouxe revelou ao rei e aos seus súditos o Deus que Daniel servia (vv.26-27). De que forma a sua vida tem manifestado Deus aos outros?

_____
_____
_____
_____
_____
_____
_____

🙏 ORE
Amado Senhor, capacita-me a fazer da oração uma prioridade diária; ensina-me a crescer em meu relacionamento contigo por meio dela. Senhor, que o Teu agir sobre mim traga glória e testemunho ao Teu nome bem como fortalecimento à minha fé. Ajuda-me, independentemente das circunstâncias, a me manter firme em ti. Em nome de Jesus, amém!

28 de maio

INTERCESSOR

OUÇA

📖 RECEBA
Daniel 9:3-5,8-10,18-19

³Voltei o rosto ao Senhor Deus, para o buscar com oração e súplicas, com jejum, vestido de pano de saco e sentado na cinza. ⁴Orei ao SENHOR, meu Deus, e fiz a seguinte confissão: —Ah! Senhor! Deus grande e temível, que guardas a aliança e a misericórdia para com os que te amam e guardam os teus mandamentos, ⁵nós temos pecado e cometido iniquidades. Procedemos mal e fomos rebeldes, afastando-nos dos teus mandamentos e dos teus juízos. [...]
⁸Ó SENHOR, a nós pertence o corar de vergonha [...], porque temos pecado contra ti. ⁹Ao Senhor, nosso Deus, pertence a misericórdia e o perdão, pois nos rebelamos contra ele ¹⁰e não obedecemos à voz do SENHOR, nosso Deus, para andarmos nas suas leis, que nos deu por meio dos seus servos, os profetas. [...]
¹⁸Inclina, ó Deus meu, os ouvidos e ouve! Abre os olhos e olha para a nossa desolação [...]! Lançamos as nossas súplicas diante de ti não porque confiamos em nossas justiças, mas porque confiamos em tuas muitas misericórdias. ¹⁹Ó Senhor, ouve! Ó Senhor, perdoa! Ó Senhor, atende-nos e age! Não te demores, por amor de ti mesmo, ó meu Deus.

💡 REFLITA
Nessa oração intercessória, Daniel confessou a Deus que o povo, do qual ele fazia parte, havia "pecado e cometido iniquidades" (v.5). Diante disso, convicto que Deus o responderia, ele apelou para a misericórdia divina. O que você pode aprender com essa oração de Daniel?

_____
_____
_____
_____
_____

⭕ REAJA
"...eu, Daniel, entendi, pelos livros, que, de acordo com o que o SENHOR havia falado ao profeta Jeremias..." (v.2). Daniel orou conforme o que lera na Palavra de Deus. Qual a importância de se orar fundamentado na Bíblia? Leia João 14:13 e 15:7. O que Jesus ensina sobre a oração eficaz?

_____
_____
_____
_____
_____
_____

🙏 ORE

Querido Deus, não sei orar como convém; por isso, dou-te graças pelo Teu Santo Espírito me auxiliar em minha fraqueza e interceder por mim diante de ti. Concede-me sabedoria para achegar-me a ti com orações que reflitam a Tua vontade para mim e para aqueles por quem oro. Revela-me a Tua Palavra para que eu aja conforme ela me ensina. Em nome de Jesus, amém!

29 de maio

ESTEJA PRONTO

📖 RECEBA
Daniel 12:1-4,7-10

¹—Nesse tempo, se levantará Miguel, o grande príncipe, o defensor dos filhos do povo de Deus, e haverá tempo de angústia [...]. Mas, naquele tempo, o povo de Deus será salvo, todo aquele que for achado inscrito no livro. ²Muitos dos que dormem no pó da terra ressuscitarão, uns para a vida eterna, outros para vergonha e horror eterno. ³Os que forem sábios resplandecerão como o fulgor do firmamento, e os que conduzirem muitos à justiça brilharão como as estrelas, sempre e eternamente. ⁴Quanto a você, Daniel, encerre as palavras e sele o livro, até o tempo do fim. [...]
⁷Então ouvi o homem vestido de linho, que estava sobre as águas do rio. Ele levantou a mão direita e a esquerda ao céu e jurou por aquele que vive eternamente, dizendo: —Passarão um tempo, tempos e metade de um tempo. E, quando tiverem acabado de destruir o poder do povo santo, estas coisas todas se cumprirão. ⁸Eu ouvi, mas não entendi [...]. ⁹Ele respondeu: —Siga o seu caminho, Daniel, porque estas palavras estão encerradas e seladas até o tempo do fim. ¹⁰Muitos serão purificados, limpos e provados, mas os ímpios continuarão na sua impiedade, e nenhum deles entenderá; mas os sábios entenderão.

💡 REFLITA
Daniel recebeu revelações escatológicas. Como ele não as entendeu, perguntou: "Qual será o fim destas coisas?" (v.8); porém, isso não lhe foi dito. O "homem vestido de linho" (v.7) apenas lhe respondeu: "Siga o seu caminho, Daniel" (v.9). O que ele estava querendo dizer com isso?

_____
_____
_____
_____
_____

⭕ REAJA
Temas sobre o fim dos tempos sempre aguçaram a curiosidade humana. Por isso, nunca faltaram interpretações e previsões quanto à segunda vinda de Cristo. Todavia, a resposta de Jesus a isso, dada há séculos, continua válida hoje. Leia Mateus 24:36 e Atos 1:7. O que o Senhor diz a você?

_____
_____
_____
_____
_____

🙏 ORE
Amado Deus, há um turbilhão de acontecimentos no mundo e inúmeras interpretações sobre eles. Sei que não devo ser indiferente a isso, mas ajuda-me a viver centrado no que é mais importante: estar pronto para encontrar-me contigo. Entendo que isso não tem a ver com dia e horário, mas sim com o fato de o meu nome estar escrito, hoje, no Teu livro. Em nome de Jesus, amém!

30 de maio

CONHECER O SENHOR

OUÇA

📖 RECEBA
Oseias 6:1-6

¹"Venham e voltemos para o SENHOR! Porque ele nos despedaçou, mas vai nos curar; ele nos feriu, mas vai atar as feridas. ²Depois de dois dias, nos dará vida; ao terceiro dia, nos ressuscitará, e viveremos diante dele. ³Conheçamos e prossigamos em conhecer o SENHOR! Como o amanhecer, a sua vinda é certa; ele descerá sobre nós como a chuva, como chuva fora de época que rega a terra." ⁴"Que farei com você, Efraim? Que farei com você, Judá? Porque o amor de vocês é como a névoa da manhã e como o orvalho da madrugada, que logo desaparece. ⁵Por isso, os abati por meio dos profetas; pela palavra da minha boca, os matei; e os meus juízos sairão como a luz. ⁶Pois quero misericórdia, e não sacrifício; conhecimento de Deus, mais do que holocaustos."

💡 REFLITA
No contexto em que Oseias estava inserido, a iniquidade, a injustiça e a corrupção dominavam. Assim, o Senhor usou esse profeta para chamar o povo ao arrependimento e a reconciliar-se com Ele. De que forma a restauração espiritual está associada à reconciliação com Deus?

_____
_____
_____
_____
_____

🔄 REAJA
Conhecer a Deus implica em um relacionamento profundo de amor com Ele. Se não há amor, as manifestações de culto não passam de meros ritos religiosos, e isso o Senhor dispensa. Como a forma de viver pode demostrar infidelidade a Deus e superficialidade na busca por Ele?

_____
_____
_____
_____
_____
_____

🙏 ORE

Senhor, leva-me a um nível mais alto de relacionamento contigo. Ajuda-me a rever a minha forma de adorar-te e a perceber se, de alguma forma, tenho sido infiel a ti. Ensina-me a te amar, Senhor, como Tu desejas ser amado. Livra-me de tudo que me impede de render-me totalmente a ti. Ajuda-me a conhecer-te mais e mais enquanto caminho contigo. Em nome de Jesus, amém!

31 de maio

A LEI DA SEMEADURA

📖 RECEBA

Oseias 8:7

⁷"Porque semeiam ventos e colherão tempestades. O cereal que estiver por ser colhido não terá espigas, e não haverá farinha; e, se houver, os estrangeiros a comerão." [...]

10:1-2,12-13

¹"Israel era uma videira de ramagem viçosa, que dava o seu fruto. Quanto mais abundantes os frutos, maior o número de altares; quanto mais a terra produzia, tanto mais embelezavam as colunas sagradas. ²O coração deles está dividido e agora terão de pagar por isso. O SENHOR quebrará os altares deles e destruirá as colunas sagradas." [...]

¹²"Então eu disse: 'Semeiem a justiça e colham a misericórdia. Lavrem o campo não cultivado, porque é tempo de buscar o SENHOR, até que ele venha, e chova a justiça sobre vocês.'"

¹³"Vocês lavraram para a maldade, colheram a injustiça e comeram os frutos da mentira. Vocês confiaram nos seus carros de guerra e na multidão dos seus valentes, ¹⁴e por isso entre o seu povo se levantará o tumulto de guerra, e todas as suas fortalezas serão destruídas, como Salmã destruiu Bete-Arbel no dia da batalha."

💡 REFLITA

Oseias aborda, nesse texto, uma verdade incontestável: a lei da semeadura. O povo durante anos semeou injustiça, desobediência a Deus, idolatria e colheu o juízo do Senhor. A que se refere o conceito bíblico de semear e colher? Qual a importância de mantê-lo em mente?

⭕ REAJA

O Senhor expôs o que o povo fez e o exortou a agir diferente: "Semeiem a justiça e colham a misericórdia" (10:12). A lei da semeadura abrange cada escolha que se faz. Leia Gálatas 6:7-8. Observe o que Paulo diz sobre a lei da semeadura. De que forma essa exortação o confronta?

🙏 ORE

Bendito Deus, é interessante observar as coisas que criaste e perceber que, exceto o ser humano, todas elas seguem a estrutura e a direção que Tu estabeleceste ao criá-las. A minha natureza tende a seguir outro curso e a buscar fora de ti realizações e sentido para minha existência. Ensina-me a semear no e para o Espírito para que dele eu colha a vida eterna. Em nome de Jesus, amém!

1.º de junho

AH! QUE DIA!

OUÇA

📖 RECEBA
Joel 2-4,11-12,14-15

²"Prestem atenção, velhos, e escutem, todos os moradores da terra! Aconteceu algo assim no tempo de vocês ou nos dias de seus pais? ³Contem isto aos filhos de vocês; que eles o contem aos filhos deles, e que estes falem sobre isso à geração seguinte." ⁴"O que o gafanhoto cortador deixou, o gafanhoto migrador comeu; o que o migrador deixou, o gafanhoto devorador comeu; o que o devorador deixou, o gafanhoto destruidor comeu." [...]
¹¹"Fiquem envergonhados, lavradores; lamentem, vinhateiros, por causa do trigo e da cevada, porque a colheita foi destruída. ¹²As videiras secaram, as figueiras murcharam, as romãzeiras, as palmeiras e as macieiras também. Todas as árvores do campo secaram, e já não há alegria entre os filhos dos homens." [...]
¹⁴"Proclamem um santo jejum, convoquem uma reunião solene. Reúnam os anciãos e todos os moradores desta terra na Casa do Senhor, seu Deus, e clamem ao Senhor. ¹⁵"Ah! Que dia! Porque o Dia do Senhor está perto e ele vem como destruição da parte do Todo-Poderoso."

💡 REFLITA
Joel descreve uma terrível devastação causada pela praga de gafanhotos e pela seca. Isso comprometeu a sobrevivência do povo, já que era uma nação agrícola. O profeta usa esse cenário para chamar atenção de grupos específicos. Leia Joel 1:2-14. Qual é a importância de sua mensagem a eles?
_____
_____
_____
_____
_____

🔄 REAJA
Conforme Ray C. Stedman, "o 'Dia do Senhor' [v.15] é qualquer acontecimento no qual Deus age em julgamento [...], em direção ao terrível dia final", descrito no Apocalipse. Observe certos acontecimentos no mundo hoje. Pode-se dizer que Deus está exercendo o Seu juízo sobre o pecado? Por quê?
_____
_____
_____
_____
_____
_____
_____

🙏 ORE
Deus Todo-Poderoso, capacita-me a buscar a Tua graça e o Teu perdão hoje, "antes que venha o grande e terrível Dia do Senhor" (Amós 2:31). Desperta em mim, Senhor, um profundo desejo de me achegar cada vez mais a ti, pois necessito ser restaurado e renovado em ti. Fortalece a minha mente e o meu coração para que eu esteja apto a perseverar em fé diante das provações. Em nome de Jesus, amém!

2 de junho

ALEGRE-SE E EXULTE NO SENHOR

OUÇA

📖 RECEBA
Joel 2:12-13,21-27

¹²"Convertam-se a mim de todo o coração; com jejuns, com choro e com pranto. ¹³Rasguem o coração, e não as suas roupas". Convertam-se ao Senhor, seu Deus, porque ele é bondoso e compassivo, tardio em irar-se e grande em misericórdia. [...]
²¹"Não tenha medo, ó terra; alegre-se e exulte, porque o Senhor faz grandes coisas. ²²Não tenham medo, animais selvagens, porque os pastos do deserto reverdecerão, porque as árvores darão os seus frutos, as figueiras e as videiras produzirão com vigor. ²³Filhos de Sião, alegrem-se e exultem no Senhor, seu Deus, porque ele lhes dará as chuvas em justa medida; fará descer, como no passado, as primeiras e as últimas chuvas. As eiras se encherão de trigo, e os lagares transbordarão de vinho e de azeite. ²⁵Restituirei os anos que foram consumidos pelos gafanhotos — o migrador, o devorador e o destruidor [...]. ²⁶Vocês terão comida em abundância e ficarão satisfeitos, e louvarão o nome do Senhor, seu Deus, que fez maravilhas em favor de vocês. E nunca mais o meu povo será envergonhado. ²⁷Vocês saberão que eu estou no meio de Israel, e que eu sou o Senhor, o Deus de vocês, e que não há outro."

💡 REFLITA

Deus restituiria "os anos que foram consumidos pelos gafanhotos" (v.25), desde que o povo se convertesse a Ele "de todo o coração" (v.12). O que significa rasgar o coração, e não as vestes? Quais as razões que Joel apresenta para o povo se converter ao Senhor (v.13)? O que isso diz a você hoje?

_____
_____
_____
_____
_____

⟳ REAJA

Essa mensagem de esperança, manifestou ao povo a disponibilidade do Senhor em perdoá-los e restaurá-los. Qual a condição que Deus estabeleceu para eles usufruírem de Suas bênçãos? Releia o texto bíblico. Quais aspectos dessa mensagem são aplicáveis a sua vida hoje?

_____
_____
_____
_____
_____

🙏 ORE

Misericordioso Senhor, quero entrar na Tua presença com a motivação correta e usufruir da Tua benignidade. Ensina-me a rasgar o coração conforme Tu desejas a fim de que, se eu vier a pecar contra ti, eu me arrependa sinceramente. Senhor, peço-te: guarda os meus pés para não tropeçarem. Quero me alegrar e exultar na grande salvação que encontrei em ti. Em nome de Jesus, amém!

3 de junho

PREPARE-SE!

 OUÇA

📖 RECEBA
Amós 4:6-12

⁶"Também deixei que vocês ficassem sem ter o que mastigar em todas as suas cidades e com falta de pão em todos os lugares, mas vocês não se converteram a mim", diz o SENHOR. ⁷"Além disso, retive a chuva, faltando ainda três meses para a colheita. Fiz chover sobre uma cidade e sobre a outra, não; um campo teve chuva, mas o outro, que ficou sem chuva, secou. ⁸"Pessoas de duas ou três cidades se dirigiram a outra cidade para beber água, sem conseguirem matar a sede, mas vocês não se converteram a mim", diz o SENHOR. ⁹"Eu os castiguei com o crestamento e a ferrugem. Os gafanhotos devoraram as hortas e as vinhas, as figueiras e as oliveiras, mas vocês não se converteram a mim", diz o SENHOR. ¹⁰"Enviei a peste contra vocês, assim como havia feito no Egito. Matei os seus jovens à espada, deixei que os seus cavalos fossem capturados, e fiz com que o mau cheiro dos acampamentos chegasse aos seus narizes, mas vocês não se converteram a mim", diz o SENHOR. ¹¹"Destruí alguns de vocês, como Deus destruiu Sodoma e Gomorra. Vocês foram como um toco de lenha tirado do fogo, mas não se converteram a mim", diz o SENHOR. ¹²"Portanto, assim farei com você, Israel! E, porque farei isso com você, prepare-se, ó Israel, para se encontrar com o seu Deus!"

💡 REFLITA
De acordo com o próprio Deus, o juízo dele viria sobre Israel pelo fato de Ele tê-lo o escolhido como Seu povo, mas eles permanecerem pecando (3:2). Conforme a mensagem de Amós, por que e de que maneira Deus disciplinou o Seu povo no passado (vv.6-11)? Sobre o que Deus os estava alertando?

_____
_____
_____
_____

⭕ REAJA
Deus é justo em exercer os Seus juízos; assim, como o povo conscientemente desafiou a Sua justiça, Ele declarou: "Prepare-se, ó Israel, para se encontrar com o seu Deus!" (v.12). Substitua Israel pelo seu nome e imagine o Deus Todo-Poderoso dizendo isso a você. Que tipo de alerta isso traz a sua vida?

_____
_____
_____
_____
_____

🙏 ORE

Amado Deus, capacita-me a permanecer firme no temor do Senhor. Reconheço que, por vezes, sou tentando a me afastar dos Teus caminhos e a não obedecer a ti. Ajuda-me a seguir firmemente a Tua Palavra, pois desejo andar em santidade. Quero estar preparado hoje para me encontrar contigo amanhã e ouvir do Teu filho: "Vinde bendito de meu Pai!". Em nome de Jesus, amém!

4 de junho

BUSQUE O SENHOR

 OUÇA

📖 RECEBA
Amós 5:6-9,12-15

⁶"Busquem o SENHOR e vocês viverão. Do contrário, ele irromperá na casa de José como um fogo que a consome, e não haverá em Betel quem consiga apagá-lo. ⁷Vocês que transformam o juízo em veneno e lançam por terra a justiça, ⁸busquem aquele que fez o Sete-estrelo e o Órion; aquele que torna as densas trevas em manhã e muda o dia em noite; aquele que chama as águas do mar e as derrama sobre a terra; SENHOR é o seu nome. ⁹É ele que faz vir súbita destruição sobre o forte e ruína contra a fortaleza." [...]

¹²"Porque sei que são muitas as suas transgressões e que são graves os pecados que vocês cometem. Vocês afligem os justos, aceitam suborno e rejeitam as causas dos necessitados no tribunal. ¹³Por isso, numa época de tanta corrupção, quem é prudente prefere ficar calado."

¹⁴"Busquem o bem e não o mal, para que vocês vivam. E assim o SENHOR, o Deus dos Exércitos, estará com vocês, como vocês dizem. ¹⁵Odeiem o mal e amem o bem. Promovam a justiça nos tribunais. Talvez o SENHOR, o Deus dos Exércitos, se compadeça do remanescente de José."

💡 REFLITA

Amós expõe a degradação religiosa, política e social na qual o povo se encontrava. Os abastados viviam como se o Senhor nunca tivesse se revelado a eles nem lhes orientado quanto à prática da justiça e do bem. De que forma esse cenário se assemelha à realidade com a qual você se depara hoje?

_____
_____
_____
_____
_____

⭯ REAJA

Apesar da intensa religiosidade, o coração do povo estava distante de Deus; o seu modo de viver denunciava as suas transgressões e pecados. Sendo "o salário do pecado [...] a morte" (Romanos 6:23), o que eles deveriam fazer para viver? Releia o texto e destaque as orientações do Senhor ao Seu povo.

_____
_____
_____
_____
_____

🙏 ORE

Maravilhoso Criador, Senhor é o Teu nome (v.8). Tu és o único e verdadeiro Deus! Como poderia eu prestar a qualquer outro a adoração que pertence somente a ti? Senhor, transforma-me no filho que Tu desejas que eu seja. Ensina-me a viver em obediência e a buscar o Teu Reino e a Tua justiça para que eu viva em Tua presença. Pai, não permitas que o meu coração se afaste de ti. Em nome de Jesus, amém!

5 de junho

O ORGULHO É DESTRUTIVO

OUÇA

📖 RECEBA
Obadias 1:1-7

¹Visão de Obadias. Assim diz o Senhor Deus a respeito de Edom: "Ouvimos uma notícia vinda do Senhor, e um mensageiro foi enviado às nações para dizer: 'Preparem-se! Preparem-se para a guerra contra Edom!' ²Eis que fiz de você uma nação pequena entre as outras, muito desprezada. ³O orgulho do seu coração o enganou. Você vive nas fendas das rochas, num lugar elevado, e diz em seu íntimo: 'Quem poderá me jogar lá para baixo?' ⁴Ainda que você suba como a águia e faça o seu ninho entre as estrelas, de lá eu o derrubarei", diz o Senhor. ⁵"Se ladrões o atacassem ou assaltantes viessem de noite — como você está destruído! — não levariam só o que lhes bastasse? Se fossem até você os que colhem uvas, não deixariam pelo menos alguns cachos? ⁶Como foram saqueados os bens de Esaú! Como foram vasculhados os seus tesouros escondidos! ⁷Todos os seus aliados, ó Edom, o empurraram para fora do seu território. Aqueles que estavam em paz com você o enganaram e prevaleceram contra você. Aqueles que sentam à sua mesa prepararam uma armadilha para os seus pés. E não há em Edom entendimento."

💡 REFLITA

Obadias é o livro mais curto do Antigo Testamento; contém apenas 21 versículos. Ele apresenta o juízo divino sobre Edom, um povo que se orgulhava de suas riquezas e de sua invencibilidade. Porém, o Senhor declara: "Eu o derrubarei" (v.4). Que acontecimentos configurariam esse julgamento divino?

_____
_____
_____
_____
_____

⭯ REAJA

Edom, descendentes de Esaú, julgava-se seguro por tudo que havia realizado e conquistado. Esse povo desconsiderava a justiça de Deus e odiava Israel. Leia a história de Esaú e Jacó (Gênesis 25:21-33; 27:1-41) e observe a rivalidade entre esses dois irmãos. Por que isso se refletiu em suas descendências?

_____
_____
_____
_____
_____
_____
_____

🙏 ORE

Justo e bendito Senhor, questões familiares sempre me influenciam de alguma forma. Por isso, peço-te: sonda o meu coração e revela-me se há algo em mim que preciso tratar com relação a isso. Liberta-me de toda altivez e de qualquer influência que afeta negativamente o meu relacionamento contigo e com outros. Ensina-me a, quando depender de mim, ter paz com todos. Em nome de Jesus, amém!

6 de junho

NÃO FAÇA O MAL

OUÇA

📖 RECEBA
Obadias 1:8-14

⁸"Naquele dia", diz o Senhor, "destruirei os sábios de Edom e o entendimento do monte de Esaú. ⁹Os seus valentes, ó Temã, ficarão apavorados, para que, do monte de Esaú, todos sejam exterminados pela matança." ¹⁰"Por causa da violência feita ao seu irmão Jacó, você ficará coberto de vergonha e será exterminado para sempre. ¹¹No dia em que estranhos levaram os bens de seu irmão Jacó, você estava presente; quando estrangeiros entraram pelos portões e lançaram sortes sobre Jerusalém, você mesmo era um deles. ¹²Você não devia ter olhado com prazer para o dia do seu irmão, o dia da sua calamidade. Você não devia ter-se alegrado pelo que aconteceu com os filhos de Judá, no dia da sua ruína. Você não devia ter falado de boca cheia, no dia da angústia. ¹³Você não devia ter entrado pelo portão do meu povo, no dia da sua calamidade. Você não devia ter olhado com prazer para o seu mal, no dia da sua calamidade. Você não devia ter posto as mãos sobre os seus bens, no dia da sua calamidade. ¹⁴Você não devia ter parado nas encruzilhadas, para exterminar os que escapassem. Você não devia ter entregado ao inimigo os que escaparam com vida, no dia da angústia."

💡 REFLITA
No texto anterior (vv.1-7), Obadias descreveu uma série de perdas que Edom sofreria, neste, ele lista as más ações dos edomitas (contra Jacó) quando a Babilônia invadiu Judá. Os pecados deles os sentenciaram à destruição. O que Edom fez que deixou o Senhor tão indignado contra esse povo?

_____
_____
_____
_____

⟳ REAJA
Edom não ficaria impune; Deus faria justiça por amor ao Seu povo. Assim, o Senhor pronunciou Seu veredicto: "Você será tratado da mesma forma como tratou os outros; o mal que você fez cairá sobre a sua cabeça" (v.15). De que forma isso reflete a lei da semeadura? Hoje, isso o alerta quanto a quê?

_____
_____
_____
_____

🙏 ORE
Amado Deus, livra as minhas mãos de praticar o mal e os meus pés de andar pelos caminhos da perversidade. Limpa o meu coração de qualquer sentimento de vingança ou rancor contra alguém. Enche-me com o que é bom e com o Teu Espírito, pois quero praticar boas obras que glorifiquem o Teu nome. Ajuda-me a semear no Espírito para que eu colha vida em ti. Em nome de Jesus, amém!

7 de junho

TEMPESTADE DIVINA

📖 RECEBA
Jonas 1:1-6

¹A palavra do Senhor veio a Jonas, filho de Amitai, dizendo: ²—Levante-se, vá à grande cidade de Nínive e pregue contra ela, porque a sua maldade subiu até a minha presença. ³Jonas se levantou, mas para fugir da presença do Senhor, para Társis. Desceu a Jope, e encontrou um navio que ia para Társis. Pagou a passagem e embarcou no navio, para ir com eles para Társis, para longe da presença do Senhor. ⁴Mas o Senhor lançou sobre o mar um forte vento, e levantou-se uma tempestade tão violenta, que parecia que o navio estava a ponto de se despedaçar. ⁵Então os marinheiros ficaram com medo e clamavam cada um ao seu deus. Lançaram no mar a carga que estava no navio, para que ele ficasse mais leve. Jonas, porém, havia descido ao porão do navio; ali havia se deitado, e dormia profundamente. ⁶O capitão do navio se aproximou de Jonas e lhe disse: —O que está acontecendo com você? Agarrado no sono? Levante-se, invoque o seu deus! Talvez assim esse deus se lembre de nós, para que não pereçamos.

💡 REFLITA
Diante do comissionamento que recebera, Jonas se dispôs não a obedecer, mas a "fugir da presença do Senhor" (v.3). Enquanto Jonas dormia, acreditando que "fugia" de Deus, a onipotência divina entrou em ação por meio de uma tempestade. Por que é impossível fugir da presença do Senhor?

_____
_____
_____
_____

🔄 REAJA
A religiosidade se acentua em momentos de perigo; assim, os marinheiros clamaram aos seus deuses e pediram a Jonas que invocasse o seu. Por que esse tipo de reação é tão comum ao ser humano? Observe sua vida espiritual. Sua devoção se torna mais evidente em quais situações?

_____
_____
_____
_____
_____

🙏 ORE
Senhor, que tolice é pensar que se pode fugir da Tua presença ao desobedecer a ti. Sei que, conforme a Tua Palavra diz, os meus pecados me separam de ti, mas isso não invalida o fato de que Tu és onipresente. Agradeço-te por seres o Deus vivo que me vê em todo tempo e lugar; obrigado por me proveres os meios para que eu me aproxime de ti. Em nome de Jesus, amém!

8 de junho

IMPOSSÍVEL FUGIR DELE

OUÇA

📖 RECEBA
Jonas 1:7-10,12,15-17

⁷Os marinheiros diziam uns aos outros: —Vamos lançar sortes para descobrir quem é o culpado desse mal que caiu sobre nós. Lançaram sortes, e a sorte caiu sobre Jonas. ⁸Então lhe disseram: —Agora nos diga: Quem é o culpado por este mal que nos aconteceu? Qual é a sua ocupação? De onde você vem? Qual a sua terra? E de que povo você é? ⁹Jonas respondeu: —Eu sou hebreu e temo o Senhor, o Deus do céu, que fez o mar e a terra. ¹⁰Então os homens ficaram com muito medo e lhe perguntaram: —O que é isso que você fez? Pois aqueles homens sabiam que Jonas estava fugindo da presença do Senhor, porque ele lhes havia contado. [...] ¹²Jonas respondeu: —Peguem-me e me lancem no mar; então o mar ficará calmo. Porque eu sei que, por minha causa, esta grande tempestade caiu sobre vocês. [...] ¹⁵Em seguida, os marinheiros pegaram Jonas e o lançaram no mar; e a fúria do mar se acalmou. ¹⁶Então esses homens temeram muito o Senhor; ofereceram sacrifícios ao Senhor e fizeram votos. ¹⁷O Senhor ordenou que um grande peixe engolisse Jonas. E Jonas esteve três dias e três noites no ventre do peixe.

💡 REFLITA
O medo levou os marinheiros, além do que já tinham feito (v.5), a lançar sorte para descobrir o culpado, "e a sorte caiu sobre Jonas" (v.7). Em que situações o servo de Deus pode se tornar bênção ou maldição no ambiente onde está inserido? De que forma Deus usa o infortúnio para salvar as pessoas?

_____
_____
_____
_____

🔄 REAJA
Jonas confessou sua culpa, foi lançado ao mar, e Deus ordenou a um grande peixe que o engolisse. Jonas ficou "três dias e três noites no ventre do peixe" (v.17). Jesus correlaciona esse fato a algo que aconteceria com Ele séculos depois. Leia Mateus 12:40. Sobre o que Jesus estava falando?

_____
_____
_____
_____
_____
_____

🙏 ORE
Poderoso Deus, dou-te graças por me despertares do meu sono espiritual e me fazeres enxergar que, quando peco, não apenas eu sofro, mas também prejudico os que estão ao meu redor. Sei que os Teus planos não podem ser frustrados; então, capacita-me a cumprir o Teu chamado para mim. Usa a minha vida e as minhas circunstâncias para anunciar a Tua boa-nova de salvação. Em nome de Jesus, amém!

9 de junho

LUGAR INÓSPITO

📖 RECEBA
Jonas 2:1-10

¹Então Jonas, do ventre do peixe, orou ao Senhor, seu Deus, ²e disse: "Na minha angústia, clamei ao Senhor, e ele me respondeu; do ventre do abismo, gritei, e tu ouviste a minha voz. ³Pois me lançaste nas profundezas, no coração dos mares, e a corrente das águas me cercou; todas as tuas ondas e as tuas vagas passaram sobre mim. ⁴Então eu disse: 'Estou excluído da tua presença; será que tornarei a ver o teu santo templo?'" ⁵"As águas me cercaram até a alma, o abismo me rodeou; e as algas se enrolaram na minha cabeça. ⁶Desci até os fundamentos dos montes; desci até a terra, cujos ferrolhos se fecharam atrás de mim para sempre. Tu, porém, fizeste a minha vida subir da sepultura, ó Senhor, meu Deus! ⁷Quando, dentro de mim, desfalecia a minha alma, eu me lembrei do Senhor; e subiu a ti a minha oração, no teu santo templo. ⁸Os que adoram ídolos vãos abandonam aquele que lhes é misericordioso. ⁹Mas, com a voz do agradecimento, eu te oferecerei sacrifício; o que prometi cumprirei. Ao Senhor pertence a salvação!". ¹⁰E o Senhor falou ao peixe, e este vomitou Jonas na terra.

💡 REFLITA

Jonas, "do ventre do peixe, orou ao Senhor" (v.1), reconhecendo a Sua misericórdia para com ele, pois não morrera afogado, mas permanecera vivo no ventre do peixe. Em situações difíceis, você enxerga o seu copo meio cheio ou meio vazio? De que forma, a sua maneira de ver as coisas afeta a sua vida?

_____
_____
_____
_____

🔄 REAJA

Jonas ficou nesse lugar inóspito por "três dias e três noites" (1:17). Lá, ele orou a Deus e esperou pelo Seu agir. Então, "o Senhor falou ao peixe, e este vomitou Jonas na terra" (v.10). Use o "ventre do peixe" como metáfora para uma situação difícil que enfrenta hoje? Que encorajamento esta palavra lhe traz?

_____
_____
_____
_____

🙏 ORE

Misericordioso Senhor, agradeço-te por me livrares dos laços da morte por meio do Teu Filho amado, Jesus. Não me deixes desesperar quando enfrento dificuldades inusitadas, mas leva-me a encontrar em ti a esperança de que necessito, pois sei que, no Teu tempo, Tu agirás a meu favor. Ajuda-me a enxergar as porções da Tua graça que diariamente derramas sobre mim. Em nome de Jesus, amém!

10 de junho

ARREPENDIMENTO SINCERO

 OUÇA

📖 RECEBA
Jonas 3:8-10

¹A palavra do SENHOR veio a Jonas pela segunda vez, dizendo: ²—Levante-se, vá à grande cidade de Nínive e pregue contra ela a mensagem que eu lhe darei. ³[...] Ora, Nínive era uma cidade muito importante diante de Deus [...]. ⁴Jonas começou a percorrer a cidade caminho de um dia, e pregava, dizendo: —Ainda quarenta dias, e Nínive será destruída. ⁵Os ninivitas creram em Deus. Proclamaram um jejum e vestiram roupa feita de pano de saco, desde o maior até o menor. ⁶Quando esta notícia chegou ao rei de Nínive, ele se levantou do seu trono, tirou os trajes reais, cobriu-se de pano de saco e sentou-se sobre cinzas. ⁷E mandou proclamar e divulgar em Nínive o seguinte: —Por mandado do rei e dos seus nobres, ninguém [...] pode comer coisa alguma [...]. ⁸Todos devem ser cobertos de pano de saco, tanto as pessoas como os animais. Então clamarão fortemente a Deus e se converterão, cada um do seu mau caminho e da violência que há nas suas mãos. ⁹Quem sabe? Talvez Deus [...] se afaste do furor da sua ira, para que não pereçamos. ¹⁰Deus viu o que fizeram, como se converteram do seu mau caminho; e Deus mudou de ideia quanto ao mal que tinha dito que lhes faria e não o fez.

💡 REFLITA

Após ser vomitado pelo peixe, Jonas pôs-se a caminho de Nínive para pregar contra ela, conforme o Senhor lhe comissionara. Qual foi a reação dos ninivitas e de seu rei ao ouvirem a mensagem divina? No que resultou a atitude deles? Qual o fator determinante no êxito da missão de Jonas?

_____
_____
_____
_____

⭕ REAJA

O anúncio do juízo divino objetivou, antes de tudo, a correção. Por isso, a mensagem de Jonas foi de julgamento e de salvação. O Deus que declarou: "Nínive será destruída" (v.4) é o mesmo que disse: "Busquem o SENHOR e vocês viverão" (Amós 5:6). Releia o versículo 10. Como você o interpretaria?

_____
_____
_____
_____
_____

🙏 ORE

Deus amado, a Tua graça é imensurável e te mostras compassivo para com aquele que crê em ti e se arrepende genuinamente dos seus maus caminhos. Senhor, em Tua bondade e misericórdia, Tu tens afastado o Teu juízo quando lhe compraz não o aplicar, pois Tu és soberano. Como é encorajador saber que eu posso te buscar e encontrar em ti a salvação de que necessito. Em nome de Jesus, amém!

11 de junho

RAIVA, POR QUÊ?

OUÇA

📖 RECEBA
Jonas 4:1-3,6-11

¹Mas Jonas ficou muito aborrecido e com raiva. ²Ele orou ao Senhor e disse: —Ah! Senhor! Não foi isso que eu disse, estando ainda na minha terra? Por isso, me adiantei, fugindo para Társis, pois sabia que tu és Deus bondoso e compassivo, tardio em irar-se e grande em misericórdia [...]. ³Agora, Senhor, peço que me tires a vida, porque para mim é melhor morrer do que viver. [...]
⁶Então o Senhor Deus fez crescer uma planta por cima de Jonas, para que fizesse sombra sobre a sua cabeça [...]. E Jonas ficou muito contente por causa da planta. ⁷Mas no dia seguinte, ao amanhecer, Deus enviou um verme, que atacou a planta, e ela secou. ⁸Quando o sol nasceu, Deus fez soprar um vento leste muito quente. O sol bateu na cabeça de Jonas, de maneira que ele quase desmaiou. Então pediu para morrer, dizendo: —Para mim é melhor morrer do que viver! ⁹Então Deus perguntou a Jonas: —Você acha que é razoável essa sua raiva por causa da planta? Jonas respondeu: —É tão razoável que até quero morrer! ¹⁰E o Senhor disse: —Você tem compaixão da planta que não lhe custou nenhum trabalho. [...] ¹¹E você não acha que eu deveria ter muito mais compaixão da grande cidade de Nínive?

💡 REFLITA
Jonas, confessou que fugiu (1:3) por saber que Deus é "tardio em irar-se e grande em misericórdia" (v.2). Qual foi a decisão de Deus que deixou Jonas tão indignado? Por que ele pediu para si a morte? Como você reage ao ver a misericórdia de Deus sobre alguém que, na sua opinião, não a merece?

_____
_____
_____
_____
_____

🔄 REAJA
Para expor o quanto Jonas estava sendo insensato, o Senhor lhe concedeu o conforto da sombra de uma planta num dia, e o tirou no outro. Qual foi a reação de Jonas isso? De que forma o Senhor usou essa situação para confrontar o coração de Jonas? Que ensinamento isso traz a você hoje?

_____
_____
_____
_____
_____

🙏 ORE
Maravilhoso e misericordioso Salvador, quão magnifico é o Teu nome! Tu o manifestas em Tuas soberanas decisões. Perdoa-me por pensar, às vezes, que sou mais justo ou menos pecador que os outros. Senhor, ajuda-me a me alegrar com os Teus atos de misericórdia. Ensina-me a entender que Tu ofereces aos injustos a mesma graça que me concedeste em Cristo. Em nome de Jesus, amém!

12 de junho

O QUE DEUS PEDE

OUÇA

📖 RECEBA
Miqueias 6:6-14

⁶Com que me apresentarei ao Senhor e me inclinarei diante do Deus excelso? Virei diante dele com holocaustos, com bezerros de um ano? ⁷Será que o Senhor se agrada com milhares de carneiros, com dez mil ribeiros de azeite? Darei o meu primogênito pela minha transgressão, o fruto do meu corpo, pelo pecado da minha alma? ⁸Ele já mostrou a você o que é bom; e o que o Senhor pede de você? Que pratique a justiça, ame a misericórdia e ande humildemente com o seu Deus. ⁹A voz do Senhor se dirige à cidade, e é verdadeira sabedoria temer o seu nome. "Escutem, ó tribo e todos os moradores! ¹⁰Ainda se encontram, na casa dos ímpios, os tesouros da impiedade e a medida falsa que eu detesto? ¹¹Poderei eu inocentar balanças desonestas e uma bolsa com pesos adulterados? ¹²Porque os ricos da cidade estão cheios de violência; os seus habitantes falam mentiras e a língua deles é enganosa. ¹³Assim, também eu passarei a feri-los e os destruirei por causa dos seus pecados. ¹⁴Vocês comerão, mas não ficarão satisfeitos; a fome continuará nas suas entranhas. Tentarão pôr os seus bens a salvo, mas não conseguirão preservá-los."

💡 REFLITA

O texto traz questionamentos sobre o que o povo poderia fazer para reconciliar-se com Deus. Porém, ofertar ao Senhor sem um compromisso interior e genuíno com Ele seria de pouca valia. O que, de fato, Deus gostaria que o Seu povo fizesse (v.8)? De que forma você pode atender a esse pedido divino hoje?

_____
_____
_____
_____

⭕ REAJA

O Senhor denunciou os pecados pelos quais o povo não ficaria impune. Releia os versículos 10 a 12. De que forma e em que as transgressões mencionadas neles estão presentes na realidade que o cerca? Pensar que Deus, de alguma forma, trará juízo sobre isso desperta você para que tipo de atitude?

_____
_____
_____
_____
_____

🙏 ORE

Justo Senhor, capacita-me a fazer o que tens me pedido. Ajuda-me a viver conforme a Tua vontade, pois ela é boa, perfeita e agradável. Agradeço-te por indicares, em Tua Palavra, o caminho que eu devo seguir para não me afastar de ti. Senhor, peço-te que não me deixes cair em tentação e livra-me do mal de certas vantagens que me assediam tão de perto. Em nome de Jesus, amém!

13 de junho

ONDE ESTÃO OS PIEDOSOS?

📖 RECEBA
Miqueias 7:1-3,18-20

¹Ai de mim! Porque estou como quando são colhidas as frutas do verão, como quando se procuram uvas depois da vindima: não há cacho de uvas para chupar, nem figos temporãos que eu gostaria de comer. ²Desapareceram da terra os piedosos, e não há entre todos um só que seja reto. Todos ficam à espreita para derramar sangue; cada um caça o seu irmão com rede. ³As suas mãos são hábeis na prática do mal. As autoridades exigem, os juízes aceitam suborno, os poderosos manifestam os seus maus desejos e, assim, em conjunto tramam os seus projetos. […]
¹⁸Quem é semelhante a ti, ó Deus, que perdoas a iniquidade e te esqueces da transgressão do remanescente da tua herança? O Senhor não retém a sua ira para sempre, porque tem prazer na misericórdia. ¹⁹Ele voltará a ter compaixão de nós; pisará aos pés as nossas iniquidades e lançará todos os nossos pecados nas profundezas do mar. ²⁰Mostrarás a Jacó a fidelidade e a Abraão, a misericórdia, as quais juraste aos nossos pais, desde os dias antigos.

💡 REFLITA

O texto descreve uma sociedade imersa na injustiça e na corrupção. Observe esta afirmação: "Desapareceram da terra os piedosos, e não há entre todos um só que seja reto" (v.2), e isso entre o povo de Deus. De que forma esse texto serve de alerta à Igreja hoje. Ela precisa prestar atenção em quê?

_____
_____
_____
_____
_____

○ REAJA

Diante da prática do pecado, Deus se afasta; e isso, de certa forma, já se configura em uma espécie de julgamento. Contudo, até que o "Dia do Senhor" chegue, Ele se dispõe à reconciliação. O que é necessário para que isso aconteça? Releia os versículos 18 e 19. Que mensagem eles trazem a você?

_____
_____
_____
_____
_____

🙏 ORE

Amado Deus, agradeço-te por me concederes não uma ou duas, mas várias chaves para me arrepender e voltar-me para ti. Ensina-me a ser prudente e a não usar a Tua longanimidade como pretexto para não renunciar de vez ao pecado. Creio que Tu tens realmente prazer na misericórdia, mas que também zelas pelo Teu nome e pela Tua justiça. Ajuda-me a viver piedosamente. Em nome de Jesus, amém!

14 de junho

JUSTO NO PERDOAR E NO PUNIR

 OUÇA

📖 RECEBA

Naum 1:1-7

¹Sentença contra Nínive. Livro da visão de Naum, da cidade de Elcos. ²O Senhor é Deus zeloso e vingador, o Senhor é vingador e cheio de ira; o Senhor toma vingança contra os seus adversários e reserva indignação para os seus inimigos. ³O Senhor é tardio em irar-se, mas grande em poder e jamais inocenta o culpado. O Senhor tem o seu caminho na tormenta e na tempestade, e as nuvens são a poeira dos seus pés. ⁴Repreende o mar, e ele seca; faz com que todos os rios fiquem secos. Basã e o Carmelo desfalecem, e as flores do Líbano murcham. ⁵Os montes tremem diante dele, e as colinas se derretem. A terra se levanta diante dele, sim, o mundo e todos os seus moradores. ⁶Quem pode suportar a sua indignação? E quem subsistirá diante do furor da sua ira? A sua cólera se derrama como fogo, e as rochas são por ele demolidas. ⁷O Senhor é bom, é fortaleza no dia da angústia e conhece os que nele se refugiam.

💡 REFLITA

Embora os ninivitas tivessem se convertido ao Senho por meio da pregação de Jonas, passados 150 anos, a cidade de Nínive voltou ao pecado; e Deus, por intermédio de Naum, anuncia o Seu julgamento contra ela. Leia 2 Pedro 2:21-22. Qual o perigo de se arrepender de ter se arrependido?

_____
_____
_____
_____

⭕ REAJA

Naum apresenta a soberania de Deus e, devido às iniquidades do povo, ele profere: "O [...] o Senhor é vingador" (v.2) "e jamais inocenta o culpado" (v.3). De que forma essas palavras impactam você? O que você entende por Deus ser vingador? No caso dos "vingadores", eles lutam pelo que e contra quem?

_____
_____
_____
_____
_____

🙏 ORE

Soberano Senhor, Tu és inigualável em poder e autoridade. Tu, em Tua justiça, concedes misericórdia ao que se arrepende e punes o culpado que permanece no pecado, pois não usas pesos adulterados tampouco aceitas subornos. Capacita-me a viver conforme os Teus padrões divinos. Senhor, que Tu encontres em mim um servo fiel que honra o Teu nome e o Teu Reino. Em nome de Jesus, amém!

15 de junho

BOAS-NOVAS

📖 RECEBA
Naum 1:9-15

⁹O que é que vocês estão planejando contra o Senhor? Ele mesmo os consumirá completamente; a angústia não se levantará duas vezes! ¹⁰Porque, ainda que eles se entrelacem como os espinhos e se saturem de vinho como bêbados, serão inteiramente consumidos como palha seca. ¹¹De você, Nínive, saiu um que planeja o mal contra o Senhor, alguém que aconselha a maldade. ¹²Assim diz o Senhor: "Por mais seguros que estejam e por mais numerosos que eles sejam, ainda assim serão exterminados e passarão. Meu povo, embora eu o tenha afligido, não o afligirei mais. ¹³Quebrarei o jugo deles que pesa sobre você e romperei os laços que o prendem". ¹⁴Porém contra você, Assíria, o Senhor deu ordem para que não haja posteridade que leve o seu nome; do templo dos seus deuses exterminarei as imagens de escultura e de fundição. Farei a sua sepultura, porque você é desprezível. ¹⁵Eis sobre os montes os pés do que anuncia boas-novas, do que anuncia a paz! Celebre as suas festas, ó Judá, cumpra os seus votos, porque o ímpio não mais passará por você; ele foi inteiramente exterminado.

💡 REFLITA

Naum apresenta um contraste entre o juízo divino contra Nínive e a promessa de restauração e salvação feita por Deus ao Seu povo. A disciplina divina jamais foi ou será aplicada sem razões, inclusive sobre os Seus. Como você consegue identificar essa forma de agir do Senhor em sua vida?

_____
_____
_____
_____

◯ REAJA

A Palavra de Deus é uma fonte inesgotável de boas-novas, visto que, no Senhor, "a sua esperança não será frustrada" (Provérbios 23:18). Leia Lucas 2:10-11. Que boa notícia ele compartilha? O que esse acontecimento trouxe ao povo na época e continua trazendo às pessoas ao longo da história?

_____
_____
_____
_____
_____

🙏 ORE

Senhor da paz, louvado sejas pelo Deus que Tu és: Pai de bondade e de misericórdia que, em amor, disciplina os Teus filhos a fim de aperfeiçoá-los nos Teus caminhos. Agradeço-te pelas boas-novas de salvação que me transmites mediante a Tua Palavra, pois elas me enchem de alegria e renovam as minhas esperanças em ti. Senhor, eu quero celebrar-te em meu viver. Em nome de Jesus, amém!

16 de junho

ATÉ QUANDO?

📖 RECEBA
Habacuque 1:2-6,12-13

²Até quando, Senhor, clamarei pedindo ajuda, e tu não me ouvirás? Até quando gritarei: "Violência!", e tu não salvarás? ³Por que me fazes ver a iniquidade? Por que toleras a opressão? Pois a destruição e a violência estão diante de mim; há litígios e surgem discórdias. ⁴Por isso, a lei se afrouxa e a justiça nunca se manifesta. Porque os ímpios cercam os justos, e assim a justiça é torcida. ⁵"Olhem entre as nações e vejam; fiquem maravilhados e admirados. Porque, no tempo de vocês, eu realizo obra tal que vocês não acreditarão se alguém lhes contar. ⁶Pois eis que trago os caldeus, nação cruel e impetuosa, que marcham pela largura da terra, para apoderar-se de moradas que não são suas." [...]

¹²Não és tu desde a eternidade, ó Senhor, meu Deus, ó meu Santo? Não morreremos. Ó Senhor, puseste aquele povo para executar juízo; tu, ó Rocha, o estabeleceste para servir de disciplina. ¹³Tu és tão puro de olhos, que não podes suportar o mal nem tolerar a opressão. Por que, então, toleras os traidores e te calas quando os perversos devoram aqueles que são mais justos do que eles?

💡 REFLITA
O profeta Habacuque estava tremendamente angustiado diante da violência e da injustiça prevalecentes em Judá. Ele, então, questiona a Deus, pois parecia que o Senhor não se importava com o sofrimento deles. De que forma os problemas da época do profeta se assemelham à situação vista no mundo hoje?

_____
_____
_____
_____
_____

🔄 REAJA
Habacuque não esconde sua perplexidade ao saber que Deus usaria os caldeus para disciplinar o Seu povo. Embora, ele manifestasse sua fé no Senhor, o profeta não via essa ação divina como algo que os beneficiaria. Releia o texto. Em que os sentimentos de Habacuque lhe parecem familiares?

_____
_____
_____
_____
_____

🙏 ORE
Deus Todo-Poderoso, as perversidades listadas pelo Teu profeta não são meras semelhanças com a situação atual, pois a maldade, desde a queda, tem atuado no mundo. Senhor, faz-me entender que, embora as permitas, Tu não és a causa das injustiças sociais, da violência, da corrupção, do sofrimento e de tantas outras coisas ruins com as quais me deparo nesta Terra. Em nome de Jesus, amém!

17 de junho

ESPERE, O SENHOR AGIRÁ

 OUÇA

📖 RECEBA
Habacuque 2:1-7

¹Estarei na minha torre de vigia, ficarei na fortaleza e vigiarei para ver o que Deus me dirá e que resposta eu terei à minha queixa. ²O Senhor me respondeu e disse: "Escreva a visão, torne-a bem legível sobre tábuas, para que possa ser lida até por quem passa correndo. ³Porque a visão ainda está para se cumprir no tempo determinado; ela se apressa para o fim e não falhará. Mesmo que pareça demorar, espere, porque certamente virá; não tardará." ⁴"Eis que a sua alma está orgulhosa! A sua alma não é reta nele; mas o justo viverá pela sua fé. ⁵Assim como o vinho é enganoso, também o arrogante não se contém. O seu apetite é como a sepultura; ele é como a morte, que nunca se farta. Ele ajunta para si todas as nações e congrega todos os povos." ⁶Não é fato que todos esses povos proferirão contra ele um provérbio, um dito em tom de zombaria? Eles dirão: "Ai daquele que acumula o que não é seu — até quando? —, e daquele que se enche de coisas penhoradas! ⁷Será que não se levantarão de repente contra você os seus credores? E não despertarão aqueles que farão você tremer? Você lhes servirá de despojo".

💡 REFLITA

O profeta, como um guarda, observa o cenário diante dele esperando pela resposta do Senhor às suas queixas. Deus acalma o coração do profeta garantindo que, no Seu tempo, Ele punirá o opressor. Qual a importância de se estar atento à voz de Deus diante das dificuldades e incertezas da vida?
_____
_____
_____
_____
_____

⟳ REAJA

Deus revela a Habacuque que a arrogância antagoniza a fé (v.4), logo ele devia esperar a Sua Palavra se cumprir: "Mesmo que pareça demorar, espere, porque certamente virá" (v.3). Por que essa é uma mensagem da qual você precisa ser lembrado hoje? O que significa "o justo viverá pela sua fé"?
_____
_____
_____
_____
_____

 ORE

Amado Senhor, agradeço-te por me tornares justo mediante o sacrifício do Teu filho, Jesus, na cruz por mim. Por isso, peço-te que me ensines a viver pela fé em ti entendendo que é ela que mantém viva a minha esperança e me auxilia a caminhar contigo. Ajuda-me a estar atento a Tua voz para receber de ti a força e as orientações de que necessito para vencer os embates do dia a dia. Em nome de Jesus, amém!

18 de junho

AINDA QUE...

📖 RECEBA

Habacuque 3:2-4,10-11,17-19

²S<small>ENHOR</small>, tenho ouvido a tua fama, e me sinto alarmado. Aviva a tua obra, ó S<small>ENHOR</small>, no decorrer dos anos, e, no decurso dos anos, faze-a conhecida. Na tua ira, lembra-te da misericórdia. ³[...] A sua glória cobre os céus, e a terra se enche do seu louvor. ⁴O seu resplendor é como a luz, e raios brilham da sua mão; o seu poder se esconde ali. [...]

¹⁰Os montes te veem e se contorcem; torrentes de água passam. As profundezas do mar fazem ouvir a sua voz e levantam bem alto as suas mãos. ¹¹O sol e a lua param nas suas moradas, ao resplandecer a luz das tuas flechas sibilantes, ao fulgor do relâmpago da tua lança. [...]

¹⁷Ainda que a figueira não floresça, nem haja fruto na videira; ainda que a colheita da oliveira decepcione, e os campos não produzam mantimento; ainda que as ovelhas desapareçam do aprisco, e nos currais não haja mais gado, ¹⁸mesmo assim eu me alegro no S<small>ENHOR</small>, e exulto no Deus da minha salvação. ¹⁹Deus, o S<small>ENHOR</small>, é a minha fortaleza. Ele dá aos meus pés a ligeireza das corças, e me faz andar nas minhas alturas.

💡 REFLITA

Nessa oração em forma de salmo, Habacuque, primeiramente, adora a Deus exaltando a Sua magnificência; na sequência, exorta o povo a, ainda que aflitos, fortalecer sua esperança no Senhor. De que forma a descrição do profeta, sobre Deus, pode auxiliar você a enfrentar as suas dificuldades?

_____
_____
_____
_____

🔄 REAJA

Por crer na soberania do Senhor, o profeta entendia que todo mal sobre o povo tinha permissão de Deus para acontecer. De forma pessoal, complete: Ainda que _____, eu _____. Pois o Senhor é _____. Quando e como Deus pode usar o sofrimento para aperfeiçoar sua fé?

_____
_____
_____
_____

🙏 ORE

Excelso Deus, Tu és a minha fortaleza. Aviva a Tua obra em minha vida para que as pessoas conheçam a salvação que, por meio de Cristo, Tu ofereces a elas. Que a Tua luz ilumine cada recôndito do meu ser para que as trevas não prevaleçam contra mim; que os meus lábios te louvem continuamente. Não permitas que os meus olhos derrotem a esperança que encontro em ti. Em nome de Jesus, amém!

19 de junho

ATENÇÃO!

 OUÇA

📖 RECEBA
Sofonias 1:12-18

¹²"Naquele tempo, vasculharei Jerusalém com lanternas e castigarei aqueles que estão apegados à borra do vinho e dizem no seu coração: 'O Senhor não faz bem nem faz mal'. ¹³Por isso, os bens deles serão saqueados, e as suas casas serão destruídas. Eles construirão casas, mas não habitarão nelas; plantarão vinhas, mas não beberão o vinho." ¹⁴"Está perto o grande Dia do Senhor; está perto e vem chegando depressa." Atenção! "O Dia do Senhor é amargo, e nele clamarão até os poderosos. ¹⁵Aquele dia será um dia de ira, dia de angústia e tribulação, dia de ruína e destruição, dia de trevas e escuridão, dia de nuvens e densas trevas, ¹⁶dia de toque de trombeta e gritos de guerra contra as cidades fortificadas e contra as torres altas. ¹⁷Trarei angústia sobre as pessoas, e elas andarão como se estivessem cegas, porque pecaram contra o Senhor. O sangue dessas pessoas será derramado como pó, e a sua carne será espalhada como esterco. ¹⁸Nem a prata nem o ouro poderão livrá-las no dia da ira do Senhor, mas, pelo fogo do seu zelo, a terra será consumida. Porque ele certamente fará destruição total e repentina de todos os moradores da terra."

💡 REFLITA

O Senhor revelou a Sofonias algo tão aterrorizante como o Seu iminente julgamento sobre a desobediência e a maldade do povo de Judá. Imagine, por um instante, como será o Juízo Final quando Deus julgará a todos. Que tipo de alerta essa mensagem lhe traz? Do que você precisa cuidar?

_____
_____
_____
_____

⚪ REAJA

Em algum tempo, o grande e definitivo "Dia do Senhor" chegará trazendo o Seu juízo; porém, isso não significa que Ele deixou, ou deixará, de exercer a Sua justiça e de punir o pecado ao longo da história. Qual o risco de se considerar apenas o amor de Deus e ignorar a Sua justiça?

_____
_____
_____
_____
_____

 ORE

Senhor, Tu és o justo Juiz; por isso, em todo tempo, ages com justiça. Diante disso, peço-te que não permitas que eu seja insensato e aceite o errado como certo e chame o bem de mal. Instrui-me no Teu caminho, pois quero andar sob o Teu olhar e receber os Teus conselhos. Prepara-me para o "Dia do Senhor"; pode ser que ele ocorra amanhã, mas e se ele acontecer hoje? Em nome de Jesus, amém!

20 de junho

O DEUS QUE SALVA E SE ALEGRA

🎧 OUÇA

📖 RECEBA
Sofonias 3:14-20

¹⁴Cante, ó filha de Sião! Grite de alegria, ó Israel! Alegre-se e exulte de todo o coração, ó filha de Jerusalém. ¹⁵O Senhor retirou as sentenças que eram contra você e afastou os seus inimigos. O Rei de Israel, o Senhor, está no meio de você; você não precisa mais temer nenhum mal. ¹⁶Naquele dia, se dirá a Jerusalém: "Não tenha medo, ó Sião, não desfaleçam as suas mãos". ¹⁷O Senhor, seu Deus, está no meio de você, poderoso para salvar. Ele ficará muito contente com você. Ele a renovará no seu amor, e se encherá de júbilo por causa de você. ¹⁸"Congregarei os que estão entristecidos por se acharem afastados das festas solenes, estes que são do seu meio e sobre os quais pesam afrontas. ¹⁹Eis que, naquele tempo, agirei contra todos os que a afligem. Salvarei os que coxeiam e recolherei os que foram expulsos. Farei deles um louvor e um nome em toda a terra em que foram envergonhados. ²⁰Naquele tempo, farei com que vocês voltem e os recolherei. Certamente farei de vocês um nome e um louvor entre todos os povos da terra, quando eu restaurar a sorte de vocês diante dos seus próprios olhos", diz o Senhor.

💡 REFLITA

Concomitantemente à mensagem de julgamento sobre o pecado do povo, Sofonias profetiza que Deus restauraria a sorte do Seu povo, pois Ele retiraria as sentenças contra eles e afastaria os seus inimigos. O que eles precisariam fazer para usufruírem dessas promessas do Senhor?

_____
_____
_____
_____

🔄 REAJA

As ações do Senhor em prol do Seu povo, descritas por Sofonias, são extasiantes. Imagine isto sendo dito a você: "Ele [o Senhor] ficará muito contente com você. Ele [o] renovará no seu amor, e se encherá de júbilo por causa de você" (v.17). O que essas palavras ministram ao seu coração?

_____
_____
_____
_____
_____

🙏 ORE

Misericordioso Deus, como é reconfortante ter a Tua Palavra, que é viva e eficaz, como fonte de fortalecimento e de esperança à minha alma. Como é bom ouvir sobre o livramento, o perdão, a salvação e a restauração que Tu proporcionas àqueles que, arrependidos, se voltam para ti. Agradeço-te por me salvares, por me tornares Teu filho e te alegrares com isso. Em nome de Jesus, amém!

21 de junho

NÃO DEIXE O TEMPLO EM RUÍNAS

 OUÇA

📖 RECEBA
Ageu 1:2-6,8-10

²—Assim diz o Senhor dos Exércitos: Este povo diz: "Ainda não chegou o tempo, o tempo em que a Casa do Senhor deve ser reconstruída". ³Por isso, a palavra do Senhor veio por meio do profeta Ageu, dizendo: ⁴—Acaso é tempo de vocês morarem em casas luxuosas, enquanto este templo permanece em ruínas? ⁵Portanto, assim diz o Senhor dos Exércitos: Considerem o que tem acontecido com vocês. ⁶Vocês semearam muito e colheram pouco; comem, mas isso não chega para matar a fome; bebem, mas isso não dá para ficarem satisfeitos; põem roupa, mas ninguém se aquece; e o que recebe salário, recebe-o para colocá-lo numa sacola furada. […]
⁸Vão até o monte, tragam madeira e reconstruam o templo. Dele me agradarei e serei glorificado, diz o Senhor. ⁹Vocês esperavam que fosse muito, mas o que veio foi pouco, e esse pouco, quando o levaram para casa, eu o dissipei com um sopro. E por quê? — pergunta o Senhor dos Exércitos. Porque o meu templo permanece em ruínas, enquanto cada um de vocês corre por causa de sua própria casa. ¹⁰Por isso, os céus retêm o seu orvalho, e a terra não produz os seus frutos.

💡 REFLITA

O povo de Judá, retornou a Jerusalém por um decreto de Ciro (Esdras 1:1-17), após de 70 de exílio na Babilônia. Ageu, então, exortou o povo a abandonar o individualismo, ser fiel a Deus e reconstruir o Seu Templo. De que forma Deus confronta e expõe o coração do Seu povo?

_____
_____
_____
_____
_____

⟳ REAJA

Por intermédio de Ageu, Deus revelou as razões pelas quais estava retendo Suas bênçãos, Ele declarou: "Porque o meu templo permanece em ruínas, enquanto cada um de vocês corre por causa de sua própria casa" (v.9). Como essa afirmação pode ser usada como analogia à Igreja ou à sua vida hoje?

_____
_____
_____
_____
_____

🙏 ORE

Senhor dos Exércitos, quão magnífico é o Teu nome. Tu és santo e tens Tua morada nas alturas; ainda assim, em amor e em misericórdia, estás no meio do Teu povo. Agradeço-te por me dares o Espírito Santo e me constituíres o templo em que Ele habita; sendo assim, ajuda-me, Senhor, a zelar por este templo a fim de que ele não seja arruinado pelo pecado. Em nome de Jesus, amém!

22 de junho

O SEGUNDO TEMPLO

🎧 OUÇA

📖 RECEBA
Ageu 2:3-9

³Quem de vocês, que tenha sobrevivido, contemplou este templo na sua primeira glória? E como vocês o veem agora? Por acaso não é como nada aos olhos de vocês? ⁴Mas agora o Senhor diz: Seja forte, Zorobabel! Seja forte, Josué, filho de Jozadaque, o sumo sacerdote! E vocês, todo o povo da terra, sejam fortes, diz o Senhor, e trabalhem, porque eu estou com vocês, diz o Senhor dos Exércitos. ⁵Segundo a aliança que fiz com vocês, quando saíram do Egito, o meu Espírito habita no meio de vocês. Não tenham medo.
⁶—Pois assim diz o Senhor dos Exércitos: Daqui a pouco, mais uma vez eu farei tremer o céu, a terra, o mar e a terra seca. ⁷Farei tremer todas as nações, e serão trazidas as coisas preciosas de todas as nações, e encherei este templo de glória, diz o Senhor dos Exércitos. ⁸Minha é a prata, meu é o ouro, diz o Senhor dos Exércitos. ⁹A glória deste novo templo será maior do que a do primeiro, diz o Senhor dos Exércitos; e neste lugar darei a paz, diz o Senhor dos Exércitos.

💡 REFLITA

Os líderes e o povo foram desafiados a avaliarem o Templo que viam diante deles (v.3). Observe que eles estavam em um tempo muito distante e em condições muito diferentes das que ocorreram na época de Salomão. Entretanto, algo continuava igual. O que garantiria o sucesso dessa reconstrução?

_____
_____
_____
_____
_____

🔄 REAJA

"A glória deste novo templo será maior do que a do primeiro" (v.9). Sendo esse comparavelmente simples, em relação ao suntuoso Templo construído por Salomão, o que o Senhor quis dizer com isso? Leia 2 Crônicas 7:1-2. O que torna templos e santuários físicos em "Casa do Senhor"?

_____
_____
_____
_____
_____
_____
_____

🙏 ORE

Deus altíssimo, que diferença a Tua presença faz no meio do Teu povo e em minha vida. Não há como permanecer o mesmo quando verdadeiramente ouço a Tua Palavra e obedeço a ela. Agradeço-te por vires ao meu encontro e me revelares o Teu caráter, manifestado em Cristo, para me trazeres à vida. Dou-te graças, Senhor, por me tornares portador da Tua incomparável glória. Em nome de Jesus, amém!

23 de junho

ANEL DE SELAR

 OUÇA

📖 RECEBA
Ageu 2:18-23

¹⁸—Por isso, desde o dia de hoje, desde o vigésimo quarto dia do nono mês, desde o dia em que foram lançados os alicerces do templo do SENHOR, considerem no seguinte: ¹⁹Ainda há sementes no celeiro? Além disso, a videira, a figueira, a romãzeira e a oliveira não têm dado os seus frutos. Mas, de hoje em diante, eu abençoarei vocês. ²⁰A palavra do SENHOR veio pela segunda vez a Ageu, no vigésimo quarto dia do mês, dizendo: ²¹—Fale a Zorobabel, o governador de Judá: "Farei tremer o céu e a terra. ²²Derrubarei o trono dos reinos e destruirei a força dos reinos das nações. Destruirei os carros de guerra e os que andam neles; os cavalos morrerão e os seus cavaleiros matarão uns aos outros. ²³Naquele dia, diz o SENHOR dos Exércitos, tomarei você, Zorobabel, filho de Salatiel, você que é meu servo, diz o SENHOR, e farei de você um anel de selar, porque eu o escolhi", diz o SENHOR dos Exércitos.

💡 REFLITA

Zorobabel foi um grande líder em Jerusalém após o exílio. Ele foi o responsável pela reedificação do Templo. Apesar das oposições que enfrentou, ele prosseguiu e concluiu a obra, pois o Senhor o encorajou. O que é encorajamento? De que forma ele pode influenciar a vida e as decisões de alguém?

_____
_____
_____
_____
_____
_____

⭕ REAJA

O Senhor disse a Zorobabel que faria dele "um anel de selar" (v.23). Na antiguidade, o que era e o que significava um anel de selar. Quem geralmente o usava? Leia Efésios 1:11-13. O que Paulo fala sobre aqueles que creem em Cristo? O que isso diz respeito a você?

_____
_____
_____
_____
_____
_____

🙏 ORE

Maravilhoso Salvador, agradeço-te por me selares com o Teu Espírito e me tornares Teu. Senhor, manifesta às pessoas, por meio da minha vida, quem Tu és e o quanto é maravilhoso pertencer a ti. Usa-me como um "anel de selar" em Tuas mãos para imprimires o Teu amor sobre aqueles ao meu redor. Encoraja-me diante das diversidades e ajuda-me a prosseguir sendo fiel a ti. Em nome de Jesus, amém!

24 de junho

ROUPAS SUJAS

📖 RECEBA
Zacarias 3:1-4,7-8

¹Deus me mostrou o sumo sacerdote Josué, que estava diante do Anjo do Senhor; mostrou também Satanás, que estava à direita de Josué, para o acusar. ²Mas o Senhor disse a Satanás: —Que o Senhor o repreenda, Satanás! Sim, que o Senhor, que escolheu Jerusalém, o repreenda! Não é este um toco de lenha tirado do fogo? ³Ora, Josué estava diante do Anjo vestido com roupas muito sujas. ⁴O Anjo tomou a palavra e disse aos que estavam diante dele: —Tirem as roupas sujas que ele está usando. E a Josué ele disse: —Eis que tirei de você a sua iniquidade e agora o vestirei com roupas finas. [...]

⁷—Assim diz o Senhor dos Exércitos: Se você andar nos meus caminhos e observar os meus preceitos, você julgará o meu templo e guardará os meus átrios. Eu lhe darei livre acesso entre estes que aqui se encontram. ⁸Portanto, escute, Josué, sumo sacerdote, você e os seus companheiros que estão sentados diante de você, porque estes homens são um sinal do que há de vir: eis que eu farei vir o meu servo, o Renovo.

💡 REFLITA
O profeta Zacarias foi contemporâneo do profeta Ageu, do sumo sacerdote Josué e de Zorobabel, reconstrutor do Templo. Quem Zacarias viu nessa visão? Satanás estava ali para quê? O que o Anjo do Senhor fez? Como Josué estava? O que o Anjo fez por ele? O que isso diz, pessoalmente, a você hoje?

_____
_____
_____
_____

⟳ REAJA
Para prosseguir em seu ofício com autoridade, Josué deveria honrar a bênção que tinha recebido. Ele deveria andar nos caminhos do Senhor e observar os Seus preceitos (v.7). Conceitue andar e observar. Na perspectiva divina, qual a relevância dessas ações para se viver e expressar a comunhão com Deus?

_____
_____
_____
_____
_____

🙏 ORE
Deus amado, agradeço-te por contemplares a minha vida e agires em prol dela. Dou-te graças por repreenderes o Acusador e me ensinares a continuar em Tua presença. Ajuda-me a reconhecer quando minhas "roupas" estão sujas e a clamar a ti para que me purifiques. Veste-me com Tua santidade e afasta de mim toda iniquidade que se opõe à Tua autoridade em minha vida. Em nome de Jesus, amém!

25 de junho

PELO TEU ESPÍRITO

 OUÇA

📖 RECEBA
Zacarias 4:1-9

¹O anjo que falava comigo voltou e me despertou, como se desperta alguém do sono. ²Ele me perguntou: —O que você está vendo? Respondi: —Vejo um candelabro todo de ouro e um vaso de azeite em cima com as suas sete lâmpadas e sete tubos, um para cada uma das lâmpadas que estão em cima do candelabro. ³Junto ao candelabro vejo duas oliveiras, uma à direita do vaso de azeite, e a outra à sua esquerda. ⁴Então perguntei ao anjo que falava comigo: —Meu senhor, o que é isto? ⁵O anjo que falava comigo disse: —Você não sabe o que é isto? Respondi: —Não, meu senhor. ⁶Ele prosseguiu e me disse: —Esta é a palavra do Senhor a Zorobabel: "Não por força nem por poder, mas pelo meu Espírito", diz o Senhor dos Exércitos. ⁷—"Quem é você, ó grande monte? Diante de Zorobabel você será uma planície. Porque ele colocará a pedra de remate do templo, em meio a aclamações: 'Haja graça e graça para ela!'". ⁸Novamente a palavra do Senhor veio a mim, dizendo: ⁹—As mãos de Zorobabel lançaram os alicerces deste templo, e as mãos dele vão terminar a construção, para que vocês saibam que o Senhor dos Exércitos é quem me enviou a vocês.

💡 REFLITA
O profeta Ageu, Zacarias, por meio de sua mensagem, encorajou Zorobabel e Josué a reconstruírem o Templo, bem como profetizou sobre as bênçãos futuras que Deus traria ao Seu povo. O que o Templo representava? Por que Deus insistiu que ele fosse reconstruído?

_____
_____
_____
_____
_____

○ REAJA
O que o Senhor mostrou a Zacarias? Pesquise sobre esses simbolismos. O que o anjo respondeu à pergunta: "O que é isto?" (v.5), feita pelo profeta? O que o Senhor queria revelar a Zorobabel? Por que, no Reino de Deus, é improdutivo agir na própria força, mesmo quando há resultados positivos?

_____
_____
_____
_____
_____
_____

🙏 ORE
Altíssimo Deus, ajuda-me a lembrar que é o Teu Espírito quem me capacita a realizar a Tua obra conforme os Teus planos. Não permitas que eu venha a crer que minhas habilidades são suficientes para cumprir as demandas do Teu Reino. Agir na própria força pode até trazer bons resultados, mas não trará glória ao Teu nome. Livra-me de toda presunção! Em nome de Jesus, amém!

26 de junho

GRANDE AMOR

OUÇA

📖 RECEBA
Zacarias 8:7-9,14-17

⁷—Assim diz o Senhor dos Exércitos: Eis que salvarei o meu povo, tirando-o da terra do Oriente e da terra do Ocidente. ⁸Eu os trarei, e habitarão em Jerusalém. Eles serão o meu povo, e eu serei o seu Deus, em verdade e em justiça. ⁹—Assim diz o Senhor dos Exércitos: Sejam fortes, todos vocês que nestes dias estão ouvindo estas palavras da boca dos profetas, a saber, nos dias em que foram lançados os alicerces da Casa do Senhor dos Exércitos, para que o templo fosse construído. [...]
¹⁴—Porque assim diz o Senhor dos Exércitos: Assim como eu havia decidido castigar vocês, quando os seus pais me provocaram à ira, diz o Senhor dos Exércitos, e não mudei de ideia, ¹⁵também decidi agora fazer bem a Jerusalém e à casa de Judá nestes dias. Não tenham medo! ¹⁶Eis as coisas que vocês devem fazer: Que cada um fale a verdade com o seu próximo. Nos tribunais, julguem com justiça, segundo a verdade, em favor da paz. ¹⁷Que ninguém faça planos para prejudicar o seu próximo, nem ame o juramento falso, porque eu odeio todas estas coisas, diz o Senhor.

💡 REFLITA
Zacarias descreve uma Jerusalém restaurada (vv.1-6) e a razão para isso era o amor de Deus: "Tenho grande amor por Sião. É um amor tão grande que me leva à indignação contra os seus inimigos" (v.2). Mas antes dessa restauração, esse amor trouxe juízo a Sião. Leia Zacarias 7:8-14. Por que ele ocorreu?

_____
_____
_____
_____

⭯ REAJA
O Senhor lembra o povo que castigou a desobediência de seus antepassados, mas que a partir do lançamento dos "alicerces da Casa do Senhor" (v.9), Ele derramaria as Suas bênçãos sobre eles. Releia os versículos 16 e 17. Quais são as recomendações do Senhor ao Seu povo. Por que elas são válidas hoje?

_____
_____
_____
_____

🙏 ORE
Deus amado, Tu és o Pai perfeito, pois, em amor, Tu disciplinas os Teus filhos a fim de ensiná-los a andar corretamente nos Teus caminhos. Tu nunca deixarás de punir os meus erros, mas também jamais deixarás de me amar. Agradeço-te por me restaurares no Teu amor e forneceres todos os recursos para que, dia a dia, como um filho amado Teu, eu seja aperfeiçoado em ti. Em nome de Jesus, amém!

27 de junho

OFERTAS REJEITADAS

📖 RECEBA
Malaquias 1:6-10

⁶—O filho honra o pai, e o servo respeita o seu senhor. Se eu sou pai, onde está a minha honra? E, se eu sou senhor, onde está o respeito para comigo? Eu, o SENHOR dos Exércitos, pergunto isso a vocês, sacerdotes que desprezam o meu nome. Mas vocês perguntam: "Como desprezamos o teu nome?". ⁷Vocês oferecem pão impuro sobre o meu altar e ainda perguntam: "Em que te havemos profanado?". Nisso de pensarem que a mesa do SENHOR pode ser desprezada. ⁸Quando vocês oferecem em sacrifício um animal cego, será que isso não está errado? E, quando trazem um animal coxo ou doente, será que isso não está errado? Ora, experimentem oferecer um animal desses ao seu governador! Será que ele se agradará de vocês ou será favorável a vocês? — diz o SENHOR dos Exércitos. ⁹—E agora, sacerdotes, supliquem o favor de Deus, para que nos conceda a sua graça. Mas, com tais ofertas nas mãos, será que ele será favorável a vocês? — diz o SENHOR dos Exércitos. ¹⁰Quem dera houvesse entre vocês alguém que fechasse as portas do templo, para que não acendessem em vão o fogo do meu altar! Eu não tenho prazer em vocês, diz o SENHOR dos Exércitos, nem aceitarei as suas ofertas.

💡 REFLITA
A mensagem de Malaquias é uma denúncia quanto à infidelidade do povo de Deus; mas também um chamado ao arrependimento e à restauração da sua aliança com o Senhor. Quais seriam as razões da inconstância do povo para com o seu Deus? Em que momentos você é mais propenso a esfriar na fé?

_____
_____
_____
_____

🔄 REAJA
Diante do desleixo dos sacerdotes em cultuar a Deus conforme ordenado em Suas leis, o Senhor, por meio do profeta, expõe a corrupção do ofício sacerdotal. De que o Senhor os acusa? Releia o versículo 10. O que você percebe do coração de Deus? Qual o risco de se fazer a obra do Senhor relaxadamente?

_____
_____
_____
_____
_____
_____

🙏 ORE

Maravilhoso Senhor, perdoa-me por apresentar a ti, muitas vezes, ofertas performáticas das quais o Senhor não se agrada. Ajuda-me, Senhor, a não cultuar a ti de qualquer maneira, pois sei que Tu desejas que eu te adore em espírito e em verdade. Capacita-me a genuinamente valorizar o privilégio que é poder me relacionar contigo e usufruir da Tua constante presença. Em nome de Jesus, amém!

28 de junho

MENSAGEIRO DO SENHOR

OUÇA

📖 RECEBA
Malaquias 2:1-9

¹—E agora, sacerdotes, este mandamento é para vocês. ²Se não ouvirem e não se importarem com a necessidade de honrar o meu nome, diz o Senhor dos Exércitos, enviarei sobre vocês a maldição e amaldiçoarei as suas bênçãos. Aliás, já as amaldiçoei, porque vocês não se importaram com a honra devida ao meu nome. ³Eis que reprovarei a sua descendência [...]. ⁴Então vocês saberão que eu lhes enviei este mandamento, para que se mantenha a minha aliança com Levi, diz o Senhor dos Exércitos. ⁵[...] de fato, ele me temeu e tremeu por causa do meu nome. ⁶A verdadeira instrução esteve na sua boca, e nenhuma injustiça se achou em seus lábios. Ele andou comigo em paz e em retidão, e afastou muitos da iniquidade. ⁷Porque os lábios do sacerdote devem guardar o conhecimento, e da sua boca todos devem buscar a instrução, porque ele é mensageiro do Senhor dos Exércitos. ⁸—Mas vocês se desviaram do caminho e, por meio de sua instrução, levaram muitos a tropeçar; vocês violaram a aliança de Levi, diz o Senhor dos Exércitos. ⁹Por isso, também eu os fiz desprezíveis e indignos diante de todo o povo.

💡 REFLITA
O Senhor acusa os sacerdotes de desonrarem o Seu nome, pois diferentemente de Levi (v.6), eles se "desviaram do caminho e, por meio de sua instrução, levaram muitos a tropeçar" (v.8). Qual seria o juízo do Senhor sobre eles? O que era e qual a função do sacerdote nos tempos bíblicos?

_____
_____
_____
_____
_____

⟳ REAJA
Deus usa Levi como padrão de conduta sacerdotal para repreender os sacerdotes da época de Malaquias. Releia os versículos 5 e 6. Quais aspectos o Senhor destaca sobre ele? Leia 1 Pedro 2:9. O que o apóstolo afirma que você é? Para quê? Como isso se relaciona à mensagem em Malaquias (v.7)?

_____
_____
_____
_____
_____

🙏 ORE
Poderoso Deus, peço-te que me faças lembrar diariamente quem Tu me tornaste em Cristo, pois além de Teu filho, sou um mensageiro do Teu Reino. Capacita-me a buscar a Tua instrução e a manter os meus lábios puros a fim de proclamar verdadeiramente a Tua Palavra e instruir outros nos Teus caminhos. Ajuda-me a ser exemplo para o Teu povo no amor e no temor a ti. Em nome de Jesus, amém!

29 de junho

VOLTEM PARA MIM

OUÇA

📖 RECEBA
Malaquias 3:6-7,13-18

⁶—Porque eu, o Senhor, não mudo; por isso, vocês, filhos de Jacó, não foram destruídos. ⁷Desde os dias dos seus pais, vocês se afastaram dos meus estatutos e não os guardaram. Voltem para mim, e eu voltarei para vocês, diz o Senhor dos Exércitos. Mas vocês perguntam: "Como havemos de voltar?". [...]
¹³—Vocês disseram palavras duras contra mim, diz o Senhor, e ainda perguntam: "O que falamos contra ti?". ¹⁴Vocês dizem: "É inútil servir a Deus. De que nos adianta guardar os seus preceitos e andar de luto diante do Senhor dos Exércitos? ¹⁵Agora, pois, nós vamos dizer que os soberbos é que são felizes. Também os que praticam o mal prosperam; sim, eles tentam o Senhor e escapam". ¹⁶Então os que temiam o Senhor falavam uns aos outros. O Senhor escutou com atenção o que diziam. Havia um memorial escrito diante dele para os que temem o Senhor e para os que se lembram do seu nome. ¹⁷—Eles serão a minha propriedade peculiar, naquele dia que prepararei, diz o Senhor dos Exércitos. Eu os pouparei como um homem poupa seu filho que o serve. ¹⁸Então vocês verão mais uma vez a diferença entre o justo e o ímpio, entre o que serve a Deus e o que não o serve.

💡 REFLITA
O povo demonstrou seu descontentamento com Deus e sua incredulidade quanto às promessas de restauração. Eles continuavam sob o domínio político da Pérsia e a situação econômica deles era caótica. O que torna, diante das dificuldades, o crer e o esperar em Deus um desafio?

_____
_____
_____
_____
_____

⭕ REAJA
O povo tratou Deus com desdém. Eles se sentiam injustiçados por conta da prosperidade do ímpio e diziam: "É inútil servir a Deus" (v.14). Porém, entre estes, havia aqueles que permaneciam fiéis ao Senhor (v.16). Esse contraste de atitude chama sua atenção para quê? Para onde eles estavam olhando?

_____
_____
_____
_____
_____

 ORE

Glorioso Senhor, ajuda-me a permanecer nos Teus caminhos e a olhar firmemente para ti. Peço-te que não me deixes cair nas armadilhas do desânimo e da incredulidade enquanto trafego deste lado da eternidade. Senhor, Tu és justo no Teu agir. Fortalece a minha vida para esperar por ti. Revela-me os Teus propósitos para que eu te conheça cada vez mais. Em nome de Jesus, amém!

30 de junho

SOL DA JUSTIÇA

📖 RECEBA
Malaquias 4:1-6

¹—Pois eis que vem o dia, queimando como fornalha. Todos os soberbos e todos os que praticam o mal serão como a palha; o dia que vem os queimará, diz o SENHOR dos Exércitos, de modo que não lhes deixará nem raiz nem ramo. ²Mas para vocês que temem o meu nome nascerá o sol da justiça, trazendo salvação nas suas asas. Vocês sairão e saltarão como bezerros soltos da estrebaria. ³Vocês pisarão os ímpios, pois eles se farão cinzas debaixo das plantas dos pés de vocês, naquele dia que prepararei, diz o SENHOR dos Exércitos. ⁴—Lembrem-se da Lei de Moisés, meu servo, a qual lhe prescrevi em Horebe para todo o Israel, a saber, estatutos e juízos. ⁵—Eis que eu lhes enviarei o profeta Elias, antes que venha o grande e terrível Dia do SENHOR. ⁶Ele converterá o coração dos pais aos seus filhos e o coração dos filhos aos seus pais, para que eu não venha e castigue a terra com maldição.

💡 REFLITA

Malaquias conclui sua mensagem com uma descrição do "Dia do SENHOR" trazendo juízo e salvação. Ou seja: Deus condenará "os soberbos e todos os que praticam o mal" (v.1) e trará salvação aos justos, aqueles que temem o Seu nome (v.2). Ser lembrado, mais uma vez, desse dia, desperta você a quê?

_____
_____
_____
_____

🔄 REAJA

"...nascerá o sol da justiça" (v.2) que eliminará todo e qualquer resíduo de trevas; assim o pecado e seus males desaparecerão. Porém, o Senhor, antes do Seu dia chegar, proclamaria arrependimento e conversão por meio do Seu profeta. Leia Lucas 1:15-17. O que é dito sobre esse profeta?

_____
_____
_____
_____
_____

🙏 ORE

Compassivo Deus, o grande dia em que trarás o Teu definitivo juízo contra o pecado será inevitável; porém, antes que ele chegue, Tu tens alertado as pessoas, ao longo da história, a se arrependerem e a buscarem refúgio em ti. Agradeço-te por teres me despertado a ouvir a Tua voz; por isso, fui salvo por ti. Capacita-me a lembrar-me dos Teus estatutos e juízos hoje. Em nome de Jesus, amém!

1.º de julho

O BEBÊ JESUS

🎧 OUÇA

📖 RECEBA
Mateus 2:1-2,6-8,10-12

¹Tendo Jesus nascido em Belém da Judeia, nos dias do rei Herodes, eis que vieram uns magos do Oriente a Jerusalém. ²E perguntavam: —Onde está o recém-nascido Rei dos judeus? Porque vimos a sua estrela no Oriente e viemos para adorá-lo. [...]
⁶"E você, Belém, terra de Judá, de modo nenhum é a menor entre as principais de Judá; porque de você sairá o Guia que apascentará o meu povo, Israel." ⁷Com isto, Herodes, tendo chamado os magos para uma reunião secreta, perguntou-lhes sobre o tempo exato em que a estrela havia aparecido. ⁸E, enviando-os a Belém, disse-lhes: —Vão e busquem informações precisas a respeito do menino; e, quando o tiverem encontrado, avisem me, para eu também ir adorá-lo. [...]
¹⁰E, vendo eles a estrela, alegraram-se com grande e intenso júbilo. ¹¹Entrando na casa, viram o menino com Maria, sua mãe. Prostrando-se, o adoraram; e, abrindo os seus tesouros, entregaram-lhe suas ofertas: ouro, incenso e mirra. ¹²E, tendo sido avisados por Deus em sonho para não voltarem à presença de Herodes, os magos seguiram por outro caminho para a sua terra.

💡 REFLITA
Os magos do Oriente, provavelmente, eram astrônomos; por isso, seguiram a incomum estrela que indicava o nascimento do "Rei dos judeus" (v.2). Por que será que eles não foram indiferentes a esse sinal? Que detalhes o texto fornece sobre a atitude deles?

_____
_____
_____
_____
_____

○ REAJA
O nascimento de Jesus é algo tão importante que dividiu a história em antes e depois dele. Leia João 3:16-17. Qual a importância desse acontecimento para a humanidade? Como você descreveria a sua história pessoal antes e depois de Cristo ter se tornado o seu Salvador?

_____
_____
_____
_____
_____

🙏 ORE
Maravilhoso Senhor, dou-te graças por enviares o Teu Filho amado a este mundo para me resgatar das trevas. Agradeço-te por me fazeres enxergar a grandeza do Teu amor pelas pessoas que criaste. Ajuda-me a valorizar continuamente o inigualável presente de Natal que me deste. Capacita-me a adorar-te como o Salvador que Tu és. Em nome de Jesus, amém!

2 de julho

ESTÁ ESCRITO

 OUÇA

📖 RECEBA
Mateus 4:1-11

¹A seguir, Jesus foi levado pelo Espírito ao deserto, para ser tentado pelo diabo. ²E, depois de jejuar quarenta dias e quarenta noites, teve fome. ³Então o tentador, aproximando-se, disse a Jesus: —Se você é o Filho de Deus, mande que estas pedras se transformem em pães. ⁴Jesus, porém, respondeu: —Está escrito: "O ser humano não viverá só de pão, mas de toda palavra que procede da boca de Deus".
⁵Então o diabo levou Jesus à Cidade Santa, colocou-o sobre o pináculo do templo ⁶e disse: —Se você é o Filho de Deus, jogue-se para baixo, porque está escrito: "Aos seus anjos ele dará ordens a seu respeito. E eles o sustentarão nas suas mãos, para que você não tropece em alguma pedra". ⁷Jesus respondeu: —Também está escrito: "Não ponha à prova o Senhor, seu Deus". ⁸O diabo ainda levou Jesus a um monte muito alto, mostrou-lhe todos os reinos do mundo e a glória deles ⁹e disse: —Tudo isso lhe darei se, prostrado, você me adorar. ¹⁰Então Jesus lhe ordenou: —Vá embora, Satanás, porque está escrito: "Adore o Senhor, seu Deus, e preste culto somente a ele". ¹¹Com isto, o diabo deixou Jesus, e eis que vieram anjos e o serviram.

💡 REFLITA

Jesus, após ser batizado, foi tentado pelo diabo. Em quais áreas o diabo tentou Jesus a fim de persuadir o Senhor a adorá-lo? Qual outro texto bíblico apresenta um diálogo com essa natureza atentatória? De que forma Jesus venceu o tentador? E você, como o tem vencido?

_____
_____
_____
_____

⭕ REAJA

Jesus não desperdiçou Seu tempo discutindo em vão; Ele simplesmente usou a Palavra de Deus para combater o inimigo. Leia Hebreus 4:15. De que forma essas palavras lhe encorajam? Qual a importância de conhecer a Deus e aplicar corretamente a Bíblia para se vencer a tentação?

_____
_____
_____
_____
_____

🙏 ORE

Deus de amor, agradeço-te pela espada do Espírito que é a Tua Palavra. Adestra as minhas mãos para usá-la apropriadamente contra o inimigo da minha alma e da Tua obra em minha vida. Ajuda-me a amar cada vez mais a Tua Palavra para que o meu caminhar seja iluminado e eu conheça verdadeiramente os Teus preceitos e a Tua vontade. Em nome de Jesus, amém!

3 de julho

PREOCUPAÇÕES

 OUÇA

📖 RECEBA
Mateus 6:25-27,30-34

²⁵—Por isso, digo a vocês: não se preocupem com a sua vida, quanto ao que irão comer ou beber; nem com o corpo, quanto ao que irão vestir. Não é a vida mais do que o alimento, e não é o corpo mais do que as roupas? ²⁶Observem as aves do céu, que não semeiam, não colhem, nem ajuntam em celeiros. No entanto, o Pai de vocês, que está no céu, as sustenta. Será que vocês não valem muito mais do que as aves? ²⁷Quem de vocês, por mais que se preocupe, pode acrescentar um côvado ao curso da sua vida? [...]
³⁰Ora, se Deus veste assim a erva do campo, que hoje existe e amanhã é lançada no forno, não fará muito mais por vocês, homens de pequena fé? ³¹Portanto, não se preocupem, dizendo: "Que comeremos?", "Que beberemos?" ou "Com que nos vestiremos?" ³²Porque os gentios é que procuram todas estas coisas. O Pai de vocês, que está no céu, sabe que vocês precisam de todas elas. ³³Mas busquem em primeiro lugar o Reino de Deus e a sua justiça, e todas estas coisas lhes serão acrescentadas. ³⁴—Portanto, não se preocupem com o dia de amanhã, pois o amanhã trará os seus cuidados; basta ao dia o seu próprio mal.

💡 REFLITA
No conhecido Sermão do Monte (Mateus 5–7), Jesus apresenta a ética e o padrão de conduta para o cidadão do Reino de Deus. Assim, ele confronta as tradições humanas e as doutrinas religiosas em Sua época. De que forma as palavras dessa porção bíblica desafiam você hoje?

_____
_____
_____
_____

○ REAJA
Jesus cita a preocupação com as necessidades básicas como fonte de incredulidade e ansiedade humanas. Ele usa aves e lírios (vv.26-28) para exemplificar o cuidado de Deus para com os Seus filhos. Releia os versículos 33 e 34, o que o Senhor deseja ensinar a você quanto a isso?

_____
_____
_____
_____
_____
_____

🙏 ORE

Precioso Senhor, ajuda-me a viver como cidadão do Teu Reino deste lado da eternidade. Perdoa-me por me inquietar tão facilmente diante das dificuldades a ponto de, por vezes, não confiar em ti. Ensina-me a lançar sobre ti a minha ansiedade e a buscar o Teu Reino e a Tua justiça, pois quero usufruir plenamente do Teu cuidado sobre mim hoje. Em nome de Jesus, amém!

4 de julho

QUATRO EM UM

OUÇA

📖 RECEBA
Mateus 13:3-8,18-23

³—Eis que o semeador saiu a semear. ⁴E, ao semear, uma parte caiu à beira do caminho, e, vindo as aves, a comeram. ⁵Outra parte caiu em solo rochoso, onde a terra era pouca, e logo nasceu [...]. ⁶Saindo, porém, o sol, a queimou; e, porque não tinha raiz, secou-se. ⁷Outra parte caiu entre os espinhos; e os espinhos cresceram e a sufocaram. ⁸Outra, enfim, caiu em boa terra e deu fruto: a cem, a sessenta e a trinta por um. [...]
¹⁸—Ouçam, portanto, o que significa a parábola do semeador. ¹⁹A todos os que ouvem a palavra do Reino e não a compreendem, vem o Maligno e arrebata o que lhes foi semeado no coração. Este é o que foi semeado à beira do caminho. ²⁰O que foi semeado em solo rochoso, esse é o que ouve a palavra [...]. ²¹Mas ele não tem raiz em si mesmo, sendo de pouca duração. Quando chega a angústia ou a perseguição [...], logo se escandaliza. ²²O que foi semeado entre os espinhos é o que ouve a palavra, porém as preocupações deste mundo e a fascinação das riquezas sufocam a palavra, e ela fica infrutífera. ²³Mas o que foi semeado em boa terra é o que ouve a palavra e a compreende; este frutifica e produz a cem, a sessenta e a trinta por um.

💡 REFLITA

Jesus usava parábolas, ilustrações da vida cotidiana, para ensinar verdades espirituais e proclamar o Reino de Deus. Isso parecia simples de entender, mas não era. Como você a interpretaria sem Jesus? Por que o Espírito Santo nos ajuda a entender e a aplicar a Bíblia à nossa vida?

_____
_____
_____
_____

♻ REAJA

Jesus descreve quatro tipos de solos e como eles afetam a semente. Pense o seu coração sendo um solo que contém as quatro situações descritas. Releia a explicação do Senhor (vv.18-23), os solos não exemplificam muitas das suas reações à Palavra? Como você pode melhorar isso?

_____
_____
_____
_____
_____

🙏 ORE

Poderoso Deus, ajuda-me a entender a Tua Palavra. Peço-te, ó Espírito Santo que me ensines os conceitos e os preceitos divinos ministrados a mim. Capacita-me, Senhor, a remover do meu coração a ignorância quanto ao Teu Reino, as pedras da incredulidade, os espinhos da angústia, e a cultivar a boa terra nele para produzir frutos que te honrem. Em nome de Jesus, amém!

5 de julho

SOBRE AS ÁGUAS

 OUÇA

📖 RECEBA
Mateus 14:22-32

²²Logo a seguir, Jesus fez com que os discípulos entrassem no barco e fossem adiante dele para o outro lado, enquanto ele despedia as multidões. ²³E, tendo despedido as multidões, ele subiu ao monte, a fim de orar sozinho. Ao cair da tarde, lá estava ele, só. ²⁴Entretanto, o barco já estava longe, a uma boa distância da terra, açoitado pelas ondas; porque o vento era contrário. ²⁵De madrugada, Jesus foi até onde eles estavam, andando sobre o mar. ²⁶Os discípulos, porém, vendo-o andar sobre o mar, ficaram apavorados e disseram: —É um fantasma! E, tomados de medo, gritaram. ²⁷Mas Jesus imediatamente lhes disse: —Coragem! Sou eu. Não tenham medo! ²⁸Então Pedro disse: —Se é o Senhor mesmo, mande que eu vá até aí, andando sobre as águas. ²⁹Jesus disse: —Venha! E Pedro, descendo do barco, andou sobre as águas e foi até Jesus. ³⁰Reparando, porém, na força do vento, teve medo; e, começando a afundar, gritou: —Salve-me, Senhor! ³¹E, prontamente, Jesus, estendendo a mão, o segurou e disse: —Homem de pequena fé, por que você duvidou? ³²Subindo ambos para o barco, o vento cessou.

💡 REFLITA

Após o milagre da multiplicação de pães e peixes, Jesus pede aos Seus discípulos para irem adiante dele enquanto Ele se retira para orar sozinho. Que lugar a oração ocupava na vida e no ministério de Jesus? O que Jesus deseja ensinar à Igreja dele a partir do Seu exemplo?

_____
_____
_____
_____
_____

⚪ REAJA

Os discípulos, já amedrontados pelas ondas e vento, viram Jesus andando sobre as águas e ficaram mais apavorados. O que eles enxergaram? Por que situações desfavoráveis despertam nossos maiores temores? Observe a atitude de Pedro (vv.28-30). O que ela revela sobre você?

_____
_____
_____
_____
_____

🙏 ORE

Compassivo Senhor, em Tua compaixão Tu resgatas o aflito nas mais diversas situações. Teu exemplo de comunhão e de relacionamento com o Pai e com outros é tremendo. Agradeço-te por Tua bondade, pois, por vezes, vacilo em confiar plenamente em ti. Dou-te graças porque Tu entraste no barco da minha vida e cuidaste do meu coração para eu seguir-te. Em nome de Jesus, amém!

6 de julho

O QUE ME FALTA?

📖 RECEBA
Mateus 19:16-23,25-26

¹⁶E eis que alguém, aproximando-se de Jesus, lhe perguntou: —Mestre, que farei de bom para alcançar a vida eterna? ¹⁷Jesus respondeu: —Por que você me pergunta a respeito do que é bom? Bom só existe um. Mas, se você quer entrar na vida, guarde os mandamentos. ¹⁸E ele lhe perguntou: —Quais? Jesus respondeu: —"Não mate, não cometa adultério, não furte, não dê falso testemunho; ¹⁹honre o seu pai e a sua mãe e ame o seu próximo como você ama a si mesmo". ²⁰O jovem disse: —Tudo isso tenho observado. O que me falta ainda? ²¹Jesus respondeu: —Se você quer ser perfeito, vá, venda os seus bens, dê o dinheiro aos pobres e você terá um tesouro nos céus; depois, venha e siga-me. ²²Mas o jovem, ouvindo esta palavra, retirou-se triste, porque era dono de muitas propriedades. ²³Então Jesus disse aos seus discípulos: —Em verdade lhes digo que um rico dificilmente entrará no Reino dos Céus. [...] ²⁵Ouvindo isto, os discípulos ficaram muito admirados e perguntaram: —Sendo assim, quem pode ser salvo? ²⁶Jesus, olhando para eles, disse: —Para os seres humanos isto é impossível, mas para Deus tudo é possível.

💡 REFLITA

A concepção de eternidade permeia a existência humana (Eclesiastes 3:11). Logo, alguém religioso dificilmente ficaria apático a ela: "Mestre, que farei de bom para alcançar a vida eterna?" (v.16). A vida eterna pode ser, de fato, alcançada mediante boas ações? Por quê?

_____
_____
_____
_____
_____

○ REAJA

Jesus respondeu: "guarde os mandamentos" (v.17); como já fazia isso, o jovem perguntou: "O que me falta ainda?" (v.20). Releia a resposta de Jesus (v.21), como o rapaz reagiu a ela? O que Jesus, de fato, confrontou nele? Por que "um rico dificilmente entrará no Reino dos Céus" (v.23)?

_____
_____
_____
_____
_____
_____

🙏 ORE

Maravilhoso Deus, louvado seja o Teu grandioso nome, pois nada é impossível para ti. Tu ofereces a vida eterna ao mais vil pecador por meio do Teu filho amado, Jesus. Perdoa a minha presunção em pensar que a vida eterna pode ser baseada no mérito pessoal. Ajuda-me a entender que o que tenho deve estar a serviço do Teu Reino. Em nome de Jesus, amém!

7 de julho

PEQUENINOS IRMÃOS

 OUÇA

📖 RECEBA
Mateus 25:31-40

³¹—Quando o Filho do Homem vier na sua majestade e todos os anjos com ele, então se assentará no trono da sua glória. ³²Todas as nações serão reunidas em sua presença, e ele separará uns dos outros, como o pastor separa as ovelhas dos cabritos: ³³porá as ovelhas à sua direita e os cabritos, à sua esquerda. ³⁴—Então o Rei dirá aos que estiverem à sua direita: "Venham, benditos de meu Pai! Venham herdar o Reino que está preparado para vocês desde a fundação do mundo. ³⁵Porque tive fome, e vocês me deram de comer; tive sede, e vocês me deram de beber; eu era forasteiro, e vocês me hospedaram; ³⁶eu estava nu, e vocês me vestiram; enfermo, e me visitaram; preso, e foram me ver". ³⁷—Então os justos perguntarão: "Quando foi que vimos o senhor com fome e lhe demos de comer? Ou com sede e lhe demos de beber? ³⁸E quando foi que vimos o senhor como forasteiro e o hospedamos? Ou nu e o vestimos? ³⁹E quando foi que vimos o senhor enfermo ou preso e fomos visitá-lo?". ⁴⁰—O Rei, respondendo, lhes dirá: "Em verdade lhes digo que, sempre que o fizerem a um destes meus pequeninos irmãos, foi a mim que o fizeram".

💡 REFLITA
Certamente, o Dia do Senhor, o dia do grande julgamento, chegará. Jesus alerta os Seus ouvintes quanto a isso despertando-os a viverem no presente de forma a serem reconhecidos no futuro. A que você pode relacionar essa mensagem? Como aplicá-la atualmente?

_____
_____
_____
_____
_____
_____

○ REAJA
Em uma sociedade que ama os primeiros lugares e valoriza tanto os títulos e as pessoas proeminentes, o Senhor chama a atenção da Igreja para prestar atenção aos "[Seus] pequeninos irmãos" (v.40). Por que uma chamada dessas é importante à Igreja hoje?

_____
_____
_____
_____
_____
_____

🙏 ORE
Precioso Pastor, como Tu te importas e és fiel com as ovelhas do Teu rebanho. Continua, Senhor, a despertar o Teu povo, a Tua Igreja, para a verdade da Tua Palavra. Não permitas que eu me amolde aos valores e condutas deste mundo que contrariam os preceitos do Teu Reino. Faz-me enxergar que servir os Teus "pequeninos irmãos" é servir a ti. Em nome de Jesus, amém!

8 de julho

JESUS FOI TRAÍDO

OUÇA

📖 RECEBA

Mateus 26:47-55

⁴⁷E enquanto Jesus ainda falava, eis que chegou Judas, um dos doze, e, com ele, grande multidão com espadas e porretes, vinda da parte dos principais sacerdotes e dos anciãos do povo. ⁴⁸Ora, o traidor tinha dado a eles um sinal: "Aquele que eu beijar, é esse; prendam-no". ⁴⁹E logo, aproximando-se de Jesus, Judas disse: —Salve, Mestre! E o beijou. ⁵⁰Jesus, porém, lhe disse: —Amigo, o que você veio fazer? Nisto, aproximando-se eles, agarraram Jesus e o prenderam. ⁵¹E eis que um dos que estavam com Jesus, estendendo a mão, sacou da espada e, golpeando o servo do sumo sacerdote, cortou-lhe a orelha. ⁵²Então Jesus lhe disse: —Coloque a espada de volta no seu lugar, pois todos os que lançam mão da espada à espada perecerão. ⁵³Ou você acha que não posso pedir a meu Pai, e ele me mandaria neste momento mais de doze legiões de anjos? ⁵⁴Mas como, então, se cumpririam as Escrituras, que dizem que assim deve acontecer? ⁵⁵Naquele momento, Jesus disse às multidões: —Vocês vieram com espadas e porretes para prender-me, como se eu fosse um salteador? Todos os dias, no templo, eu me assentava ensinando, e vocês não me prenderam.

💡 REFLITA

No Getsêmani, Judas se aproximou de Jesus com uma "multidão com espadas e porretes" (v.47) para prendê-lo. Judas havia traído o Senhor por 30 moedas de prata. Como você se sente diante de uma traição? Analogamente, hoje, quais são as formas mais comuns de se "trair" Jesus?

_____
_____
_____
_____
_____

🔄 REAJA

"Aquele que eu beijar" (v.49). Esse foi o sinal de Judas àquela turba. Quem traiu o Senhor não foi um desconhecido. Observe o que Jesus diz a esse discípulo: "Amigo, o que você veio fazer?" (v.50). Por que Jesus usaria uma pergunta retórica para confrontar Judas?

_____
_____
_____
_____
_____

🙏 ORE

Amado Senhor, como Tu és amoroso e misericordioso, inclusive com aqueles que te rejeitam. Em Tua vida e ministério terrenos, Tu sempre demonstraste o amor do Pai, mesmo diante das mais fortes oposições a ti e ao Teu Reino. Capacita-me a desenvolver a Tua serenidade, Senhor. Ajuda-me a não trair a Tua confiança, pois Tu és meu verdadeiro amigo. Em Teu nome, amém!

9 de julho

JESUS É CONDENADO

📖 RECEBA
Mateus 28:15-24

¹⁵Ora, por ocasião da festa, o governador costumava soltar ao povo um preso, conforme eles quisessem. ¹⁶Naquela ocasião, eles tinham um preso muito conhecido, chamado Barrabás. ¹⁷Estando, pois, o povo reunido, Pilatos lhes perguntou: —Quem vocês querem que eu solte: Barrabás ou Jesus, chamado Cristo? ¹⁸Porque sabia que era por inveja que eles tinham entregado Jesus. ¹⁹E, estando Pilatos sentado no tribunal, a mulher dele mandou dizer-lhe: —Não se envolva com esse justo, porque hoje, em sonho, sofri muito por causa dele. ²⁰Mas os principais sacerdotes e os anciãos persuadiram o povo a que pedisse Barrabás e condenasse Jesus à morte. ²¹De novo, o governador perguntou: —Qual dos dois vocês querem que eu solte? Eles responderam: —Barrabás! ²²Pilatos lhes perguntou: —Que farei, então, com Jesus, chamado Cristo? Todos responderam: —Que seja crucificado! ²³Pilatos continuou: —Que mal ele fez? Porém eles gritavam cada vez mais: —Que seja crucificado! ²⁴Vendo Pilatos que nada conseguia e que, ao contrário, o tumulto aumentava, mandou trazer água e lavou as mãos diante do povo, dizendo: —Estou inocente do sangue deste homem; fique o caso com vocês!

💡 REFLITA
Pilatos, com esse costume de "soltar ao povo um preso" (v.15), esperava fazer justiça ao acusado. Porém, o povo pediu a morte de Jesus. O que esse cenário revela sobre as escolhas que fazemos? Como as palavras "Que seja crucificado!" impactam sua vida hoje?

_____
_____
_____
_____
_____

○ REAJA
A rejeição deles por Jesus foi evidenciada pela escolha que fizeram. Faça este exercício: pense nessa cena como sendo o seu coração. Questione-se: O que ou quem seria o meu "Barrabás" hoje? Diante disso, pergunte-se: "Que farei [...] com Jesus, chamado Cristo" (v.22)?

_____
_____
_____
_____
_____
_____

🙏 ORE
Justo e imutável Deus, agradeço-te por teres enviado Jesus e me salvado da morte eterna. Por isso, peço-te que me capacites a fazer escolhas sensatas para que eu não venha a desprezar o sacrifício do Teu Filho por meio delas. Ajuda-me a reconhecer os "Barrabases" que a minha natureza humana indica em busca de satisfação pessoal. Em nome de Jesus, amém!

10 de julho

LEVANTE-SE

📖 RECEBA
Marcos 2:1-12

¹Dias depois [...] se ouviu dizer que ele estava em casa. ²Muitos se reuniram ali, a ponto de não haver lugar nem mesmo junto à porta [...]. ³Trouxeram-lhe, então, um paralítico, carregado por quatro homens. ⁴E, não podendo aproximar-se de Jesus, por causa da multidão, removeram o telhado no ponto correspondente ao lugar onde Jesus se encontrava e, pela abertura, desceram o leito em que o paralítico estava deitado. ⁵Vendo-lhes a fé, Jesus disse ao paralítico: —Filho, os seus pecados estão perdoados. ⁶Alguns escribas estavam sentados ali e pensavam em seu coração: ⁷—Como ele se atreve a falar assim? Isto é blasfêmia! Quem pode perdoar pecados, a não ser um, que é Deus? ⁸E Jesus, percebendo imediatamente [...], disse-lhes: —Por que vocês estão pensando essas coisas em seu coração? ⁹O que é mais fácil? Dizer ao paralítico: "Os seus pecados estão perdoados", ou dizer: "Levante-se, tome o seu leito e ande"? ¹⁰[...] o Filho do Homem tem autoridade sobre a terra para perdoar pecados. E disse ao paralítico: ¹¹—Eu digo a você: Levante-se, pegue o seu leito e vá para casa. ¹²Ele se levantou e, no mesmo instante, pegando o leito, retirou-se à vista de todos.

💡 REFLITA
Jesus começou Seu ministério público após ser batizado por João Batista e vencer a tentação infligida, a Ele, por Satanás (Mateus 4:1-11). Por que esses dois acontecimentos foram importantes para vida e ministério terrenos de Jesus? O que isso ensina a você hoje?

_____
_____
_____
_____
_____
_____

⚙ REAJA
Essa é uma das muitas curas que Jesus realizou durante Seu ministério. Por meio dela, Ele evidenciou Sua identidade e autoridade divinas. Observe a atitude das pessoas mencionadas no texto. O que chama mais a sua atenção quanto a elas? Por quê? Quais lições você pode extrair dessa leitura?

_____
_____
_____
_____
_____
_____

🙏 ORE
Amado Senhor, Tu, em Tua humanidade, entendes as minhas fraquezas e te compadeces de mim. Ajuda-me a buscar-te de todo coração e, pela fé em ti, remover os obstáculos que tentam me manter afastado de ti. Agradeço-te por seres o meu Deus, por perdoares os meus pecados e me capacitares a caminhar e a prosseguir nos Teus caminhos. Em nome de Jesus, amém!

11 de julho

DUREZA DE CORAÇÃO

📖 RECEBA
Marcos 3:1-10

¹De novo, Jesus entrou na sinagoga. E estava ali um homem que tinha uma das mãos ressequida. ²E estavam observando Jesus para ver se curaria aquele homem no sábado, a fim de o acusarem. ³Jesus disse ao homem da mão ressequida: —Venha aqui para o meio! ⁴Então lhes perguntou: —É lícito nos sábados fazer o bem ou fazer o mal? Salvar uma vida ou deixar morrer? Mas eles ficaram em silêncio. ⁵Então Jesus, olhando em volta, indignado e entristecido com a dureza de coração daquelas pessoas, disse ao homem: —Estenda a mão. O homem estendeu a mão, e ela lhe foi restaurada. ⁶Os fariseus saíram dali e, com os herodianos, logo começaram a conspirar contra Jesus [...]. ⁷Jesus se retirou com os seus discípulos para o mar. Uma grande multidão o seguia. Eram pessoas que tinham vindo da Galileia, da Judeia, ⁸de Jerusalém, da Idumeia, do outro lado do Jordão e dos arredores de Tiro e de Sidom, porque ouviam falar das coisas que Jesus fazia. ⁹Então recomendou aos seus discípulos que sempre lhe tivessem pronto um barquinho [...]. ¹⁰Pois curava muitas pessoas, de modo que todos os que tinham alguma enfermidade se esforçavam para chegar perto, a fim de poderem tocar nele.

💡 REFLITA

Jesus não era religioso, mas compassivo. Por isso, Ele curou no sábado. Ao contrário dos fariseus e herodianos que ali estavam, o Senhor teve compaixão do homem "que tinha uma das mãos ressequida" (v.1). Como Jesus confrontou a religiosidade deles? O que isso ensina a você?

_____
_____
_____
_____
_____

○ REAJA

Jesus era alguém que exalava esperança. Por isso, muitas pessoas o seguiam em busca de solução para os seus males. Por conta de Seus ensinamentos e modo de agir, o Senhor enfrentou grande oposição dos religiosos. Por que a religiosidade é algo tão perverso?

_____
_____
_____
_____
_____

🙏 ORE

Misericordioso Deus, ensina-me a diferença entre ser religioso e obedecer à Tua Palavra. Ajuda-me a fazer o bem que sei que devo fazer. Não permitas que o meu coração fique endurecido ou apático diante da dor dos outros. Pela presença do Teu Espírito em mim, capacita-me a me compadecer dos que sofrem ao meu redor e a auxiliar aqueles que posso ajudar. Em nome de Jesus, amém!

12 de julho

PRESUNÇOSOS

OUÇA

📖 RECEBA
Marcos 9:33-41

³³Chegaram, então, a Cafarnaum. Estando em casa, Jesus perguntou aos discípulos: —Sobre o que vocês estavam discutindo no caminho? ³⁴Mas eles se calaram, porque, no caminho, tinham discutido entre si sobre quem era o maior. ³⁵E Jesus, assentando-se, chamou os doze e lhes disse: —Se alguém quer ser o primeiro, será o último e servo de todos. ³⁶Trazendo uma criança, colocou-a no meio deles e, tomando-a nos braços, disse-lhes: ³⁷—Quem receber uma criança, tal como esta, em meu nome, recebe a mim; e quem receber a mim, não é a mim que recebe, mas aquele que me enviou. ³⁸João disse a Jesus: —Mestre, vimos um homem que expulsava demônios em seu nome, mas nós o proibimos de fazer isso, porque não nos seguia. ³⁹Mas Jesus respondeu: —Não o proíbam, porque não há ninguém que faça milagre em meu nome e, logo a seguir, possa falar mal de mim. ⁴⁰Pois quem não é contra nós é a favor de nós. ⁴¹Pois aquele que lhes der de beber um copo de água, em meu nome, porque vocês são de Cristo, em verdade lhes digo que de modo nenhum perderá a sua recompensa.

💡 REFLITA
Aparentemente, alguns discípulos se achavam mais importantes que os outros. Eles não responderam a Jesus, pois sabiam que o Senhor os conhecia. De que forma Jesus confrontou o coração deles (vv.35-37)? Com isso, quais princípios do Reino de Deus Jesus estava ensinando?

_____
_____
_____
_____

○ REAJA
A arrogância dos discípulos é, mais uma vez, repreendida pelo Senhor. O homem não andava com eles, mas conhecia a Jesus a ponto de expulsar demônios em Seu nome. Leia Marcos 9:17-18. Estariam os discípulos com algum tipo de inveja? Como você reagiria em uma situação dessas?

_____
_____
_____
_____
_____

🙏 ORE
Gracioso Senhor, como é reconfortante saber que Tu transitas pela contramão dos valores e padrões deste mundo. Ajuda-me a enxergar como Tu enxergas, pois diante de ti o maior é aquele que serve, e não o que é servido. Capacita-me a ver que muitos te servem de maneiras diferentes. Ensina-me que, no Teu Reino, as diferenças se complementam. Em nome de Jesus, amém!

13 de julho

O QUE VOCÊ QUER?

OUÇA

📖 RECEBA
Marcos 10:46-52

⁴⁶E foram para Jericó. Quando Jesus saía de Jericó, juntamente com os discípulos e numerosa multidão, Bartimeu, um cego mendigo, filho de Timeu, estava sentado à beira do caminho ⁴⁷e, ouvindo que era Jesus, o Nazareno, começou a gritar: —Jesus, Filho de Davi, tenha compaixão de mim! ⁴⁸E muitos o repreendiam para que se calasse, mas ele gritava cada vez mais: —Filho de Davi, tenha compaixão de mim! ⁴⁹Jesus parou e disse: —Chamem o cego. Chamaram, então, o cego, dizendo-lhe: —Coragem! Levante-se, porque ele está chamando você. ⁵⁰Atirando a capa para o lado, o cego levantou-se de um salto e foi até onde estava Jesus, ⁵¹que lhe perguntou: —O que você quer que eu lhe faça? O cego respondeu: —Mestre, que eu possa ver de novo. ⁵²Então Jesus lhe disse: —Vá, a sua fé salvou você. E imediatamente passou a ver e foi seguindo Jesus estrada afora.

💡 REFLITA
Jesus desafiou as autoridades religiosas de Sua época, não apenas por Seus ensinamentos, mas por ouvir o clamor dos marginalizados. O Senhor não oferecia "esmolas", mas sim transformação. O que a insistência de Bartimeu ensina a você hoje? O que ele fez depois de ser curado?

_____
_____
_____
_____
_____

💭 REAJA
Bartimeu era "um cego mendigo" (v.46). Ao ouvir o seu clamor, Jesus parou e mandou chamá-lo. Observe a reação dele ao chamado de Jesus. O que Bartimeu pediu ao Senhor? Se Jesus lhe perguntasse hoje: "O que você quer que eu lhe faça?" (v.51), o que você responderia?

_____
_____
_____
_____
_____

🙏 ORE

Misericordioso Deus, agradeço-te por ouvires a minha voz e me chamares para estar junto a ti. Abre os meus olhos para enxergar a Tua beleza e a grandeza da Tua bondade. Senhor, não quero te conhecer apenas de ouvir falar; permite-me contemplar a Tua face. Cura a cegueira do meu coração. Que os Teus valores sejam os meus e, assim, a Tua vida seja expressa na minha. Em nome de Jesus, amém!

14 de julho

INCOERÊNCIAS

OUÇA

📖 RECEBA
Marcos 11:1-3,15-19

¹Quando se aproximavam de Jerusalém, de Betfagé e Betânia, junto ao monte das Oliveiras, Jesus enviou dois dos seus discípulos ²e disse-lhes: —Vão até a aldeia que está diante de vocês e logo, ao entrar, encontrarão preso um jumentinho, o qual ainda ninguém montou; desprendam o jumentinho e tragam aqui. ³Se alguém perguntar: "Por que estão fazendo isso?", respondam: "O Senhor precisa dele e logo o mandará de volta para cá". [...]
¹⁵E foram para Jerusalém. Quando Jesus entrou no templo, começou a expulsar os que ali vendiam e compravam. Derrubou as mesas dos cambistas e as cadeiras dos que vendiam pombas, ¹⁶e não permitia que alguém atravessasse o templo carregando algum objeto. ¹⁷Também os ensinava e dizia: —Não é isso que está escrito: "A minha casa será chamada 'Casa de Oração' para todas as nações"? Mas vocês fizeram dela um covil de salteadores. ¹⁸E os principais sacerdotes e escribas ouviram isso e procuravam uma maneira de matar Jesus, pois o temiam, porque toda a multidão se maravilhava de sua doutrina. ¹⁹Em vindo a tarde, Jesus e os discípulos saíram da cidade.

💡 REFLITA
Jesus usou um jumentinho, como fora profetizado (Zacarias 9:9), para Sua entrada triunfal em Jerusalém. Isso marca o início da contagem regressiva para a Sua crucificação. Como entender que aqueles que o receberam com "Hosana!" foram os mesmos que bradaram: "Crucifique-o!" (Marcos 15:13)?

_____
_____
_____
_____

↻ REAJA
O Templo deveria ser um local de busca e adoração genuínas a Deus; porém, os seus líderes o haviam transformado em um local de comércio e ganhos pessoais. Sendo assim, por que Jesus agiu como agiu? Como você imagina que Jesus reagiria se Ele entrasse em alguns templos hoje?

_____
_____
_____
_____
_____
_____

🙏 ORE
Amado Senhor, lembro-me de que, quando eu o recebi em minha vida, a alegria e o louvor pela salvação que Tu me trouxeste encheram o meu ser. Contudo, às vezes, esqueço-me de quem Tu és e me deixo vencer pelo que me é conveniente. Senhor, purifica a minha vida e torna-me uma casa que te agrada, um lugar em que desejas habitar e permanecer. Em Teu nome, amém!

15 de julho

O MAIOR MANDAMENTO

OUÇA

📖 RECEBA
Marcos 12:28-34

²⁸Chegando um dos escribas, que ouviu a discussão entre eles e viu que Jesus tinha dado uma boa resposta, perguntou-lhe: —Qual é o principal de todos os mandamentos?
²⁹Jesus respondeu: —O principal é: "Escute, ó Israel, o Senhor, nosso Deus, é o único Senhor! ³⁰Ame o Senhor, seu Deus, de todo o seu coração, de toda a sua alma, de todo o seu entendimento e com toda a sua força". ³¹O segundo é: "Ame o seu próximo como você ama a si mesmo". Não há outro mandamento maior do que estes.
³²Então o escriba disse: —Muito bem, Mestre! E com verdade o senhor disse que ele é o único, e não há outro além dele, ³³e que amar a Deus de todo o coração e de todo o entendimento e com todas as forças e amar o próximo como a si mesmo é mais do que todos os holocaustos e sacrifícios. ³⁴Vendo Jesus que o escriba havia respondido sabiamente, declarou-lhe: —Você não está longe do Reino de Deus. E ninguém mais ousava fazer perguntas a Jesus.

💡 REFLITA

Jesus havia silenciado os fariseus e os saduceus (vv.13-27). Vendo isso, um escriba se dispôs a interrogá-lo também. O Senhor o respondeu com Deuteronômio 6:4-5 e Levítico 19:18. O que Jesus quis ensinar unindo esses dois mandamentos? Qual a importância disso para a Sua Igreja hoje?

_____
_____
_____
_____
_____

○ REAJA

Observe a compreensão espiritual demonstrada pelo escriba. Por que é relevante cultivá-la hoje? Cristo sintetizou a Lei no amor a Deus e ao próximo. Essa declaração do Senhor se tornou um padrão para a Sua Igreja. Leia Romanos 13:8-10. O que Paulo ensina sobre isso.

_____
_____
_____
_____
_____
_____
_____

🙏 ORE

Grande e amoroso Deus, Tu és o único e soberano Senhor. Capacita-me a te amar da maneira que Tu desejas, pois Tu és digno que eu te ame com todas as minhas forças e capacidades. Ajuda-me também a amar o meu próximo a fim de que eu expresse a Tua vida em mim. Tu és amor, Senhor, e somente Tu podes me capacitar a amar a ti e ao meu próximo. Em nome de Jesus, amém!

16 de julho

ELA FEZ O QUE PÔDE

OUÇA

📖 RECEBA
Marcos 14:3-9

³Quando Jesus estava em Betânia, fazendo uma refeição na casa de Simão, o leproso, veio uma mulher, trazendo um frasco feito de alabastro com um perfume muito valioso, de nardo puro; e, quebrando o frasco, derramou o perfume sobre a cabeça de Jesus. ⁴Alguns dos que estavam ali ficaram indignados e diziam entre si: —Para que este desperdício de perfume? ⁵Este perfume poderia ter sido vendido por mais de trezentos denários, para ser dado aos pobres. E murmuravam contra ela. ⁶Mas Jesus disse: —Deixem a mulher em paz! Por que vocês a estão incomodando? Ela praticou uma boa ação para comigo. ⁷Porque os pobres estarão sempre com vocês, e, quando quiserem, podem fazer-lhes o bem, mas a mim vocês nem sempre terão. ⁸Ela fez o que pôde: ungiu o meu corpo antecipadamente para a sepultura. ⁹Em verdade lhes digo que, onde for pregado em todo o mundo o evangelho, também será contado o que ela fez, para memória dela.

💡 REFLITA

O texto, antes de tudo, é o relato de uma atitude, pois a mulher não disse sequer uma palavra. Obviamente, ela conhecia Jesus e ofertou o seu melhor a Ele em forma de "um perfume muito valioso" (v.3). O que a mulher revelou com o seu gesto? Por que Jesus a elogiou?

_____
_____
_____
_____
_____

○ REAJA

A ação da mulher provocou indignação aos que presenciaram a cena. O que eles alegaram? Pesquise: quais seriam outros possíveis motivos? Releia o texto. O que de melhor você pode ofertar ao Senhor hoje? A resposta de Jesus aos que estavam presentes à ceia (v.7) convida você a quê?

_____
_____
_____
_____
_____

🙏 ORE

Precioso Senhor, que eu seja capaz de fazer o que estiver ao meu alcance para enaltecer o Teu nome e demonstrar que Tu és o meu Senhor e Salvador. Capacita-me a te adorar com tudo que tenho e sou como forma de evidenciar o que Tu fizeste por mim. Desperta-me à generosidade, pois quero fazer o bem que Tu desejas que eu faça para anunciar o Teu Reino. Em nome de Jesus, amém!

17 de julho

JESUS NO GETSÊMANI

📖 RECEBA
Marcos 14:32-41

³²Então foram a um lugar chamado Getsêmani. Ali, Jesus disse aos seus discípulos: —Sentem-se aqui, enquanto eu vou orar. ³³E, levando consigo Pedro, Tiago e João, começou a sentir-se tomado de pavor e de angústia. ³⁴E lhes disse: —A minha alma está profundamente triste até a morte; fiquem aqui e vigiem. ³⁵E, adiantando-se um pouco, prostrou-se em terra; e orava para que, se possível, lhe fosse poupada aquela hora. ³⁶E dizia: —Aba, Pai, tudo te é possível; passa de mim este cálice! Porém não seja o que eu quero, e sim o que tu queres. ³⁷E, voltando, achou-os dormindo. E disse a Pedro: —Simão, você está dormindo? Não conseguiu vigiar nem uma hora? ³⁸Vigiem e orem, para que não caiam em tentação; o espírito, na verdade, está pronto, mas a carne é fraca. ³⁹Retirando-se de novo, orou repetindo as mesmas palavras. ⁴⁰E voltando, achou-os outra vez dormindo, porque os olhos deles estavam pesados; e não sabiam o que lhe responder. ⁴¹E, quando voltou pela terceira vez, Jesus lhes disse: —Vocês ainda estão dormindo e descansando! Basta! Chegou a hora; o Filho do Homem está sendo entregue nas mãos dos pecadores.

💡 REFLITA

Jesus foi ao Getsêmani (lagar de azeite) para orar. Ele sentiu-se "tomado de pavor" (v.33). A angústia de Jesus era tanta que o Seu suor "se tornou como gotas de sangue" (Lucas 22:44). O que o texto revela sobre Jesus e sobre nós? Como e sobre o que Ele triunfou antecipadamente?

_____
_____
_____
_____
_____

⭕ REAJA

O Getsêmani expõe a humanidade de Jesus em Sua agonia. O texto sugere que, enquanto o Senhor orava, Ele sentia a realidade da ira de Deus e o quão terrível é o pecado. Qual seria o cálice que Jesus pediu ao Pai que passasse dele? Releia o texto. O que ele ministra a você hoje?

_____
_____
_____
_____
_____
_____

🙏 ORE

Maravilhoso Salvador, Tu conquistaste a cruz antes mesmo de seres pregado nela. Dou-te graças por priorizares a vontade do Pai a fim de me salvar. O sofrimento pelo qual Tu passaste é inconcebível à minha mente. O Teu amor é imensurável! Ensina-me a vigiar e mantém-me desperto, pelo Teu Espírito, para eu não cair em tentação e, assim, negligenciar o que tens para mim. Em Teu nome, amém!

18 de julho

À ESPERA DELE

📖 RECEBA
Lucas 2:25-35

²⁵Em Jerusalém havia um homem chamado Simeão. Este homem era justo e piedoso e esperava a consolação de Israel; e o Espírito Santo estava sobre ele. ²⁶Ele tinha recebido uma revelação do Espírito Santo de que não morreria antes de ver o Cristo do Senhor. ²⁷Movido pelo Espírito, ele foi ao templo. Quando os pais trouxeram o menino Jesus para fazerem com ele o que a Lei ordenava, ²⁸Simeão o tomou nos braços e louvou a Deus, dizendo: ²⁹"Agora, Senhor, podes despedir em paz o teu servo, segundo a tua palavra; ³⁰porque os meus olhos já viram a tua salvação, ³¹a qual preparaste diante de todos os povos: ³²luz para revelação aos gentios, e para glória do teu povo de Israel". ³³E o pai e a mãe do menino estavam admirados com o que se dizia a respeito dele. ³⁴Simeão os abençoou e disse a Maria, mãe do menino: —Eis que este menino está destinado tanto para ruína como para elevação de muitos em Israel e para ser alvo de contradição, ³⁵para que se manifestem os pensamentos de muitos corações. Quanto a você, Maria, uma espada atravessará a sua alma.

💡 REFLITA
A esperança bíblica não é um simples esperar e torcer para que algo aconteça, pois ela está ligada a Jesus Cristo. Segundo Lucas, quem era Simeão (v.25)? O que foi revelado a ele pelo Espírito Santo? Como esse texto encoraja a sua esperança e o seu viver em Cristo?

_____
_____
_____
_____
_____

⭕ REAJA
Imagine Simeão indo ao Templo, naquele dia, e vendo a sua esperança, "o Cristo do Senhor" (v.26), diante dos seus olhos. O contentamento dele foi evidente. Como ele reagiu (vv.28-29)? Releia os versículos 30 e 31. O que Simeão declarou? Hoje, o que isso significa para você?

_____
_____
_____
_____
_____
_____

🙏 ORE

Deus Todo-poderoso, fico maravilhado cada vez que me deparo com este fato: Tu, por amor, vieste a este mundo em forma de um bebê frágil e dependente. Agradeço-te por Cristo ser a minha esperança viva e presente hoje. Ajuda-me a aguardar fielmente pelo retorno do Teu Filho quando a consolação que Tu trouxeste por Ele, enfim, será plena. Em nome de Jesus, amém!

19 de julho

REGRA DE OURO

OUÇA

📖 RECEBA
Lucas 6:27-36

²⁷—Digo, porém, a vocês que me ouvem: amem os seus inimigos, façam o bem aos que odeiam vocês. ²⁸Abençoem aqueles que os amaldiçoam, orem pelos que maltratam vocês. ²⁹Ao que lhe bate numa face, ofereça também a outra; e, ao que lhe tirar a capa, deixe que leve também a túnica. ³⁰Dê a todo o que lhe pedir alguma coisa; e, se alguém levar o que é seu, não exija que seja devolvido. ³¹Façam aos outros o mesmo que vocês querem que eles façam a vocês. ³²—Se vocês amam aqueles que os amam, que recompensa terão? Porque até os pecadores amam aqueles que os amam. ³³Se fizerem o bem aos que lhes fazem o bem, que recompensa terão? Até os pecadores fazem isso. ³⁴E, se emprestam àqueles de quem esperam receber, que recompensa terão? Também os pecadores emprestam aos pecadores, para receberem outro tanto. ³⁵Vocês, porém, amem os seus inimigos, façam o bem e emprestem, sem esperar nada em troca; vocês terão uma grande recompensa e serão filhos do Altíssimo. Pois ele é bondoso até para os ingratos e maus. ³⁶Sejam misericordiosos, como também é misericordioso o Pai de vocês.

💡 REFLITA

Por que "amem os seus inimigos" (v.27), embora seja algo fácil de entender, é difícil de praticar? Perceba que Jesus não está falando de sentir, mas de agir: façam o bem, abençoem-nos e orem por eles. De que forma Jesus combateu o mal? O que Ele o desafia a fazer hoje?

_____
_____
_____
_____
_____
_____

○ REAJA

O que Jesus deseja ensinar a você com a Regra de Ouro (v.31)? Observe: agir de forma oposta à de seus inimigos é mais do que não fazer o mal a eles, é praticar o bem, em amor, "sem esperar nada em troca" (v.35). Que razões o Senhor apresenta às Suas ordenanças (vv.35-36)?

_____
_____
_____
_____
_____
_____
_____

🙏 ORE

Precioso Senhor, ajuda-me a praticar o que Tu me ordenas. Tu tens me orientado como devo viver o Teu Reino neste mundo, mas não consigo fazê-lo sem o agir do Teu Espírito em mim. Por isso, peço-te, Senhor, fortalece-me em ti. Capacita-me a vencer o mal com o bem e a agir em amor como filho do Altíssimo. Pai, ensina-me a ser misericordioso. Em nome de Jesus, amém!

20 de julho

MEU PRÓXIMO

 OUÇA

📖 RECEBA
Lucas 10:29-37

²⁹Mas ele, querendo justificar-se, perguntou a Jesus: —Quem é o meu próximo? ³⁰Jesus prosseguiu, dizendo: —Um homem descia de Jerusalém para Jericó e caiu nas mãos de alguns ladrões. Estes, depois de lhe tirar a roupa e lhe causar muitos ferimentos, retiraram-se, deixando-o semimorto. ³¹Por casualidade, um sacerdote estava descendo por aquele mesmo caminho e, vendo aquele homem, passou de largo. ³²De igual modo, um levita descia por aquele lugar e, vendo-o, passou de largo. ³³Certo samaritano, que seguia o seu caminho, passou perto do homem e, vendo-o, compadeceu-se dele. ³⁴E, aproximando-se, fez curativos nos ferimentos dele, aplicando-lhes óleo e vinho. Depois, colocou aquele homem sobre o seu próprio animal, levou-o para uma hospedaria e tratou dele. ³⁵No dia seguinte, separou dois denários e os entregou ao hospedeiro, dizendo: "Cuide deste homem. E, se você gastar algo a mais, farei o reembolso quando eu voltar". ³⁶Então Jesus perguntou: —Qual destes três lhe parece ter sido o próximo do homem que caiu nas mãos dos ladrões? ³⁷O intérprete da Lei respondeu: —O que usou de misericórdia para com ele. Então Jesus lhe disse: —Vá e faça o mesmo.

💡 REFLITA

Certamente, o intérprete da Lei conhecia o amar a Deus, mas quanto a amar o próximo dependia de quem era o seu próximo e quem era o seu inimigo. De que forma Jesus usou essa parábola para responder ao homem e guiá-lo à prática (v.37)? Quem é o seu próximo?

_____
_____
_____
_____
_____

⭕ REAJA

O esperado seria que o sacerdote e o levita, por conta de seus ofícios, socorressem o ferido, mas não o fizeram. Quem eram os samaritanos? Observe as ações do samaritano para ajudar o homem "semimorto" (v.30). Releia o texto. O que o confronta pessoalmente nessa história?

_____
_____
_____
_____
_____
_____

🙏 ORE

Misericordioso Deus, estou sempre tão pronto a justificar as minhas ações que, tolamente, chego a acreditar que tudo que faço e penso está certo. Agradeço-te por me confrontares com a verdade da Tua Palavra e me desafiares a realmente praticar o que é justo e correto aos Teus olhos. Ajuda-me a seguir o Teu exemplo e a testemunhar de ti com o meu viver. Em nome de Jesus, amém!

21 de julho

FILHOS PERDIDOS

OUÇA

📖 RECEBA
Lucas 15:11-13,17-24,28-30

[11] —Certo homem tinha dois filhos. [12] O mais moço deles disse ao pai: "Pai, quero que o senhor me dê a parte dos bens que me cabe". E o pai repartiu os bens entre eles. [13] —Passados não muitos dias, o filho mais moço, ajuntando tudo o que era seu, partiu para uma terra distante e lá desperdiçou todos os seus bens, vivendo de forma desenfreada. [...]

[17] Então, caindo em si, disse: "Quantos trabalhadores de meu pai têm pão com fartura, e eu aqui estou morrendo de fome! [18] Vou me arrumar, voltar para o meu pai e lhe dizer: 'Pai, pequei contra Deus e diante do senhor'". [...] [20] —Vinha ele ainda longe, quando seu pai o avistou e, compadecido dele, correndo, o abraçou e beijou. [...] [22] O pai, porém, disse aos servos: [...] [23] "Vamos comer e festejar, [24] porque este meu filho estava [...] perdido e foi achado". [...]

[28] —O filho mais velho se indignou e [...] [29] respondeu ao seu pai: "Faz tantos anos que sirvo o senhor e nunca transgredi um mandamento seu. Mas o senhor nunca me deu um cabrito sequer para fazer uma festa com os meus amigos. [30] Mas, quando veio esse seu filho, que sumiu com os bens do senhor [...], o senhor mandou matar o bezerro gordo para ele!".

💡 REFLITA
Ao lermos essa parábola, a atenção geralmente recai sobre as ações do filho mais novo. Quais seriam as razões para isso? O que despertou esse filho a voltar para casa do pai depois de desprezá-lo? Qual foi a atitude do pai diante do pedido do filho mais moço, e depois que ele voltou?

_____
_____
_____
_____
_____

○ REAJA
Há quem considere o filho mais velho mais justo que o irmão; porém, há controvérsias. Observe a reação dele (vv.28-30). Ele amargurou-se com quem e por quê? Leia Lucas 15:31-32. Ele se considerava filho ou apenas servo? Como é possível estar perdido mesmo vivendo na casa do Pai?

_____
_____
_____
_____
_____
_____

 ORE

Amado Senhor, ajuda-me a enxergar que os meus pecados são tão terríveis aos Teus olhos como os de outros pecadores. Não sou justo por agir bem, mas sim por ter sido resgatado e acolhido por ti no Teu Reino. Pai, quero me alegrar com tudo que alegra o Teu coração. Agradeço-te por teres me encontrado, quando eu vagava longe de ti, e por me receberes em Tua casa. Em nome de Jesus, amém!

22 de julho

REALIDADE ETERNA

OUÇA

📖 RECEBA
Lucas 16:19-20,22-23,27-31

¹⁹—Ora, havia certo homem rico que se vestia de púrpura e de linho finíssimo e que se alegrava todos os dias com grande ostentação. ²⁰Havia também certo mendigo, chamado Lázaro, coberto de feridas, que ficava deitado à porta da casa do rico. [...]
²²E aconteceu que o mendigo morreu e foi levado pelos anjos para junto de Abraão. Morreu também o rico e foi sepultado. ²³—No inferno, estando em tormentos, o rico levantou os olhos e viu ao longe Abraão, e Lázaro junto dele. [...]
²⁷Então o rico disse: "Pai, eu peço que mande Lázaro à minha casa paterna, ²⁸porque tenho cinco irmãos; para que lhes dê testemunho, a fim de que não venham também para este lugar de tormento". ²⁹Abraão respondeu: "Eles têm Moisés e os Profetas; ouçam-nos". ³⁰Mas ele insistiu: "Não, pai Abraão; se alguém dentre os mortos for até lá, eles irão se arrepender". ³¹Abraão, porém, lhe respondeu: "Se não ouvem Moisés e os Profetas, também não se deixarão convencer, mesmo que ressuscite alguém dentre os mortos".

💡 REFLITA
Essa história é uma representação de realidades terrenas e eternas. A questão não é a pobreza de um ou a riqueza do outro, mas sim como eles escolheram viver no mundo: com ou sem Deus. Devido a isso, de que forma Jesus descreve a realidade eterna desses dois homens?

_____
_____
_____
_____
_____

🔄 REAJA
O homem rico enfrentando a realidade que, talvez, ele acreditasse não existir, pediu ajuda. Releia os versículos 27 a 31. Que tipo de pedido o rico fez? O que Abraão respondeu? Como as palavras "Eles têm Moisés e os Profetas; ouçam-nos" (v.29) se aplicam hoje?

_____
_____
_____
_____
_____
_____
_____

🙏 ORE
Deus Eterno, creio que as injustiças impostas e alimentadas pela corruptibilidade deste mundo entristecem o Teu coração. Senhor, a Tua Palavra é a verdade e revela a realidade eterna daqueles que, nesta vida, escolhem viver com ou sem ti. Ajuda-me a jamais desprezar a Tua voz que me chama a caminhar contigo e a praticar os Teus preceitos hoje. Em nome de Jesus, amém!

23 de julho

DESÇA DEPRESSA

OUÇA

📖 RECEBA
Lucas 19:1-10

¹Entrando em Jericó, Jesus atravessava a cidade. ²Eis que um homem rico, chamado Zaqueu, chefe dos publicanos, ³procurava ver quem era Jesus, mas não podia, por causa da multidão, por ser ele de pequena estatura. ⁴Então, correndo adiante, subiu num sicômoro a fim de ver Jesus, porque ele havia de passar por ali. ⁵Quando Jesus chegou àquele lugar, olhando para cima, disse: —Zaqueu, desça depressa, porque hoje preciso ficar na sua casa. ⁶Zaqueu desceu depressa e o recebeu com alegria. ⁷Todos os que viram isto murmuravam, dizendo que Jesus tinha se hospedado com um homem pecador. ⁸Zaqueu, por sua vez, se levantou e disse ao Senhor: —Senhor, vou dar a metade dos meus bens aos pobres. E, se extorqui alguma coisa de alguém, vou restituir quatro vezes mais. ⁹Então Jesus lhe disse: —Hoje houve salvação nesta casa, pois também este é filho de Abraão. ¹⁰Porque o Filho do Homem veio buscar e salvar o perdido.

💡 REFLITA

Em seu caminho para Jerusalém, Jesus passou por Jericó e encontrou Zaqueu, o chefe dos publicanos. O que fazia um publicano? Qual o apreço dos judeus por eles? O que Zaqueu fez para ver Jesus? Quais obstáculos o levaram a usar o método que ele usou? O que você faria para encontrar-se com Jesus?

_____
_____
_____
_____
_____

⭕ REAJA

Zaqueu queria apenas ver Jesus, mas o Senhor queria encontrá-lo. Observe a reação de Jesus. Por que o Senhor disse que precisava ficar na casa de Zaqueu? O que a presença de Jesus faz na vida de alguém que o recebe? De que forma sua vida foi transformada pelo Senhor?

_____
_____
_____
_____
_____

 ORE

Bendito Senhor, Tua misericórdia e bondade não têm fim. Tu, em Teus propósitos de buscar e salvar o perdido, encontraste-me e me restauraste a dignidade. Senhor, a Tua presença expôs os meus pecados e destituiu o domínio que eles tinham sobre mim. Agradeço-te por teres me resgatado de uma vida vã. Ajuda-me a viver conforme a Tua Palavra! Em nome de Jesus, amém!

24 de julho

CEIA DO SENHOR

OUÇA

📖 RECEBA
Lucas 22:14-22

¹⁴Chegada a hora, Jesus se pôs à mesa, e os apóstolos estavam com ele. ¹⁵Então Jesus lhes disse: —Tenho desejado ansiosamente comer esta Páscoa com vocês, antes do meu sofrimento. ¹⁶Pois eu lhes digo que nunca mais a comerei, até que ela se cumpra no Reino de Deus. ¹⁷E, pegando um cálice, depois de ter dado graças, disse: —Peguem e repartam entre vocês. ¹⁸Pois eu digo a vocês que, de agora em diante, não mais beberei do fruto da videira, até que venha o Reino de Deus.
¹⁹E, pegando um pão, tendo dado graças, o partiu e lhes deu, dizendo: —Isto é o meu corpo, que é dado por vocês; façam isto em memória de mim.
²⁰Do mesmo modo, depois da ceia, pegou o cálice, dizendo: —Este cálice é a nova aliança no meu sangue derramado por vocês.
²¹—Mas eis que a mão do traidor está comigo à mesa. ²²Pois o Filho do Homem vai segundo o que está determinado, mas ai daquele por quem ele está sendo traído!

💡 REFLITA

Deus instituíra a Páscoa como memorial da redenção do povo de Israel do Egito (Êxodo 12:1-28). Séculos mais tarde, na noite em que foi traído, Jesus reinterpretou a Páscoa. O que é a "nova aliança" que o Senhor instituiu. O que ela representa para sua vida?

_____
_____
_____
_____
_____
_____

❤ REAJA

Jesus, por meio da nova aliança, estabeleceu um povo que se uniria a Ele. Leia 1 Coríntios 11:23-26. A quem Paulo está instruindo celebrar a nova Páscoa? Observe o versículo 26. Esse ato serviria para quê? Com que disposição, em seu coração, você participa da Ceia do Senhor?

_____
_____
_____
_____
_____
_____
_____

🙏 ORE

Deus de amor e de bondade, agradeço-te por instituíres um memorial para me lembrares de que sou redimido porque te tornaste pão partido e sangue derramado por mim. Ajuda-me a não permitir que o Teu sacrifício caia em lugar-comum na minha vida. Que eu, ao participar da Ceia do Senhor, entenda e relembre o que Tu fizeste a meu favor até que retornes. Em Teu nome, amém!

25 de julho

VÉU RASGADO

OUÇA

📖 RECEBA
Lucas 23:27-34,44-47

²⁷Uma grande multidão de povo o seguia, e também mulheres que batiam no peito e o lamentavam. ²⁸Porém Jesus, voltando-se para elas, disse: —Filhas de Jerusalém, não chorem por mim; chorem antes por vocês mesmas e por seus filhos! ²⁹Porque virão dias em que se dirá: "Bem-aventuradas as estéreis, que não geraram, nem amamentaram". ³⁰Nesses dias, dirão aos montes: "Caiam em cima de nós!". E às colinas: "Cubram-nos!". ³¹Porque, se isto é feito com a madeira verde, o que será da madeira seca? ³²E também eram levados outros dois, que eram malfeitores, para serem executados com Jesus. ³³Quando chegaram ao lugar chamado Calvário, ali o crucificaram, bem como aos malfeitores [...]. ³⁴Mas Jesus dizia: —Pai, perdoa-lhes, porque não sabem o que fazem. [...]
⁴⁴Já era quase meio-dia, e, escurecendo-se o sol, houve trevas sobre toda a terra até as três horas da tarde. ⁴⁵E o véu do santuário se rasgou pelo meio. ⁴⁶Então Jesus clamou em alta voz: —Pai, nas tuas mãos entrego o meu espírito! E, dito isto, expirou. ⁴⁷O centurião, vendo o que tinha acontecido, deu glória a Deus, dizendo: —Verdadeiramente este homem era justo.

💡 REFLITA
Jesus, desde o momento em que foi preso, no Getsêmani, até a Sua crucificação, suportou coisas horrendas, abusos de toda sorte que o pecado e o inferno são capazes de infligir ao corpo e à alma de alguém. Pensar sobre o sofrimento de Jesus ministra o que ao seu coração?

_____
_____
_____
_____
_____

⚪ REAJA
Jesus foi crucificado como um malfeitor e, apesar de toda dor, Ele ainda orou por Seus algozes. Leia Isaías 53. O que mais lhe impressiona quanto ao Servo sofredor? Quando Jesus morreu, "o véu do santuário se rasgou pelo meio" (v.45). O que essa ação divina significou e significa hoje?

_____
_____
_____
_____
_____
_____

🙏 ORE

Pai eterno, agradeço-te por teres, por meio do Teu Filho amado, rasgado o véu e aberto o novo e vivo caminho que me conduz à Tua presença. Dou-te graças por Cristo ter morrido no meu lugar e pagado o preço que o meu pecado exigia. Ajuda-me a constantemente render-te graças por tão grande salvação e a usufruir da alegria que dela provém. Em nome de Jesus, amém!

26 de julho

JESUS RESSUSCITOU

OUÇA

📖 RECEBA
Lucas 24:1-11

¹Mas, no primeiro dia da semana, alta madrugada, as mulheres foram ao túmulo, levando os óleos aromáticos que haviam preparado. ²Encontraram a pedra removida do túmulo, ³mas, ao entrar, não acharam o corpo do Senhor Jesus. ⁴Aconteceu que, perplexas a esse respeito, apareceram-lhes dois homens com roupas resplandecentes. ⁵Estando elas com muito medo e baixando os olhos para o chão, eles disseram: —Por que vocês estão procurando entre os mortos aquele que vive? ⁶Ele não está aqui, mas ressuscitou. Lembrem-se do que ele falou para vocês, estando ainda na Galileia: ⁷"É necessário que o Filho do Homem seja entregue nas mãos de pecadores, seja crucificado e ressuscite no terceiro dia". ⁸Então elas se lembraram das palavras de Jesus. ⁹E, voltando do túmulo, anunciaram todas estas coisas aos onze e a todos os outros que estavam com eles. ¹⁰Essas mulheres eram Maria Madalena, Joana e Maria, mãe de Tiago; também as demais que estavam com elas confirmaram estas coisas aos apóstolos. ¹¹Mas para eles tais palavras pareciam um delírio; eles não acreditaram no que as mulheres diziam.

💡 REFLITA

Jesus, durante Seu ministério, por diversas vezes, falou aos Seus discípulos sobre Sua morte e Sua ressurreição; porém, eles não absorveram tal ensinamento até que este fosse revelado a eles. Por que a revelação da Palavra é mais importante do que a informação sobre ela?

_____
_____
_____
_____
_____

⭘ REAJA

Releia os versículos 5 a 11. Por que os discípulos não acreditaram nas mulheres? Se a missão de Jesus tivesse findado com a Sua morte e Ele não tivesse ressuscitado, Sua obra de salvação estaria inacabada. Leia 1 Coríntios 15:17-19. O que Paulo escreve sobre isso? A ressurreição de Cristo atesta o quê?

_____
_____
_____
_____
_____
_____
_____

🙏 ORE

Amado Senhor, Tu ressuscitaste, aleluia! Agradeço-te pela minha esperança em ti não se limitar apenas a esta vida. Dou-te graças pela minha fé não ser vã, pois Tu estás vivo e intercedes por mim à destra do Pai. Senhor, louvo-te por tudo que suportaste por mim, por seres o vencedor que que eu jamais poderia ser. A ti seja toda honra e glória! Em Teu nome, amém!

27 de julho

O VERBO ERA DEUS

OUÇA

📖 RECEBA
João 1:1-14

¹No princípio era o Verbo, e o Verbo estava com Deus, e o Verbo era Deus. ²Ele estava no princípio com Deus. ³Todas as coisas foram feitas por ele, e, sem ele, nada do que foi feito se fez. ⁴A vida estava nele e a vida era a luz dos homens. ⁵A luz resplandece nas trevas, e as trevas não prevaleceram contra ela. ⁶Houve um homem enviado por Deus, e o nome dele era João. ⁷Este veio como testemunha para testificar a respeito da luz, para que todos viessem a crer por meio dele. ⁸Ele não era a luz, mas veio para dar testemunho da luz, ⁹a verdadeira luz, que, vinda ao mundo, ilumina toda a humanidade. ¹⁰O Verbo estava no mundo, o mundo foi feito por meio dele, mas o mundo não o conheceu. ¹¹Veio para o que era seu, e os seus não o receberam. ¹²Mas, a todos quantos o receberam, deu-lhes o poder de serem feitos filhos de Deus, a saber, aos que creem no seu nome, ¹³os quais não nasceram do sangue, nem da vontade da carne, nem da vontade do homem, mas de Deus. ¹⁴E o Verbo se fez carne e habitou entre nós, cheio de graça e de verdade, e vimos a sua glória, glória como do unigênito do Pai.

💡 REFLITA

João começa seu livro passando a ideia de eternidade atemporal: "No princípio era o Verbo", assim como na criação: "No princípio, Deus criou os céus e a terra" (Gênesis 1:1). Como é para você pensar que o Verbo é a origem desse princípio? Jesus, o Verbo, já estava lá (vv.3,10).

_____
_____
_____
_____

⚡ REAJA

"A vida estava nele e a vida era a luz dos homens" (v.4), ou seja: Jesus, o Verbo, é vida e luz; logo, Ele pode oferecê-las aos pecadores sendo Ele mesmo a fonte inesgotável delas. Releia o versículo 12. A qual *status* o pecador é elevado em Cristo? Como acontece e quem o efetiva?

_____
_____
_____
_____
_____
_____

🙏 ORE

Santo e poderoso Senhor, antes de todas as coisas existirem, Tu já existias, ó Verbo vivo. Tu és o Deus de toda glória, Aquele que era e que há de vir para buscar aqueles que, por Teu intermédio, tornaram-se filhos de Deus e julgar todos que amaram mais as trevas. Agradeço-te por teres vindo ao mundo, habitado entre nós e vencido o pecado. Em Teu nome, amém!

28 de julho

ÁGUA VIVA

OUÇA

📖 RECEBA
João 4:5-15

⁵Assim, Jesus chegou a uma cidade samaritana, chamada Sicar [...]. ⁶Ali ficava o poço de Jacó. Cansado da viagem, Jesus sentou-se junto ao poço. Era por volta do meio-dia. ⁷Nisso veio uma mulher samaritana tirar água. Jesus lhe disse: —Dê-me um pouco de água. ⁸Pois os seus discípulos tinham ido à cidade comprar alimentos. ⁹Então a mulher samaritana perguntou a Jesus: —Como, sendo o senhor um judeu, pede água a mim, que sou mulher samaritana? Ela disse isso porque os judeus não se dão com os samaritanos. ¹⁰Jesus respondeu: —Se você conhecesse o dom de Deus e quem é que está lhe pedindo água para beber, você pediria, e ele lhe daria água viva. ¹¹Ao que a mulher respondeu: —O senhor não tem balde e o poço é fundo. De onde vai conseguir essa água viva? ¹²Por acaso o senhor é maior do que Jacó, o nosso pai [...]? ¹³Jesus respondeu: —Quem beber desta água voltará a ter sede, ¹⁴mas aquele que beber da água que eu lhe der nunca mais terá sede. Pelo contrário, a água que eu lhe der será nele uma fonte a jorrar para a vida eterna. ¹⁵A mulher lhe disse: —Senhor, quero que me dê essa água para que eu não mais tenha sede, nem precise vir aqui buscá-la.

💡 REFLITA

Depois de uma longa caminhada, Jesus sentou-se junto ao poço. Então, quando a mulher chegou, Ele pediu água a ela. Por que essa atitude de Jesus a surpreendeu? O que essa narrativa revela sobre propósitos divinos? O que mais chama a sua atenção nesse texto?

_____
_____
_____
_____
_____

⭕ REAJA

Com Seu pedido, Jesus atraiu a mulher para uma inusitada conversa. Que fator natural Jesus usou para despertá-la à realidade espiritual dela? E você, tem "sede" de quê? Em qual "poço" tem procurado matar a sua sede? Releia o texto, o que o Senhor está lhe dizendo hoje?

_____
_____
_____
_____
_____
_____
_____

🙏 ORE

Jesus amado, Tu és a fonte de água viva que satisfaz verdadeiramente a necessidade da minha alma. Agradeço-te por me livrares de "águas" que me aprisionavam à medida que usufruía delas. Dou-te graças por me encontrares e me concederes a Tua água viva a fim de que ela seja, em mim, uma fonte que jorre ininterruptamente para a vida eterna. Em Teu nome, amém!

29 de julho

PARA QUEM IREMOS?

 OUÇA

📖 RECEBA
João 6:60-69

⁶⁰Muitos dos seus discípulos, tendo ouvido tais palavras, disseram: —Duro é este discurso; quem pode suportá-lo? ⁶¹Mas Jesus, sabendo por si mesmo que os seus discípulos murmuravam a respeito do que ele havia falado, disse-lhes: —Isto escandaliza vocês? ⁶²Que acontecerá, então, se virem o Filho do Homem subir para o lugar onde primeiro estava? ⁶³O Espírito é o que vivifica; a carne para nada aproveita. As palavras que eu lhes tenho falado são espírito e são vida. ⁶⁴Mas há descrentes entre vocês. Ora, Jesus sabia, desde o princípio, quais eram os que não criam e quem iria traí-lo. ⁶⁵E prosseguiu: —Por causa disto é que falei para vocês que ninguém poderá vir a mim, se não lhe for concedido pelo Pai.
⁶⁶Diante disso, muitos dos seus discípulos o abandonaram e já não andavam com ele. ⁶⁷Então Jesus perguntou aos doze: —Será que vocês também querem se retirar?
⁶⁸Simão Pedro respondeu: —Senhor, para quem iremos? O senhor tem as palavras da vida eterna, ⁶⁹e nós temos crido e conhecido que o senhor é o Santo de Deus.

💡 REFLITA
Jesus confrontou veementemente a multidão que o seguia a fim de expor os motivos pelos quais o procuravam: as pessoas queriam as bênçãos, mas não o Senhor que as concedia. O que isso revela sobre a conduta de muitos cristãos? Por que muitos abandonam Jesus hoje?

_____
_____
_____
_____
_____

⭕ REAJA
O texto indica o nível de compromisso dos discípulos de Jesus, visto que, para alguns, o Senhor é alguém muito fácil de se abandonar. Faça uma autoavaliação. Qual a sua motivação para seguir Jesus? Veja a declaração de Pedro (vv.68-69). Você compartilha dela? Por quê?

_____
_____
_____
_____
_____
_____

🙏 ORE
Senhor, agradeço-te por Tua Palavra ser o verdadeiro alimento que sustenta a minha vida. Ajuda-me a buscar a Tua face e a ser fiel a ti como Tu desejas. Peço-te que, ao confrontares os erros que o meu coração abriga, eu seja capaz de abandoná-los e de me aproximar mais de ti. Vivifica-me pelo agir do Teu Espírito, pois tenho crido que Tu és o meu Salvador. Em Teu nome, amém!

30 de julho

PASTOR DAS OVELHAS

📖 RECEBA
João 10:2-4,7-15

²Aquele, porém, que entra pela porta, esse é o pastor das ovelhas. ³Para este o porteiro abre, as ovelhas ouvem a sua voz, ele chama as suas próprias ovelhas pelo nome e as conduz para fora. ⁴Depois de levar para fora todas as que lhe pertencem, vai na frente delas, e elas o seguem, porque reconhecem a voz dele. [...]
⁷Então Jesus disse mais uma vez: —Em verdade, em verdade lhes digo que eu sou a porta das ovelhas. ⁸Todos os que vieram antes de mim são ladrões e salteadores, mas as ovelhas não lhes deram ouvidos. ⁹Eu sou a porta. Se alguém entrar por mim, será salvo; entrará, sairá e achará pastagem. ¹⁰O ladrão vem somente para roubar, matar e destruir; eu vim para que tenham vida e a tenham em abundância. ¹¹—Eu sou o bom pastor. O bom pastor dá a vida pelas ovelhas. ¹²O mercenário, que não é pastor, a quem não pertencem as ovelhas, vê o lobo chegando, abandona as ovelhas e foge; então o lobo as arrebata e dispersa. ¹³O mercenário foge, porque é mercenário e não se importa com as ovelhas. ¹⁴Eu sou o bom pastor. Conheço as minhas ovelhas, e elas me conhecem, ¹⁵assim como o Pai me conhece, e eu conheço o Pai; e dou a minha vida pelas ovelhas.

💡 REFLITA

Jesus usou metáforas para ilustrar certas realidades. O que significa Ele ser a porta e o bom Pastor das ovelhas (vv.9,11)? Em contraste às Suas ações e caráter, o Senhor cita as obras do "ladrão" (v.10) e do "mercenário" (v.12). Quais são elas? Em que é possível vê-los em ação hoje?

_____
_____
_____
_____
_____

🔄 REAJA

"Eu sou o bom pastor. Conheço as minhas ovelhas, e elas me conhecem" (v.14). Nesse sentido, o que é conhecer e ser conhecido? O que representa para você ter o Senhor como o seu Pastor? De que forma saber que Ele o conhece e o chama pelo nome afeta o seu modo de viver?

_____
_____
_____
_____
_____
_____

🙏 ORE

Pastor da minha alma, agradeço-te por me manteres sob o Teu pastoreio e me tratares como ovelha do Teu rebanho. Dou-te graças por me conduzires pelo caminho da Tua justiça e por dares a Tua vida por mim. O Teu amor e o Teu cuidado são ilimitados e constantes. Senhor, ajuda-me a conhecer-te assim como Tu me conheces e me chamas pelo nome. Em Teu nome, amém!

31 de julho

LIÇÃO DE HUMILDADE

 OUÇA

📖 RECEBA
João 13:1-5,12-17

¹Antes da Festa da Páscoa, sabendo Jesus que era chegada a sua hora de passar deste mundo para o Pai, tendo amado os seus que estavam no mundo, amou-os até o fim. ²Durante a ceia, tendo já o diabo posto no coração de Judas, filho de Simão Iscariotes, que traísse Jesus, ³sabendo este que o Pai tinha confiado tudo às suas mãos, e que ele tinha vindo de Deus e voltava para Deus, ⁴levantou-se da ceia, tirou a vestimenta de cima e, pegando uma toalha, cingiu-se com ela. ⁵Em seguida Jesus pôs água numa bacia e começou a lavar os pés dos discípulos e a enxugá-los com a toalha com que estava cingido. [...]

¹²Depois de lhes ter lavado os pés, Jesus pôs de novo as suas vestimentas e, voltando à mesa, perguntou-lhes: —Vocês compreendem o que eu lhes fiz? ¹³Vocês me chamam de Mestre e de Senhor e fazem bem, porque eu o sou. ¹⁴Ora, se eu, sendo Senhor e Mestre, lavei os pés de vocês, também vocês devem lavar os pés uns dos outros. ¹⁵Porque eu lhes dei o exemplo, para que, como eu fiz, vocês façam também. ¹⁶Em verdade, em verdade lhes digo que o servo não é maior do que seu senhor [...]. ¹⁷Se vocês sabem estas coisas, bem-aventurados serão se as praticarem.

💡 REFLITA

Jesus sabia quem Ele era; por isso, tinha certeza não apenas de Sua autoridade, mas também do relacionamento que usufruía com o Pai. Sendo assim, o que Jesus quis ensinar aos Seus discípulos, do passado e do presente, ao assumir a postura de um mísero servo?

_____
_____
_____
_____
_____
_____

○ REAJA

Observe o processo descrito, por João, que culminou com Jesus lavando os pés dos discípulos (vv.4-5). O que isso revela? Essa narrativa coloca o exemplo de Jesus bem à sua frente. Se você se considera um discípulo de Jesus, o que Ele está lhe dizendo para fazer hoje (vv.14-17)?

_____
_____
_____
_____
_____
_____

🙏 ORE

Incomparável Senhor, Teu amor é estupendo! Tu, mesmo sendo o Deus do Universo, não te importaste em se igualar a um simples servo ao lavar os pés sujos dos Teus discípulos. Sendo Tu o Mestre dos mestres, demonstraste um tremendo ato de servidão àqueles a quem amaste até o fim. Ajuda-me a seguir o Teu exemplo de humildade e serviço aos outros. Em Teu nome, amém!

1.º de agosto

LAR DOCE LAR

🎧 OUÇA

📖 RECEBA
João 14:1-11

¹—Que o coração de vocês não fique angustiado; vocês creem em Deus, creiam também em mim. ²Na casa de meu Pai há muitas moradas. Se não fosse assim, eu já lhes teria dito. Pois vou preparar um lugar para vocês. ³E, quando eu for e preparar um lugar, voltarei e os receberei para mim mesmo, para que, onde eu estou, vocês estejam também. ⁴E vocês conhecem o caminho para onde eu vou. ⁵Então Tomé disse a Jesus: —Não sabemos para onde o Senhor vai. Como podemos saber o caminho? ⁶Jesus respondeu: —Eu sou o caminho, a verdade e a vida; ninguém vem ao Pai senão por mim. ⁷Se vocês me conheceram, conhecerão também o meu Pai. E desde agora vocês o conhecem e têm visto. ⁸Filipe disse a Jesus: —Senhor, mostre-nos o Pai, e isso nos basta. ⁹Jesus respondeu: —Há tanto tempo estou com vocês, Filipe, e você ainda não me conhece? Quem vê a mim vê o Pai. Como é que você diz: "Mostre-nos o Pai"? ¹⁰Você não crê que eu estou no Pai e que o Pai está em mim? As palavras que eu digo a vocês não as digo por mim mesmo, mas o Pai, que permanece em mim, faz as suas obras. ¹¹Creiam que eu estou no Pai e que o Pai está em mim; creiam ao menos por causa das mesmas obras.

💡 REFLITA

Os discípulos estavam conturbados após as revelações que Jesus fizera: Ele morreria, um deles o trairia e outro o negaria. Diante disso, o Senhor os encorajou. O que Jesus disse a eles a fim de animá-los? De que forma as palavras do Senhor lhe trazem esperança hoje?

_____
_____
_____
_____
_____

○ REAJA

Conhecer Jesus é conhecer o Pai. Porém, os discípulos ainda não compreendiam isso. O que Filipe pediu ao Senhor (v.8)? Qual foi a resposta de Jesus (v.9)? Como é possível caminhar com Jesus e ainda assim não o conhecer? Releia o texto. O que Jesus está pedindo a Seus discípulos?

_____
_____
_____
_____
_____
_____

🙏 ORE

Maravilhoso Senhor, Tu és o único caminho para o Pai, a única verdade que liberta e a única vida pela qual se vive a eternidade com Deus. Agradeço-te por seres a verdadeira esperança. Dou-te graças por estares me preparando um lugar a fim de que eu habite para sempre contigo. Ajuda-me a crer e a aguardar a Tua volta com singeleza de coração. Em Teu nome, amém!

2 de agosto

PERMANEÇAM EM MIM

OUÇA

📖 RECEBA
João 15:4-12

⁴Permaneçam em mim, e eu permanecerei em vocês. Como o ramo não pode produzir fruto de si mesmo se não permanecer na videira, assim vocês não podem dar fruto se não permanecerem em mim. ⁵—Eu sou a videira, vocês são os ramos. Quem permanece em mim, e eu, nele, esse dá muito fruto; porque sem mim vocês não podem fazer nada. ⁶Se alguém não permanecer em mim, será lançado fora, à semelhança do ramo, e secará; e o apanham, lançam no fogo e o queimam. ⁷Se permanecerem em mim, e as minhas palavras permanecerem em vocês, pedirão o que quiserem, e lhes será feito. ⁸Nisto é glorificado o meu Pai: que vocês deem muito fruto; e assim mostrarão que são meus discípulos. ⁹Como o Pai me amou, também eu amei vocês; permaneçam no meu amor. ¹⁰Se vocês guardarem os meus mandamentos, permanecerão no meu amor, assim como também eu tenho guardado os mandamentos de meu Pai e no seu amor permaneço. ¹¹Tenho lhes dito estas coisas para que a minha alegria esteja em vocês, e a alegria de vocês seja completa. ¹²—O meu mandamento é este: que vocês amem uns aos outros, assim como eu os amei.

💡 REFLITA

Jesus usa essa figura para ilustrar a dependência que os Seus discípulos deveriam ter dele. O que é o ramo da videira sem a videira? Onde se origina a vida do ramo? Os frutos são de quem, da videira ou do ramo? Se você é o Seu ramo, o Senhor o desafia a manifestar o que hoje?

_____
_____
_____
_____
_____

⭯ REAJA

Eis a ordem do dia: "Permaneçam em mim, e eu permanecerei em vocês" (v.4). Releia o texto. Quais os resultados do permanecer a partir dessa reciprocidade indicada por Jesus? Viver esse relacionamento mútuo com o Senhor levará você a quê (v.12)?

_____
_____
_____
_____
_____

🙏 ORE

Senhor amado, louvado sejas pela vida que de ti emana. Agradeço-te por me tornares um ramo da videira que és Tu. Ensina-me a permanecer em ti para que Tu permaneças em mim e, assim, eu produza frutos que glorifiquem o Pai. Peço-te, Senhor, que eu possa me manter unido a ti; que a Tua vida flua em mim para que eu não venha a secar. Em nome de Jesus, amém!

3 de agosto

O CONSOLADOR

OUÇA

📖 RECEBA
João 16:4-15

⁴—Eu não lhes falei isso desde o princípio, porque eu estava com vocês. ⁵Mas, agora, vou para junto daquele que me enviou, e nenhum de vocês me pergunta: "Para onde o senhor vai?". ⁶Pelo contrário, porque eu lhes disse essas coisas, a tristeza encheu o coração de vocês. ⁷Mas eu lhes digo a verdade: é melhor para vocês que eu vá, porque, se eu não for, o Consolador não virá para vocês; mas, se eu for, eu o enviarei a vocês. ⁸Quando ele vier, convencerá o mundo do pecado, da justiça e do juízo: ⁹do pecado, porque eles não creem em mim; ¹⁰da justiça, porque vou para o Pai, e vocês não me verão mais; ¹¹do juízo, porque o príncipe deste mundo já está julgado.

¹²—Tenho ainda muito para lhes dizer, mas vocês não o podem suportar agora. ¹³Porém, quando vier o Espírito da verdade, ele os guiará em toda a verdade. Ele não falará por si mesmo, mas dirá tudo o que ouvir e anunciará a vocês as coisas que estão para acontecer. ¹⁴Ele me glorificará, porque vai receber do que é meu e anunciará isso a vocês. ¹⁵Tudo o que o Pai tem é meu. Por isso eu disse que o Espírito vai receber do que é meu e anunciar isso a vocês.

💡 REFLITA

Os discípulos estavam entristecidos por conta da partida de Jesus. Então, o Senhor prometeu que lhes enviaria o Consolador, o Espírito da verdade. Conforme a descrição de Jesus, em que consistiria a ação do Espírito no mundo? E na vida dos discípulos?

_____
_____
_____
_____
_____

🔄 REAJA

A vinda do Consolador estava condicionada à partida de Cristo (v.7). Por que Jesus disse que seria para o bem dos Seus discípulos, da Sua Igreja, que Ele enviaria o Consolador? Pense a respeito da ação do Espírito Santo hoje. De que maneira Ele tem agido em Sua vida?

_____
_____
_____
_____
_____
_____

🙏 ORE

Pai eterno, agradeço-te por Tua presença e pelo Teu agir no mundo que criaste. Antes mesmo de eu nascer, Tu já tinhas enviado Jesus para me salvar e o Consolador para me convencer do pecado, da justiça e do juízo. Que tremendo, Senhor, ser guiado pelo Espírito Santo à verdade da Tua Palavra. Ajuda-me a permanecer nos Teus caminhos. Em nome de Jesus, amém!

4 de agosto

NÃO SÃO DO MUNDO

OUÇA

📖 RECEBA
João 17:1-3,9-17

¹—Pai, é chegada a hora. Glorifica o teu Filho, para que o Filho glorifique a ti, ²assim como lhe deste autoridade sobre toda a humanidade, a fim de que ele conceda a vida eterna a todos os que lhe deste. ³E a vida eterna é esta: que conheçam a ti, o único Deus verdadeiro, e a Jesus Cristo, a quem enviaste. [...]
⁹—É por eles que eu peço; não peço pelo mundo, mas por aqueles que me deste, porque são teus. ¹⁰Todas as minhas coisas são tuas, e as tuas coisas são minhas; e, neles, eu sou glorificado. ¹¹Já não estou no mundo, mas eles continuam no mundo, enquanto eu vou para junto de ti. Pai santo, guarda-os em teu nome, que me deste, para que eles sejam um, assim como nós somos um. ¹²Quando eu estava com eles, guardava-os no teu nome [...]. ¹³Mas agora vou para junto de ti e isto falo no mundo para que eles tenham a minha alegria completa em si mesmos. ¹⁴Eu lhes tenho dado a tua palavra, e o mundo os odiou, porque eles não são do mundo, como também eu não sou. ¹⁵Não peço que os tires do mundo, mas que os guardes do mal. ¹⁶Eles não são do mundo, como também eu não sou. ¹⁷Santifica-os na verdade; a tua palavra é a verdade.

💡 REFLITA
Jesus descortina a Sua natureza e o Seu coração, bem como explicita o relacionamento dele com Deus, nessa oração. Para que o Pai concedeu ao Filho "autoridade sobre toda a humanidade" (v.2)? O que Jesus afirma ser a vida eterna? Como é possível vivê-la hoje?

_____
_____
_____
_____
_____

⭕ REAJA
Esta é uma oração atemporal: "Não peço somente por estes, mas também por aqueles que vierem a crer em mim" (v.20). Logo, isso inclui você. Releia o texto (vv.9-17), o que Jesus rogou ao Pai? O que significa "eles não são do mundo" (v.14)? De que maneira isso diz respeito a você?

_____
_____
_____
_____
_____
_____

🙏 ORE
Exaltado seja o Teu nome, Senhor, pois glorificaste o Pai na Terra. Tu completaste a obra que Ele confiou em Tuas mãos para realizar. Agradeço-te por intercederes por mim antes mesmo de eu te conhecer e ser salvo por ti. Capacita-me a entender que eu não pertenço a este mundo, ainda que eu esteja habitando nele. Em Teu nome, amém!

5 de agosto

SÓ SE EU VIR

 OUÇA

📖 RECEBA
João 20:24-31

²⁴Tomé, um dos doze, chamado Dídimo, não estava com eles quando Jesus veio. ²⁵Então os outros discípulos disseram a Tomé: —Vimos o Senhor. Mas ele respondeu: —Se eu não vir o sinal dos pregos nas mãos dele, ali não puser o dedo e não puser a minha mão no lado dele, de modo nenhum acreditarei. ²⁶Passados oito dias, os discípulos de Jesus estavam outra vez reunidos, e Tomé estava com eles. Estando as portas trancadas, Jesus veio, pôs-se no meio deles e disse: —Que a paz esteja com vocês! ²⁷E logo disse a Tomé: —Ponha aqui o seu dedo e veja as minhas mãos. Estenda também a sua mão e ponha no meu lado. Não seja incrédulo, mas crente. ²⁸Ao que Tomé lhe respondeu: —Senhor meu e Deus meu! ²⁹Jesus lhe disse: —Você creu porque me viu? Bem-aventurados são os que não viram e creram. ³⁰Na verdade, Jesus fez diante dos seus discípulos muitos outros sinais que não estão escritos neste livro. ³¹Estes, porém, foram registrados para que vocês creiam que Jesus é o Cristo, o Filho de Deus, e para que, crendo, tenham vida em seu nome.

💡 REFLITA

Tomé não participou do encontro entre o Cristo ressurrecto e Seus discípulos. Como Tomé não viu o Senhor, ele se recusou a crer no que lhe fora relatado. Qual a condição que Tomé impôs para crer que Jesus havia ressuscitado? O que a atitude de Tomé revela sobre a natureza humana?

_____
_____
_____
_____

◯ REAJA

Em Sua misericórdia e bondade, Jesus concedeu a Tomé as evidências que ele pediu. Imagine a cena descrita no texto (vv.26-28), como será que Tomé se sentiu ao ouvir as palavras ditas pelo Mestre? Releia o versículo 29. Você é capaz de crer sem ver? Por quê?

_____
_____
_____
_____
_____

🙏 ORE

"Senhor meu e Deus meu", perdoa-me pelas vezes que manifesto algum tipo de incredulidade quanto a Tua Palavra. Tu sabes, Senhor, que creio que Tu és "o Cristo, o Filho de Deus", ajuda-me a não duvidar quando não enxergo o Teu agir. Acrescenta o que ainda me falta, pois quero andar por fé e não por vista para, assim, eu ter vida em Teu nome. Em nome de Jesus, amém!

6 de agosto

ASCENSÃO DE JESUS

📖 RECEBA
Atos 1:3-11

³Depois de ter padecido, Jesus se apresentou vivo a seus apóstolos, com muitas provas incontestáveis, aparecendo-lhes durante quarenta dias e falando das coisas relacionadas com o Reino de Deus. ⁴E, comendo com eles, deu-lhes esta ordem: —Não se afastem de Jerusalém, mas esperem a promessa do Pai [...]. ⁵Porque João, na verdade, batizou com água, mas vocês serão batizados com o Espírito Santo, dentro de poucos dias. ⁶Então os que estavam reunidos com Jesus lhe perguntaram: —Será este o tempo em que o Senhor irá restaurar o reino a Israel? ⁷Jesus respondeu: —Não cabe a vocês conhecer tempos ou épocas que o Pai fixou [...]. ⁸Mas vocês receberão poder, ao descer sobre vocês o Espírito Santo, e serão minhas testemunhas tanto em Jerusalém como em toda a Judeia e Samaria e até os confins da terra. ⁹Depois de ter dito isso, Jesus foi elevado às alturas, à vista deles, e uma nuvem o encobriu dos seus olhos. ¹⁰E, estando eles com os olhos fixos no céu, enquanto Jesus subia, eis que dois homens vestidos de branco se puseram ao lado deles ¹¹e lhes disseram: —Homens da Galileia, por que vocês estão olhando para as alturas? Esse Jesus que foi levado do meio de vocês para o céu virá do modo como vocês o viram subir.

💡 REFLITA

Lucas é o autor do livro de Atos. Ele relata os primórdios da Igreja de Cristo. Conforme o texto, o que Jesus fez durante os quarenta dias após a Sua ressurreição? Qual era a promessa pela qual Seus apóstolos deveriam esperar? Qual o simbolismo do batismo?

_____
_____
_____
_____
_____
_____

🔄 REAJA

Jesus disse que o Espírito Santo lhes daria poder para quê? Pesquise a origem das palavras *poder* e *testemunhas* no grego. Considere a história dos líderes e dos cristãos da Igreja Primitiva. Por que o poder do Espírito Santo era necessário para que eles testemunhassem de Jesus?

_____
_____
_____
_____
_____
_____
_____

ORE

Deus amado, agradeço-te por Tuas promessas e o cumprimento delas. Dou-te graças por enviares o Espírito Santo e continuares a obra que iniciaste por meio do Teu Filho. Capacita-me a testemunhar de Cristo no poder do Teu Espírito. Ajuda-me a viver como se Ele fosse retornar hoje, pois quero estar pronto para encontra-me com Ele. Em nome de Jesus, amém!

7 de agosto

O ESPÍRITO SANTO

OUÇA

📖 RECEBA
Atos 2:1-11

¹Ao cumprir-se o dia de Pentecostes, estavam todos reunidos no mesmo lugar. ²De repente, veio do céu um som, como de um vento impetuoso, e encheu toda a casa onde estavam sentados. ³E apareceram, distribuídas entre eles, línguas, como de fogo, as quais pousaram sobre cada um deles. ⁴Todos ficaram cheios do Espírito Santo e começaram a falar em outras línguas, segundo o Espírito lhes concedia que falassem. ⁵Estavam morando em Jerusalém judeus, homens piedosos, vindos de todas as nações debaixo do céu. ⁶Assim, quando se fez ouvir aquela voz, afluiu a multidão, que foi tomada de perplexidade, porque cada um os ouvia falar na sua própria língua. ⁷Estavam atônitos e se admiravam, dizendo: —Vejam! Não são galileus todos esses que aí estão falando? ⁸Então como os ouvimos falar, cada um em nossa própria língua materna? ⁹Somos partos, medos, elamitas e os naturais da Mesopotâmia, Judeia, Capadócia, Ponto e Ásia, ¹⁰da Frígia, da Panfília, do Egito e das regiões da Líbia, nas imediações de Cirene, e romanos que aqui residem, ¹¹tanto judeus como prosélitos, cretenses e árabes. Como os ouvimos falar sobre as grandezas de Deus em nossas próprias línguas?

💡 REFLITA

Os discípulos permaneciam em Jerusalém conforme Jesus havia os orientado: "Não se afastem de Jerusalém, mas esperem a promessa do Pai" (1:4). O que aconteceu ao "cumprir-se o dia de Pentecostes" (2:1)? De que forma, notável, o Espírito Santo se manifestou a eles?

_____
_____
_____
_____
_____
_____

⭕ REAJA

Esse acontecimento agitou Jerusalém (v.6). O que o texto relata sobre as pessoas de outras nacionalidades que estavam na cidade (vv.6,8,11)? Em que sentido, o "falar em outras línguas" (v.4) foi falar línguas estranhas e, ao mesmo tempo, idiomas conhecidos?

_____
_____
_____
_____
_____
_____
_____
_____

🙏 ORE

Soberano Senhor, agradeço-te por teres enviado o Espírito Santo à Tua Igreja conforme prometeste por intermédio do Teu amado Filho. Dou-te graças pelo agir dele em minha vida e pelo fruto que Ele tem produzido em mim à medida que me submeto ao Teu senhorio. Capacita-me a exercer sabiamente o dom que, pelo Teu Espírito, concedeste a mim. Em nome de Jesus, amém!

8 de agosto

OLHE PARA NÓS!

OUÇA

📖 RECEBA
Atos 3:1-10

¹Pedro e João estavam se dirigindo ao templo para a oração das três horas da tarde. ²Estava sendo levado um homem, coxo de nascença, que diariamente era colocado à porta do templo chamada Formosa, para pedir esmolas aos que entravam. ³Quando ele viu Pedro e João, que iam entrar no templo, pediu que lhe dessem uma esmola. ⁴Pedro, fitando-o, juntamente com João, disse: —Olhe para nós! ⁵Ele os olhava atentamente, esperando receber alguma coisa. ⁶Pedro, porém, lhe disse: —Não possuo nem prata nem ouro, mas o que tenho, isso lhe dou: em nome de Jesus Cristo, o Nazareno, levante-se e ande! ⁷E, pegando na mão direita do homem, ajudou-o a se levantar. Imediatamente os seus pés e tornozelos se firmaram; ⁸e, dando um salto, ficou em pé, começou a andar e entrou com eles no templo, pulando e louvando a Deus. ⁹Todo o povo viu o homem andando e louvando a Deus, ¹⁰e reconheceram que ele era o mesmo que pedia esmolas, assentado à Porta Formosa do templo; e ficaram muito admirados e espantados com o que lhe tinha acontecido.

💡 REFLITA

Após receberem o poder do Espírito Santo, os apóstolos se tornaram as testemunhas que Jesus disse que seriam (1:8); assim, "muitos prodígios e sinais eram feitos por meio [deles]" (2:43). Pedro e João estavam indo ao Templo para quê? Quem eles encontraram e o que fizeram?

_____
_____
_____
_____
_____

🔄 REAJA

Pedro e João não tinham riquezas materiais, mas possuíam algo sem par. O coxo que esperava esmolas, teve a sua vida transformada. Qual a primeira coisa que Pedro disse a ele (v.4)? E qual foi a segunda (v.5)? Ao olharem para você, o que as pessoas estão vendo e recebendo?

_____
_____
_____
_____
_____
_____

🙏 ORE

Deus de graça e misericórdia, é constrangedor olhar para a vida e prática dos apóstolos de outrora e perceber o quanto ministérios e lideranças, que se dizem cristãos, têm se afastado do genuíno evangelho por causa do ouro e da prata. Senhor, ajuda-me a me manter fiel a ti e a discernir as distorções bíblicas que têm sido apregoadas em Teu nome. Em nome de Jesus, amém!

9 de agosto

ESTÊVÃO

📖 RECEBA
Atos 7:51-60

⁵¹—Homens teimosos e incircuncisos de coração e de ouvidos, vocês sempre resistem ao Espírito Santo. Vocês fazem exatamente o mesmo que fizeram os seus pais. ⁵²Qual dos profetas os pais de vocês não perseguiram? Eles mataram os que anteriormente anunciavam a vinda do Justo, do qual vocês agora se tornaram traidores e assassinos, ⁵³vocês que receberam a lei por ministério de anjos e não a guardaram. ⁵⁴Ao ouvirem isto, ficaram com o coração cheio de raiva e rangiam os dentes contra ele. ⁵⁵Mas Estêvão, cheio do Espírito Santo, fitou os olhos no céu e viu a glória de Deus e Jesus, que estava à direita de Deus. ⁵⁶Então disse: —Eis que vejo os céus abertos e o Filho do Homem, em pé à direita de Deus. ⁵⁷Eles, porém, gritando bem alto, taparam os ouvidos e, unânimes, avançaram contra ele. ⁵⁸E, expulsando-o da cidade, o apedrejaram. As testemunhas deixaram as capas deles aos pés de um jovem chamado Saulo. ⁵⁹E enquanto o apedrejavam, Estêvão orava, dizendo: —Senhor Jesus, recebe o meu espírito! ⁶⁰Então, ajoelhando-se, gritou bem alto: —Senhor, não os condenes por causa deste pecado! E, depois que ele disse isso, morreu.

💡 REFLITA

Estêvão, era um discípulo "cheio de graça e de poder, fazia prodígios e grandes sinais entre o povo" (6:8). Ele foi acusado de "proferir blasfêmias contra Moisés e contra Deus" (6:11), assim "o agarraram e levaram ao Sinédrio" (6:12). Essa descrição o faz lembrar de quem? Por quê?

_____
_____
_____
_____
_____

🔄 REAJA

Em sua defesa, Estêvão discorreu sobre a história do povo de Israel (7:1-50) e, para fechar sua réplica, ele acusou seus ouvintes dos mesmos pecados (vv.51-53). O que esse discurso provocou? De que forma isso pode ocorrer hoje? Qual a reação de Estêvão ao ódio demonstrado a ele?

_____
_____
_____
_____
_____
_____

🙏 ORE

Maravilhoso Senhor, Tu advertiste os Teus seguidores de que seriam odiados por amarem e obedecerem a ti. A forma como Tu sustentas os Teus servos em meio às adversidades é incrível. Senhor, como Tu me concedeste graça não apenas para crer em ti, mas também para sofrer por ti; peço-te: ajuda-me a me manter fiel ao enfrentar provações. Em nome de Jesus, amém!

10 de agosto

QUEM É VOCÊ?

🎧 OUÇA

📖 RECEBA
Atos 9:1-5,8-12

¹Saulo, respirando ainda ameaças e morte contra os discípulos do Senhor, dirigiu-se ao sumo sacerdote ²e lhe pediu cartas para as sinagogas de Damasco, a fim de que, caso achasse alguns que eram do Caminho, tanto homens como mulheres, os levasse presos para Jerusalém. ³Enquanto seguia pelo caminho, ao aproximar-se de Damasco, subitamente uma luz do céu brilhou ao seu redor. ⁴Ele caiu por terra e ouviu uma voz que lhe dizia: —Saulo, Saulo, por que você me persegue? ⁵Ele perguntou: —Senhor, quem é você? E a resposta foi: —Eu sou Jesus, a quem você persegue. [...]
⁸Então Saulo se levantou do chão e, abrindo os olhos, nada podia ver. E, guiando-o pela mão, levaram-no para Damasco. ⁹Esteve três dias sem ver [...]. ¹⁰Havia em Damasco um discípulo chamado Ananias. O Senhor lhe apareceu numa visão e disse: —Ananias! Ao que ele respondeu: —Eis-me aqui, Senhor! ¹¹Então o Senhor lhe disse: —Levante-se e vá à rua que se chama Direita e, na casa de Judas, procure um homem de Tarso chamado Saulo. Ele está orando ¹²e, numa visão, viu entrar um homem, chamado Ananias, e impor-lhe as mãos, para que recuperasse a vista.

💡 REFLITA

Saulo de Tarso, posteriormente apóstolo Paulo, convencido de que servia a Deus, perseguiu os discípulos de Jesus até encontrar-se pessoalmente com Ele. De que forma o Senhor se manifestou a Saulo? Por meio da cegueira física, o que Jesus revelou ao ex-perseguidor da Igreja?

_____
_____
_____
_____
_____

⭕ REAJA

A conversão de Paulo foi genuína, mas a princípio foi difícil de se acreditar. O Senhor apareceu numa visão a Ananias e o comissionou a encontrar Saulo. Leia Atos 9:13-18. O que Ananias argumentou? O que o Senhor disse a Ananias? O que aconteceu após Ananias obedecer ao Senhor?

_____
_____
_____
_____
_____
_____
_____

🙏 ORE

Poderoso Deus, agindo Tu, quem te impedirá? Os poderes deste mundo não se mantêm diante do Teu soberano agir. No decorrer da história, Tu tens conduzido homens e mulheres a reconhecerem que não há salvação em nenhum outro além de ti. Agradeço-te por teres me alcançado com Tua graça, pois antes eu era cego, mas agora posso ver-te. Em nome de Jesus, amém!

11 de agosto

IMPROBABILIDADE

📖 RECEBA
Atos 12:1-8

¹Por aquele tempo, o rei Herodes mandou prender alguns da igreja para os maltratar. ²Mandou matar à espada Tiago, irmão de João. ³Vendo que isto agradava aos judeus, prosseguiu, mandando prender também Pedro. E eram os dias dos pães sem fermento. ⁴Depois de prendê-lo, lançou-o na prisão, entregando-o a quatro escoltas de quatro soldados cada uma, para o guardarem. A intenção de Herodes era apresentá-lo ao povo depois da Páscoa. ⁵E assim Pedro era mantido na prisão; mas havia oração incessante a Deus por parte da igreja a favor dele. ⁶Na noite anterior ao dia em que Herodes ia apresentá-lo ao povo, Pedro dormia entre dois soldados, preso com duas correntes. Sentinelas, junto à porta, guardavam a prisão. ⁷Eis, porém, que sobreveio um anjo do Senhor, e uma luz iluminou a prisão. O anjo tocou no lado de Pedro e o despertou, dizendo: —Levante-se depressa! Então as correntes caíram das mãos dele. ⁸E o anjo continuou: —Coloque o cinto e calce as sandálias. E ele assim o fez. O anjo lhe disse mais: —Ponha a capa e siga-me.

💡 REFLITA
Prender e maltratar os seguidores de Jesus era popularmente aceito e aplaudido por muitos. De que forma acontece algo similar hoje? Tiago foi o primeiro, dos apóstolos, a ser martirizado. Apesar das perseguições a Igreja do Senhor crescia. Leia Atos 2:42-47. A que se devia isso?

_____
_____
_____
_____
_____

⭕ REAJA
Pedro seria o próximo na lista de Herodes; porém, Deus lhe frustrou os planos e livrou o apóstolo. Releia o versículo 5. O que acontecia enquanto Pedro estava preso? De que forma o Senhor o libertou? O que que mais chama a sua atenção nesse texto?

_____
_____
_____
_____
_____
_____

🙏 ORE
Santo e bendito Senhor, eu sei que tudo podes e que nenhum dos Teus planos será frustrado. Senhor, na maioria das vezes, não entendo, muito bem, a Tua forma de agir, pois parece que Tu não te importas com alguns. Contudo, rendo-me à Tua soberania na certeza de que Tu tens os Teus propósitos e amas igualmente os Teus filhos. Em nome de Jesus, amém!

12 de agosto

PRESOS, MAS LIVRES

📖 RECEBA
Atos 16:20-30

²⁰E, levando-os aos magistrados, disseram: —Estes homens, sendo judeus, perturbam a nossa cidade, ²¹propagando costumes que não podemos aceitar, nem praticar, porque somos romanos. ²²Então a multidão se levantou unida contra eles, e os magistrados [...] mandaram açoitá-los com varas. ²³E, depois de lhes darem muitos açoites, os lançaram na prisão, ordenando ao carcereiro que os guardasse com toda a segurança. ²⁴Este, recebendo tal ordem, levou-os para o cárcere interior e prendeu os pés deles no tronco. ²⁵Por volta da meia-noite, Paulo e Silas oravam e cantavam louvores a Deus [...]. ²⁶De repente, sobreveio tamanho terremoto, que sacudiu os alicerces da prisão; todas as portas se abriram e as correntes de todos os presos se soltaram. ²⁷O carcereiro despertou do sono e, vendo abertas as portas da prisão, puxando da espada, ia suicidar-se, pois pensou que os presos tinham fugido. ²⁸Mas Paulo gritou bem alto: —Não faça nenhum mal a si mesmo! Estamos todos aqui. ²⁹Então o carcereiro, tendo pedido uma luz, entrou correndo e, trêmulo, prostrou-se diante de Paulo e Silas. ³⁰Depois, trazendo-os para fora, disse: —Senhores, que devo fazer para que seja salvo?

💡 REFLITA

Paulo e Silas foram presos por terem agido em favor de "uma jovem possuída de espírito adivinhador, a qual, adivinhando, dava grande lucro aos seus donos" (v.16). Por que os donos dela se vingaram deles? Em que a ganância transforma aqueles que são dominados por ela?

_____
_____
_____
_____
_____

💭 REAJA

Apesar de serem açoitados e lançados na prisão, "Paulo e Silas oravam e cantavam louvores a Deus" (v.25). Que resultado isso trouxe a eles e aos outros? De que maneira você pode relacionar "açoites e prisão" às suas adversidades? O que você tem escolhido fazer em meio às dificuldades?

_____
_____
_____
_____
_____
_____

🙏 ORE

Deus amado, Tu és soberano sobre todas as coisas; tens os Teus caminhos para aperfeiçoar a nossa fé em ti e alcançar pessoas com as boas-novas da salvação em Cristo. Alguns, aos nossos olhos e experiências, não são nada agradáveis; porém, ao serem geridos por ti, são os mais eficazes. Ajuda-me a louvar-te em todo tempo. Em nome de Jesus, amém!

233

13 de agosto

RELIGIOSOS

OUÇA

📖 RECEBA
Atos 17:16-17,21-23,26-28

¹⁶Enquanto Paulo os esperava em Atenas, o seu espírito se revoltava em face da idolatria dominante na cidade. ¹⁷Por isso, falava na sinagoga com os judeus e os gentios piedosos; também na praça, todos os dias, com os que se encontravam ali. [...]
²¹Acontece que todos os de Atenas e os estrangeiros residentes não se ocupavam com outra coisa senão dizer ou ouvir as últimas novidades. ²²Então Paulo, levantando-se no meio do Areópago, disse: —Senhores atenienses! Percebo que em tudo vocês são bastante religiosos, ²³porque, andando pela cidade e observando os objetos de culto que vocês têm, encontrei também um altar no qual aparece a seguinte inscrição: "Ao Deus Desconhecido". Pois esse que vocês adoram sem conhecer é precisamente aquele que eu lhes anuncio. [...]
²⁶De um só homem fez todas as nações para habitarem sobre a face da terra, havendo fixado os tempos previamente estabelecidos e os limites da sua habitação; ²⁷para buscarem Deus se, porventura, tateando, o possam achar, ainda que não esteja longe de cada um de nós; ²⁸pois nele vivemos, nos movemos e existimos.

💡 REFLITA

Atenas era o centro intelectual do mundo greco-romano. Ali, Paulo discutiu com alguns "filósofos epicureus e estoicos" (v.18). O que Paulo viu nessa cidade grega que trouxe revolta ao seu espírito? Diante disso, o que ele começou a fazer para mudar aquela realidade?

_____
_____
_____
_____

⭯ REAJA

Paulo aproveitava todas as oportunidades para pregar sobre Cristo e o Seu evangelho; então ele observou o seu público. Com o que os atenienses se ocupavam? De que maneira o apóstolo usou esse fato para apresentar o "Deus Desconhecido" a eles? Isso o desafia a fazer o quê?

_____
_____
_____
_____
_____

🕊 ORE

Altíssimo Deus, quão temível é o Teu nome em toda a Terra. Mesmo aqueles que não te conhecem, verdadeiramente, receiam em não te conhecer; assim, caem na idolatria adorando falsos deuses. Ajuda-me, Senhor, a tornar-te conhecido, o único e verdadeiro Deus que muitos ainda desconhecem. Capacita-me a apregoar a Tua Palavra. Em nome de Jesus, amém!

14 de agosto

INDESCULPÁVEIS

🎧 OUÇA

📖 RECEBA
Romanos 1:16-25

¹⁶Pois não me envergonho do evangelho, porque é o poder de Deus para a salvação de todo aquele que crê [...]. ¹⁷Porque a justiça de Deus se revela no evangelho, de fé em fé, como está escrito: "O justo viverá por fé". ¹⁸A ira de Deus se revela do céu contra toda impiedade e injustiça dos seres humanos que, por meio da sua injustiça, suprimem a verdade. ¹⁹Pois o que se pode conhecer a respeito de Deus é manifesto entre eles, porque Deus lhes manifestou. ²⁰Porque os atributos invisíveis de Deus, isto é, o seu eterno poder e a sua divindade, claramente se reconhecem, desde a criação do mundo, sendo percebidos por meio das coisas que Deus fez. Por isso, os seres humanos são indesculpáveis. ²¹Porque, tendo conhecimento de Deus, não o glorificaram como Deus, nem lhe deram graças. Pelo contrário, se tornaram nulos em seus próprios raciocínios, e o coração insensato deles se obscureceu. ²²Dizendo que eram sábios, se tornaram tolos ²³e trocaram a glória do Deus incorruptível por imagens semelhantes ao ser humano corruptível, às aves, aos quadrúpedes e aos répteis. [...] ²⁵Eles trocaram a verdade de Deus pela mentira, adorando e servindo a criatura em lugar do Criador.

💡 REFLITA
Paulo enfatiza a pessoa de Deus e Seu plano redentor. Ele declara não se envergonhar do evangelho de Cristo por ser "o poder de Deus para a salvação" (v.16). Sendo assim, a justiça de Deus se refere a quê? "O justo viverá por fé" (v.17). O que isso significa?

_____
_____
_____
_____
_____

⚡ REAJA
Deus é completamente justo no Seu julgar. Contra o que a "ira de Deus se revela do céu" (v.18)? Releia o texto. Por que Paulo afirma: "os seres humanos são indesculpáveis" (v.20)? De que forma as pessoas que rejeitam a verdade de Deus em Cristo tornam-se tolas?

_____
_____
_____
_____
_____
_____
_____

🙏 ORE
Deus justo e verdadeiro, capacita-me a não me envergonhar e a entender, plenamente, que o evangelho é o Teu poder para a minha salvação. Agradeço-te por me salvares por Tua graça mediante a fé, ajuda-me, agora, a viver em ti por meio dela. Peço-te, Senhor: livra-me de praticar qualquer impiedade e torna-me capaz de reconhecer-te sempre. Em nome de Jesus, amém!

15 de agosto
RECONCILIADOS

OUÇA

📖 RECEBA
Romanos 5:1-10

¹Justificados, pois, mediante a fé, temos paz com Deus por meio do nosso Senhor Jesus Cristo, ²pelo qual obtivemos também acesso, pela fé, a esta graça na qual estamos firmes; e nos gloriamos na esperança da glória de Deus. ³E não somente isto, mas também nos gloriamos nas tribulações, sabendo que a tribulação produz perseverança, ⁴a perseverança produz experiência e a experiência produz esperança. ⁵Ora, a esperança não nos deixa decepcionados, porque o amor de Deus é derramado em nosso coração pelo Espírito Santo, que nos foi dado. ⁶Porque Cristo, quando nós ainda éramos fracos, morreu a seu tempo pelos ímpios. ⁷Dificilmente alguém morreria por um justo, embora por uma pessoa boa alguém talvez tenha coragem para morrer. ⁸Mas Deus prova o seu próprio amor para conosco pelo fato de Cristo ter morrido por nós quando ainda éramos pecadores. ⁹Logo, muito mais agora, sendo justificados pelo seu sangue, seremos por ele salvos da ira. ¹⁰Porque, se nós, quando inimigos, fomos reconciliados com Deus mediante a morte do seu Filho, muito mais, estando já reconciliados, seremos salvos pela sua vida!

💡 REFLITA
Jesus Cristo, por causa da obra que Ele realizou na cruz em favor dos pecadores, trouxe justificação, pelo Seu sangue, aos que nele creem. Quais os benefícios de ser justificado mediante a fé em Cristo? Por que o crente fiel deve aprender a se gloriar nas tribulações?

_____
_____
_____
_____
_____

🔄 REAJA
"Mas Deus prova o seu próprio amor para conosco pelo fato de Cristo ter morrido por nós quando ainda éramos pecadores" (v.8). Pense em Jesus, em tudo que Ele passou, desde o Seu nascimento até a Sua morte. De que forma saber do amor de Deus por você impacta a sua vida?

_____
_____
_____
_____
_____
_____

🙏 ORE
Pai de amor, agradeço-te pela Tua obra de redenção consumada por meio de Cristo. Louvo-te por me concederes, mediante a fé, acesso a Tua graça sem par. Dou-te graças por propiciares, pelo sangue de Cristo, a minha reconciliação contigo. Que privilégio é ser amado por ti, ó Rei do Universo! O Teu amor é cura e restauração à minha alma. Em nome de Jesus, amém!

16 de agosto

PECADO DESTRONADO

📖 RECEBA
Romanos 6:1-11

¹Que diremos, então? Continuaremos no pecado, para que a graça aumente ainda mais? ²De modo nenhum! Como viveremos ainda no pecado, nós, que já morremos para ele? ³Ou será que vocês ignoram que todos nós que fomos batizados em Cristo Jesus fomos batizados na sua morte? ⁴Fomos sepultados com ele na morte pelo batismo, para que, como Cristo foi ressuscitado dentre os mortos pela glória do Pai, assim também nós andemos em novidade de vida. ⁵Porque, se fomos unidos com ele na semelhança da sua morte, certamente o seremos também na semelhança da sua ressurreição, ⁶sabendo isto: que a nossa velha natureza foi crucificada com ele, para que o corpo do pecado seja destruído, e não sejamos mais escravos do pecado. ⁷Pois quem morreu está justificado do pecado. ⁸Ora, se já morremos com Cristo, cremos que também viveremos com ele. ⁹Sabemos que, havendo Cristo ressuscitado dentre os mortos, já não morre; a morte já não tem domínio sobre ele. ¹⁰Pois, quanto a ter morrido, de uma vez para sempre morreu para o pecado; mas, quanto a viver, vive para Deus. ¹¹Assim também vocês considerem-se mortos para o pecado, mas vivos para Deus, em Cristo Jesus.

💡 REFLITA

Algumas pessoas entendem erroneamente a graça e o perdão de Deus, pois acreditam que podem pecar à vontade sem sofrer as consequências disso. De que forma isso se constitui um tipo de zombaria a Deus? Para que o Senhor concedeu a Sua graça aos que creem (vv.5-8)?

_____
_____
_____
_____
_____

⭘ REAJA

A ideia da pessoa que foi salva por Cristo continuar pecando propositalmente é injustificável. Releia o texto, o que mais chama a sua atenção na abordagem de Paulo? Por quê? Responda pessoalmente a isto: "Como [viverei] ainda no pecado, [eu], que já [morri] para ele" (v.2)?

_____
_____
_____
_____
_____

🙏 ORE

Misericordioso Senhor, agradeço-te por teres me concedido a Tua graça. Dou-te graças por me libertares do pecado e quebrares o domínio dele sobre mim. Pois a minha velha natureza foi crucificada com Cristo desde o momento em que o aceitei como meu Senhor e meu Salvador. Ajuda-me a viver morto para o pecado e vivo para Deus. Em nome de Jesus, amém!

17 de agosto

QUE DIREMOS?

OUÇA

📖 RECEBA
Romanos 8:24-28,31-35

²⁴Porque na esperança fomos salvos. Ora, esperança que se vê não é esperança. Pois quem espera o que está vendo? ²⁵Mas, se esperamos o que não vemos, com paciência o aguardamos. ²⁶[...] o Espírito nos ajuda em nossa fraqueza. Porque não sabemos orar como convém, mas o próprio Espírito intercede por nós com gemidos inexprimíveis. ²⁷E aquele que sonda os corações sabe qual é a mente do Espírito, porque intercede pelos santos de acordo com a vontade de Deus. ²⁸Sabemos que todas as coisas cooperam para o bem daqueles que amam a Deus, daqueles que são chamados segundo o seu propósito. [...]
³¹Que diremos, então, à vista destas coisas? Se Deus é por nós, quem será contra nós? ³²Aquele que não poupou o seu próprio Filho, mas por todos nós o entregou, será que não nos dará graciosamente com ele todas as coisas? ³³Quem intentará acusação contra os eleitos de Deus? É Deus quem os justifica. ³⁴Quem os condenará? É Cristo Jesus quem morreu, ou melhor, quem ressuscitou, o qual está à direita de Deus e também intercede por nós. ³⁵Quem nos separará do amor de Cristo? Será a tribulação, ou a angústia, ou a perseguição, ou a fome, ou a nudez, ou o perigo ou a espada?

💡 REFLITA

Deus, em Seu amor, proveu e provê todas as coisas para que possamos prosseguir em comunhão com Ele. De que maneira podemos conceituar fraqueza nesse contexto? Por que precisamos da ajuda do Espírito Santo para orar? Qual a sua vivência com a oração?

_____
_____
_____
_____
_____
_____

⟳ REAJA

"Quem nos separará do amor de Cristo?" (v.35). De fato, nada nem ninguém pode impedir Deus de amar você; porém, o que acontece quando se peca contra o Senhor (leia Isaías 59:1-2)? Releia os versículos 31 a 35. Observe as perguntas e as respostas neles; o que eles dizem a você hoje?

_____
_____
_____
_____
_____
_____

ORE

Deus amado, que tremenda é a Tua providência em me auxiliar a me relacionar contigo. Agradeço-te pela intercessão do Espírito Santo que expressa diante de ti aquilo que não sei falar. Dou-te graças pelo Teu imensurável amor demonstrado em Cristo. Ajuda-me a viver de acordo com os Teus valores e com a Palavra que tens ministrado a mim. Em nome de Jesus, amém!

18 de agosto

CONFESSE E CREIA

📖 RECEBA
Romanos 10:4-15

⁴Porque o fim da lei é Cristo, para justiça de todo aquele que crê. ⁵Ora, Moisés descreve assim a justiça que procede da lei: "Aquele que observar os seus preceitos por eles viverá". ⁶Mas a justiça que procede da fé afirma o seguinte: "Não pergunte em seu coração: Quem subirá ao céu?", isto é, para trazer Cristo lá do alto; ⁷ou: "Quem descerá ao abismo?", isto é, para levantar Cristo dentre os mortos. ⁸Porém, o que se diz? "A palavra está perto de você, na sua boca e no seu coração", isto é, a palavra da fé que pregamos. ⁹Se com a boca você confessar Jesus como Senhor e em seu coração crer que Deus o ressuscitou dentre os mortos, você será salvo. ¹⁰Porque com o coração se crê para a justiça e com a boca se confessa para a salvação. ¹¹Pois a Escritura diz: "Todo aquele que nele crê não será envergonhado". ¹²Porque não há distinção entre judeu e grego [...]. ¹³Porque: "Todo aquele que invocar o nome do Senhor será salvo". ¹⁴Como, porém, invocarão aquele em quem não creram? E como crerão naquele de quem nada ouviram? E como ouvirão, se não há quem pregue? ¹⁵E como pregarão, se não forem enviados? Como está escrito: "Quão formosos são os pés dos que anunciam coisas boas!".

💡 REFLITA
"Porque o fim da lei é Cristo" (v.4). Isso ressalta a importância da fé para se alcançar a salvação. Logo, basear-se na própria justiça para se tornar justo, diante de Deus, é ineficaz. Qual o processo que Paulo descreve para se chegar à salvação? Qual o papel da fé e da confissão nisso?
_____
_____
_____
_____
_____

○ REAJA
Invocar o nome do Senhor para ser salvo (v.13). Observe as perguntas feitas por Paulo (vv.14-15). Diante disso, qual a melhor forma de cumprir o propósito divino? À medida que a sua vida se torna mais audível àqueles que estão ao seu redor, o que eles estão ouvindo e conhecendo?
_____
_____
_____
_____
_____
_____

🙏 ORE
Justo Senhor, agradeço-te por Cristo ter cumprido toda Lei em meu lugar e propiciado o meu relacionamento contigo. Dou-te graças por teres me feito ouvir a Tua Palavra e a colocares, mediante a fé, em minha boca e coração. Senhor, que os meus pés sejam formosos, não apenas por anunciar o evangelho, mas por vivê-lo sinceramente. Em nome de Jesus, amém!

19 de agosto

SACRIFÍCIO VIVO

📖 RECEBA
Romanos 12:1-2,9-18

¹Portanto, irmãos, pelas misericórdias de Deus, peço que ofereçam o seu corpo como sacrifício vivo, santo e agradável a Deus. Este é o culto racional de vocês. ²E não vivam conforme os padrões deste mundo, mas deixem que Deus os transforme pela renovação da mente, para que possam experimentar qual é a boa, agradável e perfeita vontade de Deus. [...]
⁹O amor seja sem hipocrisia. Odeiem o mal e apeguem-se ao bem. ¹⁰Amem uns aos outros com amor fraternal. Quanto à honra, deem sempre preferência aos outros. ¹¹Quanto ao zelo, não sejam preguiçosos. Sejam fervorosos de espírito, servindo o Senhor. ¹²Alegrem-se na esperança, sejam pacientes na tribulação e perseverem na oração. ¹³Ajudem a suprir as necessidades dos santos [...]. ¹⁴Abençoem [...] e não amaldiçoem. ¹⁵Alegrem-se com os que se alegram e chorem com os que choram. ¹⁶Tenham o mesmo modo de pensar de uns para com os outros. Em vez de serem orgulhosos, sejam solidários com os humildes. Não sejam sábios aos seus próprios olhos. ¹⁷Não paguem a ninguém mal por mal; procurem fazer o bem diante de todos. ¹⁸Se possível, no que depender de vocês, vivam em paz com todas as pessoas.

💡 REFLITA

Paulo faz um apelo à vontade humana: que, como um ato de adoração inteligente, optemos por ser um "sacrifício vivo, santo e agradável a Deus" (v.1). A que isso o desafia? O que isso tem a ver com a sua maneira de viver à luz do que Cristo fez por você?

_____
_____
_____
_____
_____

🔄 REAJA

"Não vivam conforme os padrões deste mundo" (v.2). De que forma isso é possível? Releia o texto. Quais são as indicações que Paulo faz sobre os "padrões" deste mundo? Oposto a eles, o que ele recomenda que se pratique? Em quais dessas coisas você precisa melhorar?

_____
_____
_____
_____
_____
_____
_____

🙏 ORE

Deus de graça e poder, Jesus, o Teu Filho amado, é o maior exemplo que tenho do que é ser um sacrifício vivo. Ele submeteu-se totalmente à Tua vontade, que é boa, perfeita e agradável, e jamais se conformou aos padrões deste mundo. Ajuda-me, Senhor, a me entregar integralmente a ti, pois quero agradar-te ao prestar um culto genuíno a ti. Em nome de Jesus, amém!

20 de agosto

VIVA DIGNAMENTE

OUÇA

📖 RECEBA
Romanos 13:8-14

⁸Não fiquem devendo nada a ninguém, exceto o amor de uns para com os outros. Pois quem ama o próximo cumpre a lei. ⁹Pois estes mandamentos: "Não cometa adultério", "não mate", "não furte", "não cobice", e qualquer outro mandamento que houver, todos se resumem nesta palavra: "Ame o seu próximo como você ama a si mesmo". ¹⁰O amor não pratica o mal contra o próximo. Portanto, o cumprimento da lei é o amor. ¹¹E digo isto a vocês que conhecem o tempo: já é hora de despertarem do sono, porque a nossa salvação está agora mais perto do que quando no princípio cremos. ¹²Vai alta a noite, e o dia vem chegando. Deixemos, pois, as obras das trevas e revistamo-nos das armas da luz. ¹³Vivamos dignamente, como em pleno dia, não em orgias e bebedeiras, não em imoralidades e libertinagem, não em discórdias e ciúmes. ¹⁴Mas revistam-se do Senhor Jesus Cristo e não façam nada que venha a satisfazer os desejos da carne.

💡 REFLITA

Os crentes em Cristo devem quitar suas dívidas; contudo, Paulo ressalta: "exceto o amor de uns para com os outros" (v.8). Por que o amor é uma "dívida" que não pode ser liquidada? O que significa esta afirmação do apóstolo: "o cumprimento da lei é o amor" (v.10)?

_____
_____
_____
_____
_____
_____

⟳ REAJA

As orientações de Paulo aos romanos são bem pontuais. Observe esta palavra: "já é hora de despertarem do sono" (v.11). De que forma, mesmo realizando as obras de Deus, é possível estar adormecido em relação a Ele? Releia os versículos 12 a 14. Hoje, Paulo o exorta a quê?

_____
_____
_____
_____
_____
_____
_____

🙏 ORE

Senhor amado, quão desafiador é amar o próximo como a mim mesmo; na minha própria força, é quase impossível. Porém, como Tu disseste que tudo é possível ao que crê em ti, peço-te: ajuda-me a desenvolver esse amor. Capacita-me a me revestir das armas da luz e de Cristo para que eu seja capaz de fazer o que Tu me orientas em Tua Palavra. Em nome de Jesus, amém!

21 de agosto

MATURIDADE ESPIRITUAL

🎧 OUÇA

📖 RECEBA
Romanos 14:1-8,12

¹Acolham quem é fraco na fé, não, porém, para discutir opiniões. ²Um crê que pode comer de tudo, mas quem é fraco na fé come legumes. ³Quem come de tudo não deve desprezar o que não come; e o que não come não deve julgar o que come de tudo, porque Deus o acolheu. ⁴Quem é você para julgar o servo alheio? Para o seu próprio dono é que ele está em pé ou cai; mas ficará em pé, porque o Senhor é poderoso para o manter em pé. ⁵Alguns pensam que certos dias são mais importantes do que os demais, mas outros pensam que todos os dias são iguais. Cada um tenha opinião bem-definida em sua própria mente. ⁶Quem pensa que certos dias são mais importantes faz isso para o Senhor. Quem come de tudo faz isso para o Senhor, porque dá graças a Deus. E quem não come de tudo é para o Senhor que não come e dá graças a Deus. ⁷Porque nenhum de nós vive para si mesmo, nem morre para si. ⁸Porque, se vivemos, é para o Senhor que vivemos; se morremos, é para o Senhor que morremos. Quer, pois, vivamos ou morramos, somos do Senhor. [...]
¹²Assim, pois, cada um de nós prestará contas de si mesmo diante de Deus.

💡 REFLITA
A maturidade espiritual não deve ser uma condição à prática da comunhão. Nesse contexto, quais seriam alguns dos motivos para um cristão ser considerado "fraco na fé"? Neste caso, como o "maduro na fé" deve agir? Qual é a diferença entre fraqueza espiritual e rebeldia?

_____
_____
_____
_____
_____

⭕ REAJA
Quanto a isso, Paulo conclui: "cada um de nós prestará contas de si mesmo diante de Deus" (v.12). Releia o texto e avalie a sua própria conduta com relação àqueles que julga ser "fraco na fé". Saber que você prestará conta de suas ações a Deus impacta você de que forma hoje?

_____
_____
_____
_____
_____
_____

🙏 ORE
Deus justo e verdadeiro, ajuda-me a desenvolver a genuína maturidade espiritual que desejas dos Teus servos. Capacita-me a enxergar a beleza da diversidade em Tua Igreja, onde, assim como em um corpo, os membros cooperam mutuamente para a saúde e crescimento dela. Agradeço-te por pertencer a ti. Que a minha vida seja para o Teu louvor. Em nome de Jesus, amém!

22 de agosto

UNANIMIDADE

📖 RECEBA
Romanos 15:1-9

¹Ora, nós que somos fortes na fé temos de suportar as debilidades dos fracos e não agradar a nós mesmos. ²Portanto, cada um de nós agrade ao próximo no que é bom para edificação. ³Porque também Cristo não agradou a si mesmo; pelo contrário, como está escrito: "Os insultos dos que te insultavam caíram sobre mim". ⁴Pois tudo o que no passado foi escrito, para o nosso ensino foi escrito, a fim de que, pela paciência e pela consolação das Escrituras, tenhamos esperança. ⁵Ora, o Deus da paciência e da consolação lhes conceda o mesmo modo de pensar de uns para com os outros, segundo Cristo Jesus, ⁶para que vocês, unânimes e a uma só voz, glorifiquem o Deus e Pai de nosso Senhor Jesus Cristo. ⁷Portanto, acolham uns aos outros, como também Cristo acolheu vocês para a glória de Deus. ⁸Pois digo que Cristo foi constituído ministro da circuncisão, em prol da verdade de Deus, para confirmar as promessas feitas aos nossos pais ⁹e para que os gentios glorifiquem a Deus por causa da sua misericórdia, como está escrito: "Por isso, eu te glorificarei entre os gentios e cantarei louvores ao teu nome".

💡 REFLITA

Paulo deixa claro que os fortes na fé devem usar essa força para servir os irmãos em Cristo. Nesse contexto, o que significa "suportar as debilidades dos fracos" (v.1)? Tratando-se do próximo, o que você pensa sobre a recomendação de não agradar a si mesmo? Por que isso é um desafio?

_____
_____
_____
_____
_____

⟳ REAJA

Releia o texto e observe o que Paulo testifica sobre o exemplo de Cristo. De que maneira essa mensagem o confronta pessoalmente hoje? Qual a finalidade da unanimidade apresentada nesse texto? Por que ao edificar os outros você será edificado?

_____
_____
_____
_____
_____
_____

🙏 ORE

Senhor, louvado sejas pelo direcionamento e consolo que dispões, para o Teu povo, na Tua Palavra. Agradeço-te por me exortares a viver como um cidadão do Teu Reino em todo tempo e lugar, seja no mundo, no trabalho, em casa ou na igreja. Tu me desafias à coerência entre o que falo e faço, à unanimidade da fé em Cristo. Ajuda-me a te glorificar. Em nome de Jesus, amém!

23 de agosto

EXORTAÇÃO À UNIDADE

📖 RECEBA
1 Coríntios 1:10-18

¹⁰Irmãos, pelo nome de nosso Senhor Jesus Cristo, peço-lhes que todos estejam de acordo naquilo que falam e que não haja divisões entre vocês; pelo contrário, que vocês sejam unidos no mesmo modo de pensar e num mesmo propósito. ¹¹Pois, meus irmãos, fui informado a respeito de vocês por alguns membros da casa de Cloe de que há brigas entre vocês. ¹²Refiro-me ao fato de cada um de vocês dizer: "Eu sou de Paulo", "Eu sou de Apolo", "Eu sou de Cefas", "Eu sou de Cristo". ¹³Será que Cristo está dividido? Será que Paulo foi crucificado por vocês ou será que vocês foram batizados em nome de Paulo? ¹⁴Dou graças a Deus por não ter batizado nenhum de vocês, exceto Crispo e Gaio, ¹⁵para que ninguém diga que vocês foram batizados em meu nome. ¹⁶Batizei também a casa de Estéfanas. Além destes, não me lembro se batizei algum outro. ¹⁷Afinal, Cristo não me enviou para batizar, mas para pregar o evangelho, não com sabedoria de palavra, para que não se anule a cruz de Cristo. ¹⁸Certamente a palavra da cruz é loucura para os que se perdem, mas para nós, que somos salvos, ela é poder de Deus.

💡 REFLITA
Paulo escreveu à igreja em Corinto, às pessoas que se reuniam por um motivo comum, porém estavam divididas no modo de pensar e propósito. O que caracterizava a briga entre elas? A quem de fato os coríntios estavam seguindo? Em que isso se assemelha ao que se tem visto hoje?

_____
_____
_____
_____

⭕ REAJA
De que maneira o partidarismo instalado na igreja coríntia foi confrontado por Paulo? Uma coisa é preferir um líder a outro, mas isso não deve promover divisão. Leia Marcos 3:25. Como a exortação de Jesus é aplicável a este caso? Qual a importância da unidade para o Reino de Deus?

_____
_____
_____
_____
_____

🙏 ORE
Deus amado, ajuda-me na minha caminhada contigo, pois quero viver à sombra da palavra da cruz, mesmo que ela seja loucura para muitos. Confesso, Senhor, que dificilmente deixarei de admirar pessoas, inclusive na igreja; contudo, peço-te: não permitas que eu faça delas ídolos. Capacita-me a viver em unidade contigo e com os Teus filhos. Em nome de Jesus, amém!

24 de agosto

COISAS DE DEUS

 OUÇA

📖 RECEBA
1 Coríntios 2:9-16

⁹Mas, como está escrito: "Nem olhos viram, nem ouvidos ouviram, nem jamais penetrou em coração humano o que Deus tem preparado para aqueles que o amam". ¹⁰Deus, porém, revelou isso a nós por meio do Espírito. Porque o Espírito sonda todas as coisas, até mesmo as profundezas de Deus. ¹¹Pois quem conhece as coisas do ser humano, a não ser o próprio espírito humano, que nele está? Assim, ninguém conhece as coisas de Deus, a não ser o Espírito de Deus. ¹²E nós não temos recebido o espírito do mundo, e sim o Espírito que vem de Deus, para que conheçamos o que por Deus nos foi dado gratuitamente. ¹³Disto também falamos, não em palavras ensinadas pela sabedoria humana, mas ensinadas pelo Espírito, conferindo coisas espirituais com espirituais. ¹⁴Ora, a pessoa natural não aceita as coisas do Espírito de Deus, porque lhe são loucura. E ela não pode entendê-las, porque elas se discernem espiritualmente. ¹⁵Porém a pessoa espiritual julga todas as coisas, mas ela não é julgada por ninguém. ¹⁶Pois quem conheceu a mente do Senhor, para que o possa instruir? Nós, porém, temos a mente de Cristo.

💡 REFLITA

Paulo enfatiza que não se apreende a sabedoria e os planos de Deus pelo mero conhecimento humano. Porém, não é algo que está oculto dos que creem em Cristo. De que forma Paulo discorre sobre isso? O que "nos foi dado gratuitamente" (v.12) por Deus?

_____
_____
_____
_____
_____

🔄 REAJA

Paulo estava discorrendo sobre assuntos espirituais. Por que "a pessoa natural não aceita as coisas do Espírito de Deus" (v.14)? Dentro do conceito bíblico, o que caracteriza uma pessoa espiritual? Você se considera uma pessoa espiritual? Por quê?

_____
_____
_____
_____
_____
_____
_____

🙏 ORE

Sábio e inigualável Senhor, a Tua grandeza é inestimável e a Tua mente insondável. Contudo, aprouve-te a ti nos enviares o Teu Espírito para nos revelar os mistérios que envolvem o Teu grande amor por nós e a salvação que nos ofereces em Cristo. Agradeço-te por nos concederes a Tua sabedoria e o discernimento para aceitar as coisas do Teu Espírito. Em nome de Jesus, amém!

25 de agosto

COOPERADORES DE DEUS

OUÇA

📖 RECEBA
1 Coríntios 3:1-9

¹Eu, porém, irmãos, não pude falar a vocês como a pessoas espirituais, e sim como a pessoas carnais, como a crianças em Cristo. ²Eu lhes dei leite para beber; não pude alimentá-los com comida sólida, porque vocês ainda não podiam suportar. Nem ainda agora podem, porque vocês ainda são carnais. ³Porque, se há ciúmes e brigas entre vocês, será que isso não mostra que são carnais e andam segundo os padrões humanos? ⁴Quando alguém diz: "Eu sou de Paulo", e outro diz: "Eu sou de Apolo", não é evidente que vocês andam segundo padrões humanos? ⁵Quem é Apolo? E quem é Paulo? São servos por meio de quem vocês creram, e isto conforme o Senhor concedeu a cada um. ⁶Eu plantei, Apolo regou, mas o crescimento veio de Deus. ⁷De modo que nem o que planta é alguma coisa, nem o que rega, mas Deus, que dá o crescimento. ⁸Ora, o que planta e o que rega são um, e cada um receberá a sua recompensa de acordo com o seu próprio trabalho. ⁹Porque nós somos cooperadores de Deus, e vocês são lavoura de Deus e edifício de Deus.

💡 REFLITA
Paulo repreendeu pessoas, na igreja, que andavam "segundo padrões humanos" (v.4). Ele referiu-se a elas como "crianças em Cristo" (v.1). Assim, ele as nutria com o quê? Em que isso consistia? De que forma a diferença entre o alimento líquido e sólido é de grau, e não de tipo?

_____
_____
_____
_____
_____

🔄 REAJA
Mesmo conhecendo o evangelho, os crentes de corinto se comportavam de maneira carnal. Que sinais evidenciavam isso? O que Paulo retoma para chamar a atenção deles? Releia os versículos 5 a 9. De que forma ele enfatiza o seu ensino? O que você pode aprender com isso?

_____
_____
_____
_____
_____
_____

🙏 ORE

Pai de amor, como é fácil eu me deixar levar por coisas erradas quando me importo apenas com minhas preferências e opiniões. Senhor, não quero ser esse tipo de filho que, mesmo na Tua casa, age segundo os padrões do mundo. Transforma-me pela Tua graça e querer. Concede-me o crescimento de que necessito para frutificar em Teu Reino. Em nome de Jesus, amém!

26 de agosto

INTERLIGADOS

📖 RECEBA
1 Coríntios 12:12-22

¹²Porque, assim como o corpo é um e tem muitos membros, e todos os membros, mesmo sendo muitos, constituem um só corpo, assim também é com respeito a Cristo. ¹³Pois, em um só Espírito, todos nós fomos batizados em um só corpo, quer judeus, quer gregos, quer escravos, quer livres. E a todos nós foi dado beber de um só Espírito. ¹⁴Porque também o corpo não é um só membro, mas muitos. ¹⁵Se o pé disser: "Porque não sou mão, não sou do corpo", nem por isso deixa de ser do corpo. ¹⁶Se o ouvido disser: "Porque não sou olho, não sou do corpo", nem por isso deixa de ser do corpo. ¹⁷Se todo o corpo fosse olho, onde estaria o ouvido? Se todo ele fosse ouvido, onde estaria o olfato? ¹⁸Mas Deus dispôs os membros, colocando cada um deles no corpo, como ele quis. ¹⁹Se todos, porém, fossem um só membro, onde estaria o corpo? ²⁰O certo é que há muitos membros, mas um só corpo. ²¹Os olhos não podem dizer à mão: "Não precisamos de você". E a cabeça não pode dizer aos pés: "Não preciso de vocês". ²²Pelo contrário, os membros do corpo que parecem ser mais fracos são necessários.

💡 REFLITA
Na igreja em Corinto havia divisões. Assim, para ilustrar a unidade que deveria caracterizar a Igreja de Cristo, Paulo utilizou a figura do corpo humano. O que há de interessante nessa analogia? Por que nenhum "membro" é corpo sozinho? O que significa pertencer a um organismo vivo?

_____
_____
_____
_____
_____

⚙ REAJA
Observe o funcionamento do seu corpo. Haveria como sobreviver sem a ação conjunta dos seus diversos órgãos e sistemas? Releia o versículo 18. Que membro é você no corpo de Cristo? De que forma você tem cooperado com outros membros para expressar a vida dele?

_____
_____
_____
_____
_____
_____
_____

🙏 ORE
Deus da minha vida, ajuda-me a valorizar o lugar que me colocaste e a função que me deste no Teu Reino. Entendo que os dons espirituais distribuídos à Tua Igreja objetivam a saúde e a vida dela. Capacita-me, Senhor, a desenvolver o meu dom e a viver em unidade na Tua casa, pois nenhum membro do corpo de Cristo pode ser corpo sozinho. Em nome de Jesus, amém!

27 de agosto

DOM SUPREMO

OUÇA

📖 RECEBA
1 Coríntios 13:1-10,13

¹Ainda que eu fale as línguas dos homens e dos anjos, se não tiver amor, serei como o bronze que soa ou como o címbalo que retine. ²Ainda que eu tenha o dom de profetizar e conheça todos os mistérios e toda a ciência; ainda que eu tenha tamanha fé, a ponto de transportar montes, se não tiver amor, nada serei. ³E ainda que eu distribua todos os meus bens entre os pobres e ainda que entregue o meu próprio corpo para ser queimado, se não tiver amor, isso de nada me adiantará. ⁴O amor é paciente e bondoso. O amor não arde em ciúmes, não se envaidece, não é orgulhoso, ⁵não se conduz de forma inconveniente, não busca os seus interesses, não se irrita, não se ressente do mal. ⁶O amor não se alegra com a injustiça, mas se alegra com a verdade. ⁷O amor tudo sofre, tudo crê, tudo espera, tudo suporta. ⁸O amor jamais acaba. Havendo profecias, desaparecerão; havendo línguas, cessarão; havendo ciência, passará. ⁹Pois o nosso conhecimento é incompleto e a nossa profecia é incompleta. ¹⁰Mas, quando vier o que é completo, então o que é incompleto será aniquilado. [...]
¹³Agora, pois, permanecem a fé, a esperança e o amor, estes três; porém o maior deles é o amor.

💡 REFLITA
Paulo afirma que o exercício dos dons espirituais e o sacrifício pessoal, sem amor, de nada nos valerá. De que forma isso o confronta? Conforme a descrição apresentada, o que o verdadeiro amor não é? Em que o seu amar diverge das características citadas por Paulo (vv.4,7)?

_____
_____
_____
_____
_____

○ REAJA
Tudo o que se tem e se conhece hoje passará, porém, o amor jamais acabará (v.8). Por que a base do relacionamento com Deus e com outros deve ser o amor? Se sua vida cristã tem como base "a fé, a esperança e o amor" (v.13), de que forma você deve viver neste mundo?

_____
_____
_____
_____
_____
_____

🙏 ORE
Supremo Senhor, Tu és amor! Entendo que os dons e talentos que me concedeste é um meio para expressar amor a ti e aos outros, sendo assim, capacita-me a amar. Senhor, que as minhas ações sejam coerentes em relação à fé que professo e à esperança que tenho em ti. Ajuda-me a enxergar o amor como o dom mais importante a se buscar, pois ele é eterno. Em nome de Jesus, amém!

28 de agosto

EVANGELHO

 OUÇA

📖 RECEBA
1 Coríntios 15:1-11

¹Irmãos, venho lembrar-lhes o evangelho que anunciei a vocês, o qual vocês receberam e no qual continuam firmes. ²Por meio dele vocês também são salvos, se retiverem a palavra assim tal como a preguei a vocês, a menos que tenham crido em vão. ³Antes de tudo, entreguei a vocês o que também recebi: que Cristo morreu pelos nossos pecados, segundo as Escrituras, ⁴e que foi sepultado e ressuscitou ao terceiro dia, segundo as Escrituras. ⁵E apareceu a Cefas e, depois, aos doze. ⁶Depois, foi visto por mais de quinhentos irmãos de uma só vez, dos quais a maioria ainda vive; porém alguns já dormem. ⁷Depois, foi visto por Tiago e, mais tarde, por todos os apóstolos. ⁸Por último, depois de todos, foi visto também por mim, como por um nascido fora de tempo. ⁹Porque eu sou o menor dos apóstolos, e nem mesmo sou digno de ser chamado apóstolo, pois persegui a igreja de Deus. ¹⁰Mas, pela graça de Deus, sou o que sou. E a sua graça, que me foi concedida, não se tornou vã. Pelo contrário, trabalhei muito mais do que todos eles; todavia, não eu, mas a graça de Deus comigo. ¹¹Portanto, seja eu ou sejam eles, assim pregamos e assim vocês creram.

💡 REFLITA
Paulo lembrou aos coríntios o evangelho anunciado por ele (vv.3-4). O evangelho é uma pessoa ou a soma de boas notícias sobre ela? Por quê? Eles receberam o evangelho e estavam firmes nele, mas ainda precisariam retê-lo conforme lhes fora pregado. O que isso significa?

_____
_____
_____
_____
_____

⭯ REAJA
Por que Paulo se incluiu como uma das testemunhas do Cristo ressurreto? Releia os versículos 8 a 11 e, dentro do que você sabe, descreva a vida de Paulo antes e depois de Cristo. Observe esta declaração: "pela graça de Deus, sou o que sou" (v.10); de que forma ela o encoraja?

_____
_____
_____
_____
_____
_____

🙏 ORE
Deus de graça e de bondade, que tremenda é a boa-nova que revelaste em Jesus Cristo. Agradeço-te pela salvação que me trouxeste; capacita-me a permanecer na Tua verdade e a reter a mensagem de vida que dela provém. Não permitas que eu adentre por caminhos que aos meus olhos parecem bons, mas que Tu sabes que me afastarão de ti. Em nome de Jesus, amém!

29 de agosto

INCORRUPTIBILIDADE

OUÇA

📖 RECEBA
1 Coríntios 15:42-44,50-53,57-58

⁴²Pois assim também é a ressurreição dos mortos. Semeia-se o corpo na corrupção, ressuscita na incorrupção. Semeia-se em desonra, ressuscita em glória. ⁴³Semeia-se em fraqueza, ressuscita em poder. ⁴³Semeia-se em fraqueza, ressuscita em poder. ⁴⁴Semeia-se corpo natural, ressuscita corpo espiritual. Se há corpo natural, há também corpo espiritual. [...] ⁵⁰Com isto quero dizer, irmãos, que a carne e o sangue não podem herdar o Reino de Deus, nem a corrupção herdar a incorrupção. ⁵¹Eis que vou lhes revelar um mistério: nem todos dormiremos, mas todos seremos transformados ⁵²num momento, num abrir e fechar de olhos, ao ressoar da última trombeta. A trombeta soará, os mortos ressuscitarão incorruptíveis, e nós seremos transformados. ⁵³Porque é necessário que este corpo corruptível se revista da incorruptibilidade, e que o corpo mortal se revista da imortalidade. [...]
⁵⁷Graças a Deus, que nos dá a vitória por meio de nosso Senhor Jesus Cristo. ⁵⁸Portanto, meus amados irmãos, sejam firmes, inabaláveis e sempre abundantes na obra do Senhor, sabendo que, no Senhor, o trabalho de vocês não é vão.

💡 REFLITA
Paulo usou contrastes em relação ao corpo natural e o corpo ressurreto, no futuro, para auxiliar o entendimento quanto à ressurreição dos mortos. De que forma essa abordagem bíblica traz consolo e esperança a você hoje, já que o "último inimigo a ser destruído é a morte" (v.26)?

_____
_____
_____
_____
_____

⚪ REAJA
Por que é necessário que o corpo corruptível, mortal, se revista da incorruptibilidade, da imortalidade? Lidar com a realidade da morte é um grande desafio. Leia 1 Tessalonicenses 4:13-14. O que Paulo está ministrando a você hoje com essas palavras?

_____
_____
_____
_____
_____
_____
_____

🙏 ORE
Senhor, dou-te graças por venceres a morte e garantires, em ti, a minha vitória sobre ela. Agradeço-te pela promessa da ressurreição quando serei plenamente transformado, revestido da incorruptibilidade e da imortalidade. Ajuda-me a permanecer inabalável e, com esperança no coração, ser grato a ti enquanto te sirvo durante os meus dias aqui. Em nome de Jesus, amém!

30 de agosto

CONSOLO

OUÇA

📖 RECEBA
2 Coríntios 1:3-8

³Bendito seja o Deus e Pai de nosso Senhor Jesus Cristo, o Pai de misericórdias e Deus de toda consolação! ⁴É ele que nos consola em toda a nossa tribulação, para que, pela consolação que nós mesmos recebemos de Deus, possamos consolar os que estiverem em qualquer espécie de tribulação. ⁵Porque, assim como transbordam sobre nós os sofrimentos de Cristo, assim também por meio de Cristo transborda o nosso consolo. ⁶Se somos atribulados, é para o consolo e a salvação de vocês; se somos consolados, é também para o consolo de vocês. Esse consolo se torna eficaz na medida em que vocês suportam com paciência os mesmos sofrimentos que nós também suportamos. ⁷A nossa esperança em relação a vocês é sólida, sabendo que, assim como vocês são participantes dos sofrimentos, assim também serão participantes da consolação. ⁸Porque não queremos, irmãos, que vocês fiquem sem saber que tipo de tribulação nos sobreveio na província da Ásia. Foi algo acima das nossas forças, a ponto de perdermos a esperança até da própria vida.

💡 REFLITA

Para Paulo, Deus era "o Pai de misericórdias e Deus de toda consolação" (v.3). Essa declaração, certamente se baseava na sua experiência com o Senhor. Em quais momentos se necessita de consolo divino ou de outros? O ser consolado por Deus nos capacita a quê?

_____
_____
_____
_____
_____

○ REAJA

Paulo demonstra que não tinha dificuldades em exaltar o Senhor, mesmo em momentos adversos de sua vida. Por que conhecer a Deus e o Seu consolo pode nos ajudar a passar pelos infortúnios sem perder a fé? De que maneira você já foi consolado pelo Senhor?

_____
_____
_____
_____
_____
_____
_____

🙏 ORE

Deus de toda consolação, sei que Tu permites que eu experimente o sofrimento deste lado da eternidade; a Tua presença e a Tua Palavra me consolam e me encorajam a prosseguir. Agradeço-te por não me deixares sozinho em meio às tribulações. Pai, capacita-me a consolar outros da mesma forma que tenho sido consolado por ti. Em nome de Jesus, amém!

31 de agosto

VITORIOSO

 OUÇA

📖 RECEBA
2 Coríntios 2:8-11,14-17

⁸Por isso, peço que vocês confirmem o amor de vocês para com ele. ⁹E foi por isso também que eu lhes escrevi, para ter prova de que, em tudo, vocês são obedientes. ¹⁰A quem vocês perdoam alguma coisa, eu também perdoo. Pois o que perdoei, se é que perdoei alguma coisa, eu o fiz por causa de vocês na presença de Cristo, ¹¹para que Satanás não alcance vantagem sobre nós, pois não ignoramos quais são as intenções dele. [...]
¹⁴Graças, porém, a Deus, que, em Cristo, sempre nos conduz em triunfo e, por meio de nós, manifesta a fragrância do seu conhecimento em todos os lugares. ¹⁵Porque nós somos para com Deus o bom perfume de Cristo, tanto entre os que estão sendo salvos como entre os que estão se perdendo. ¹⁶Para com estes, cheiro de morte para morte; para com aqueles, aroma de vida para vida. Quem, porém, é capaz de fazer estas coisas? ¹⁷Porque nós não estamos, como tantos outros, mercadejando a palavra de Deus. Pelo contrário, em Cristo é que falamos na presença de Deus, com sinceridade e da parte do próprio Deus.

💡 REFLITA

Paulo se refere a um homem que havia pecado na igreja, mas que se arrependeu e se submeteu à correção; logo, devia ser perdoado. Como os coríntios deveriam demonstrar perdão a ele? Você conhece os intentos malignos? De que forma Satanás pode alcançar "vantagem" sobre você?

_____
_____
_____
_____

🔄 REAJA

Cristo era o triunfante General de Paulo. Releia os versículos 14 a 17. De que forma eles impactam você? O que significa ser "para com Deus o bom perfume de Cristo"? Por que Paulo usou essa metáfora? O que a fragrância de Cristo pode ocasionar aos que são expostos a ela?

_____
_____
_____
_____
_____
_____

🙏 ORE

Triunfante Senhor, independentemente das investidas humanas, ou malignas, contra a Tua Igreja e os Teus servos, Tu sempre serás vitorioso. Capacita-me a seguir os Teus passos e a Tua Palavra para que Satanás não tire vantagem de mim. Torna-me o Teu bom perfume! Que eu exale, Senhor, o Teu conhecimento e a Tua vida pelos lugares onde eu transitar. Em nome de Jesus, amém!

1.º de setembro

NOVA ALIANÇA

🎧 OUÇA

📖 RECEBA
2 Coríntios 3:4-9,15-18

⁴E é por meio de Cristo que temos tal confiança em Deus. ⁵Não que, por nós mesmos, sejamos capazes de pensar alguma coisa, como se partisse de nós; pelo contrário, a nossa capacidade vem de Deus, ⁶o qual nos capacitou para sermos ministros de uma nova aliança, não da letra, mas do Espírito; porque a letra mata, mas o Espírito vivifica. ⁷E, se o ministério da morte, gravado com letras em pedras, se revestiu de glória, a ponto de os filhos de Israel não poderem fixar os olhos na face de Moisés, por causa da glória do seu rosto, ainda que fosse uma glória que estava desaparecendo, ⁸como não será de maior glória o ministério do Espírito? ⁹Porque, se o ministério da condenação teve glória, em muito maior proporção será glorioso o ministério da justiça. [...]

¹⁵Mas, até hoje, quando Moisés é lido, o véu está posto sobre o coração deles. ¹⁶Quando, porém, alguém se converte ao Senhor, o véu é tirado. ¹⁷Ora, este Senhor é o Espírito; e onde está o Espírito do Senhor, aí há liberdade. ¹⁸E todos nós, com o rosto descoberto, contemplando a glória do Senhor, somos transformados, de glória em glória, na sua própria imagem, como pelo Senhor, que é o Espírito.

💡 REFLITA
Paulo estava ciente de que a sua capacitação vinha de Deus e que a sua pregação, sem a ação do Espírito Santo, não resultaria em vidas convertidas a Cristo. Qual é a base da nova aliança? Em que ela difere da antiga aliança? Em que sentido "a letra mata" (v.6)?

_____
_____
_____
_____
_____

⭕ REAJA
A salvação não é alcançada por mérito próprio, mas sim por meio da obra que Cristo realizou na cruz. Por que a ação do Espírito é necessária para se adentrar à nova aliança? O que acontece quando "alguém se converte ao Senhor" (vv.16-18)? Essa é a sua experiência?

_____
_____
_____
_____
_____
_____
_____

🙏 ORE

Deus grande e temível, Tu és Aquele que guardas a aliança e a misericórdia para com aqueles que são fiéis a ti. Agradeço-te por me vivificares com a Tua Palavra, mediante a ação do Teu Espírito. Dou-te graças pela nova aliança que estabeleceste em Cristo, por removeres o véu e me concederes livre acesso a ti. Que eu seja transformado à semelhança de Cristo. Em nome de Jesus, amém!

2 de setembro

TESOURO EM VASOS

📖 RECEBA
2 Coríntios 4:6-11,16-18

⁶Porque Deus, que disse: "Das trevas resplandeça a luz", ele mesmo resplandeceu em nosso coração, para iluminação do conhecimento da glória de Deus na face de Jesus Cristo. ⁷Temos, porém, este tesouro em vasos de barro, para que se veja que a excelência do poder provém de Deus, não de nós. ⁸Em tudo somos atribulados, porém não angustiados; ficamos perplexos, porém não desanimados; ⁹somos perseguidos, porém não abandonados; somos derrubados, porém não destruídos. ¹⁰Levamos sempre no corpo o morrer de Jesus, para que também a vida dele se manifeste em nosso corpo. ¹¹Porque nós, que vivemos, somos sempre entregues à morte por causa de Jesus, para que também a vida de Jesus se manifeste em nossa carne mortal. [...]

¹⁶Por isso não desanimamos. Pelo contrário, mesmo que o nosso ser exterior se desgaste, o nosso ser interior se renova dia a dia. ¹⁷Porque a nossa leve e momentânea tribulação produz para nós um eterno peso de glória, acima de toda comparação, ¹⁸na medida em que não olhamos para as coisas que se veem, mas para as que não se veem. Porque as coisas que se veem são temporais, mas as que não se veem são eternas.

💡 REFLITA

Paulo citou sua conversão ao afirmar que o próprio Deus havia resplandecido no coração dele. A que tesouro ele está se referindo? Ao usar esta ilustração: "tesouro em vasos de barro" (v.7), o que Paulo deseja enfatizar? Esse simbolismo ministra o que a você hoje?

_____
_____
_____
_____
_____

◯ REAJA

Pelos resultados, as investidas contra Paulo não foram bem-sucedidas. Qual teria sido a razão para isso? Releia o texto. De que forma as palavras dele o encorajam hoje? Apesar do "ser exterior" se desgastar, de que modo o "ser interior" pode ser renovado dia a dia?

_____
_____
_____
_____
_____
_____
_____

🙏 ORE

Senhor Bendito, agradeço-te por resplandeceres a Tua luz em minha vida e por me tornares um recipiente do evangelho de Cristo. Dou-te graças por me aceitares em Tua presença e caminhares comigo. Capacita-me com a força, o ânimo e o poder que de ti provém para que o meu interior não fraqueje. Ajuda-me a renovar o meu ser e o meu entendimento em ti. Em nome de Jesus, amém!

3 de setembro

O TERRENO E O ETERNO

 OUÇA

📖 RECEBA
2 Coríntios 5:1-7,15-17

¹Pois sabemos que, se a nossa casa terrestre deste tabernáculo se desfizer, temos da parte de Deus um edifício, uma casa não feita por mãos humanas, eterna, nos céus. ²E, por isso, neste tabernáculo gememos, desejando muito ser revestidos da nossa habitação celestial; ³se, de fato, formos encontrados vestidos e não nus. ⁴Pois nós, os que estamos neste tabernáculo, gememos angustiados, não por querermos ser despidos, mas revestidos, para que o mortal seja absorvido pela vida. ⁵Ora, foi o próprio Deus quem nos preparou para isto, dando-nos o penhor do Espírito. ⁶Por isso, temos sempre confiança e sabemos que, enquanto no corpo, estamos ausentes do Senhor. ⁷Porque andamos por fé e não pelo que vemos. [...]

¹⁵E ele morreu por todos, para que os que vivem não vivam mais para si mesmos, mas para aquele que por eles morreu e ressuscitou. ¹⁶Assim que, nós, daqui por diante, a ninguém conhecemos segundo a carne; e, se antes conhecemos Cristo segundo a carne, já agora não o conhecemos deste modo. ¹⁷E, assim, se alguém está em Cristo, é nova criatura; as coisas antigas já passaram; eis que se fizeram novas.

💡 REFLITA

Paulo discorre sobre o contraste entre o terreno e o eterno. Como ele aborda essa diferença? Para "que o mortal seja absorvido pela vida" (v.4). O que isso sugere? A partir da perspectiva espiritual, o que significa você ser mais do que o seu corpo? Isso o responsabiliza a quê?

_____
_____
_____
_____
_____

◯ REAJA

Andar "por fé" e não pelo que se vê (v.7). De que maneira isso se traduz na prática? Releia o versículo 15. O que Paulo está ensinando por meio dele? De que forma o ser nova criatura acontece? O que caracteriza essa sua nova condição em Cristo?

_____
_____
_____
_____
_____

🙏 ORE

Glorioso Deus, agradeço-te porque minha vida não está restrita à temporalidade do meu corpo mortal. Dou-te graças pela perspectiva incorruptível e eterna que Tu forneces por meio de Cristo. Senhor. A minha humanidade se rende diante da Tua magnífica providência em tornar-me uma nova criatura conforme planejaste no Teu coração. Em nome de Jesus, amém!

4 de setembro

GENEROSIDADE

 OUÇA

📖 RECEBA
2 Coríntios 9:6-15

⁶E isto afirmo: aquele que semeia pouco também colherá pouco; e o que semeia com fartura também colherá com fartura. ⁷Cada um contribua segundo tiver proposto no coração, não com tristeza ou por necessidade, porque Deus ama quem dá com alegria. ⁸Deus pode tornar abundante em vocês toda graça, a fim de que, tendo sempre, em tudo, ampla suficiência, vocês sejam abundantes em toda boa obra, ⁹como está escrito: "Distribuiu, deu aos pobres, a sua justiça permanece para sempre". ¹⁰E Deus, que dá semente ao que semeia e pão para alimento, também suprirá e aumentará as sementes e multiplicará os frutos da justiça de vocês. ¹¹Assim, vocês serão enriquecidos em tudo para toda generosidade, a qual, por meio de nós, resulta em orações de gratidão a Deus. ¹²Porque o serviço desta assistência não só supre a necessidade dos santos, mas também transborda em muitas orações de gratidão a Deus. ¹³Na prova deste serviço, eles glorificam a Deus pela obediência da confissão que vocês fazem do evangelho de Cristo e pela generosidade com que vocês contribuem [...], ¹⁴por causa da extraordinária graça de Deus que foi dada a vocês. ¹⁵Graças a Deus pelo seu dom indescritível!

💡 REFLITA

Um agricultor quando semeia tem em mente ganhos e não perdas. De que forma essa figura é aplicável ao se contribuir no Reino de Deus? Nesse contexto, como a colheita pode ser proporcional à quantidade que se semeia e à disposição do coração?

_____
_____
_____
_____
_____
_____

○ REAJA

Generosidade, como você a define? Para você, a sua contribuição financeira é uma obrigação ou uma prática de adoração a Deus? Por quê? Observe esta afirmação: "A generosidade é uma forma de impedir que o que você tem não o possua". Em que você é desafiado a partir disso?

_____
_____
_____
_____
_____
_____

🙏 ORE

Amado Senhor, agradeço-te pela extraordinária graça que me concedeste. Molda-me a partir da Tua generosidade, pois Tu não me deste alguma coisa, Tu me deste a ti mesmo. Age em mim, Senhor, para que na Tua suficiência eu me torne abundante em toda boa obra. Ajuda-me a entender que sou abençoado para abençoar o Teu Reino. Em nome de Jesus, amém!

5 de setembro

PROCURE AGRADAR A DEUS

 OUÇA

📖 RECEBA
Gálatas 1:3-12

³Que a graça e a paz estejam com vocês, da parte de Deus, nosso Pai, e do Senhor Jesus Cristo, ⁴o qual entregou a si mesmo pelos nossos pecados, para nos livrar deste mundo perverso, segundo a vontade de nosso Deus e Pai, ⁵a quem seja a glória para todo o sempre. Amém! ⁶Estou muito surpreso em ver que vocês estão passando tão depressa daquele que os chamou na graça de Cristo para outro evangelho, ⁷o qual, na verdade, não é outro. Porém, há alguns que estão perturbando vocês e querem perverter o evangelho de Cristo. ⁸Mas, ainda que nós ou mesmo um anjo vindo do céu pregue a vocês um evangelho diferente daquele que temos pregado, que esse seja anátema. ⁹Como já dissemos, e agora repito, se alguém está pregando a vocês um evangelho diferente daquele que já receberam, que esse seja anátema. ¹⁰Por acaso eu procuro, agora, o favor das pessoas ou o favor de Deus? Ou procuro agradar pessoas? Se ainda estivesse procurando agradar pessoas, eu não seria servo de Cristo. ¹¹Mas informo a vocês, irmãos, que o evangelho por mim anunciado não é mensagem humana, ¹²porque eu não o recebi de ser humano algum, nem me foi ensinado, mas eu o recebi mediante revelação de Jesus Cristo.

💡 REFLITA
Paulo estabeleceu as igrejas da Galácia em sua primeira viagem missionária. Qual o teor da repreensão do apóstolo aos gálatas? O que estava acontecendo na igreja? Por que ele enfatizou que o evangelho por ele anunciado não era mensagem humana?

_____
_____
_____
_____
_____

○ REAJA
Por experiência, Paulo conhecia os perigos do legalismo. Em que consistia esse "outro evangelho" disseminado pelos judaizantes? Qual a maneira de discernir entre o verdadeiro e o falso evangelho? Quais cuidados se deve ter com certas pregações hoje em dia?

_____
_____
_____
_____
_____
_____

🙏 ORE
Senhor Deus e Pai, glória seja dada a ti para todo sempre! Dou-te graças pelo verdadeiro evangelho expresso em Cristo, o qual me libertou do poder do pecado. Revela-me a Tua verdade para que eu não seja enganado por falsos ensinamentos. Ajuda-me a discernir as distorções apregoadas hoje em dia. Livra-me da perversidade deste mundo. Em nome de Jesus, amém!

6 de setembro

CRUCIFICADO COM CRISTO

 OUÇA

📖 RECEBA
Gálatas 2:4-5,15-20

⁴E isto surgiu por causa dos falsos irmãos que se haviam infiltrado para espreitar a liberdade que temos em Cristo Jesus e nos reduzir à escravidão. ⁵A esses não nos submetemos por um instante sequer, para que a verdade do evangelho permanecesse entre vocês. [...]
¹⁵Nós, judeus por natureza e não pecadores dentre os gentios, ¹⁶sabendo, contudo, que o homem não é justificado por obras da lei, e sim mediante a fé em Jesus Cristo, também temos crido em Cristo Jesus, para que fôssemos justificados pela fé em Cristo e não por obras da lei, pois por obras da lei ninguém será justificado. ¹⁷Mas, se nós, procurando ser justificados em Cristo, fomos também achados pecadores, será que isto significa que Cristo é ministro do pecado? De modo nenhum! ¹⁸Porque, se volto a edificar aquilo que destruí, a mim mesmo constituo transgressor. ¹⁹Porque eu, mediante a própria lei, morri para a lei, a fim de viver para Deus. Estou crucificado com Cristo; ²⁰logo, já não sou eu quem vive, mas Cristo vive em mim. E esse viver que agora tenho na carne, vivo pela fé no Filho de Deus, que me amou e se entregou por mim.

💡 REFLITA

Paulo defendia o verdadeiro evangelho de Cristo, o qual ele recebera por revelação. Os "falsos irmãos" insistiam na adesão à Lei ignorando a graça redentora em Jesus. O que a mensagem deles ocasionava a quem dava ouvidos a eles? Em que consistia a justificação abordada por Paulo?

_____
_____
_____
_____
_____

⟳ REAJA

Releia os versículos 19 e 20. De que forma Paulo morreu para a Lei? O que ele declarou a fim de reforçar o que havia dito? Avalie a sua fé e sua vida cristã. Caso se sinta distante desse viver afirmado pelo apóstolo, o que você pode fazer para modificar isso?

_____
_____
_____
_____
_____

🙏 ORE

Amado Senhor, entendo que a Lei não foi concedida como meio para a salvação, mas sim para revelar o meu pecado. Diante disso, volto-me para Tua graça, manifesta em Teu Filho Jesus, a fim de receber o perdão dos meus pecados e ser justificado diante de ti. Ajuda-me a compreender o que significa estar crucificado com Cristo e a optar por isso. Em nome de Jesus, amém!

7 de setembro

TUTELA DA LEI

 OUÇA

📖 RECEBA
Gálatas 3:21-29

²¹Seria, então, a lei contrária às promessas de Deus? De modo nenhum! Porque, se fosse promulgada uma lei que pudesse dar vida, então a justiça seria, de fato, procedente de lei. ²²Mas a Escritura encerrou tudo sob o pecado, para que, mediante a fé em Jesus Cristo, a promessa fosse concedida aos que creem. ²³Mas, antes que viesse a fé, estávamos sob a tutela da lei e nela encerrados, para essa fé que, no futuro, haveria de ser revelada. ²⁴De maneira que a lei se tornou nosso guardião para nos conduzir a Cristo, a fim de que fôssemos justificados pela fé. ²⁵Mas, agora que veio a fé, já não permanecemos subordinados ao guardião. ²⁶Pois todos vocês são filhos de Deus mediante a fé em Cristo Jesus; ²⁷porque todos vocês que foram batizados em Cristo de Cristo se revestiram. ²⁸Assim sendo, não pode haver judeu nem grego; nem escravo nem liberto; nem homem nem mulher; porque todos vocês são um em Cristo Jesus. ²⁹E, se vocês são de Cristo, são também descendentes de Abraão e herdeiros segundo a promessa.

💡 REFLITA

Uma das funções da Lei era refrear a transgressão dos homens. Ela foi uma espécie de preparação para a obra de Cristo; porém, não deveria mais ser a base para eles se aproximarem de Deus. O que significa, no exercício dela: "a Escritura encerrou tudo sob o pecado" (v.22)?

_____
_____
_____
_____
_____

🔄 REAJA

Antes da justificação pela fé em Cristo, nós "estávamos sob a tutela da lei" (v.23). Qual o aspecto positivo de sermos guardados por ela (v.24)? Observe isto: "A lei não é para punir, mas sim para preservar". Como essa perspectiva pode ajudar você a ler o Antigo Testamento?

_____
_____
_____
_____
_____
_____
_____

🙏 ORE

Querido Pai, o Teu amor e a Tua Providência excedem sobremaneira o meu entendimento. Embora eu não compreenda plenamente o Teu agir, rendo-me a Tua soberania. Agradeço-te por me justificares mediante a fé em Cristo. Dou-te graças por me tornares um dos Teus filhos e por me concederes livre acesso a Tua presença. Em nome de Jesus, amém!

8 de setembro

O ESPÍRITO *VERSUS* A CARNE

📖 RECEBA
Gálatas 5:13,16-25

¹³Porque vocês, irmãos, foram chamados à liberdade. Mas não usem a liberdade para dar ocasião à carne; pelo contrário, sejam servos uns dos outros, pelo amor. [...]
¹⁶Digo, porém, o seguinte: vivam no Espírito e vocês jamais satisfarão os desejos da carne. ¹⁷Porque a carne luta contra o Espírito, e o Espírito luta contra a carne, porque são opostos entre si, para que vocês não façam o que querem. ¹⁸Mas, se são guiados pelo Espírito, vocês não estão debaixo da lei. ¹⁹Ora, as obras da carne são conhecidas e são: imoralidade sexual, impureza, libertinagem, ²⁰idolatria, feitiçarias, inimizades, rixas, ciúmes, iras, discórdias, divisões, facções, ²¹invejas, bebedeiras, orgias e coisas semelhantes a estas. Declaro a vocês, como antes já os preveni, que os que praticam tais coisas não herdarão o Reino de Deus. ²²Mas o fruto do Espírito é: amor, alegria, paz, longanimidade, benignidade, bondade, fidelidade, ²³mansidão, domínio próprio. Contra estas coisas não há lei. ²⁴E os que são de Cristo Jesus crucificaram a carne, com as suas paixões e os seus desejos. ²⁵Se vivemos no Espírito, andemos também no Espírito.

💡 REFLITA

Paulo, ao discorrer sobre a liberdade em Jesus Cristo, enfatiza: "não usem a liberdade para dar ocasião à carne" (v.13). Por que ele faz esse tipo de apelo? O que ele recomenda para não nos deixarmos vencer por ela? O que significa viver e andar no Espírito?

_____
_____
_____
_____
_____

⭯ REAJA

Paulo explicita a diferença entre viver na carne e viver no Espírito. Releia o texto e observe as listas que ele apresenta. Com quais obras da carne você ainda luta? O que você fará quanto a isso? Quais das características do fruto do Espírito você precisa aperfeiçoar ou desenvolver?

_____
_____
_____
_____
_____
_____
_____

🙏 ORE

Senhor, Tu és maravilhoso no Teu pensar e agir. Agradeço-te pela liberdade que me trouxeste em Cristo. Capacita-me a viver e a andar no Espírito para que a minha vida manifeste o fruto do meu relacionamento contigo. Senhor, sei que os desejos e as paixões da natureza humana poderão ser vencidos apenas em sujeição plena a ti; por isso, rogo-te: ajuda-me! Em nome de Jesus, amém!

9 de setembro

SEMEADURA E COLHEITA

📖 RECEBA
Gálatas 6:1-10

¹Irmãos, se alguém for surpreendido em alguma falta, vocês, que são espirituais, restaurem essa pessoa com espírito de brandura. E que cada um tenha cuidado para que não seja também tentado. ²Levem as cargas uns dos outros e, assim, estarão cumprindo a lei de Cristo. ³Porque, se alguém julga ser alguma coisa, não sendo nada, engana a si mesmo. ⁴Mas que cada um examine o seu próprio modo de agir e, então, terá motivo de gloriar-se unicamente em si e não em outro. ⁵Porque cada um levará o seu próprio fardo. ⁶Mas aquele que está sendo instruído na palavra compartilhe todas as coisas boas com aquele que o instrui. ⁷Não se enganem: de Deus não se zomba. Pois aquilo que a pessoa semear, isso também colherá. ⁸Quem semeia para a sua própria carne, da carne colherá corrupção; mas quem semeia para o Espírito, do Espírito colherá vida eterna. ⁹E não nos cansemos de fazer o bem, porque no tempo certo faremos a colheita, se não desanimarmos. ¹⁰Por isso, enquanto tivermos oportunidade, façamos o bem a todos, mas principalmente aos da família da fé.

💡 REFLITA
Paulo aborda a responsabilidade pessoal e o auxílio mútuo no contexto da igreja. Que orientações ele fornece para tratar alguém que foi "surpreendido em alguma falta" (v.1)? Diante da pecaminosidade humana, o que ele recomenda para se lidar consigo mesmo?

_____
_____
_____
_____
_____

REAJA
O que a pessoa semear, isso é o que ela colherá. Releia os versículos 7 a 10. De que forma Paulo aplica a lei da semeadura ao assunto por ele abordado aqui? Nesse sentido, que condição ele apresenta para a colheita (v.9)? A que essa leitura bíblica o desafia hoje?

_____
_____
_____
_____
_____
_____
_____

🙏 ORE
Poderoso Deus, agradeço-te pela Tua Palavra confrontar objetivamente o meu ser e o meu fazer. Capacita-me a levar, sabiamente, os meus fardos e a auxiliar, em amor, os meus irmãos em Cristo a levarem os deles. Ajuda-me a semear para o Espírito e a fazer o bem sempre que estiver ao meu alcance fazê-lo. Não permitas que eu desanime, Senhor. Em nome de Jesus, amém!

10 de setembro

BÊNÇÃOS ESPIRITUAIS

OUÇA

📖 RECEBA
Efésios 1:3-8,17-19

³Bendito seja o Deus e Pai de nosso Senhor Jesus Cristo, que nos abençoou com todas as bênçãos espirituais nas regiões celestiais em Cristo. ⁴Antes da fundação do mundo, Deus nos escolheu, nele, para sermos santos e irrepreensíveis diante dele. Em amor ⁵nos predestinou para ele, para sermos adotados como seus filhos, por meio de Jesus Cristo, segundo o propósito de sua vontade, ⁶para louvor da glória de sua graça, que ele nos concedeu gratuitamente no Amado. ⁷Nele temos a redenção, pelo seu sangue, a remissão dos pecados, segundo a riqueza da sua graça, ⁸que Deus derramou abundantemente sobre nós em toda a sabedoria e entendimento. [...]

¹⁷Peço ao Deus de nosso Senhor Jesus Cristo, o Pai da glória, que conceda a vocês espírito de sabedoria e de revelação no pleno conhecimento dele. ¹⁸Peço que ele ilumine os olhos do coração de vocês, para que saibam qual é a esperança da vocação de vocês, qual é a riqueza da glória da sua herança nos santos ¹⁹e qual é a suprema grandeza do seu poder sobre nós, os que cremos, segundo a eficácia da força do seu poder.

💡 REFLITA

A carta de Paulo aos efésios sintetiza os principais temas por ele pregados e ensinados durante seu ministério apostólico. O que Paulo afirma que Deus efetivou por meio de Cristo? De que forma saber que Deus o tornou um de Seus filhos impacta a sua vida?

_____
_____
_____
_____
_____

○ REAJA

Diante do testemunho dos cristãos em Éfeso, Paulo orava por eles (vv.15-16). Releia os versículos 17 e 18. O que ele pediu a Deus em favor deles? Em sua experiência, que diferença há entre saber sobre Deus e receber a Sua revelação? Pense: Deus, em Cristo, considera você precioso para Ele.

_____
_____
_____
_____
_____

ORE

Pai da Glória, peço-te que ilumines os olhos do meu coração para que eu entenda a amplitude da obra que realizaste, em Cristo, a meu favor. Agradeço-te por me abençoares com toda sorte de bênçãos espirituais, das quais necessito, para ser mais que vencedor no Teu amor. Dou-te graças por me chamares pelo meu nome e me considerares Teu Filho. Em nome de Jesus, amém!

11 de setembro

SOMOS FEITURA DELE

OUÇA

📖 RECEBA
Efésios 2:1-10

¹Ele lhes deu vida, quando vocês estavam mortos em suas transgressões e pecados, ²nos quais vocês andaram noutro tempo, segundo o curso deste mundo, segundo o príncipe da potestade do ar, do espírito que agora atua nos filhos da desobediência. ³Entre eles também nós todos andamos no passado, segundo as inclinações da nossa carne, fazendo a vontade da carne e dos pensamentos; e éramos por natureza filhos da ira, como também os demais. ⁴Mas Deus, sendo rico em misericórdia, por causa do grande amor com que nos amou, ⁵e estando nós mortos em nossas transgressões, nos deu vida juntamente com Cristo — pela graça vocês são salvos — ⁶e juntamente com ele nos ressuscitou e com ele nos fez assentar nas regiões celestiais em Cristo Jesus. ⁷Deus fez isso para mostrar nos tempos vindouros a suprema riqueza da sua graça, em bondade para conosco, em Cristo Jesus. ⁸Porque pela graça vocês são salvos, mediante a fé; e isto não vem de vocês, é dom de Deus; ⁹não de obras, para que ninguém se glorie. ¹⁰Pois somos feitura dele, criados em Cristo Jesus para boas obras, as quais Deus de antemão preparou para que andássemos nelas.

💡 REFLITA
Antes de sermos vivificados por Deus, mediante a obra redentora de Cristo na cruz, todos nós estávamos mortos. Que condição de morte é essa que o ser humano se encontra antes de se converter a Jesus? O que significa isto: "éramos por natureza filhos da ira" (v.3)?

_____
_____
_____
_____
_____

💭 REAJA
Deus em Sua misericórdia nos amou e "nos deu vida juntamente com Cristo — pela graça [somos] são salvos" (v.5). O que é a graça de Deus? Por que é necessário fé para usufruir dela? Releia os versículos 9 e 10. Quais seriam essas "boas obras" para as quais você foi criado?

_____
_____
_____
_____
_____
_____
_____

🙏 ORE
Deus de amor e misericórdia, dou-te graças por me concederes vida em Cristo. Agradeço-te por me amares e trazeres salvação a minha vida. Capacita-me a andar nas boas obras que Tu preparaste para mim por intermédio do Teu Filho. Senhor, que o meu modo de viver evidencie que eu estou caminhando contigo e conforme os Teus propósitos para mim. Em nome de Jesus, amém!

12 de setembro

CRISTO É A NOSSA PAZ

🎧 OUÇA

📖 RECEBA
Efésios 2:12-22

¹²Naquele tempo vocês estavam sem Cristo, separados da comunidade de Israel e estranhos às alianças da promessa, não tendo esperança e sem Deus no mundo. ¹³Mas agora, em Cristo Jesus, vocês, que antes estavam longe, foram aproximados pelo sangue de Cristo. ¹⁴Porque ele é a nossa paz. De dois povos ele fez um só e, na sua carne, derrubou a parede de separação que estava no meio, a inimizade ¹⁵[...], para que dos dois criasse em si mesmo uma nova humanidade, fazendo a paz, ¹⁶e reconciliasse ambos em um só corpo com Deus, por meio da cruz, destruindo a inimizade por meio dela. ¹⁷E, quando veio, Cristo evangelizou paz a vocês que estavam longe e paz também aos que estavam perto; ¹⁸porque, por meio dele, ambos temos acesso ao Pai em um só Espírito. ¹⁹Assim, vocês não são mais estrangeiros e peregrinos, mas concidadãos dos santos e membros da família de Deus, ²⁰edificados sobre o fundamento dos apóstolos e profetas, sendo ele mesmo, Cristo Jesus, a pedra angular. ²¹Nele, todo o edifício, bem-ajustado, cresce para ser um santuário dedicado ao Senhor. ²²Nele também vocês estão sendo edificados, junto com os outros, para serem morada de Deus no Espírito.

💡 REFLITA

Cristo, na cruz, não estava reconciliando apenas o homem com Deus, mas também grupos e pessoas entre si. Na época de Paulo, gentios e judeus estavam em "pé de guerra", inclusive na igreja. Que mensagem Paulo trouxe a fim de chamá-los a razão? No que isso o desafia hoje?

_____
_____
_____
_____
_____

⭕ REAJA

A paz é uma pessoa: Cristo. De que forma crer nisso pode ajudar você em momentos difíceis? Quais pontos são relevantes para você procurar "viver em paz com todos" (Hebreus 12:14)? O que significa para você ter "acesso ao Pai" (Efésios 2:18)?

_____
_____
_____
_____
_____
_____

🙏 ORE

Amado Pai, que tremendo privilégio é ter acesso a Tua presença! Pertencer à Tua família é uma honra imensurável. Agradeço-te pela reconciliação que Tu me propiciaste no Teu Filho. Assim, posso viver em paz contigo e com meus irmãos. Ajuda-me a ser um edifício bem-ajustado em Cristo a fim de que eu seja, com os meus irmãos, morada para ti no Espírito. Em nome de Jesus, amém!

13 de setembro

PLENITUDE DE DEUS

🎧 OUÇA

📖 RECEBA
Efésios 3:8-11,16-21

⁸A mim, o menor de todos os santos, foi dada esta graça de pregar [...] ⁹e manifestar a todos qual é a dispensação do mistério que, durante tempos passados, esteve oculto em Deus, que criou todas as coisas. ¹⁰E isso para que agora, pela igreja, a multiforme sabedoria de Deus se torne conhecida dos principados e das potestades nas regiões celestiais, ¹¹segundo o eterno propósito que Deus estabeleceu em Cristo Jesus, nosso Senhor. [...]
¹⁶Peço a Deus que, segundo a riqueza da sua glória, conceda a vocês que sejam fortalecidos com poder, mediante o seu Espírito, no íntimo de cada um. ¹⁷E assim, pela fé, que Cristo habite no coração de vocês, estando vocês enraizados e alicerçados em amor. ¹⁸Isto para que, com todos os santos, vocês possam compreender qual é a largura, o comprimento, a altura e a profundidade ¹⁹e conhecer o amor de Cristo, que excede todo entendimento, para que vocês fiquem cheios de toda a plenitude de Deus. ²⁰Ora, àquele que é poderoso para fazer infinitamente mais do que tudo o que pedimos ou pensamos, conforme o seu poder que opera em nós, ²¹a ele seja a glória, na igreja e em Cristo Jesus, por todas as gerações, para todo o sempre. Amém!

💡 REFLITA

"A plenitude da graça é uma cura para o orgulho" (Spurgeon). Observando a vida de Paulo, você concorda com essa afirmação? Por quê? Qual é a "multiforme sabedoria de Deus" (v.10) que deve se tornar conhecida por meio da Sua Igreja? Em que os filhos de Deus devem crescer?

_____
_____
_____
_____

🔄 REAJA

Paulo ora para que os efésios fossem fortalecidos no íntimo e para que Cristo habitasse no coração deles. O que eles experimentariam como resultado disso? Como é possível ser cheio de algo tão tremendo e elevado como "a plenitude de Deus" (v.19)? De que maneira você busca isso?

_____
_____
_____
_____
_____

🙏 ORE

Soberano Senhor, fortalece-me no íntimo mediante o agir do Teu Espírito em mim. Tu és o poderoso Senhor, Aquele que é capaz de fazer infinitamente mais do que tudo que tenho pedido a ti. Capacita-me a conhecer o amor de Cristo, que excede todo entendimento humano. Quero ser cheio da Tua plenitude e usufruir da Tua graça sem reservas. Em nome de Jesus, amém!

14 de setembro

EDIFICANDO EM AMOR

 OUÇA

📖 RECEBA
Efésios 4:4-7,11-16

⁴Há somente um corpo e um só Espírito, como também é uma só a esperança para a qual vocês foram chamados. ⁵Há um só Senhor, uma só fé, um só batismo, ⁶um só Deus e Pai de todos, o qual é sobre todos, age por meio de todos e está em todos. ⁷E a graça foi concedida a cada um de nós segundo a medida do dom de Cristo. [...]
¹¹E ele mesmo concedeu uns para apóstolos, outros para profetas, outros para evangelistas e outros para pastores e mestres, ¹²com vistas ao aperfeiçoamento dos santos para o desempenho do seu serviço, para a edificação do corpo de Cristo, ¹³até que todos cheguemos à unidade da fé e do pleno conhecimento do Filho de Deus, ao estado de pessoa madura, à medida da estatura da plenitude de Cristo, ¹⁴para que não mais sejamos como crianças, arrastados pelas ondas e levados de um lado para outro por qualquer vento de doutrina, pela artimanha das pessoas, pela astúcia com que induzem ao erro. ¹⁵Mas, seguindo a verdade em amor, cresçamos em tudo naquele que é a cabeça, Cristo, ¹⁶de quem todo o corpo, bem-ajustado e consolidado pelo auxílio de todas as juntas, segundo a justa cooperação de cada parte, efetua o seu próprio crescimento para a edificação de si mesmo em amor.

💡 REFLITA
Paulo apelou aos efésios para que se esforçassem a fim de manterem a unidade no Corpo de Cristo. Ele os lembrou do que, em Jesus, eles tinham em comum (vv.4-5). De que forma isso seria útil para combater possíveis desavenças na igreja? O que você faz quando diverge de alguém?

_____
_____
_____
_____
_____

⭕ REAJA
O Senhor Jesus, mediante a ação do Espírito Santo, concedeu dons espirituais à Sua Igreja. Aqui, Paulo cita dons de liderança. Releia os versículos 11 a 14. Para que esses dons foram concedidos? Cristo é a cabeça do corpo. Sendo você um de Seus membros, como deve agir (vv.15-16)?

_____
_____
_____
_____
_____

🙏 ORE
Misericordioso Deus, aperfeiçoa-me na unidade, pois Tu deixas claro que "é bom e agradável viverem unidos os irmãos" (Salmo 133:1). Senhor, anseio cooperar na edificação da Tua Igreja; por isso, ajuda-me a seguir a verdade em amor. Capacita-me a ser um cristão maduro a fim de que eu não seja arrastado por opiniões e ações contrárias a ti e à Tua Palavra. Em nome de Jesus, amém!

15 de setembro

NOVA NATUREZA

OUÇA

📖 RECEBA
Efésios 4:20-30

²⁰Mas não foi assim que vocês aprenderam de Cristo, ²¹se é que, de fato, ouviram falar dele e nele foram instruídos, segundo é a verdade em Jesus. ²²Quanto à maneira antiga de viver, vocês foram instruídos a deixar de lado a velha natureza, que se corrompe segundo desejos enganosos, ²³a se deixar renovar no espírito do entendimento de vocês, ²⁴e a se revestir da nova natureza, criada segundo Deus, em justiça e retidão procedentes da verdade. ²⁵Por isso, deixando a mentira, que cada um fale a verdade com o seu próximo, porque somos membros do mesmo corpo. ²⁶Fiquem irados e não pequem. Não deixem que o sol se ponha sobre a ira de vocês, ²⁷nem deem lugar ao diabo. ²⁸Aquele que roubava não roube mais; pelo contrário, trabalhe, fazendo com as próprias mãos o que é bom, para que tenha o que repartir com o necessitado. ²⁹Não saia da boca de vocês nenhuma palavra suja, mas unicamente a que for boa para edificação, conforme a necessidade, e, assim, transmita graça aos que ouvem. ³⁰E não entristeçam o Espírito Santo de Deus, no qual vocês foram selados para o dia da redenção.

💡 REFLITA

A quebra com o passado é uma questão de aprendizado e escolha, pois diante de tudo que a Palavra orienta, a prática dela é uma decisão pessoal que se faz. De que forma Paulo enfatiza isso? A sua santificação também é responsabilidade sua. Em que essa afirmação o confronta?

_____
_____
_____
_____

○ REAJA

A mensagem de Paulo é direta: se você nasceu de novo, suas atitudes devem refletir a sua nova vida em Cristo. Releia o texto. Das características da *nova natureza*, citadas nele, qual delas você tem dificuldade de praticar? Por quê? De que forma se pode entristecer o Espírito Santo?

_____
_____
_____
_____
_____

🙏 ORE

Bendito Senhor, ajuda-me a me revestir da nova natureza que Tu criaste e disponibilizaste em Cristo. Eu anseio deixar de lado antigos hábitos e desejos para que não atrapalhem a renovação do meu entendimento. "Põe guarda à minha boca, Senhor, vigia a porta dos meus lábios" (Salmo 141:3). Que minhas palavras e o meu agir sejam agradáveis a ti. Em nome de Jesus, amém!

16 de setembro

FILHOS DA LUZ

 OUÇA

📖 RECEBA
Efésios 5:1,8-20

¹Portanto, sejam imitadores de Deus, como filhos amados. [...] ⁸Porque no passado vocês eram trevas, mas agora são luz no Senhor. Vivam como filhos da luz ⁹— porque o fruto da luz consiste em toda bondade, justiça e verdade —, ¹⁰tratando de descobrir o que é agradável ao Senhor. ¹¹E não sejam cúmplices nas obras infrutíferas das trevas; pelo contrário, tratem de reprová-las. ¹²Pois aquilo que eles fazem em segredo é vergonhoso até mencionar. ¹³Mas todas as coisas, quando reprovadas pela luz, se tornam manifestas; porque tudo o que se manifesta é luz. ¹⁴Por isso é que se diz: "Desperte, você que está dormindo, levante-se dentre os mortos, e Cristo o iluminará". ¹⁵Portanto, tenham cuidado com a maneira como vocês vivem, e vivam não como tolos, mas como sábios, ¹⁶aproveitando bem o tempo, porque os dias são maus. ¹⁷Por esta razão, não sejam insensatos, mas procurem compreender qual é a vontade do Senhor. ¹⁸E não se embriaguem com vinho, pois isso leva à devassidão, mas deixem-se encher do Espírito, ¹⁹falando entre vocês com salmos, hinos e cânticos espirituais, cantando e louvando com o coração ao Senhor, ²⁰dando sempre graças por tudo a nosso Deus e Pai, em nome de nosso Senhor Jesus Cristo.

💡 REFLITA

Os filhos, geralmente, costumam se espelhar nos pais; logo, o Pai celestial é o nosso modelo. Ele é Luz e, como Seus filhos, devemos viver na luz. De que forma isso se relaciona a esta declaração de Jesus: "Vocês são a luz do mundo" (Mateus 5:14)? Em que consiste o fruto da luz?

_____
_____
_____
_____

⟳ REAJA

Viver na luz é viver com sabedoria, procurando "compreender qual é a vontade do Senhor" (v.17). Como você pode cuidar da sua maneira de viver? O ser enchido pelo Espírito Santo deve ser um fluir contínuo, e não uma experiência única. De que forma você tem buscado isso?

_____
_____
_____
_____
_____

🙏 ORE

Deus, Tu és o Pai das luzes conforme a Tua Palavra o declara. Assim, como sou um dos Teus filhos, ajuda-me a ser luz no Senhor a fim de que eu te manifeste ao mundo. Concede-me discernimento para enxergar o que é agradável a ti e para cuidar sabiamente do meu modo de viver. Capacita-me a te louvar e a render graças a ti por seres o meu Deus e meu Pai. Em nome de Jesus, amém!

17 de setembro

ARMADURA DE DEUS

OUÇA

📖 RECEBA
Efésios 6:10-18,23-24

¹⁰Quanto ao mais, sejam fortalecidos no Senhor e na força do seu poder. ¹¹Vistam-se com toda a armadura de Deus, para poderem ficar firmes contra as ciladas do diabo. ¹²Porque a nossa luta não é contra o sangue e a carne, mas contra os principados e as potestades, contra os dominadores deste mundo tenebroso, contra as forças espirituais do mal, nas regiões celestiais. ¹³Por isso, peguem toda a armadura de Deus, para que vocês possam resistir no dia mau e, depois de terem vencido tudo, permanecer inabaláveis. ¹⁴Portanto, fiquem firmes, cingindo-se com a verdade e vestindo a couraça da justiça. ¹⁵Tenham os pés calçados com a preparação do evangelho da paz, ¹⁶segurando sempre o escudo da fé, com o qual poderão apagar todos os dardos inflamados do Maligno. ¹⁷Usem também o capacete da salvação e a espada do Espírito, que é a palavra de Deus. ¹⁸Orem em todo tempo no Espírito, com todo tipo de oração e súplica, e para isto vigiem com toda perseverança e súplica por todos os santos. [...]
²³Paz seja com os irmãos e amor com fé, da parte de Deus Pai e do Senhor Jesus Cristo. ²⁴A graça esteja com todos os que amam sinceramente o nosso Senhor Jesus Cristo.

💡 REFLITA
Paulo apresenta dois componentes necessários à batalha espiritual: fortalecer-se "no Senhor e na força do Seu poder" (v.10) e vestir-se "com toda armadura de Deus" (v.11). Por que é essencial que essas duas ações sejam exercidas juntas? Contra quem é a nossa luta?

_____
_____
_____
_____
_____

○ REAJA
Deus fornece a armadura dele aos Seus filhos a fim de que eles sejam vencedores e permaneçam firmes. Quais são as partes dessa armadura? Qual a finalidade de cada uma delas? Quais delas estão em suas mãos? O que isso sugere? A oração é parte dessa armadura? Por quê?

_____
_____
_____
_____
_____
_____

🙏 ORE

Poderoso Senhor, Tu és o Deus que venceu as trevas e, hoje, me forneces a Tua armadura para que eu as vença também. Ensina-me a usar o equipamento espiritual que Tu colocaste à minha disposição. Adestra as minhas mãos para combater e vencer as forças espirituais do mal que militam contra mim. Fortalece-me, Senhor, com a força do Teu poder. Em nome de Jesus, amém!

18 de setembro

VIVENDO CRISTO

 OUÇA

📖 RECEBA
Filipenses 1:5-14

⁵Dou graças pela maneira como vocês têm participado na proclamação do evangelho, desde o primeiro dia até agora. ⁶Estou certo de que aquele que começou boa obra em vocês há de completá-la até o Dia de Cristo Jesus. ⁷Aliás, é justo que eu assim pense de todos vocês, porque os trago no coração, seja nas minhas algemas, seja na defesa e confirmação do evangelho, pois todos vocês são participantes da graça comigo. ⁸Pois Deus é testemunha da saudade que tenho de todos vocês, no profundo afeto de Cristo Jesus. ⁹E também faço esta oração: que o amor de vocês aumente mais e mais em conhecimento e toda a percepção, ¹⁰para que vocês aprovem as coisas excelentes e sejam sinceros e inculpáveis para o Dia de Cristo, ¹¹cheios do fruto de justiça que vem por meio de Jesus Cristo, para glória e louvor de Deus.

¹²Quero ainda, irmãos, que saibam que as coisas que me aconteceram têm até contribuído para o progresso do evangelho, ¹³de maneira que toda a guarda pretoriana e todos os demais sabem que estou preso por causa de Cristo. ¹⁴E os irmãos, em sua maioria, estimulados no Senhor por minhas algemas, ousam falar a palavra com mais coragem.

💡 REFLITA

Conhecida como a carta da alegria, Filipenses é como um guia à vida cristã. Ela é uma das cartas mais afetivas de Paulo, escrita quando ele estava preso em Roma. Como Paulo pôde permanecer firme e alegre apesar da situação que enfrentava? O que ele orava a Deus pelos Filipenses?

_____
_____
_____
_____

⟳ REAJA

Apesar de Paulo estar na prisão, a obra do Senhor continuava, pois o agir de Deus não pode ser restringido. De que forma o sofrimento dele contribuía "para o progresso do evangelho" (v.12)? Por que as dificuldades podem se tornar uma oportunidade para se testemunhar da fé?

_____
_____
_____
_____
_____

🙏 ORE

Deus amado, capacita-me a desenvolver uma genuína intimidade contigo. Anseio experimentar a alegria que de ti provém, independentemente das circunstâncias que enfrento. Senhor, que o meu amor por ti e por meus irmãos aumente dia a dia. Que eu seja aprovado por ti. Ajuda-me a ser cheio do fruto da justiça para a Tua glória e o Teu louvor. Em nome de Jesus, amém!

19 de setembro
ALEGRIA NA FÉ

📖 RECEBA
Filipenses 1:20-28

²⁰Minha ardente expectativa e esperança é que em nada serei envergonhado, mas que, com toda a ousadia, como sempre, também agora, Cristo será engrandecido no meu corpo, quer pela vida, quer pela morte. ²¹Porque para mim o viver é Cristo, e o morrer é lucro. ²²Entretanto, se eu continuar vivendo, poderei ainda fazer algum trabalho frutífero. [...] ²³Estou cercado pelos dois lados, tendo o desejo de partir e estar com Cristo, o que é incomparavelmente melhor. ²⁴Mas, por causa de vocês, é mais necessário que eu continue a viver. ²⁵E, convencido disto, estou certo de que ficarei e permanecerei com todos vocês, para que progridam e tenham alegria na fé. ²⁶Desse modo, vocês terão mais motivo para se gloriarem em Cristo Jesus por minha causa, pela minha presença, de novo, no meio de vocês.

²⁷Acima de tudo, vivam de modo digno do evangelho de Cristo, para que, ou indo até aí para vê-los ou estando ausente, eu ouça a respeito de vocês que estão firmes em um só espírito, como uma só alma, lutando juntos pela fé do evangelho; ²⁸e que em nada se sentem intimidados pelos adversários. Pois o que para eles é prova evidente de perdição para vocês é sinal de salvação, e isto da parte de Deus.

💡 REFLITA
Desde sua conversão, Paulo trabalhou para que Cristo fosse engrandecido por meio de sua fé e maneira de viver. Por que ele afirma que o morrer seria lucro? Leia 2 Coríntios 5:4. Que correlação há entre essas duas afirmações? Como Paulo conseguiu viver no mundo sem pertencer a ele?

_____
_____
_____
_____
_____

🔄 REAJA
Paulo declarou que, enquanto vivesse, ele poderia "fazer algum trabalho frutífero" (v.22). A que ele estava se referindo? Ele também exortou: "vivam de modo digno do evangelho de Cristo" (v.27). Qual a abrangência disso? De que forma isso desafia você a rever o seu jeito de viver o evangelho?

_____
_____
_____
_____
_____

🙏 ORE
Senhor, agradeço-te pelas pessoas, tementes a ti, que trouxeste a minha vida para me encorajar à caminhada cristã. Ajuda-me a continuar progredindo na fé e me alegrando em ti, pois Tu és a minha salvação. Capacita-me a seguir, junto aos meus irmãos, lutando pelo evangelho de Cristo. Não permitas que eu seja intimidado pelos Teus adversários. Em nome de Jesus, amém!

20 de setembro

MESMO MODO DE PENSAR

 OUÇA

📖 RECEBA
Filipenses 2:1-11

¹Portanto, se existe alguma exortação em Cristo, alguma consolação de amor, alguma comunhão do Espírito, se há profundo afeto e sentimento de compaixão, ²então completem a minha alegria, tendo o mesmo modo de pensar, tendo o mesmo amor e sendo unidos de alma e mente. ³Não façam nada por interesse pessoal ou vaidade, mas por humildade, cada um considerando os outros superiores a si mesmo, ⁴não tendo em vista somente os seus próprios interesses, mas também os dos outros. ⁵Tenham entre vocês o mesmo modo de pensar de Cristo Jesus, ⁶que, mesmo existindo na forma de Deus, não considerou o ser igual a Deus algo que deveria ser retido a qualquer custo. ⁷Pelo contrário, ele se esvaziou, assumindo a forma de servo, tornando-se semelhante aos seres humanos. E, reconhecido em figura humana, ⁸ele se humilhou, tornando-se obediente até a morte, e morte de cruz. ⁹Por isso também Deus o exaltou sobremaneira e lhe deu o nome que está acima de todo nome, ¹⁰para que ao nome de Jesus se dobre todo joelho, nos céus, na terra e debaixo da terra, ¹¹e toda língua confesse que Jesus Cristo é Senhor, para glória de Deus Pai.

💡 REFLITA

Paulo exorta os filipenses a permanecerem firmes no Senhor, a convergirem ao supremo ponto que tinham em comum: a salvação em Cristo. Diante das diferenças na igreja, como é possível ter o mesmo modo de pensar? De que forma as orientações de Paulo podem o ajudar nisso?

_____
_____
_____
_____

🔄 REAJA

O nosso modo de pensar dever ser o mesmo de Cristo. Paulo com essa recomendação está falando de algo que é possível se vivenciar, visto ser uma escolha que temos. Releia os versículos 5 a 8. Como Paulo descreve o modo de pensar de Cristo? A que o exemplo de Jesus o desafia hoje?

_____
_____
_____
_____
_____

🙏 ORE

Senhor Jesus, capacita-me a seguir o Teu exemplo de amor, de humildade e de obediência a Deus. Por vezes, insisto em manter, a todo custo, a minha opinião sem considerar a do outro. Ajuda-me a ter profundo afeto e a levar em conta os interesses dos meus irmãos. Que Tu sejas o vínculo de amor que une a Tua Igreja. Que ela seja unida de alma e mente. Em Teu nome, amém!

21 de setembro

IRREPREENSÍVEIS E PUROS

 OUÇA

📖 RECEBA
Filipenses 2:12-21

¹²Assim, meus amados, como vocês sempre obedeceram, não só na minha presença, porém, muito mais agora, na minha ausência, desenvolvam a sua salvação com temor e tremor, ¹³porque Deus é quem efetua em vocês tanto o querer como o realizar, segundo a sua boa vontade. ¹⁴Façam tudo sem murmurações nem discussões, ¹⁵para que sejam irrepreensíveis e puros, filhos de Deus inculpáveis no meio de uma geração pervertida e corrupta, na qual vocês brilham como luzeiros no mundo, ¹⁶preservando a palavra da vida. Assim, no Dia de Cristo, poderei me gloriar de que não corri em vão, nem me esforcei inutilmente. ¹⁷Entretanto, mesmo que eu seja oferecido como libação sobre o sacrifício e serviço da fé que vocês têm, fico contente e me alegro com todos vocês. ¹⁸Assim, também vocês, pela mesma razão, fiquem contentes e se alegrem comigo. ¹⁹Espero no Senhor Jesus enviar-lhes Timóteo o mais breve possível, a fim de que eu me sinta animado também ao receber notícias de vocês. ²⁰Porque não tenho ninguém com esse mesmo sentimento e que se preocupe tão sinceramente por vocês. ²¹Todos os outros buscam os seus próprios interesses e não os de Jesus Cristo.

💡 REFLITA

A obediência a Deus e à Palavra deve ser evidente em todo tempo; não apenas quando há alguém olhando. Paulo recomendou: "desenvolvam a sua salvação com temor e tremor" (v.12). O que isso significa? De que forma você tem expressado a sua salvação nas áreas da sua vida?

_____
_____
_____
_____

○ REAJA

Paulo apelou aos filipenses que fizessem "tudo sem murmurações nem discussões" (v.14). Por qual razão eles deveriam seguir essa orientação? Observe o seu contexto; o que ocasiona murmurações e discussões hoje? De que forma você pode preservar "a palavra da vida" (v.16)?

_____
_____
_____
_____
_____
_____

🙏 ORE

Poderoso Deus, que o meu agir e o meu falar sejam coerentes em relação à Tua Palavra. Ajuda-me a manter a palavra da vida em meu coração a fim de que o meu viver seja irrepreensível e puro. Capacita-me a resplandecer a Tua luz em todo tempo. Torna-me digno de ser chamando Teu filho. Conduze-me a buscar genuinamente os interesses do Teu Reino. Em nome de Jesus, amém!

22 de setembro

SUBLIMIDADE DE CRISTO

OUÇA

📖 RECEBA
Filipenses 3:2-11

²Cuidado com os cães! Cuidado com os maus obreiros! Cuidado com a falsa circuncisão! ³Porque nós é que somos a circuncisão, nós, que adoramos a Deus no Espírito e nos gloriamos em Cristo Jesus, em vez de confiarmos na carne. ⁴É verdade que eu também poderia confiar na carne. Se alguém pensa que pode confiar na carne, eu ainda mais: ⁵fui circuncidado no oitavo dia, sou da linhagem de Israel, da tribo de Benjamim, hebreu de hebreus; quanto à lei, eu era fariseu; ⁶quanto ao zelo, perseguidor da igreja; quanto à justiça que há na lei, irrepreensível. ⁷Mas o que para mim era lucro, isto considerei perda por causa de Cristo. ⁸Na verdade, considero tudo como perda, por causa da sublimidade do conhecimento de Cristo Jesus, meu Senhor. Por causa dele perdi todas as coisas e as considero como lixo, para ganhar a Cristo ⁹e ser achado nele, não tendo justiça própria, que procede de lei, mas aquela que é mediante a fé em Cristo, a justiça que procede de Deus, baseada na fé. ¹⁰O que eu quero é conhecer Cristo e o poder da sua ressurreição, tomar parte nos seus sofrimentos e me tornar como ele na sua morte, ¹¹para, de algum modo, alcançar a ressurreição dentre os mortos.

💡 REFLITA
O apóstolo advertiu os filipenses quanto àqueles que desvirtuavam o evangelho de Cristo. De que forma ele indicou a verdadeira circuncisão (v.3)? A partir do exemplo de Paulo, o que significava confiar na "carne"? Como isso pode ser observado no contexto religioso atual?

_____
_____
_____
_____
_____

○ REAJA
As credenciais de Paulo eram louváveis diante dos homens, mas inúteis para sua salvação e seu relacionamento com Deus. Ao se dar conta disso, suas ambições de "carreira" mudaram. Releia os versículos de 7 a 9. Quais passaram a ser as aspirações de Paulo? O que ele desejava (vv.10-11)?

_____
_____
_____
_____
_____

🙏 ORE
Amado Senhor, protege-me dos falsos ensinamentos. Guarda-me da vaidade dos títulos e da aparência, tão valorizadas no mundo hoje. Diante disso, ajuda-me a enxergar a sublimidade da salvação em Cristo. Capacita-me a desejar, de todo coração, ganhar a Cristo e a ser encontrado nele. Leva-me a conhecer a Cristo e o poder da Sua ressurreição. Em nome de Jesus, amém!

23 de setembro

PROSSIGA PARA O ALVO

 OUÇA

📖 RECEBA
Filipenses 3:12-20

¹²Não que eu já tenha recebido isso ou já tenha obtido a perfeição, mas prossigo para conquistar aquilo para o que também fui conquistado por Cristo Jesus. ¹³Irmãos, quanto a mim, não julgo havê-lo alcançado, mas uma coisa faço: esquecendo-me das coisas que ficam para trás e avançando para as que estão diante de mim, ¹⁴prossigo para o alvo, para o prêmio da soberana vocação de Deus em Cristo Jesus. ¹⁵Todos, pois, que somos maduros, tenhamos este modo de pensar; e, se em alguma coisa vocês pensam de modo diferente, também isto Deus revelará para vocês. ¹⁶Seja como for, andemos de acordo com o que já alcançamos.
¹⁷Irmãos, sejam meus imitadores e observem os que vivem segundo o exemplo que temos dado a vocês. ¹⁸Pois muitos andam entre nós, dos quais repetidas vezes eu lhes dizia e agora digo, até chorando, que são inimigos da cruz de Cristo. ¹⁹O destino deles é a perdição, o deus deles é o ventre, e a glória deles está naquilo de que deviam se envergonhar, visto que só pensam nas coisas terrenas. ²⁰Pois a nossa pátria está nos céus, de onde também aguardamos o Salvador, o Senhor Jesus Cristo.

💡 REFLITA
Apesar de toda a sua maturidade espiritual, Paulo ainda era uma "obra" em progresso. Assim, ele prosseguia rumo ao "prêmio da soberana vocação de Deus em Cristo Jesus" (v.14). Para o que você foi conquistado por Cristo? De que forma a humildade o auxiliará a conquistar isso?

_____
_____
_____
_____
_____

🔄 REAJA
Andar "de acordo com o que já alcançamos" (v.16). O que isso significa? Por que, mesmo sendo um cristão imperfeito, Paulo pôde dizer "sejam meus imitadores" (v.17)? Na esfera que você vive, você tem imitado alguém? Quem? Você é um bom exemplo de Cristo a ser seguido? Por quê?

_____
_____
_____
_____
_____
_____
_____

🙏 ORE

Deus justo e bondoso, ajuda-me a andar conforme o que já alcancei em ti e a prosseguir rumo ao alvo de tornar-me semelhante a Cristo em santidade e obediência. Capacita-me a reconhecer que ainda estou em "construção", pois a obra do Teu Espírito, em mim, ainda não terminou. Que enquanto caminho aqui, eu me lembre que minha pátria está no Céu. Em nome de Jesus, amém!

24 de setembro

ALEGRE-SE NO SENHOR

📖 RECEBA
Filipenses 4:2-9

²Peço a Evódia e peço a Síntique que, no Senhor, tenham o mesmo modo de pensar. ³E peço também a você, fiel companheiro de jugo, que auxilie essas mulheres, pois juntas se esforçaram comigo no evangelho, juntamente com Clemente e com os demais cooperadores meus, cujos nomes se encontram no Livro da Vida. ⁴Alegrem-se sempre no Senhor; outra vez digo: alegrem-se! ⁵Que a moderação de vocês seja conhecida por todos. Perto está o Senhor. ⁶Não fiquem preocupados com coisa alguma, mas, em tudo, sejam conhecidos diante de Deus os pedidos de vocês, pela oração e pela súplica, com ações de graças. ⁷E a paz de Deus, que excede todo entendimento, guardará o coração e a mente de vocês em Cristo Jesus. ⁸Finalmente, irmãos, tudo o que é verdadeiro, tudo o que é respeitável, tudo o que é justo, tudo o que é puro, tudo o que é amável, tudo o que é de boa fama, se alguma virtude há e se algum louvor existe, seja isso o que ocupe o pensamento de vocês. ⁹O que também aprenderam, receberam e ouviram de mim, e o que viram em mim, isso ponham em prática; e o Deus da paz estará com vocês.

💡 REFLITA

Parece que um dos problemas na igreja era quanto ao modo de pensar. Assim, o melhor a fazer era se concentrarem no que tinham em comum: o evangelho de Cristo. De que forma centrar-se em Cristo põe fim aos conflitos? O que é o "Livro da Vida" (v.3)? A que isso o desafia hoje?

_____
_____
_____
_____

⭕ REAJA

Paulo estava confiante de que Deus estava no controle de tudo, então ele exorta: "Alegrem-se sempre no Senhor" (v.4). O que o alegrar-se no Senhor pode promover na sua vida? Como é possível não se preocupar com coisa alguma? Quais coisas devem ocupar o seu pensamento (v.8)?

_____
_____
_____
_____
_____

🙏 ORE

Grande e poderoso Senhor, ajuda-me a me alegrar em ti, pois Tu estás perto de mim. Que a Tua paz guarde o meu coração e a minha mente em Cristo. Que eu rejeite qualquer sombra ou variação de pensamento que contradiz a obra do Teu Espírito em minha vida. Capacita-me a pôr em prática o que tens me ensinado em Tua Palavra. Em nome de Jesus, amém!

25 de setembro

GRADUADO EM CONTENTAMENTO

🎧 **OUÇA**

📖 RECEBA
Filipenses 4:10-14,17-20

¹⁰Fiquei muito alegre no Senhor porque, agora, uma vez mais, renasceu o cuidado que vocês têm por mim. Na verdade, vocês já tinham esse cuidado antes, só que lhes faltava oportunidade. ¹¹Digo isto, não porque esteja necessitado, porque aprendi a viver contente em toda e qualquer situação. ¹²Sei o que é passar necessidade e sei também o que é ter em abundância; aprendi o segredo de toda e qualquer circunstância, tanto de estar alimentado como de ter fome, tanto de ter em abundância como de passar necessidade. ¹³Tudo posso naquele que me fortalece. ¹⁴No entanto, vocês fizeram bem, associando-se comigo nas aflições. [...]
¹⁷Não que eu esteja pedindo ajuda, pois o que realmente me interessa é o fruto que aumente o crédito na conta de vocês. ¹⁸Recebi tudo e tenho até de sobra. Estou suprido, desde que Epafrodito me entregou o que vocês me mandaram, que é uma oferta de aroma agradável, um sacrifício que Deus aceita e que lhe agrada. ¹⁹E o meu Deus, segundo a sua riqueza em glória, há de suprir, em Cristo Jesus, tudo aquilo de que vocês precisam. ²⁰A nosso Deus e Pai seja a glória para todo o sempre. Amém!

💡 REFLITA
O contentamento de Paulo não era teórico, era prático. Ele disse: "aprendi a viver contente em toda e qualquer situação" (v.11). Observe as situações citadas por ele (v.12). Onde Paulo fez o seu "estágio" para aprender o contentamento? Por que ele se tornou capaz de exercê-lo?

_____
_____
_____
_____
_____

⚙ REAJA
Paulo estava grato pelos filipenses o terem abençoado também de forma financeira. Como ele considerou essa atitude deles (v.18)? Leia Provérbios 19:17. Em que essas palavras se conectam à bênção de Paulo sobre eles (v.19)? De que forma isso afeta a sua visão quanto a contribuir?

_____
_____
_____
_____
_____
_____

 ORE

Deus amado, ensina-me o contentamento a fim de que a minha alegria não seja circunstancial. Dou-te graças pela Tua Igreja e pela obra que realizas, na Terra, por intermédio dela. Ajuda-me a ser mais despojado e a contribuir de coração para edificação do Teu Reino. Capacita-me a investir na vida dos Teus servos entendendo que estou ofertando a ti. Em nome de Jesus, amém!

26 de setembro

IMAGEM DO DEUS INVISÍVEL

 OUÇA

📖 RECEBA
Colossenses 1:9-10,13-20

⁹Por esta razão, também nós, desde o dia em que soubemos disso, não deixamos de orar por vocês e de pedir que transbordem do pleno conhecimento da vontade de Deus, em toda a sabedoria e entendimento espiritual. ¹⁰Dessa maneira, poderão viver de modo digno do Senhor, para o seu inteiro agrado, frutificando em toda boa obra e crescendo no conhecimento de Deus. [...]
¹³Ele nos libertou do poder das trevas e nos transportou para o Reino do seu Filho amado, ¹⁴em quem temos a redenção, a remissão dos pecados. ¹⁵Ele é a imagem do Deus invisível, o primogênito de toda a criação. ¹⁶Pois nele foram criadas todas as coisas, nos céus e sobre a terra, as visíveis e as invisíveis, sejam tronos, sejam soberanias, quer principados, quer potestades. Tudo foi criado por meio dele e para ele. ¹⁷Ele é antes de todas as coisas. Nele tudo subsiste. ¹⁸Ele é a cabeça do corpo, que é a igreja. Ele é o princípio, o primogênito dentre os mortos, para ter a primazia em todas as coisas. ¹⁹Porque Deus achou por bem que, nele, residisse toda a plenitude ²⁰e que, havendo feito a paz pelo sangue da sua cruz, por meio dele, reconciliasse consigo mesmo todas as coisas, quer sobre a terra, quer nos céus.

💡 REFLITA
Essa é uma carta instrutiva que Paulo escreveu aos cristãos em Colossos. Por que ele orava para que eles transbordassem "do pleno conhecimento da vontade de Deus, em toda a sabedoria e entendimento espiritual" (v.9)? Qual seria o efeito disso na vida dos membros da igreja?

_____
_____
_____
_____

🔄 REAJA
A obra de Cristo na cruz foi definitiva. O que ela propicia aos que creem nele (vv.13-14)? Como você tem correspondido a isso? Releia o texto. O que significa Jesus ser "a imagem do Deus invisível, o primogênito de toda a criação" (v.15). De que forma o que Ele é fortalece a sua fé?

_____
_____
_____
_____
_____

🙏 ORE
Louvado sejas Senhor! Agradeço-te por teres me libertado do poder das trevas e me transportado para o Reino do Teu Filho onde sou amado e cuidado por ti. Tu, Pai, criaste todas as coisas por meio dele e para ele, assim, aprouve a ti o colocar como "a cabeça do corpo, que é a igreja". Dou-te graças por me permitires ver a Tua face na vida e obra de Cristo. Em nome de Jesus, amém!

27 de setembro

CRISTO EM VOCÊ

OUÇA

📖 RECEBA
Colossenses 1:21-28

²¹E vocês que, no passado, eram estranhos e inimigos no entendimento pelas obras más que praticavam, ²²agora, porém, ele os reconciliou no corpo da sua carne, mediante a sua morte, para apresentá-los diante dele santos, inculpáveis e irrepreensíveis, ²³se é que vocês permanecem na fé, alicerçados e firmes, não se deixando afastar da esperança do evangelho que vocês ouviram e que foi pregado a toda criatura debaixo do céu, e do qual eu, Paulo, me tornei ministro. ²⁴Agora me alegro nos meus sofrimentos por vocês e preencho o que resta das aflições de Cristo, na minha carne, a favor do seu corpo, que é a igreja, ²⁵da qual me tornei ministro de acordo com a dispensação da parte de Deus, que me foi confiada em favor de vocês, para dar pleno cumprimento à palavra de Deus: ²⁶o mistério que esteve escondido durante séculos e gerações, mas que agora foi manifestado aos seus santos. ²⁷A estes Deus quis dar a conhecer a riqueza da glória deste mistério entre os gentios, que é Cristo em vocês, a esperança da glória. ²⁸Este Cristo nós anunciamos, advertindo a todos e ensinando a cada um em toda a sabedoria, a fim de que apresentemos cada pessoa perfeita em Cristo.

💡 REFLITA
O *status* de qualquer pessoa, antes de ser salva por Cristo, é de ser inimiga de Deus. O que Jesus promoveu, "mediante a Sua morte", que mudou a condição daqueles que creem nele? Qual o requisito para ser apresentado santo, inculpável e irrepreensível diante de Deus?

_____
_____
_____
_____

🔄 REAJA
Paulo indica que Deus deseja que os salvos conheçam isto: "Cristo em vocês, a esperança da glória" (v.27). Pense por um instante nesse Rei vivendo em sua casa? De que forma isso afeta a sua vida e atitudes? O que a presença dele traz a você? Diante disso, como você se dispõe a servi-lo?

_____
_____
_____
_____
_____

ORE

Deus altíssimo e tremendo, como é bom saber que fui reconciliado contigo em Cristo. Assim, hoje, posso ser apresentado santo, inculpável e irrepreensível em Tua presença. Ajuda-me a permanecer firme na fé em ti e alicerçado no evangelho que me revela a riqueza da Tua glória. Leva-me a conhecer plenamente o que significa Cristo vivendo em mim. Em nome de Jesus, amém!

28 de setembro

CONTINUE A VIVER NELE

🎧 **OUÇA**

📖 **RECEBA**

Colossenses 2:6-14

⁶Portanto, assim como vocês receberam Cristo Jesus, o Senhor, continuem a viver nele, ⁷estando enraizados e edificados nele, e confirmados na fé, como foi ensinado a vocês, crescendo em ação de graças. ⁸Tenham cuidado para que ninguém venha a enredá-los com sua filosofia e vãs sutilezas, conforme a tradição dos homens, conforme os rudimentos do mundo e não segundo Cristo. ⁹Porque nele habita corporalmente toda a plenitude da divindade. ¹⁰Também, nele, vocês receberam a plenitude. Ele é o cabeça de todo principado e potestade. ¹¹Nele também vocês foram circuncidados, não com uma circuncisão feita por mãos humanas, mas pela remoção do corpo da carne, que é a circuncisão de Cristo, ¹²tendo sido sepultados juntamente com ele no batismo, no qual vocês também foram ressuscitados por meio da fé no poder de Deus que o ressuscitou dentre os mortos. ¹³E quando vocês estavam mortos nos seus pecados e na incircuncisão da carne, ele lhes deu vida juntamente com Cristo, perdoando todos os nossos pecados. ¹⁴Cancelando o escrito de dívida que era contra nós e que constava de ordenanças, o qual nos era prejudicial, removeu-o inteiramente, cravando-o na cruz.

💡 **REFLITA**

Não há como aperfeiçoar pela carne a obra da salvação que foi, em Cristo, iniciada pelo Espírito. Diante disso, quais são as recomendações que Paulo faz aos cristãos de Colossos? Sobre o que ele os estava advertindo? O que significa você ter recebido a plenitude em Cristo?

_____
_____
_____
_____
_____

🔄 **REAJA**

Paulo, mais uma vez, combate o legalismo religioso ilustrando a verdadeira circuncisão, a espiritual mediante Cristo, por meio do batismo. De que forma ele descreve esse processo (vv.11-13)? Releia o versículo 14. O que essa ação de Deus, em Cristo, a seu favor, fala a você hoje?

_____
_____
_____
_____
_____

🙏 **ORE**

Senhor amado, ajuda-me a viver profundamente enraizado em ti e alicerçado na Tua Palavra. Livra-me de falsos ensinamentos que parecem inofensivos, mas que, no fim das contas, corrompem a verdade do evangelho de Cristo. Agradeço-te, Senhor, por teres me concedido vida com Cristo e por cancelares, por completo, a dívida que era contra mim. Em nome de Jesus, amém!

29 de setembro

BUSQUE AS COISAS DO ALTO

 OUÇA

📖 RECEBA
Colossenses 3:1-11

¹Portanto, se vocês foram ressuscitados juntamente com Cristo, busquem as coisas lá do alto, onde Cristo vive, assentado à direita de Deus. ²Pensem nas coisas lá do alto, e não nas que são aqui da terra. ³Porque vocês morreram, e a vida de vocês está oculta juntamente com Cristo, em Deus. ⁴Quando Cristo, que é a vida de vocês, se manifestar, então vocês também serão manifestados com ele, em glória. ⁵Portanto, façam morrer tudo o que pertence à natureza terrena: imoralidade sexual, impureza, paixões, maus desejos e a avareza, que é idolatria; ⁶por causa destas coisas é que vem a ira de Deus sobre os filhos da desobediência. ⁷Vocês também andaram nessas mesmas coisas, no passado, quando viviam nelas. ⁸Agora, porém, abandonem igualmente todas estas coisas: ira, indignação, maldade, blasfêmia, linguagem obscena no falar. ⁹Não mintam uns aos outros, uma vez que vocês se despiram da velha natureza com as suas práticas ¹⁰e se revestiram da nova natureza que se renova para o pleno conhecimento, segundo a imagem daquele que a criou. ¹¹Aqui não pode haver mais grego e judeu, circuncisão e incircuncisão, bárbaro, cita, escravo, livre, mas Cristo é tudo e está em todos.

💡 REFLITA
Quando a nova vida em Cristo é uma realidade, o viver cristão deve ser coerente em relação a ela. Assim, Paulo encoraja os colossenses a isso. Quais orientações ele forneceu para que, mesmo com os pés na Terra, a mente deles estivesse onde Cristo vive? Como isso se veria na prática?

_____
_____
_____
_____
_____

⭕ REAJA
A santificação é algo que o cristão deve priorizar. Releia o texto. O que você deve fazer com relação à natureza terrena (v.5)? O que você deve abandonar (v.8)? Dentre as coisas listadas nesses versículos, com quais delas você ainda luta? O que você tem feito a respeito disso?

_____
_____
_____
_____
_____
_____

 ORE

Meu Deus e meu Pai, agradeço-te por não me deixares à mercê de mim para obedecer a ti. Dou-te graças pelo aprovisionamento que me concedes em Cristo e no Espírito Santo para que eu me dispa da velha natureza, bem como de suas práticas, e me revista da nova natureza, conforme Aquele que a criou. Ajuda-me a buscar as coisas lá do alto. Em nome de Jesus, amém!

30 de setembro

O VÍNCULO DA PERFEIÇÃO

📖 RECEBA
Colossenses 3:12-17,23-25

¹²Portanto, como eleitos de Deus, santos e amados, revistam-se de profunda compaixão, de bondade, de humildade, de mansidão, de paciência. ¹³Suportem-se uns aos outros e perdoem-se mutuamente, caso alguém tenha motivo de queixa contra outra pessoa. Assim como o Senhor perdoou vocês, perdoem também uns aos outros. ¹⁴Acima de tudo isto, porém, esteja o amor, que é o vínculo da perfeição. ¹⁵Que a paz de Cristo seja o árbitro no coração de vocês, pois foi para essa paz que vocês foram chamados em um só corpo. E sejam agradecidos. ¹⁶Que a palavra de Cristo habite ricamente em vocês. Instruam e aconselhem-se mutuamente em toda a sabedoria, louvando a Deus com salmos, hinos e cânticos espirituais, com gratidão no coração. ¹⁷E tudo o que fizerem, seja em palavra, seja em ação, façam em nome do Senhor Jesus, dando por ele graças a Deus Pai. [...]
²³Tudo o que fizerem, façam de todo o coração, como para o Senhor e não para as pessoas, ²⁴sabendo que receberão do Senhor a recompensa da herança. É a Cristo, o Senhor, que vocês estão servindo. ²⁵E quem fizer injustiça receberá em troca a injustiça feita. E nisto ninguém será tratado com parcialidade.

💡 REFLITA
Boa parte da nossa vida é caraterizada pela forma como tratamos as pessoas e nos relacionamos com elas. Quanto a isso, quais são as orientações de Paulo aos que, em Cristo, tornaram-se filhos Deus? Dentro do que ele aborda, qual o cuidado de se fazer tudo em nome de Jesus?

_____
_____
_____
_____
_____

🔄 REAJA
Embora seja um desafio, estabelecer uma coexistência pacífica entre as diferentes pessoas que compõem a Igreja, Paulo indica meios para tornar isso possível. Releia os versículos 14 a 25. Quais são eles? De que forma, saber isso o responsabiliza a desenvolver uma melhor convivência?

_____
_____
_____
_____
_____
_____

🙏 ORE
Senhor altíssimo e tremendo, agradeço-te porque antes mesmo de Tu me desafiares a obedecer à Tua Palavra, Tu já havias providenciado, de antemão, os recursos necessários para me tornar capaz de realizar isso. Assim, ajuda-me a não negligenciar as Tuas orientações. Ensina-me a me revestir das Tuas virtudes e a suportar os meus irmãos em amor. Em nome de Jesus, amém!

1.º de outubro

TEMPERADA COM SAL

OUÇA

📖 RECEBA
Colossenses 4:1-9,17-18

¹Senhores, tratem os seus servos com justiça e igualdade, sabendo que também vocês têm um Senhor no céu. ²Continuem a orar, vigiando em oração com ação de graças. ³Ao mesmo tempo, orem também por nós, para que Deus nos abra uma porta à palavra, a fim de falarmos do mistério de Cristo, pelo qual também estou algemado. ⁴Orem para que eu torne esse mistério conhecido, como me cumpre fazer. ⁵Sejam sábios no modo de agir com os que são de fora e aproveitem bem o tempo. ⁶Que a palavra dita por vocês seja sempre agradável, temperada com sal, para que saibam como devem responder a cada um. ⁷Quanto à minha situação, Tíquico, irmão amado, fiel ministro e conservo no Senhor, lhes dará todas as informações. ⁸Eu o estou enviando com o expresso propósito de lhes dar conhecimento da nossa situação e de alentar o coração de vocês. ⁹Com ele estou enviando Onésimo, o fiel e amado irmão, que é da igreja de vocês. Eles contarão a vocês tudo o que está acontecendo aqui. [...]
¹⁷E digam a Arquipo: "Atente para o ministério que você recebeu no Senhor, cumprindo bem a sua tarefa". ¹⁸A saudação é de próprio punho: Paulo. Lembrem-se das minhas algemas. A graça esteja com vocês.

💡 REFLITA
Paulo terminou sua carta aos colossenses com algumas instruções. Quais são elas (vv.2-6)? Qual a importância de manter a vigilância enquanto se ora? O que significa dizer palavras "temperada com sal" (v.6)? Como observar se isso beneficiará seus relacionamentos interpessoais?

_____
_____
_____
_____
_____

○ REAJA
Oração, gratidão e testemunho. Essas coisas deveriam caracterizar o viver cristão no contexto em que a igreja estava inserida. De que forma essa exortação de Paulo o desafia hoje? Do seu ponto de vista, qual seria a forma mais eficaz de você transmitir o evangelho de Cristo aos outros?

_____
_____
_____
_____
_____

🙏 ORE
Pai de amor e bondade, ajuda-me a ser diligente em minha conduta cristã, pois quero viver em conformidade com a Tua Palavra. Que o meu falar seja temperado com sal e o meu agir com luz que indique os Teus caminhos. Capacita-me a exaltar o Teu nome por meio da minha rendição a ti. Senhor, eu dependo de ti para aprender a te obedecer em tudo. Em nome de Jesus, amém!

2 de outubro

REPERCUSSÃO DA FÉ

OUÇA

📖 RECEBA
1 Tessalonicenses 1:2-6,8-10

²Sempre damos graças a Deus por todos vocês [...], ³lembrando-nos, diante do nosso Deus e Pai, da operosidade da fé que vocês têm, da dedicação do amor de vocês e da firmeza da esperança que têm em nosso Senhor Jesus Cristo. ⁴Sabemos, irmãos amados por Deus, que ele os escolheu, ⁵porque o nosso evangelho não chegou a vocês somente em palavra, mas também em poder, no Espírito Santo e em plena convicção. E vocês sabem muito bem qual foi o nosso modo de agir entre vocês [...]. ⁶E vocês se tornaram nossos imitadores e do Senhor, recebendo a palavra com a alegria que vem do Espírito Santo, apesar dos muitos sofrimentos. [...]

⁸Porque a partir de vocês a palavra do Senhor repercutiu não só na Macedônia e na Acaia, mas a fé que vocês têm em Deus repercutiu em todos os lugares, a ponto de não termos necessidade de dizer mais nada a respeito disso. ⁹Porque, no que se refere a nós, as pessoas desses lugares falam sobre como foi a nossa chegada no meio de vocês e como, deixando os ídolos, vocês se converteram a Deus, para servir o Deus vivo e verdadeiro ¹⁰e para aguardar dos céus o seu Filho, a quem ele ressuscitou dentre os mortos, a saber, Jesus, que nos livra da ira vindoura.

💡 REFLITA

Paulo escreveu à igreja que fundara em Tessalônica (Atos 17:1-9). Quais as três qualidades que ele ressaltou em relação a eles? De que forma o evangelho de Cristo chegou aos tessalonicenses? O que eles se tornaram após crerem em Jesus? O que o testemunho deles ocasionou?

_____
_____
_____
_____
_____

🔄 REAJA

Os tessalonicenses não eram infalíveis, mas testemunhavam sua fé em Jesus. O que Paulo cita como resultado disso? Na sociedade atual, por que é difícil ver pessoas transformadas pelo evangelho de Cristo, embora haja tantas informações sobre Ele? Sua vida é testemunho de Cristo?

_____
_____
_____
_____
_____
_____

🙏 ORE

Senhor amado, olhar para o exemplo da Tua Igreja no passado me dá a nítida impressão de que, a igreja da atualidade tem se afastado do verdadeiro evangelho de Cristo. Como parte da Tua Igreja Senhor, sonda o meu coração e vê se há nele alguma distorção ou incompatibilidade com a Tua verdade. Guia-me de volta ao caminho da genuína fé em ti. Em nome de Jesus, amém!

3 de outubro

PORTADOR DO EVANGELHO

📖 RECEBA
1 Tessalonicenses 2:1-8

¹Irmãos, vocês sabem muito bem que a nossa chegada no meio de vocês não foi em vão. ²Pelo contrário, apesar de maltratados e insultados em Filipos, como vocês sabem, tivemos ousada confiança em nosso Deus para anunciar a vocês o evangelho de Deus, em meio a muita luta. ³Pois a nossa exortação não procede de erro ou de intenções impuras, nem se baseia no engano. ⁴Pelo contrário, visto que fomos aprovados por Deus, a ponto de ele nos confiar o evangelho, assim falamos, não para agradar as pessoas, e sim para agradar a Deus, que prova o nosso coração. ⁵A verdade, como vocês sabem, é que nunca usamos de linguagem de bajulação, nem de pretextos gananciosos. Deus é testemunha disso. ⁶Também jamais andamos buscando elogios das pessoas, nem de vocês, nem de outros. ⁷Embora, como apóstolos de Cristo, pudéssemos ter feito exigências, preferimos ser carinhosos quando estivemos aí com vocês, assim como uma mãe que acaricia os próprios filhos. ⁸Assim, com muito afeto, estávamos prontos a lhes oferecer não somente o evangelho de Deus, mas até mesmo a própria vida, porque vocês se tornaram muito amados por nós.

💡 REFLITA

Paulo amava a igreja de Tessalônica. Assim, como ele tinha inimigos na cidade, ele reafirmou a eles o seu caráter e ministério a fim de que não sucumbissem à falsas acusações. Quais argumentos o apóstolo usou em sua defesa? O que Paulo ofertou aos tessalonicenses?

_____
_____
_____
_____
_____

⭕ REAJA

Para Paulo, era um privilégio ser portador do evangelho de Cristo, logo ele desenvolveu o seu ministério "não para agradar as pessoas, e sim para agradar a Deus" (v.4). Observe o que ele afirma sobre sua conduta (vv.3-6). Em que ela se difere da sua ou de pessoas que você conhece?

_____
_____
_____
_____
_____

🙏 ORE

Incomparável Deus, Tu me conheces por inteiro. Ajuda-me a rever as motivações pelas quais sirvo a ti e aos meus irmãos. Livra-me das distorções que permeiam os contextos por onde transito. Ensina-me a manter o olhar fixo no autor e consumador da minha fé, pois não quero naufragar ou ficar à deriva em meio às contradições e dificuldades da vida. Em nome de Jesus, amém!

4 de outubro

COPARTICIPANTES DA GLÓRIA

OUÇA

📖 RECEBA
1 Tessalonicenses 2:10-14,19-20

¹⁰Vocês e Deus são testemunhas de como nos portamos de maneira piedosa, justa e irrepreensível em relação a vocês, os que creem. ¹¹E vocês sabem muito bem que tratamos cada um de vocês como um pai trata os seus filhos, ¹²exortando, consolando e admoestando vocês a viverem de uma maneira digna de Deus, que os chama para o seu Reino e a sua glória. ¹³Temos mais uma razão para, incessantemente, dar graças a Deus: é que, ao receberem a palavra que de nós ouviram, que é de Deus, vocês a acolheram não como palavra humana, e sim como, em verdade é, a palavra de Deus, a qual está atuando eficazmente em vocês, os que creem. ¹⁴Tanto é assim, irmãos, que vocês se tornaram imitadores das igrejas de Deus que se encontram na Judeia e que estão em Cristo Jesus; porque também vocês sofreram, da parte de seus patrícios, as mesmas coisas que eles, por sua vez, sofreram dos judeus. [...]
¹⁹Pois quem é a nossa esperança, ou alegria, ou a coroa em que nos gloriamos na presença de nosso Senhor Jesus em sua vinda? Não é verdade que são vocês? ²⁰Sim, vocês são realmente a nossa glória e a nossa alegria!

💡 REFLITA
Paulo salientou isto sobre os tessalonicenses: eles acolheram "a palavra de Deus", como a verdade que ela é, e começaram a praticá-la. Como você entende esta afirmação: "a qual está atuando eficazmente em vocês, os que creem" (v.13)? O que eles se tornaram por causa disso?

_____
_____
_____
_____

⭕ REAJA
O apóstolo tinha autoridade de vida suficiente para usar livremente a própria conduta como um exemplo à igreja. Em que isso o confronta hoje? Há algo em sua vida que o impede de ser um exemplo aos outros? Que tipo de ajuda você buscará para vencer o que o tem derrotado?

_____
_____
_____
_____
_____
_____

🙏 ORE
Senhor dos Céus e da Terra, capacita-me a ser a pessoa que, em Cristo, Tu resgataste para viver em Tua presença. Ajuda-me a viver de maneira digna de ti e a ser um imitador de Cristo no meu falar e agir. Quero me apresentar diante de ti como um filho que ama estar contigo, Pai, e não como alguém interessado apenas no que Tu podes fazer por mim. Em nome de Jesus, amém!

5 de outubro

CORAÇÕES FORTALECIDOS

📖 RECEBA
1 Tessalonicenses 3:1-7,12-13

¹Por isso, não podendo esperar mais, achamos por bem ficar sozinhos em Atenas ²e enviar o nosso irmão Timóteo, ministro de Deus no evangelho de Cristo, para fortalecer e animá-los na fé, ³a fim de que ninguém se inquiete com essas tribulações [...]. ⁴Pois, quando ainda estávamos com vocês, predissemos que íamos passar por aflições, o que de fato aconteceu e é do conhecimento de vocês. ⁵Foi por isso que [...] mandei perguntar a respeito da fé que vocês têm, temendo que vocês fossem provados pelo tentador e o nosso trabalho se tornasse inútil. ⁶Agora, porém, com o regresso de Timóteo, vindo do meio de vocês, trazendo-nos boas notícias a respeito da fé e do amor que vocês têm, e, ainda, de que sempre guardam grata lembrança de nós [...], ⁷sim, irmãos, por isso, ficamos animados a respeito de vocês, pela fé que vocês têm, apesar de toda a nossa necessidade e tribulação. [...]
¹²E o Senhor faça com que cresça e aumente o amor de uns para com os outros e para com todos, como também o nosso amor por vocês, ¹³a fim de que o coração de vocês seja fortalecido em santidade, isento de culpa, na presença de nosso Deus e Pai, na vinda de nosso Senhor Jesus, com todos os seus santos.

💡 REFLITA
Devido à situação em que se encontrava, Paulo enviou Timóteo aos tessalonicenses "para fortalecer e animá-los na fé" (v.2). Qual é a relevância de uma liderança que, de fato, se importa com os seus liderados? Quais são os efeitos disso quando tal cuidado é demonstrado?

_____
_____
_____
_____

↻ REAJA
A intenção de Paulo, além de informar aos tessalonicenses sobre ele, era também de receber notícias deles. Releia o texto. Por que Paulo estava preocupado com eles? De que maneira o apóstolo reagiu às boas notícias sobre eles? O crescer no amor, resultaria em que para eles?

_____
_____
_____
_____
_____

🙏 ORE
Deus de promessas e milagres, dou-te graças por seres o Pastor da minha alma, por cuidares de mim como nenhum outro tem condições de cuidar. Agradeço-te pelos Teus verdadeiros servos, a quem instituíste na Tua casa, a fim de serem instrumentos de fortalecimento e de encorajamento ao Teu povo que peregrina nesta Terra. Ajuda-me a crescer em amor. Em nome de Jesus, amém!

6 de outubro

CHAMADO À SANTIFICAÇÃO

 OUÇA

📖 RECEBA

1 Tessalonicenses 4:1-10

¹Finalmente, irmãos, pedimos a vocês e os exortamos no Senhor Jesus que, assim como aprenderam de nós a maneira como devem viver e agradar a Deus, e efetivamente o estão fazendo, vocês continuem progredindo cada vez mais. ²Porque vocês sabem quantas instruções demos a vocês da parte do Senhor Jesus. ³Pois a vontade de Deus é a santificação de vocês: que se abstenham da imoralidade sexual; ⁴que cada um de vocês saiba controlar o seu próprio corpo em santificação e honra, ⁵não com desejos imorais, como os gentios que não conhecem a Deus. ⁶E que, nesta matéria, ninguém ofenda nem defraude o seu irmão. Porque, contra todas estas coisas, como antes já avisamos e testificamos, o Senhor é o vingador. ⁷Pois Deus não nos chamou para a impureza, e sim para a santificação. ⁸Portanto, quem rejeita estas coisas não rejeita uma pessoa, mas rejeita Deus, que também dá o seu Espírito Santo a vocês. ⁹Quanto ao amor fraternal, não há necessidade de que eu lhes escreva, porque vocês mesmos foram instruídos por Deus a amar uns aos outros. ¹⁰E, na verdade, vocês já estão fazendo isso em relação a todos os irmãos em toda a Macedônia. Porém, irmãos, exortamos vocês a que progridam cada vez mais.

💡 REFLITA

Nesse texto, Paulo fornece instruções práticas quanto à maneira de viver que agrada ao Senhor. O que ele afirma ser a vontade de Deus (v.3)? Quais são as orientações dele aos cristãos sobre a pureza sexual? Por que a sexualidade é uma das áreas da vida com mais propensão ao pecado?

_____
_____
_____
_____
_____
_____

🔄 REAJA

Paulo afirma que fomos "instruídos por Deus a amar uns aos outros" (v.9). De que forma o amor fraternal pode contribuir para pureza sexual? Como o sexo pode ser usufruído de maneira a agradar a Deus? De que modo você lida com essa questão em sua vida?

_____
_____
_____
_____
_____
_____

🙏 ORE

Senhor, entendo que a vida cristã não é apenas conhecer a Tua vontade, pois é necessário colocá-la em prática. Agradeço-te pela Tua Palavra trazer orientações sobre a vida sexual saudável. Capacita-me a honrar a ti também com essa área da minha vida. Ajuda-me a progredir cada vez mais na santificação e no amor fraternal, pois quero agradar a ti. Em nome de Jesus, amém!

7 de outubro

CONSOLEM UNS AOS OUTROS

OUÇA

📖 RECEBA

1 Tessalonicenses 4:10-18

¹⁰Porém, irmãos, exortamos vocês a que progridam cada vez mais ¹¹e se empenhem por viver tranquilamente, cuidar do que é de vocês e trabalhar com as próprias mãos, como ordenamos, ¹²para que vocês vivam com dignidade à vista dos de fora, e não venham a precisar de nada. ¹³Irmãos, não queremos que vocês ignorem a verdade a respeito dos que dormem, para que não fiquem tristes como os demais, que não têm esperança. ¹⁴Pois, se cremos que Jesus morreu e ressuscitou, assim também Deus, mediante Jesus, trará, na companhia dele, os que dormem. ¹⁵E, pela palavra do Senhor, ainda lhes declaramos o seguinte: nós, os vivos, os que ficarmos até a vinda do Senhor, de modo nenhum precederemos os que dormem. ¹⁶Porque o Senhor mesmo, dada a sua palavra de ordem, ouvida a voz do arcanjo e ressoada a trombeta de Deus, descerá dos céus, e os mortos em Cristo ressuscitarão primeiro; ¹⁷depois, nós, os vivos, os que ficarmos, seremos arrebatados juntamente com eles, entre nuvens, para o encontro com o Senhor nos ares, e, assim, estaremos para sempre com o Senhor. ¹⁸Portanto, consolem uns aos outros com estas palavras.

💡 REFLITA

Paulo exortou aos tessalonicenses a se empenharem "por viver tranquilamente, cuidar do que é [deles] e trabalhar com as próprias mãos" (v.11). Isso é um apelo a quê? Por que a vida do cristão deve estar em ordem "à vista dos de fora" (v.12)? Como isso pode dar testemunho de Cristo?

_____
_____
_____
_____
_____

🔄 REAJA

Paulo deixa claro que a morte, para os que dormem no Senhor, não é o fim. Diante disso, qual a base da esperança dos que creem em Cristo? A ressurreição dos mortos será uma realidade na segunda vinda de Jesus. Por que lembrar dessa verdade torna-se uma fonte de consolo?

_____
_____
_____
_____
_____
_____

🙏 ORE

Deus de glória e poder, agradeço-te pela esperança de que haverá um dia em que toda dor terá fim, pois a morte será definitivamente derrotada e viverei eternamente contigo. Peço-te, Senhor, que até esse dia chegar, Tu me capacites a viver de maneira digna do evangelho. Que, sozinho ou em grupos, a minha vida testifique da salvação que há em Cristo. Em nome de Jesus, amém!

8 de outubro

CRISTO VIRÁ OUTRA VEZ

OUÇA

📖 RECEBA
1 Tessalonicenses 5:1-11

¹Irmãos, no que se refere aos tempos e às épocas, não há necessidade de que eu lhes escreva. ²Porque vocês sabem perfeitamente que o Dia do Senhor vem como ladrão à noite. ³Quando andarem dizendo: "Paz e segurança", eis que lhes sobrevirá repentina destruição, como vêm as dores de parto à mulher que está para dar à luz; e de modo nenhum escaparão. ⁴Mas vocês, irmãos, não estão em trevas, para que esse Dia os apanhe de surpresa como ladrão. ⁵Porque vocês todos são filhos da luz e filhos do dia; nós não somos da noite, nem das trevas. ⁶Assim, pois, não durmamos como os demais; pelo contrário, vigiemos e sejamos sóbrios. ⁷Ora, os que dormem é de noite que dormem, e os que se embriagam é de noite que se embriagam. ⁸Nós, porém, que somos do dia, sejamos sóbrios, revestindo-nos da couraça da fé e do amor e tomando como capacete a esperança da salvação. ⁹Porque Deus não nos destinou para a ira, mas para alcançar a salvação mediante nosso Senhor Jesus Cristo, ¹⁰que morreu por nós para que, quer vigiemos, quer durmamos, vivamos em união com ele. ¹¹Portanto, consolem uns aos outros e edifiquem-se mutuamente, como vocês têm feito até agora.

💡 REFLITA

Os tessalonicenses foram ensinados sobre o retorno de Jesus e os aspectos proféticos envolvidos nesse acontecimento. De que forma estudar as Escrituras habilita o cristão a manter-se vigilante quanto ao "Dia do Senhor"? Por que é importante estar pronto, hoje, para esse dia no futuro?

_____
_____
_____
_____
_____

◯ REAJA

Como "filhos da luz e filhos do dia" (v.5), a vida deles deveria manifestar essa filiação. Releia os versículos 4 a 11. Quais recomendações Paulo fez aos tessalonicenses? Como isso se aplica a sua vida hoje? O que significa ser sóbrio na contemporaneidade? Do que você deve revestir-se?

_____
_____
_____
_____
_____
_____

🙏 ORE

Pai amado, ajuda-me a discernir o meio e a época em que me encontro. Ensina-me a estar alerta em relação ao retorno de Cristo, pois, neste grande dia, não quero ser encontrado dormindo. Capacita-me, Pai, a viver em união com Teu Filho amado a fim de que eu possa discernir os passos que Ele tem dado em direção ao cumprimento dessa Tua promessa. Em nome de Jesus, amém!

9 de outubro

DIRETIVAS À IGREJA

📖 RECEBA
1 Tessalonicenses 5:12-26

[12] Irmãos, pedimos que vocês tenham em grande apreço os que trabalham entre vocês, que os presidem no Senhor e os admoestam. [13] Tenham essas pessoas em máxima consideração, com amor, por causa do trabalho que realizam. Vivam em paz uns com os outros. [14] Também exortamos vocês, irmãos, a que admoestem os que vivem de forma desordenada, consolem os desanimados, amparem os fracos e sejam pacientes com todos. [15] Tenham cuidado para que ninguém retribua aos outros mal por mal; pelo contrário, procurem sempre o bem uns dos outros e o bem de todos. [16] Estejam sempre alegres. [17] Orem sem cessar. [18] Em tudo, deem graças, porque esta é a vontade de Deus para vocês em Cristo Jesus. [19] Não apaguem o Espírito. [20] Não desprezem as profecias. [21] Examinem todas as coisas, retenham o que é bom. [22] Abstenham-se de toda forma de mal. [23] O mesmo Deus da paz os santifique em tudo. E que o espírito, a alma e o corpo de vocês sejam conservados íntegros e irrepreensíveis na vinda de nosso Senhor Jesus Cristo. [24] Fiel é aquele que os chama, o qual também o fará. [25] Irmãos, orem também por nós. [26] Saúdem todos os irmãos com um beijo santo.

💡 REFLITA
Os tessalonicenses foram exortados a assumir uma postura individual, compromissada e responsável a fim de que vivessem "em paz uns com os outros" (v.13). Quais as diretivas transmitidas por Paulo à igreja em Tessalônica? Dentre elas, quais as que mais o desafiam hoje?
_____
_____
_____
_____
_____

○ REAJA
"Examinem todas as coisas, retenham o que é bom" (v.21). Que "instrumento" deve ser utilizado para se detectar o que é verdadeiramente bom? Leia Provérbios 14:12 e 16:2. O que esses versículos indicam sobre se basear no próprio entendimento para seguir o que a Palavra orienta?
_____
_____
_____
_____
_____
_____
_____

ORE
Deus eterno, sei que tudo que Tu orientas em Tua Palavra é para o meu benefício. Por isso, preciso do Teu agir em mim para praticar o que é certo. Ajuda-me a desenvolver as habilidades de que necessito para servir o Teu Reino. Santifica-me em ti e conserva íntegros o meu espírito, a minha alma e o meu corpo até Cristo retornar. Em nome de Jesus, amém!

10 de outubro

CRISTÃOS PERSEGUIDOS

OUÇA

📖 RECEBA
2 Tessalonicenses 1:3-6,9-12

³Irmãos, devemos sempre dar graças a Deus por vocês, como convém, pois a fé que vocês têm cresce cada vez mais, e o amor que todos vocês têm uns pelos outros vai aumentando. ⁴É por isso que nós mesmos nos orgulhamos de vocês nas igrejas de Deus, por causa da perseverança e da fé que vocês demonstram em todas as perseguições e tribulações que estão suportando. ⁵Isso é sinal evidente do justo juízo de Deus, para que vocês sejam considerados dignos do Reino de Deus, pelo qual vocês também estão sofrendo. ⁶Pois, de fato, é justo para com Deus que ele retribua com tribulação aos que causam tribulação a vocês. [...]
⁹Estes sofrerão penalidade de eterna destruição, banidos da face do Senhor e da glória do seu poder, ¹⁰quando ele vier, naquele Dia, para ser glorificado nos seus santos e ser admirado em todos os que creram. Isto inclui vocês, que creram em nosso testemunho. ¹¹Por isso, também não cessamos de orar por vocês, pedindo que o nosso Deus os torne dignos da sua vocação e cumpra com poder todo propósito de bondade e obra de fé, ¹²a fim de que o nome de nosso Senhor Jesus seja glorificado em vocês e vocês sejam glorificados nele, segundo a graça do nosso Deus e do Senhor Jesus Cristo.

💡 REFLITA
Paulo era grato a Deus pelos cristãos em Tessalônica. De que forma ele descreve a vida cristã deles? Como eles estavam se portando diante das perseguições e tribulações que vinham sofrendo? Na visão do apóstolo, por que Deus estava provando os tessalonicenses?

_____
_____
_____
_____
_____
_____

○ REAJA
Obviamente, em algum momento, Deus colocará um ponto final às tribulações do Seu povo. Até lá, que recursos espirituais estão à disposição para sustentar a fé e manter a alegria e a esperança no Senhor? Que significado tem para você que o nome de Jesus seja glorificado em você?

_____
_____
_____
_____
_____
_____
_____

🙏 ORE
Senhor amado, tudo que Tu fazes e permites tem propósitos definidos que, provavelmente, conhecerei apenas na eternidade. Tu sabes o quanto necessito da Tua graça para perseverar em fé quando tribulações batem à minha porta. Capacita-me a enxergar a beleza e o privilégio de ser digno do Teu Reino ao ser aprovado por ti em minhas provações. Em nome de Jesus, amém!

11 de outubro

FILHO DA PERDIÇÃO

OUÇA

📖 RECEBA
2 Tessalonicenses 2:1-8

¹Irmãos, no que diz respeito à vinda de nosso Senhor Jesus Cristo e à nossa reunião com ele, pedimos ²que vocês não se deixem demover facilmente de seu modo de pensar, nem fiquem perturbados, quer por espírito, quer por palavra, quer por carta, como se procedesse de nós, dando a entender que o Dia do Senhor já chegou. ³Ninguém, de modo nenhum, os engane, porque isto não acontecerá sem que primeiro venha a apostasia e seja revelado o homem da iniquidade, o filho da perdição, ⁴o qual se opõe e se levanta contra tudo o que se chama Deus ou é objeto de culto, a ponto de assentar-se no santuário de Deus, apresentando-se como se fosse o próprio Deus. ⁵Vocês não lembram que eu costumava lhes dizer estas coisas, quando ainda estava com vocês? ⁶E, agora, vocês sabem o que o detém, para que ele seja revelado a seu tempo. ⁷Porque o mistério da iniquidade já opera e aguarda somente que seja afastado aquele que agora o detém. ⁸Então será revelado o iníquo, a quem o Senhor Jesus matará com o sopro de sua boca e destruirá pela manifestação de sua vinda.

💡 REFLITA
O "Dia do Senhor", no Novo Testamento, geralmente, está associado à Grande Tribulação descrita por Cristo, em Mateus 24:1-31. Pensar a respeito desse dia provoca que tipo de pensamentos e sentimentos nas pessoas? Por que ouvir sobre o juízo que Deus trará sobre o mundo as abala?

_____
_____
_____
_____

🔄 REAJA
Os tessalonicenses não temiam que o "Dia do Senhor" estava próximo, mas sim que já estavam nele. De que forma, Paulo os esclarece quanto a isso? Quem é esse "filho da perdição" (v.3). Como ele é descrito (v.4)? Este que será "revelado a seu tempo" (v.6), no momento, quem o detém?

_____
_____
_____
_____
_____
_____

🙏 ORE
Querido Deus, Tu és incomparável em glória e em poder. Tu, no devido tempo, cumprirás as Tuas promessas. Ajuda-me a absorver as verdades da Tua Palavra, pois não quero ser enganado por aqueles que a usam em vão. Capacita-me a me manter firme no que Tu tens me ensinado. Habilita-me a não me abalar com o declínio vigente neste mundo. Em nome de Jesus, amém!

12 de outubro

CRER NA VERDADE

📖 RECEBA
2 Tessalonicenses 2:9-17

⁹Ora, o aparecimento do iníquo é segundo a ação de Satanás, com todo poder, sinais e prodígios da mentira, ¹⁰e com todo engano de injustiça aos que estão perecendo, porque não acolheram o amor da verdade para serem salvos. ¹¹É por este motivo que Deus lhes envia a operação do erro, para darem crédito à mentira, ¹²a fim de serem condenados todos os que não creram na verdade, mas tiveram prazer na injustiça. ¹³Mas devemos sempre dar graças a Deus por vocês, irmãos amados pelo Senhor, porque Deus os escolheu desde o princípio para a salvação, pela santificação do Espírito e fé na verdade. ¹⁴Foi para isso que também Deus os chamou mediante o nosso evangelho, para que vocês alcancem a glória de nosso Senhor Jesus Cristo. ¹⁵Assim, pois, irmãos, fiquem firmes e guardem as tradições que lhes foram ensinadas, seja por palavra, seja por carta nossa. ¹⁶Que o próprio Jesus Cristo, nosso Senhor, e Deus, o nosso Pai, que nos amou e nos deu eterna consolação e boa esperança, pela graça, ¹⁷console o coração de vocês e os fortaleça em toda boa obra e boa palavra.

💡 REFLITA

Paulo afirma que a manifestação do anticristo será conforme ação de Satanás. O agir dele será caracterizado pelo quê? Por que será fácil as pessoas serem enganadas por ele? Observando a sociedade contemporânea, quais são as práticas que viabilizam o "crédito à mentira"?

_____
_____
_____
_____
_____

⚪ REAJA

Com sua abordagem, Paulo procurou encorajar os tessalonicenses. Releia os versículos 13 a 17. De que forma essas palavras o encorajam? Somente o Espírito de Deus pode gerar aquilo de que você necessita para se manter firme na fé. O que você precisa que Ele gere em seu coração hoje?

_____
_____
_____
_____
_____
_____

🙏 ORE

Deus eterno, abre os meus olhos para a realidade espiritual que envolve o mundo hoje. Rendo-me à santificação promovida pelo Teu Espírito. Capacita-me a alcançar a glória do meu Salvador, Jesus Cristo. Ajuda-me a usufruir da consolação e da esperança que, pela graça, Tu me concedeste. Fortalece-me, Senhor, em toda boa obra e em toda boa palavra. Em nome de Jesus, amém!

13 de outubro

OREM POR NÓS

OUÇA

📖 RECEBA
2 Tessalonicenses 3:1-9

¹Finalmente, irmãos, orem por nós, para que a palavra do Senhor se propague e seja glorificada, como aconteceu entre vocês. ²Orem também para que sejamos livres das pessoas perversas e más; porque a fé não é de todos. ³Mas o Senhor é fiel. Ele os fortalecerá e os guardará do Maligno. ⁴Temos confiança no Senhor quanto a vocês, de que não só estão praticando as coisas que lhes ordenamos, como também continuarão a fazê-las. ⁵Que o Senhor conduza o coração de vocês ao amor de Deus e à perseverança de Cristo. ⁶Irmãos, em nome do nosso Senhor Jesus Cristo, ordenamos a vocês que se afastem de todo irmão que vive de forma desordenada e não segundo a tradição que vocês receberam de nós. ⁷Porque vocês mesmos sabem como devem nos imitar, visto que nunca vivemos de forma desordenada quando estivemos entre vocês, ⁸nem jamais comemos pão à custa dos outros. Pelo contrário, trabalhamos com esforço e fadiga, de noite e de dia, a fim de não sermos pesados a nenhum de vocês. ⁹Não que não tivéssemos o direito de receber algo, mas porque tínhamos em vista apresentar a nós mesmos como exemplo, para que vocês nos imitassem.

💡 REFLITA
Paulo pede aos tessalonicenses que orem por ele e seus cooperadores. Eles deveriam orar especificamente pelo quê? De que forma pessoas perversas poderiam dificultar a obra da pregação do evangelho de Cristo? De que forma você tem orado pelos servos do Senhor?

_____
_____
_____
_____
_____

🎯 REAJA
O "Senhor é fiel" (v.3). Dentro do contexto em que se encontra, o que essa afirmação de Paulo transmite a você hoje? O que é necessário para que você seja fortalecido por Deus e seja protegido do Maligno? Quais coisas em sua vida podem servir como bons exemplos aos outros?

_____
_____
_____
_____
_____
_____
_____

🙏 ORE
Senhor justo e imutável, fortalece-me em ti e me protege do Maligno. Agradeço-te por seres fiel em todo tempo. Conduz-me ao Teu amor e à perseverança de Cristo. Ajuda-me a me afastar da influência daqueles que desobedecem a Tua Palavra e vivem de maneira desregrada. Capacita-me a ser um bom exemplo de Cristo aonde quer que eu vá. Em nome de Jesus, amém!

14 de outubro

DIGNO É O TRABALHO

OUÇA

📖 RECEBA
2 Tessalonicenses 3:10-18

¹⁰Porque, quando ainda estávamos com vocês, ordenamos isto: "Se alguém não quer trabalhar, também não coma". ¹¹Pois, de fato, ouvimos que há entre vocês algumas pessoas que vivem de forma desordenada. Não trabalham, mas se intrometem na vida dos outros. ¹²A essas pessoas determinamos e exortamos, no Senhor Jesus Cristo, que, trabalhando tranquilamente, comam o seu próprio pão. ¹³Quanto a vocês, irmãos, não se cansem de fazer o bem. ¹⁴Caso alguém não obedeça à nossa palavra dada por esta carta, vejam de quem se trata e não se associem com ele, para que fique envergonhado. ¹⁵Contudo, não o tratem como inimigo, mas admoestem-no como irmão. ¹⁶Que o Senhor da paz, ele mesmo, dê a vocês a paz, sempre e de todas as maneiras. O Senhor esteja com todos vocês. ¹⁷A saudação é de próprio punho: Paulo. Este é o sinal em cada carta; é assim que eu assino. ¹⁸A graça de nosso Senhor Jesus Cristo esteja com todos vocês.

💡 REFLITA
Sem sombra de dúvida, uma das formas de Deus suprir os Seus servos é por meio do trabalho. Paulo afirmou sobre si mesmo: "jamais comemos pão à custa dos outros" (v.8). Como a exortação dele, no versículo 10, confronta algumas posturas hoje? Qual a sua experiência com o trabalho?

_____
_____
_____
_____

🔄 REAJA
Na igreja em Tessalônica, havia alguns desocupados que se intrometiam na vida dos outros. Qual exortação Paulo faz a essas pessoas? De que forma ele encorajou aos que estavam trabalhando adequadamente (v.13)? Por que a paz de Deus é necessária à convivência na igreja?

_____
_____
_____
_____

🙏 ORE
Poderoso Deus, agradeço-te por suprires muitas das minhas necessidades por meio do trabalho. Ensina-me a fazer dele uma forma de adoração a ti. Livra-me de murmurar contra ele e o de negligenciar. Renova o meu entendimento quanto a servir a ti, também, por meio do meu trabalho. Que eu seja um trabalhador fiel e digno ao Teu Reino. Em nome de Jesus, amém!

15 de outubro

ADMOESTAÇÃO EM AMOR

OUÇA

📖 RECEBA
1 Timóteo 1:3-11

³Quando eu estava de viagem, rumo à Macedônia, pedi a você que ainda permanecesse em Éfeso para admoestar certas pessoas, a fim de que não ensinem outra doutrina, ⁴nem se ocupem com fábulas e genealogias sem fim. Essas coisas mais promovem discussões do que o serviço de Deus, na fé. ⁵O objetivo desta admoestação é o amor que procede de um coração puro, de uma boa consciência e de uma fé sem hipocrisia. ⁶Algumas pessoas se desviaram destas coisas e se perderam em discussões inúteis, ⁷pretendendo passar por mestres da lei, não compreendendo, porém, nem o que dizem, nem os assuntos sobre os quais falam com tanta ousadia. ⁸Sabemos que a lei é boa, se alguém se utiliza dela de modo legítimo, ⁹tendo em vista que não se promulga lei para quem é justo, mas para os transgressores e rebeldes, para os ímpios e pecadores, para os iníquos e profanos, para os que matam o pai ou a mãe, para os homicidas, ¹⁰para os que praticam a imoralidade, para os que se entregam a práticas homossexuais, para os sequestradores, para os mentirosos, para os que fazem juramento falso e para tudo o que se opõe à sã doutrina, ¹¹segundo o evangelho da glória do Deus bendito, do qual fui encarregado.

💡 REFLITA

Timóteo era um "verdadeiro filho na fé" (v.2) para Paulo. Ele deixou Timóteo cuidando da igreja em Éfeso enquanto ele estava na Macedônia. Quais razões ele apresentou para fazer isso? Qual a importância de a igreja ter líderes que, de fato, compreendem a Palavra de Deus e a praticam?

_____
_____
_____
_____
_____

🔄 REAJA

Ensinamentos falsos e contrários à Bíblia sempre existiram e, na atualidade, emergem por todos os lados e meios. De que forma você pode se manter firme na verdade da Palavra de Deus? Já que a Lei é boa, como se utilizar "dela de modo legítimo" (v.8)? Em que essa leitura o desafia hoje?

_____
_____
_____
_____
_____

🙏 ORE

Senhor bendito, diariamente sou bombardeado por muitas informações e posicionamentos que contradizem a Tua Palavra. Ajuda-me a permanecer firme na fé que tenho professado em Cristo. Capacita-me a manifestar a Tua luz, em amor, àqueles que estão ao meu redor. Que a Tua verdade, Senhor, prevaleça e indique o Caminho aos perdidos. Em nome de Jesus, amém!

16 de outubro

GRAÇA TRANSBORDANTE

 OUÇA

📖 RECEBA
1 Timóteo 1:12-18

¹²Dou graças a Cristo Jesus, nosso Senhor, que me fortaleceu e me considerou fiel, designando-me para o ministério, ¹³a mim, que, no passado, era blasfemo, perseguidor e insolente. Mas alcancei misericórdia, pois fiz isso na ignorância, na incredulidade. ¹⁴Transbordou, porém, a graça de nosso Senhor com a fé e o amor que há em Cristo Jesus. ¹⁵Esta palavra é fiel e digna de toda aceitação: que Cristo Jesus veio ao mundo para salvar os pecadores, dos quais eu sou o principal. ¹⁶Mas, por esta mesma razão, me foi concedida misericórdia, para que, em mim, que sou o principal pecador, Cristo Jesus pudesse mostrar a sua completa longanimidade, e eu servisse de modelo para todos os que hão de crer nele para a vida eterna. ¹⁷Assim, ao Rei eterno, imortal, invisível, Deus único, honra e glória para todo o sempre. Amém! ¹⁸Esta é a admoestação que faço a você, meu filho Timóteo, segundo as profecias que anteriormente foram feitas a seu respeito: que, firmado nelas, você combata o bom combate.

💡 REFLITA

Paulo expôs a sua experiência pessoal com o evangelho. De que forma reavaliar a sua vida, quem você era, onde e como estava, antes de Cristo, fornece a você uma maior percepção da obra que Ele realizou em seu favor? Diante disso, como você aperfeiçoará o seu viver no Senhor e para Ele?

_____
_____
_____
_____

⭕ REAJA

Pelo que Deus fez na vida de Paulo, ele se tornou um modelo de cristão que nos serve de referência até hoje. De que forma a sua vida testemunha aos outros sobre a salvação que você alcançou em Cristo? O que significa, para você, esta exortação: "combata o bom combate" (v.18)?

_____
_____
_____
_____
_____
_____

🙏 ORE

Deus eterno, rendo a ti a minha profunda gratidão por teres me resgatado do império das trevas. Agradeço-te pela misericórdia que Tu renovas diariamente sobre mim. Louvo-te por me permitires viver no Teu Reino como um dos Teus filhos. Ensina-me a viver dignamente em Tua presença. A ti, Senhor, hoje e para todo sempre, seja a honra e a glória que mereces. Em nome de Jesus, amém!

17 de outubro

UM SÓ MEDIADOR

🎧 OUÇA

📖 RECEBA
1 Timóteo 2:1-10

¹Antes de tudo, peço que se façam súplicas, orações, intercessões e ações de graças em favor de todas as pessoas. ²Orem em favor dos reis e de todos os que exercem autoridade, para que vivamos vida mansa e tranquila, com toda piedade e respeito. ³Isto é bom e aceitável diante de Deus, nosso Salvador, ⁴que deseja que todos sejam salvos e cheguem ao pleno conhecimento da verdade. ⁵Porque há um só Deus e um só Mediador entre Deus e a humanidade, Cristo Jesus, homem, ⁶que deu a si mesmo em resgate por todos, testemunho que se deve dar em tempos oportunos. ⁷Para isto fui designado pregador e apóstolo — afirmo a verdade, não minto —, mestre dos gentios na fé e na verdade. ⁸Quero, pois, que os homens orem em todos os lugares, levantando mãos santas, sem ira e sem animosidade. ⁹Da mesma forma, que as mulheres, em traje decente, se enfeitem com modéstia e bom senso, não com tranças no cabelo, ouro, pérolas ou roupas caras, ¹⁰porém com boas obras, como convém a mulheres que professam ser piedosas.

💡 REFLITA

Paulo fornece instruções para o culto público dos cristãos. Como homens e mulheres deveriam proceder ao participarem dos cultos? "Antes de tudo" (v.1), o que eles deveriam fazer por primeiro quando se reunissem? Qual a diferença entre os tipos de oração que Paulo menciona?

_____
_____
_____
_____
_____

🔄 REAJA

"Orem em favor dos reis e de todos os que exercem autoridade" (v.2). Por que orar por eles? Em que isso contribui com o desejo de Deus (v.3)? Observe: Há "um só Mediador entre Deus e a humanidade, Cristo Jesus" (v.5). Como isso refuta a ideia de que qualquer caminho leva a Deus?

_____
_____
_____
_____
_____
_____
_____

🙏 ORE

Senhor, Tu és o único e verdadeiro Deus, o meu Salvador em Cristo. Ajuda-me a orar conforme é bom e aceitável diante de ti. Por vezes, o meu senso de justiça ou opinião impede que eu ore pelos governantes e autoridades. Capacita-me, Senhor, a vencer a minha resistência e a orar para que alcancem a salvação que Tu ofereces. Em nome de Jesus, amém!

18 de outubro

CARÁTER CRISTÃO

📖 RECEBA
1 Timóteo 3:1-9,16

¹Fiel é a palavra: se alguém deseja o episcopado, excelente obra almeja. ²É necessário, pois, que o bispo seja irrepreensível, esposo de uma só mulher, moderado, sensato, modesto, hospitaleiro, apto para ensinar; ³não dado ao vinho, nem violento, porém cordial, inimigo de conflitos, não avarento; ⁴e que governe bem a própria casa, criando os filhos sob disciplina, com todo o respeito. ⁵Pois, se alguém não sabe governar a própria casa, como cuidará da igreja de Deus? ⁶Que o bispo não seja recém-convertido, para não acontecer que fique cheio de orgulho e incorra na condenação do diabo. ⁷É necessário, também, que ele tenha bom testemunho dos de fora, a fim de não cair na desonra e no laço do diabo. ⁸Do mesmo modo, quanto a diáconos, é necessário que sejam respeitáveis, de uma só palavra, não inclinados a muito vinho, não gananciosos, ⁹conservando o mistério da fé com a consciência limpa. [...]

¹⁶Sem dúvida, grande é o mistério da piedade: "Aquele que foi manifestado na carne foi justificado em espírito, visto pelos anjos, pregado entre os gentios, crido no mundo, recebido na glória".

💡 REFLITA
Paulo orienta Timóteo a observar as qualificações do líder e daqueles que servem na igreja. Por que ele chama a atenção de Timóteo para isso? Quais qualidades eles deveriam apresentar? Por que apenas possuir habilidades não é suficiente para se fazer eficazmente a obra de Deus?

🔄 REAJA
Timóteo recebeu tais instruções de Paulo para que ele soubesse como lidar com certas questões na igreja. Lembre-se: independentemente da sua função na igreja, você faz parte do Reino de Deus. Após discorrer sobre o caráter cristão, o que Paulo ressalta no versículo 16?

🙏 ORE
Pai amado, ajuda-me a rever meus conceitos e valores para realinhá-los à Tua Palavra. É tão fácil ser convencido por algo que, de alguma forma, atende aos meus desejos e ambições. Capacita-me a desenvolver o caráter cristão conforme manifesto na pessoa de Cristo. Transforma-me com a glória que vem de ti mediante a ação do Espírito Santo em mim. Em nome de Jesus, amém!

19 de outubro

EXERCITE-SE NA PIEDADE

OUÇA

📖 RECEBA
1 Timóteo 4:1-11

¹Ora, o Espírito afirma expressamente que, nos últimos tempos, alguns apostatarão da fé, por obedecerem a espíritos enganadores e a ensinos de demônios, ²pela hipocrisia dos que falam mentiras e que têm a consciência cauterizada, ³que proíbem o casamento e exigem abstinência de alimentos que Deus criou para serem recebidos com gratidão pelos que creem e conhecem a verdade. ⁴Pois tudo o que Deus criou é bom, e, se recebido com gratidão, nada é recusável, ⁵porque é santificado pela palavra de Deus e pela oração. ⁶Expondo estas coisas aos irmãos, você será um bom ministro de Cristo Jesus, alimentado com as palavras da fé e da boa doutrina que você tem seguido. ⁷Mas rejeite as fábulas profanas e de velhas caducas. Exercite-se, pessoalmente, na piedade. ⁸Pois o exercício físico tem algum valor, mas a piedade tem valor para tudo, porque tem a promessa da vida que agora é e da que há de vir. ⁹Fiel é esta palavra e digna de inteira aceitação. ¹⁰Pois é para esse fim que trabalhamos e nos esforçamos, porque temos posto a nossa esperança no Deus vivo, Salvador de todos, especialmente dos que creem. ¹¹Ordene estas coisas e ensine-as.

💡 REFLITA

Paulo observou suas palavras aqui como uma revelação do Espírito Santo. De que maneira se pode correlacionar o que ele escreveu ao que se tem visto e ouvido no mundo hoje? Por que mesmo quando se conhece o evangelho de Cristo é possível torná-lo, pessoalmente, infrutífero?

_____
_____
_____
_____
_____

⟳ REAJA

A função de Timóteo era nutrir os irmãos com a verdade de Cristo. Releia os versículos 6 a 11. O que Timóteo deveria priorizar? Quais recomendações Paulo faz a ele? O crescimento espiritual acontece pelo esforço. Em que você deve se exercitar a fim de crescer espiritualmente hoje?

_____
_____
_____
_____
_____
_____

🙏 ORE

Deus Criador, eu creio em ti, conduz-me na Tua verdade. Capacita-me a discernir e a receber com gratidão todas as coisas boas que Tu criaste. Ajuda-me a me afastar da hipocrisia e de mentiras que tentam me afastar de ti. Quero me alimentar da Tua Palavra e crescer na fé em Cristo. Santifica-me pela Tua presença. Mantém-me na Tua vontade. Em nome de Jesus, amém!

20 de outubro

CUIDANDO DOS SEUS

 OUÇA

📖 RECEBA
1 Timóteo 5:1-8,14-16

¹Não repreenda um homem mais velho; pelo contrário, exorte-o como você faria com o seu pai. Trate os mais jovens como irmãos, ²as mulheres mais velhas, como mães, e as mais jovens, como irmãs, com toda a pureza. ³Honre as viúvas que não têm ninguém para cuidar delas. ⁴Mas, se alguma viúva tem filhos ou netos, que estes aprendam primeiro a exercer piedade para com a própria casa e a recompensar os seus pais, pois isto é aceitável diante de Deus. ⁵Aquela que é viúva de fato e não tem ninguém para cuidar dela espera em Deus e persevera em súplicas e orações, noite e dia. ⁶Entretanto, a que se entrega aos prazeres, mesmo viva, está morta. ⁷Ordene estas coisas, para que sejam irrepreensíveis. ⁸Se alguém não tem cuidado dos seus e, especialmente, dos da própria casa, esse negou a fé e é pior do que o descrente. [...]
¹⁴Por isso, quero que as viúvas mais novas casem, criem filhos, sejam boas donas de casa e não deem ao adversário motivo algum para falar mal de nós. ¹⁵Pois algumas já se desviaram, seguindo Satanás. ¹⁶Se alguma mulher crente tem viúvas em sua família, socorra-as, para que a igreja não fique sobrecarregada e possa socorrer as viúvas que não têm ninguém.

💡 REFLITA
Timóteo precisava lidar adequadamente com cada situação e irmão na igreja. De que maneira ele e os membros da igreja deveriam considerar e tratar uns aos outros? Dentro desse contexto, por que esses conselhos pastorais deveriam ser aplicados à vida da igreja?

_____
_____
_____
_____
_____
_____

⟳ REAJA
Paulo dedicou parte desse texto em orientações quanto às viúvas. Paulo se preocupava com elas. Naquela época, qual era a condição das viúvas? Releia o versículo 8. Como essas palavras se aplicam à igreja dos dias atuais? Quem são os "da própria casa" que você deve ajudar hoje?

_____
_____
_____
_____
_____
_____

🙏 ORE
Bendito Senhor, ajuda-me a enxergar a beleza da singularidade em Teus filhos e a bênção que há na diversidade deles por estarem unidos a Cristo. Concede-me um coração sensível às necessidades dos meus irmãos, pois não quero ser como aqueles que negam a fé ao negligenciá-los. Ensina-me o respeito e a consideração pelos que integram o Teu povo. Em nome de Jesus, amém!

21 de outubro

CONSERVE-SE PURO

📖 RECEBA
1 Timóteo 5:17-25

¹⁷Devem ser considerados merecedores de pagamento em dobro os presbíteros que presidem bem, especialmente os que se esforçam na pregação da palavra e no ensino. ¹⁸Pois a Escritura declara: "Não amordace o boi quando ele pisa o trigo". E, ainda: "O trabalhador é digno do seu salário". ¹⁹Não aceite denúncia contra presbítero, a não ser exclusivamente sob o depoimento de duas ou três testemunhas. ²⁰Quanto aos que vivem no pecado, repreenda-os na presença de todos, para que também os demais temam. ²¹Diante de Deus, de Cristo Jesus e dos anjos eleitos, peço com insistência que você guarde estes conselhos, sem discriminação, nada fazendo com espírito de parcialidade. ²²Não tenha pressa para impor as mãos sobre alguém. Não seja cúmplice dos pecados dos outros. Conserve-se puro. ²³Não beba somente água; beba também um pouco de vinho, por causa do seu estômago e das suas frequentes enfermidades. ²⁴Os pecados de alguns são notórios, mesmo antes do juízo, mas os de outros só se manifestam mais tarde. ²⁵Do mesmo modo também as boas obras se evidenciam e aquelas que ainda não são manifestas não poderão ficar escondidas.

💡 REFLITA
Os presbíteros na Igreja Primitiva eram como pastores. Quais são as orientações de Paulo para Timóteo lidar com líderes idôneos e os que viviam no pecado? Qual o contraste entre a função pastoral no passado e a que se tem visto hoje? Biblicamente, como se define o ser pastor?

_____
_____
_____
_____
_____

🔄 REAJA
Releia os versículos 21 e 22. Quais são as recomendações de Paulo a Timóteo? Por que Paulo insistiu para que ele guardasse os seus conselhos? "Não seja cúmplice dos pecados dos outros" (v.22), de que forma isso o alerta hoje? Reveja os versículos 24 e 25. O que eles dizem a você?

_____
_____
_____
_____
_____
_____
_____

🙏 ORE
Deus de amor, ajuda-me a discernir espiritualmente os contextos por onde transito. Capacita-me a proceder de maneira a abençoar os Teus filhos e a engrandecer o Teu nome. Quero ser coerente em relação ao que tens me ensinado em Tua Palavra e viver conforme o exemplo de Cristo. Fortalece-me para não sucumbir às pressões deste mundo. Em nome de Jesus, amém!

22 de outubro

A RAIZ DE TODOS OS MALES

OUÇA

📖 RECEBA
1 Timóteo 3:3-11

³Se alguém ensina outra doutrina e não concorda com as sãs palavras de nosso Senhor Jesus Cristo e com o ensino segundo a piedade, ⁴esse é orgulhoso e não entende nada, mas tem um desejo doentio por discussões e brigas a respeito de palavras. É daí que nascem a inveja, a provocação, as difamações, as suspeitas malignas ⁵e as polêmicas sem fim da parte de pessoas cuja mente é pervertida e que estão privadas da verdade, supondo que a piedade é fonte de lucro. ⁶De fato, grande fonte de lucro é a piedade com o contentamento. ⁷Porque nada trouxemos para o mundo, nem coisa alguma podemos levar dele. ⁸Tendo sustento e com que nos vestir, estejamos contentes. ⁹Mas os que querem ficar ricos caem em tentação, em armadilhas e em muitos desejos insensatos e nocivos, que levam as pessoas a se afundar na ruína e na perdição. ¹⁰Porque o amor ao dinheiro é a raiz de todos os males; e alguns, nessa cobiça, se desviaram da fé e atormentaram a si mesmos com muitas dores. ¹¹Mas você, homem de Deus, fuja de tudo isso. Siga a justiça, a piedade, a fé, o amor, a perseverança, a mansidão.

💡 REFLITA

Paulo adverte Timóteo contra os que faziam mau uso da Palavra de Deus. De que forma isso pode acontecer? Aqueles que "conhecem" a Bíblia, mas não se submetem à verdade de Deus contida nela, correm quais riscos? Como alguns têm tornado a piedade uma "fonte de lucro" atualmente?

_____
_____
_____
_____

🔄 REAJA

O lucro da piedade deveria ser o contentamento, não o enriquecimento com a exploração dela. Releia os versículos 8 a 10. Como Paulo aborda esse assunto? O que o amor ao dinheiro pode causar? Que conselho pessoal Paulo dá a Timóteo (v.11)? Como isso serve para você hoje?

_____
_____
_____
_____
_____

🙏 ORE

Misericordioso Senhor, ajuda-me a desenvolver o contentamento para que eu me mantenha íntegro diante de ti e dos outros, pois diariamente sou exposto a certas "vantagens" que apelam ao meu anseio por conforto e bem-estar. Capacita-me a fugir de tais armadilhas e a seguir o que é bom e justo. Quebra todo e qualquer ídolo que o meu coração fabricar. Em nome de Jesus, amém!

23 de outubro

O BOM COMBATE DA FÉ

📖 RECEBA
1 Timóteo 6:12-15,17-21

¹²Combata o bom combate da fé. Tome posse da vida eterna, para a qual você também foi chamado e da qual fez a boa confissão diante de muitas testemunhas. ¹³Diante de Deus, que preserva a vida de todas as coisas, e diante de Cristo Jesus, que, na presença de Pôncio Pilatos, fez a boa confissão, eu exorto você ¹⁴a guardar este mandato imaculado, irrepreensível, até a manifestação de nosso Senhor Jesus Cristo, ¹⁵a qual, no tempo certo, há de ser revelada pelo bendito e único Soberano, o Rei dos reis e Senhor dos senhores. [...]
¹⁷Exorte os ricos deste mundo a que não sejam orgulhosos, nem depositem a sua esperança na instabilidade da riqueza, mas em Deus, que tudo nos proporciona ricamente para o nosso prazer. ¹⁸Que eles façam o bem, sejam ricos em boas obras, generosos em dar e prontos a repartir; ¹⁹ajuntando para si mesmos um tesouro que é sólido fundamento para o futuro, a fim de tomarem posse da verdadeira vida. ²⁰E você, ó Timóteo, guarde o que lhe foi confiado, evitando os falatórios inúteis e profanos e as contradições daquilo que falsamente chamam de "conhecimento", ²¹pois alguns, professando-o, se desviaram da fé. A graça esteja com vocês.

💡 REFLITA

"Combata o bom combate da fé" (v.13). De que forma essa sentença traz uma revelação e ao mesmo tempo um encorajamento? Por que esse tipo de combate durará "até a manifestação de [...] Cristo" (v.14)? Como tomar posse da vida eterna, hoje, ainda que vivendo neste mundo?

_____
_____
_____
_____
_____

⭕ REAJA

Qual seria o propósito do rico à Igreja de Cristo? Leia Lucas 12:16-20. O que Jesus ensina sobre juntar tesouros para si mesmo, mas não ser rico para com Deus? De que forma Paulo desafia Timóteo a distinguir entre o que vem de Deus e o que procede do homem (vv.20-21)?

_____
_____
_____
_____
_____
_____

🙏 ORE

Bendito e soberano Deus, capacita-me a combater o bom combate da fé. Ensina-me viver a vida abundante que Tu me proporcionas em Cristo, visto que, pelo agir do Teu Espírito, eu posso estar nele e Ele em mim. Pai, quero andar em Tua presença. Instrui-me a como ser rico para contigo. Ajuda-me a evitar falatórios inúteis e que contradizem a Tua Palavra. Em nome de Jesus, amém!

24 de outubro

SEI EM QUEM TENHO CRIDO

OUÇA

📖 RECEBA
2 Timóteo 1:3-5,8-12

³Dou graças a Deus, a quem, desde os meus antepassados, sirvo com a consciência limpa, porque, sem cessar, lembro de você nas minhas orações, noite e dia. ⁴Lembro das suas lágrimas e estou ansioso por ver você, para que eu transborde de alegria. ⁵Lembro da sua fé sem fingimento, a mesma que, primeiramente, habitou em sua avó Loide e em sua mãe Eunice, e estou certo de que habita também em você. [...]
⁸Portanto, não se envergonhe do testemunho de nosso Senhor, nem do seu prisioneiro, que sou eu. Pelo contrário, participe comigo dos sofrimentos a favor do evangelho, segundo o poder de Deus, ⁹que nos salvou e nos chamou com santa vocação, [...] conforme a sua própria determinação e graça que nos foi dada em Cristo Jesus, antes dos tempos eternos, ¹⁰e manifestada agora pelo aparecimento de nosso Salvador Cristo Jesus. Ele não só destruiu a morte, como trouxe à luz a vida e a imortalidade, mediante o evangelho. ¹¹Para este evangelho eu fui designado pregador, apóstolo e mestre ¹²e, por isso, estou sofrendo estas coisas. Mas não me envergonho, porque sei em quem tenho crido e estou certo de que ele é poderoso para guardar aquilo que me foi confiado até aquele Dia.

💡 REFLITA

Paulo ressalta o exemplo de fé, da mãe e da avó de Timóteo, à edificação da genuína fé desse jovem pastor. Elas o levaram a conhecer Jesus. Qual a relevância de se conviver com pessoas verdadeiramente convertidas? Quem foi a pessoa que mais influenciou sua decisão por Cristo?

_____
_____
_____
_____

○ REAJA

Timóteo deveria demonstrar ousadia, amor e moderação e não se envergonhar do evangelho nem de seu mentor. O que as palavras de Paulo sugerem sobre Timóteo? Por que Timóteo precisava ser encorajado a ter coragem? Reavalie sua fé. Em que você precisa ser encorajado hoje?

_____
_____
_____
_____
_____

🙏 ORE

Senhor amado, Tu me conheces como nenhuma outra pessoa, sabes das minhas lutas interiores e dos meus medos. Tu me chamaste à salvação em Cristo e a minha vida está em Tuas mãos. Ajuda-me a vencer, no Teu poder, os desafios com os quais me deparo diariamente. Capacita-me a ser corajoso, pois eu creio em ti e sei que és soberano sobre todas as coisas. Em nome de Jesus, amém!

25 de outubro

A SERVIÇO DE CRISTO

OUÇA

📖 RECEBA
2 Timóteo 2:1-13

¹Quanto a você, meu filho, fortifique-se na graça que há em Cristo Jesus. ²E o que você ouviu de mim na presença de muitas testemunhas, isso mesmo transmita a homens fiéis, idôneos para instruir a outros. ³Participe dos meus sofrimentos como bom soldado de Cristo Jesus. ⁴Nenhum soldado em serviço se envolve em negócios desta vida, porque o seu objetivo é agradar aquele que o recrutou. ⁵Igualmente, o atleta não é coroado se não competir segundo as regras. ⁶O lavrador que trabalha deve ser o primeiro a participar dos frutos. ⁷Pense bem no que acabo de dizer, porque o Senhor dará a você compreensão em todas as coisas. ⁸Lembre-se de Jesus Cristo, ressuscitado dentre os mortos [...]. ⁹É por ele que estou sofrendo até algemas, como malfeitor. Mas a palavra de Deus não está algemada. ¹⁰Por esta razão, tudo suporto por causa dos eleitos, para que também eles obtenham a salvação que está em Cristo Jesus, com glória eterna.

¹¹Fiel é esta palavra: "Se já morremos com ele, também viveremos com ele; ¹²se perseveramos, também com ele reinaremos; se o negamos, ele, por sua vez, nos negará; ¹³se somos infiéis, ele permanece fiel, pois de maneira nenhuma pode negar a si mesmo".

💡 REFLITA

Timóteo precisava ser fortalecido e perseverar a fim de cumprir o seu chamado. Por que manter-se na graça divina é fundamental para se desenvolver uma vida cristã sólida? O que Timóteo deveria transmitir a outros? Na atualidade, quais são os maiores desafios ao evangelho de Cristo?

_____
_____
_____
_____
_____

○ REAJA

A fim de exortar Timóteo a prática do evangelho, Paulo usou as figuras do soldado, do atleta e do lavrador. Quais características, relacionadas a eles, são enfatizadas por Paulo? Em que Timóteo seria encorajado com essa abordagem? De que forma ela desafia você pessoalmente hoje?

_____
_____
_____
_____
_____

🙏 ORE

Deus eterno, ajuda-me a perseverar em fé no Teu filho amado na certeza de que reinarei com Ele no porvir. Capacita-me, como um bom soldado de Cristo, a zelar pelos Teus interesses e a demonstrar a Tua salvação àqueles que necessitam dela. Senhor, agradeço-te por renovares as minhas forças em Tua graça e permaneceres fiel as Tuas promessas. Em nome de Jesus, amém!

26 de outubro

UTENSÍLIOS PARA HONRA

📖 RECEBA
2 Timóteo 2:15-16,20-26

¹⁵Procure apresentar-se a Deus aprovado, como obreiro que não tem de que se envergonhar, que maneja bem a palavra da verdade. ¹⁶Evite, igualmente, os falatórios inúteis e profanos, pois os que se entregam a isso avançarão cada vez mais na impiedade. [...]
²⁰Ora, numa grande casa não há somente utensílios de ouro e de prata; há também de madeira e de barro. Alguns, para honra; outros, porém, para desonra. ²¹Assim, pois, se alguém se purificar destes erros, será utensílio para honra, santificado e útil ao seu senhor, estando preparado para toda boa obra. ²²Fuja das paixões da mocidade. Siga a justiça, a fé, o amor e a paz com os que, de coração puro, invocam o Senhor. ²³Evite as discussões insensatas e absurdas, pois você sabe que elas só provocam brigas. ²⁴O servo do Senhor não deve andar metido em brigas, mas deve ser brando para com todos, apto para ensinar, paciente, ²⁵disciplinando com mansidão os que se opõem a ele, na expectativa de que Deus lhes conceda não só o arrependimento para conhecerem a verdade, ²⁶mas também o retorno à sensatez, a fim de que se livrem dos laços do diabo, que os prendeu para fazerem o que ele quer.

💡 REFLITA

Como obreiro do Senhor, Timóteo deveria manter-se centrado no evangelho de Cristo. Assim, além de instruir outros, ele deveria cuidar da própria conduta. Quais foram as recomendações de Paulo a ele? Nesse contexto, como um servo do Senhor deveria se portar (vv.24-26)?

_____
_____
_____
_____

○ REAJA

O que Paulo queria ensinar a Timóteo com a metáfora dos utensílios de honra e desonra? Do que Timóteo deveria fugir? O que ele deveria seguir? De que forma essa leitura bíblica o confronta hoje? Quais são os "laços do diabo" (v.26) na atualidade? Como evitá-los ou libertar-se deles?

_____
_____
_____
_____
_____

🙏 ORE

Soberano Senhor, ensina-me a manejar bem a palavra da verdade. Torna-me apto a viver e a compartilhar o evangelho de Cristo. Santifica-me na Tua Palavra. Quero seguir a justiça, a fé, o amor e a paz com os que, de coração puro, invocam a ti. Capacita-me a ser um utensílio para honra no Teu Reino e a evitar discussões inúteis. Em nome de Jesus, amém!

27 de outubro

INIMIGOS DO EVANGELHO

 OUÇA

📖 RECEBA
2 Timóteo 3:1-9

¹Mas você precisa saber disto: nos últimos dias sobrevirão tempos difíceis. ²Pois os seres humanos serão egoístas, avarentos, orgulhosos, arrogantes, blasfemadores, desobedientes aos pais, ingratos, ímpios, ³sem afeição natural, implacáveis, caluniadores, sem domínio de si, cruéis, inimigos do bem, ⁴traidores, atrevidos, convencidos, mais amigos dos prazeres do que amigos de Deus, ⁵tendo forma de piedade, mas negando o poder dela. Fique longe também destes. ⁶Pois entre estes se encontram os que se infiltram nas casas e conseguem cativar mulheres tolas, sobrecarregadas de pecados, que são levadas por todo tipo de desejos, ⁷que estão sempre aprendendo e nunca conseguem chegar ao conhecimento da verdade. ⁸E do mesmo modo que Janes e Jambres resistiram a Moisés, também estes resistem à verdade. São homens que têm a mente totalmente corrompida, reprovados quanto à fé. ⁹Mas esses não irão longe, porque a insensatez deles ficará evidente a todos, como também aconteceu com a insensatez de Janes e Jambres.

💡 REFLITA

Paulo demonstra sua preocupação com Timóteo e com o evangelho de Cristo. Por que era importante Timóteo saber sobre o que caracterizaria os "tempos difíceis"? Como Paulo descreve as pessoas relacionadas a isso? De que maneira o alerta de Paulo serve para os nossos dias?

_____
_____
_____
_____
_____
_____

○ REAJA

Observe que Paulo descreve pessoas, e não propriamente dias ruins. O que a advertência dele revela sobre a condição humana de todas as épocas? De que forma é possível lidar adequadamente com pessoas que, mesmo estando na igreja, resistem à Palavra de Deus?

_____
_____
_____
_____
_____
_____
_____

🙏 ORE

Deus justo e tremendo, a Tua Palavra é clara quanto àqueles que negam a ti e desprezam a Tua obra redentora em Cristo. Agradeço-te por me alertares quanto a isso. Ajuda-me a discernir minhas faltas e a me arrepender quando falho, pois amo a ti e desejo honrar-te. Transforma-me pelo poder da Tua Palavra e pelo agir do Teu Espírito em mim. Em nome de Jesus, amém!

28 de outubro

SUPREMACIA DA PALAVRA

📖 RECEBA
2 Timóteo 3:10-17

¹⁰Mas você tem seguido de perto o meu ensino, a minha conduta, o meu propósito, a minha fé, a minha paciência, o meu amor, a minha perseverança, ¹¹as minhas perseguições e os meus sofrimentos, os quais tive de enfrentar em Antioquia, Icônio e Listra. Quantas perseguições sofri! Porém o Senhor me livrou de todas elas. ¹²Na verdade, todos os que querem viver piedosamente em Cristo Jesus serão perseguidos. ¹³Mas os perversos e impostores irão de mal a pior, enganando e sendo enganados. ¹⁴Quanto a você, permaneça naquilo que aprendeu e em que acredita firmemente, sabendo de quem você o aprendeu ¹⁵e que, desde a infância, você conhece as sagradas letras, que podem torná-lo sábio para a salvação pela fé em Cristo Jesus. ¹⁶Toda a Escritura é inspirada por Deus e útil para o ensino, para a repreensão, para a correção, para a educação na justiça, ¹⁷a fim de que o servo de Deus seja perfeito e perfeitamente habilitado para toda boa obra.

💡 REFLITA

Conforme o relato de Paulo, a conduta de Timóteo era diferente dos que ele mencionara. O que Timóteo seguiu de perto? Como isso afetou o seu agir e o seu serviço a Deus? Independentemente de atitudes alheias, no que ele deveria permanecer (vv.14-15)?

_____
_____
_____
_____
_____

♻ REAJA

Releia os versículos 16 e 17. Você crê na Bíblia como a Palavra inspirada por Deus? Por quê? O que você experimentará, da parte dela, se tornar a sua leitura um hábito em sua vida? Como isso o encoraja? O que você imagina ser o motivo de as pessoas não lerem a Palavra de Deus?

_____
_____
_____
_____
_____

🙏 ORE

Pai amado, ensina-me a amar a Tua Palavra e a receber dela a instrução para prosseguir, a repreensão quando desobedeço e a correção quando erro. Tu por meio dela me revelas o quanto desejas me manter junto a ti. Ajuda-me a estar atento à Tua voz a fim de eu não ser confundido pelas vozes deste mundo que tentam suprimir a Tua. Em nome de Jesus, amém!

29 de outubro

PRONTO PARA PARTIR

📖 RECEBA
2 Timóteo 4:1-8

¹Diante de Deus e de Cristo Jesus, que há de julgar vivos e mortos, pela sua manifestação e pelo seu Reino, peço a você com insistência ²que pregue a palavra, insista, quer seja oportuno, quer não, corrija, repreenda, exorte com toda a paciência e doutrina. ³Pois virá o tempo em que não suportarão a sã doutrina; pelo contrário, se rodearão de mestres segundo as suas próprias cobiças, como que sentindo coceira nos ouvidos. ⁴Eles se recusarão a dar ouvidos à verdade, entregando-se às fábulas. ⁵Mas você seja sóbrio em todas as coisas, suporte as aflições, faça o trabalho de um evangelista, cumpra plenamente o seu ministério. ⁶Quanto a mim, já estou sendo oferecido por libação, e o tempo da minha partida chegou. ⁷Combati o bom combate, completei a carreira, guardei a fé. ⁸Desde agora me está guardada a coroa da justiça, que o Senhor, reto juiz, me dará naquele Dia; e não somente a mim, mas também a todos os que amam a sua vinda.

💡 REFLITA

Paulo exortou Timóteo a exercer seu ministério com integridade e fidelidade a Deus e a Sua Palavra. Por que Paulo insistiu que Timóteo se empenhasse na pregação da Palavra? Sobre o que ele advertia esse jovem pastor? Como o que foi previsto por Paulo se faz presente na atualidade?

_____
_____
_____
_____
_____

⭕ REAJA

Paulo estava ciente de sua execução. Releia os versículos 7 e 8. Que testemunho ele fornece sobre si mesmo? Em que ele se amparou para fazer tal declaração? De que forma essas palavras o desafiam a rever sua caminhada cristã? Como amar a vinda do Senhor o prepara para ela hoje?

_____
_____
_____
_____
_____
_____

🙏 ORE

Justo Juiz, o Teu olhar está sobre mim. Sei que um dia prestarei contas a ti sobre a forma como vivi neste mundo. Ajuda-me a reavaliar a minha conduta e a acertar onde tenho falhado em seguir a Tua Palavra. Capacita-me a viver de tal maneira que a Tua aprovação seja notória. Quero estar pronto hoje como se já estivesse vivendo o amanhã contigo. Em nome de Jesus, amém!

30 de outubro

REVESTIDO DE FORÇAS

📖 RECEBA
2 Timóteo 4:9-18

⁹Empenhe-se por vir até aqui o mais depressa possível. ¹⁰Porque Demas, tendo amado o presente século, me abandonou e se foi para Tessalônica. Crescente foi para a Galácia. Tito foi para a Dalmácia. ¹¹Somente Lucas está comigo. Encontre Marcos e traga-o junto com você, pois me é útil para o ministério. ¹²Quanto a Tíquico, mandei-o para Éfeso. ¹³Quando você vier, traga a capa que deixei em Trôade, na casa de Carpo. Traga também os livros, especialmente os pergaminhos. ¹⁴Alexandre, o ferreiro, me causou muitos males; o Senhor dará a retribuição de acordo com o que ele fez. ¹⁵Tome cuidado com ele também você, porque resistiu fortemente às nossas palavras. ¹⁶Na minha primeira defesa, ninguém foi a meu favor; todos me abandonaram. Que isto não lhes seja posto na conta! ¹⁷Mas o Senhor esteve ao meu lado e me revestiu de forças, para que, através de mim, a pregação fosse plenamente cumprida, e todos os gentios a ouvissem. E fui libertado da boca do leão. ¹⁸O Senhor me livrará também de toda obra maligna e me levará salvo para o seu Reino celestial. A ele, glória para todo o sempre. Amém!

💡 REFLITA
Enquanto pôde, Paulo trabalhou em prol do evangelho de Cristo e do Reino de Deus. Assim, devido às circunstâncias em que estava, pediu ajuda a Timóteo. O que ele solicitou a Timóteo (vv.11-13)? Quais valores isso revela? Diante das aflições, o que o ajudou a se manter fiel a Deus?

_____
_____
_____
_____

○ REAJA
Certamente Timóteo continuaria o ministério para o qual fora comissionado e preparado. Por que Paulo pediu para vê-lo? Qual foi a intenção do apóstolo ao citar certos nomes para Timóteo? De que forma isso o ajudaria a lidar com aqueles que se opunham à verdade do evangelho?

_____
_____
_____
_____
_____
_____

🙏 ORE
Maravilhoso Deus Criador, a Tua graça excede a todo e qualquer bem ou prazer que se possa desfrutar nesta Terra. Capacita-me a ser solícito sempre que verdadeiramente os Teus filhos precisarem de mim. Livra-me de toda obra maligna! Ajuda-me a cumprir o propósito para o qual me chamaste e a me manter fiel a ti apesar das circunstâncias. Em nome de Jesus, amém!

31 de outubro

APEGADO À PALAVRA FIEL

OUÇA

📖 RECEBA
Tito 1:7-16

⁷Porque é indispensável que o bispo, por ser encarregado das coisas de Deus, seja irrepreensível, não arrogante, alguém que não se irrita facilmente, não apegado ao vinho, não violento, nem ganancioso. ⁸Pelo contrário, o bispo deve ser hospitaleiro, amigo do bem, sensato, justo, piedoso, deve ter domínio de si, ⁹ser apegado à palavra fiel, que está de acordo com a doutrina, para que possa exortar pelo reto ensino [...]. ¹⁰Porque existem muitos [...] que são insubordinados, falam coisas sem sentido e enganam os outros. ¹¹É preciso fazer com que se calem, porque andam pervertendo casas inteiras, ensinando o que não devem, movidos por vergonhosa ganância. ¹²Foi um dos cretenses [...] que disse: "Os cretenses são sempre mentirosos, feras terríveis, comilões preguiçosos". ¹³Este testemunho é verdadeiro. Portanto, repreenda-os severamente, para que sejam sadios na fé ¹⁴e não se ocupem com fábulas judaicas, nem com mandamentos de gente que se desvia da verdade. ¹⁵[...] Porque tanto a mente como a consciência deles estão corrompidas. ¹⁶Afirmam que conhecem a Deus, mas o negam por meio do que fazem; é por isso que são abomináveis, desobedientes e reprovados para qualquer boa obra.

💡 REFLITA
Paulo e Tito trabalharam juntos para estabelecer a igreja em Creta. Porém, Paulo teve que partir e deixou Tito para "que pusesse em ordem as coisas restantes" (v.5). Que tipo de instruções Paulo escreveu a Tito? Quais eram suas principais preocupações em relação à igreja que crescia ali?

_____
_____
_____
_____

🔄 REAJA
Qual a recomendação de Paulo a Tito quanto aos líderes que estavam enganando os outros? Os cretenses tinham fama de mentirosos. Com que finalidade Paulo instruiu Timóteo a repreendê-los (v.13)? Releia o versículo 16. Como é possível identificar aqueles cuja fé em Deus é fingida?

_____
_____
_____
_____
_____

🙏 ORE

Amado Senhor, Tu és incrivelmente paciente com o Teu povo. Como o Pai amoroso que és, Tu tens me tomado pela mão e me conduzido à verdade e à vida. Em muitos momentos, Tu tens usado Teus verdadeiros servos para me exortar e me manter em Tua Palavra para que eu seja sadio na fé em Cristo. Ajuda-me a praticar aquilo que professo a fim de honrar a ti. Em nome de Jesus, amém!

1.º de novembro

SEJA UM EXEMPLO

 OUÇA

📖 RECEBA
Tito 2:1-10

¹Mas você ensine o que está de acordo com a sã doutrina. ²Quanto aos homens idosos, que sejam moderados, respeitáveis, sensatos, sadios na fé, no amor e na perseverança. ³Do mesmo modo, quanto às mulheres idosas, que tenham conduta reverente, não sejam caluniadoras, nem escravizadas a muito vinho. Que sejam mestras do bem, ⁴a fim de instruírem as jovens recém-casadas a amar o marido e os filhos, ⁵a serem sensatas, puras, boas donas de casa, bondosas, sujeitas ao marido, para que a palavra de Deus não seja difamada. ⁶Do mesmo modo, quanto aos mais jovens, exorte-os para que, em todas as coisas, sejam moderados. ⁷Seja você mesmo um exemplo de boas obras. No ensino, mostre integridade, reverência, ⁸linguagem sadia e irrepreensível, para que o adversário seja envergonhado, não tendo nada de mau a dizer a nosso respeito. ⁹Quanto aos servos, que sejam, em tudo, obedientes ao seu senhor, dando-lhe motivo de satisfação. Que não sejam respondões, ¹⁰nem furtem, mas que deem prova de toda a fidelidade, a fim de que, em todas as coisas, manifestem a beleza da doutrina de Deus, nosso Salvador.

💡 REFLITA

Tito tinha a missão de ensinar o que estava "de acordo com a sã doutrina" a diversos grupos na igreja. Quais foram as instruções específicas a cada uma dessas pessoas? O que Paulo objetivava alcançar ao passar essas recomendações para que Tito as aplicasse na igreja?

_____
_____
_____
_____
_____

○ REAJA

"Seja você mesmo um exemplo de boas obras" (v.7). Com essa exortação, a que Paulo pretendia que Tito se atentasse? Que recomendações o apóstolo dirigiu especificamente a ele? Releia o texto bíblico. Há um princípio geral em tais orientações. De que forma elas se aplicam a você?

_____
_____
_____
_____
_____
_____
_____

🙏 ORE

Deus da Glória, é um grande desafio à minha humanidade me conformar a Tua Palavra como Tu desejas e mereces. Por isso, peço-te, Senhor, capacita-me a praticar o que Tu me orientas. Que o meu agir e o meu falar estejam de acordo com a sã doutrina exposta nas Escrituras. Torna-me um exemplo de boas obras para que Tu sejas engrandecido em mim. Em nome de Jesus, amém!

2 de novembro

GRAÇA SALVADORA

📖 RECEBA
Tito 2:11-15

¹¹Porque a graça de Deus se manifestou, trazendo salvação a todos. ¹²Ela nos educa para que, renegadas a impiedade e as paixões mundanas, vivamos neste mundo de forma sensata, justa e piedosa, ¹³aguardando a bendita esperança e a manifestação da glória do nosso grande Deus e Salvador Jesus Cristo. ¹⁴Ele deu a si mesmo por nós, a fim de nos remir de toda iniquidade e purificar, para si mesmo, um povo exclusivamente seu, dedicado à prática de boas obras. ¹⁵Ensine estas coisas. Também exorte e repreenda com toda a autoridade. Que ninguém despreze você.

💡 REFLITA

A graça salvadora é disponibilizada a todos, porém, há condições para se usufruir dela. O que é a graça de Deus? Qual o único meio pelo qual o pecador pode vivenciá-la? Ela ensina os que vão sendo salvos a quê? Por que é mais difícil deixar o que é errado do que adotar o que é certo?

_____
_____
_____
_____
_____

⟳ REAJA

Jesus se entregou a si mesmo por você e por mim. Você lembra da morte dele na cruz? Releia o versículo 14. Com qual propósito Ele voluntariamente escolheu morrer em seu lugar? De que forma essa constatação renova o seu compromisso de viver para Ele e o servir com alegria?

_____
_____
_____
_____
_____
_____

🙏 ORE

Gracioso Senhor, agradeço-te por me alcançares com a Tua graça salvadora e, em Tua misericórdia, me disciplinares em amor. Peço-te que, por meio dela, Tu me ensines a viver de maneira sensata, justa e piedosa neste mundo. Que eu saiba aguardar com anseio e alegria o retorno do Teu amado Filho. Ajuda-me a estar pronto para o encontrar. Em nome de Jesus, amém!

3 de novembro

REGENERADO PELO ESPÍRITO

OUÇA

📖 RECEBA
Tito 3:1-8

¹Lembre a todos que se sujeitem aos governantes e às autoridades, que sejam obedientes e estejam prontos para toda boa obra. ²Que não difamem ninguém. Que sejam pacíficos, cordiais, dando provas de toda cortesia para com todos. ³Pois nós também, no passado, éramos insensatos, desobedientes, desgarrados, escravos de todo tipo de paixões e prazeres, vivendo em maldade e inveja, sendo odiados e odiando-nos uns aos outros. ⁴Mas quando se manifestou a bondade de Deus, nosso Salvador, e o seu amor por todos, ⁵ele nos salvou, não por obras de justiça praticadas por nós, mas segundo a sua misericórdia. Ele nos salvou mediante o lavar regenerador e renovador do Espírito Santo, ⁶que ele derramou sobre nós ricamente, por meio de Jesus Cristo, nosso Salvador, ⁷a fim de que, justificados por graça, nos tornemos seus herdeiros, segundo a esperança da vida eterna. ⁸Fiel é esta palavra, e quero que você fale ousadamente a respeito dessas coisas, para que os que creem em Deus se empenhem na prática de boas obras. Estas coisas são excelentes e proveitosas para todas as pessoas.

💡 REFLITA
Paulo instruiu e acompanhou seus cooperadores mesmo de longe. De que forma ele fazia isso? O que caracteriza o viver piedoso? Por que Paulo recomendou a Tito que lembrasse os cristãos de como eles eram no passado? Qual a relevância de não se perder essa referência?

_____
_____
_____
_____

🔄 REAJA
Paralelamente à lembrança da condição passada (v.3), Tito deveria lembrar os cristãos da bondade de Deus ao lhes manifestar a Sua salvação. Quanto a você, como o ser lembrado de que foi salvo em Cristo o encoraja hoje? De forma prática, como você pode louvar o Senhor por sua salvação?

_____
_____
_____
_____
_____
_____

🙏 ORE
Amado Salvador, agradeço-te por teres me salvado da condenação do pecado. Dou-te graças por Teu amor e por Tua misericórdia fortalecerem a minha vida deste lado da eternidade. Lembra-me de quem eu era antes de ser redimido por ti para que eu não me ensoberbeça, pois a salvação é obra Tua e não mérito meu. Conserva-me na esperança da vida eterna. Em nome de Jesus, amém!

4 de novembro

SEJA FRUTÍFERO

📖 RECEBA
Tito 3:9-15

⁹Evite discussões tolas, genealogias, controvérsias e debates sobre a lei; porque são inúteis e sem valor. ¹⁰Evite a pessoa que provoca divisões, depois de admoestá-la uma ou duas vezes, ¹¹pois você sabe que tal pessoa está pervertida, vive pecando e por si mesma está condenada. ¹²Quando eu lhe enviar Ártemas ou Tíquico, faça o possível para vir ao meu encontro em Nicópolis. Estou resolvido a passar o inverno ali. ¹³Ajude, da melhor maneira possível, Zenas, o intérprete da lei, e também Apolo, para que não lhes falte nada para a viagem. ¹⁴E, quanto aos nossos, que aprendam também a se empenhar na prática de boas obras a favor dos necessitados, para não se tornarem infrutíferos.
¹⁵Todos os que estão comigo mandam saudações a você. Dê saudações àqueles que nos amam na fé. A graça esteja com todos vocês.

💡 REFLITA
Conviver é um desafio independentemente da época. Assim, Paulo orienta Tito a lidar com certas questões presentes na igreja. O que Tito deveria evitar? O que essas coisas causam às pessoas e aos ambientes quando não são evitadas? Como alguém pode condenar-se a si mesmo?

_____
_____
_____
_____
_____

⟳ REAJA
Aquele que busca ser fiel a Deus e procura cumprir a Sua vontade não deve viver a seu bel-prazer. Pelo que o cristão genuíno deve pautar a sua vida? No que mais ele precisa se empenhar (v.14)? De que forma esse texto bíblico o confronta hoje? O que você fará a respeito disso?

_____
_____
_____
_____
_____
_____

🙏 ORE

Deus misericordioso e fiel, agradeço-te por insistires em que eu ande na Tua presença e siga as orientações da Tua Palavra. Ajuda-me a evitar discussões inúteis e pessoas que pervertem os Teus caminhos. Capacita-me a viver de maneira frutífera. Desperta-me para perceber as dificuldades ao meu redor e a agir em prol dos necessitados adequadamente. Em nome de Jesus, amém!

5 de novembro

EM NOME DO AMOR

 OUÇA

📖 RECEBA
Filemom 1:1-9

¹Paulo, prisioneiro de Cristo Jesus, e o irmão Timóteo, ao amado Filemom, que é também nosso colaborador, ²à igreja que se reúne em sua casa, à irmã Áfia e a Arquipo, nosso companheiro de lutas. ³Que a graça e a paz de Deus, nosso Pai, e do Senhor Jesus Cristo estejam com vocês. ⁴Dou graças ao meu Deus, lembrando sempre de você nas minhas orações, ⁵porque tenho ouvido falar da fé que você tem no Senhor Jesus e do seu amor por todos os santos. ⁶Oro para que a comunhão da sua fé se torne eficaz no pleno conhecimento de todo o bem que há em nós, para com Cristo. ⁷Pois, irmão, o seu amor me trouxe grande alegria e consolo, visto que o coração dos santos tem sido reanimado por você. ⁸Pois bem, ainda que eu sinta plena liberdade em Cristo para ordenar a você o que convém ser feito, ⁹prefiro, no entanto, pedir em nome do amor, sendo o que sou, Paulo, o velho, e agora também prisioneiro de Cristo Jesus.

💡 REFLITA

Filemom era uns dos amados cooperadores de Paulo que vivia em Colossos. Enquanto os judeus tinham suas sinagogas, a Igreja de Cristo se reunia nas casas. Qual era a oração de Paulo por Filemom? O que Paulo tinha ouvido falar sobre ele? Isso trouxe o que ao coração do apóstolo?

_____
_____
_____
_____

🔄 REAJA

Pelo tom dessa carta, Filemom e Paulo eram amigos. Ele estava prestes a pedir um favor a Filemom. De que forma Paulo preparou o caminho antes de fazer o seu pedido a ele? O que ele ensina a você com isso? Releia os versículos 8 e 9. O que você percebe nessa fala de Paulo?

_____
_____
_____
_____
_____
_____

 ORE

Senhor dos Céus e da Terra, que tremendo privilégio é ser coparticipante da obra que estás fazendo no mundo. Como é admirável a transformação que tens gerado na vida de tantas pessoas pelo agir do Teu Espírito, inclusive na minha. Que a minha existência traga alegria a ti e encorajamento aos Teus filhos. Que eu cumpra o meu dever em amor. Em nome de Jesus, amém!

6 de novembro

IRMÃO NO SENHOR

📖 RECEBA
Filemom 1:10-21

¹⁰Faço um pedido em favor de meu filho Onésimo, que gerei entre algemas. ¹¹Antes, ele era inútil para você; atualmente, porém, é útil, para você e para mim. ¹²Eu o estou mandando de volta a você — ele, quero dizer, o meu próprio coração. ¹³Eu queria conservá-lo comigo, para que ele me servisse em seu lugar nas algemas que carrego por causa do evangelho. ¹⁴Mas não quis fazer nada sem o seu consentimento, para que a sua bondade não venha a ser como que uma obrigação, mas algo que é feito de livre vontade. ¹⁵Talvez ele tenha sido afastado de você temporariamente, a fim de que você o receba para sempre, ¹⁶não como escravo, mas [...] como irmão caríssimo, especialmente de mim e, com maior razão, de você, quer como ser humano, quer como irmão no Senhor. ¹⁷Portanto, se você me considera companheiro, receba-o como receberia a mim. ¹⁸E, se ele causou algum dano a você ou lhe deve alguma coisa, ponha tudo na minha conta. ¹⁹Eu, Paulo, de próprio punho, escrevo isto: Eu pagarei [...]. ²⁰Sim, irmão, que eu receba de você, no Senhor, este benefício. Reanime o meu coração em Cristo. ²¹Certo, como estou, da sua obediência, eu escrevo a você, sabendo que fará mais do que estou pedindo.

💡 REFLITA
Filemom e Onésio já tinham sido reconciliados com Deus por meio de Cristo; no entanto, precisavam ser reconciliados entre si, e Paulo intermediou isso. Quem eram Filemom e Onésimo? O que aconteceu entre eles? Por que foi necessário que Paulo intercedesse por Onésimo?

_____
_____
_____
_____
_____

🔄 REAJA
Paulo falou de Onésimo como um filho a quem ele gerou "entre algemas" (v.10). O que Paulo estava dizendo com isso? De que forma Paulo se responsabilizou por Onésimo junto a Filemom? Pense em alguém que decepcionou você. De que forma você tem tratado isso?

_____
_____
_____
_____
_____
_____

🙏 ORE
Eterno e poderoso Deus, Tu és a inesgotável fonte de vida, o inigualável provedor e conhecedor de todas as coisas. Tu primeiro me reconciliaste contigo para que eu possa, em amor, me reconciliar com o meu semelhante. Ajuda-me a manter o meu olhar em ti e a aprender a perdoar aqueles que me têm ofendido. Em nome de Jesus, amém!

7 de novembro

A SUPREMACIA DE CRISTO

 OUÇA

📖 RECEBA
Hebreus 1:1-9

¹Antigamente, Deus falou, muitas vezes e de muitas maneiras, aos pais, pelos profetas, ²mas, nestes últimos dias, nos falou pelo Filho, a quem constituiu herdeiro de todas as coisas e pelo qual também fez o universo. ³O Filho, que é o resplendor da glória de Deus e a expressão exata do seu Ser, sustentando todas as coisas pela sua palavra poderosa, depois de ter feito a purificação dos pecados, assentou-se à direita da Majestade, nas alturas, ⁴tendo-se tornado tão superior aos anjos quanto herdou mais excelente nome do que eles. ⁵Pois a qual dos anjos Deus em algum momento disse: "Você é meu Filho, hoje eu gerei você"? E, outra vez: "Eu lhe serei Pai, e ele me será Filho"? ⁶E, novamente, ao introduzir o Primogênito no mundo, diz: "E todos os anjos de Deus o adorem". ⁷Ainda, quanto aos anjos, diz: "Aquele que a seus anjos faz ventos, e a seus ministros, labareda de fogo". ⁸Mas, a respeito do Filho, diz: "O teu trono, ó Deus, é para todo o sempre; cetro de justiça é o cetro do teu reino. ⁹Amaste a justiça e odiaste a iniquidade; por isso, Deus, o teu Deus, te ungiu com o óleo de alegria como a nenhum dos teus companheiros".

💡 REFLITA

Deus falou de muitas maneiras na antiguidade, inclusive o Antigo Testamento era as Escrituras que Jesus e os apóstolos liam. De que forma, desde o nascimento de Jesus, Deus tem falado pelo Filho? Por que Cristo é superior aos patriarcas, aos profetas e aos anjos?

_____
_____
_____
_____
_____

🔄 REAJA

Em Hebreus, Deus se revela por meio do Filho: quem Ele é e o que Ele faz. Observe: "O Filho, que é [...] a expressão exata do seu Ser" (v.3). Leia Colossenses 1:15-16. De que forma esses versículos reforçam essas palavras? Por que você pode aprender sobre Deus Pai com o Filho?

_____
_____
_____
_____
_____

🙏 ORE

Pai amado, conhecido e magnificado seja o Teu santo nome. Agradeço-te pela revelação que me trouxeste por meio do Teu Filho amado. Como é bom saber quem Tu és e o que fazes em prol dos Teus filhos. Dou-te graças pela obra que realizaste em Cristo em meu favor. Ajuda-me a conhecer a ti cada vez mais e a crescer em comunhão contigo. Em nome de Jesus, amém!

8 de novembro

TÃO GRANDE SALVAÇÃO

📖 RECEBA
Hebreus 2:1-9

¹Por esta razão, importa que nos apeguemos, com mais firmeza, às verdades ouvidas, para que delas jamais nos desviemos. ²Porque, se a palavra falada por meio de anjos se tornou firme, e toda transgressão ou desobediência recebeu justo castigo, ³como escaparemos nós, se não levarmos a sério tão grande salvação? Esta, tendo sido anunciada inicialmente pelo Senhor, depois nos foi confirmada pelos que a ouviram. ⁴Também Deus testemunhou juntamente com eles, por meio de sinais, prodígios, vários milagres e a distribuição do Espírito Santo, segundo a sua vontade.
⁵Pois não foi a anjos que Deus sujeitou o mundo que há de vir [...]. ⁶Pelo contrário, alguém, em certo lugar, deu testemunho, dizendo: "Que é o homem, que dele te lembres? Ou o filho do homem, que o visites? ⁷Fizeste-o, por um pouco, menor do que os anjos e de glória e de honra o coroaste. ⁸Todas as coisas sujeitaste debaixo dos seus pés". Ora, ao lhe sujeitar todas as coisas, nada deixou fora do seu domínio [...]. ⁹Vemos, porém, aquele que, por um pouco, foi feito menor do que os anjos, Jesus, que, por causa do sofrimento da morte, foi coroado de glória e de honra, para que, pela graça de Deus, provasse a morte por todos.

💡 REFLITA

É necessário que à luz da supremacia de Cristo, se preste atenção às Suas palavras. Qual a relevância de se ouvir atentamente o que Ele diz, mas acima de tudo praticar o que Ele orienta? Pense sobre isto: "Como escaparemos nós, se não levarmos a sério tão grande salvação?" (v.3).

_____
_____
_____
_____

♻ REAJA

Os ensinamentos contidos no livro de Hebreus são para cristãos, logo devem ser acolhidos por aqueles que professam a fé em Cristo. O que você entende por salvação? Reflita sobre de onde Deus o resgatou em Jesus. De que forma isso faz você desejar conhecer mais a Deus?

_____
_____
_____
_____
_____

🙏 ORE

Soberano Deus, Tu és bom e a Tua misericórdia dura para sempre. Capacita-me a entender, pelo Espírito Santo, a condição horrenda da qual Tu me livraste em Cristo. Senhor, Tu és digno da minha gratidão e louvor por tão grande salvação. Ajuda-me a prestar atenção no que tens transmitido a mim por meio do Teu Filho e a viver sempre em Tua presença. Em nome de Jesus, amém!

9 de novembro

JESUS, O IRMÃO MAIS VELHO

📖 RECEBA

Hebreus 2:10-18

¹⁰Porque convinha que Deus, por causa de quem e por meio de quem todas as coisas existem, conduzindo muitos filhos à glória, aperfeiçoasse, por meio de sofrimentos, o Autor da salvação deles. ¹¹Pois, tanto o que santifica como os que são santificados, todos vêm de um só. É por isso que Jesus não se envergonha de chamá-los de irmãos, ¹²dizendo: "A meus irmãos declararei o teu nome [...]". ¹³E, outra vez: "Eu porei nele a minha confiança". E, ainda: "Eis aqui estou eu e os filhos que Deus me deu". ¹⁴Visto, pois, que os filhos têm participação comum de carne e sangue, também Jesus, igualmente, participou dessas coisas, para que, por sua morte, destruísse aquele que tem o poder da morte, a saber, o diabo, ¹⁵e livrasse todos os que, pelo pavor da morte, estavam sujeitos à escravidão por toda a vida. ¹⁶Pois ele, evidentemente, [...] socorre a descendência de Abraão. ¹⁷Por isso mesmo, era necessário que, em todas as coisas, ele se tornasse semelhante aos irmãos, para ser misericordioso e fiel sumo sacerdote nas coisas referentes a Deus e para fazer propiciação pelos pecados do povo. ¹⁸Pois, naquilo que ele mesmo sofreu, quando foi tentado, é poderoso para socorrer os que são tentados.

💡 REFLITA

Aprouve a Deus estabelecer o meio eficaz para conduzir "muitos filhos à glória" (v.10). Por que razão o "Autor da salvação" foi aperfeiçoado pelo sofrimento? O que Jesus, como nosso irmão mais velho, fez por nós (vv.14-16)? De que forma somos feitos "descendência de Abraão"?

_____
_____
_____
_____

⭯ REAJA

Releia os versículos 17 e 18. Por que foi "necessário que, em todas as coisas, [Jesus] se tornasse semelhante aos irmãos"? De que forma o fato de Cristo ter sido humano gera a certeza de que Ele é apto "para socorrer os que são tentados"? O que isso ministra ao seu coração hoje?

_____
_____
_____
_____

🙏 ORE

Precioso e bendito Jesus, Tu és o Filho do Homem, o único plenamente qualificado para me socorrer quando sou tentado. Tu és Aquele que me representou diante do Pai. Dou-te graças por me livrares da escravidão do pecado e me conduzir a Deus. Agradeço-te por não te envergonhares de me chamares de Teu irmão. Aprimora o meu relacionamento contigo. Em Teu nome, amém!

10 de novembro

NÃO ENDUREÇA O CORAÇÃO

OUÇA

📖 RECEBA
Hebreus 3:1-6,12-15

¹Por isso, santos irmãos, vocês que são participantes da vocação celestial, considerem atentamente o Apóstolo e Sumo Sacerdote da nossa confissão, Jesus, ²o qual é fiel àquele que o constituiu, como também Moisés foi fiel em toda a casa de Deus. ³No entanto, assim como aquele que edifica uma casa tem maior honra do que a casa em si, também Jesus tem sido considerado digno de maior glória do que Moisés. ⁴Pois toda casa é edificada por alguém, mas aquele que edificou todas as coisas é Deus. ⁵E Moisés foi fiel, em toda a casa de Deus, como servo [...]. ⁶Cristo, porém, como Filho, é fiel em sua casa. Esta casa somos nós, se guardarmos firme a ousadia e a exultação da esperança. [...] ¹²Tenham cuidado, irmãos, para que nenhum de vocês tenha um coração mau e descrente, que se afaste do Deus vivo. ¹³Pelo contrário, animem uns aos outros todos os dias, durante o tempo que se chama "hoje", a fim de que nenhum de vocês seja endurecido pelo engano do pecado. ¹⁴Porque temos nos tornado participantes de Cristo, se, de fato, guardarmos firme, até o fim, a confiança que, desde o princípio, tivemos. ¹⁵Como se diz: "Hoje, se ouvirem a sua voz, não endureçam o coração, como foi na rebelião".

💡 REFLITA

O texto bíblico inicia com um convite. O autor convida seus leitores a quê (v.1)? Embora fossem obedientes a Deus, o ministério de Cristo foi superior ao de Moisés. Qual a principal diferença entre eles? O que caracteriza o encargo de cada um deles em relação à casa de Deus?

_____
_____
_____
_____
_____

⟳ REAJA

A jornada de fé pode sofrer algumas interferências. Releia os versículos 12 a 15. Que advertência o autor faz quanto a isso (vv.12-13)? O que você pode fazer "no tempo que se chama HOJE" para crescer em sua comunhão com Deus? A resistência à voz de Deus é resultado de quê?

_____
_____
_____
_____
_____
_____

🙏 ORE

Deus de glória e de poder, em Cristo, Tu me tornaste participante da vocação celestial. Ajuda-me a considerar atentamente o encargo e a obra do Teu Filho, Jesus, a quem confesso como meu Salvador e Senhor. Ensina-me a ter cuidado para que o meu coração não se torne incrédulo nem mau e, assim, rebele-se contra ti. Senhor, quero me abrigar em ti. Em nome de Jesus, amém!

11 de novembro

VIVA E EFICAZ

OUÇA

📖 RECEBA
Hebreus 4:10-16

¹⁰Porque aquele que entrou no descanso de Deus, também ele mesmo descansou de suas obras, como Deus descansou das suas. ¹¹Portanto, esforcemo-nos por entrar naquele descanso, a fim de que ninguém caia, segundo aquele exemplo de desobediência. ¹²Porque a palavra de Deus é viva e eficaz, e mais cortante do que qualquer espada de dois gumes, e penetra até o ponto de dividir alma e espírito, juntas e medulas, e é apta para julgar os pensamentos e propósitos do coração. ¹³E não há criatura que não seja manifesta na sua presença; pelo contrário, todas as coisas estão descobertas e expostas aos olhos daquele a quem temos de prestar contas. ¹⁴Tendo, pois, Jesus, o Filho de Deus, como grande sumo sacerdote que adentrou os céus, conservemos firmes a nossa confissão. ¹⁵Porque não temos sumo sacerdote que não possa se compadecer das nossas fraquezas; pelo contrário, ele foi tentado em todas as coisas, à nossa semelhança, mas sem pecado. ¹⁶Portanto, aproximemo-nos do trono da graça com confiança, a fim de recebermos misericórdia e encontrarmos graça para ajuda em momento oportuno.

💡 REFLITA
A Bíblia não é simplesmente uma coletânea de narrativas antigas, ela é a Palavra de Deus. De que forma ela é viva e eficaz (v.12)? Como ela expõe a condição do ser humano (v.13)? Que efeitos decorrem de a Bíblia ser a Palavra de Deus *para* você e *em* você?

_____
_____
_____
_____
_____

◯ REAJA
O autor de Hebreus destaca também o aspecto humano de Jesus. Releia os versículos 15 a 16. Por que Jesus é capaz de se compadecer de você? De que forma a impecabilidade do Filho de Deus foi algo conquistado por Ele? Como o acesso ao trono da graça pode ajudar você quanto a isso?

_____
_____
_____
_____
_____

🙏 ORE

Precioso Jesus, ajuda-me a seguir o Teu exemplo de submissão ao Pai, pois quero vencer a tentação como Tu a venceste. Que a Palavra de Deus seja viva e eficaz em mim. Agradeço-te por me propiciares acesso ao trono da graça para que eu receba misericórdia e ajuda em tempo oportuno. Ensina-me a entrar no descanso do Pai assim como Tu o fizeste. Em Teu nome, amém!

12 de novembro

OBEDIÊNCIA APRENDIDA

📖 RECEBA
Hebreus 5:7-14

⁷Ele, Jesus, nos dias da sua carne, tendo oferecido, com forte clamor e lágrimas, orações e súplicas a quem o podia livrar da morte, foi ouvido por causa da sua reverência. ⁸Embora fosse Filho, aprendeu a obediência pelas coisas que sofreu ⁹e, tendo sido aperfeiçoado, tornou-se o Autor da salvação eterna para todos os que lhe obedecem. ¹⁰E Deus o nomeou sumo sacerdote, segundo a ordem de Melquisedeque. ¹¹A esse respeito temos muitas coisas a dizer, coisas difíceis de explicar, porque vocês ficaram com preguiça de ouvir. ¹²Pois, quando já deviam ser mestres, levando em conta o tempo decorrido, vocês têm, novamente, necessidade de alguém que lhes ensine quais são os princípios elementares dos oráculos de Deus. Passaram a ter necessidade de leite e não de alimento sólido. ¹³Ora, todo aquele que se alimenta de leite é inexperiente na palavra da justiça, porque é criança. ¹⁴Mas o alimento sólido é para os adultos, para aqueles que, pela prática, têm as suas faculdades exercitadas para discernir não somente o bem, mas também o mal.

💡 REFLITA

Jesus, o Filho amado de Deus, sofreu como um ser humano. O que Ele aprendeu "pelas coisas que sofreu" (v.8)? De que forma isso o aperfeiçoou para que Ele se tornasse "o Autor da salvação eterna" (v.9)? Como o Senhor pode usar o sofrimento para um fim proveitoso?

_____
_____
_____
_____
_____

🔄 REAJA

A maturidade espiritual é resultado da comunhão com Deus e do aprendizado da Sua Palavra. Releia os versículos 11 a 14. Espiritualmente, quais as diferenças entre a criança e o adulto indicadas no texto? Qual dessas duas fases descreve a sua caminhada com Deus hoje? Por quê?

_____
_____
_____
_____
_____
_____

🙏 ORE

Bendito Senhor Jesus, Tu és o Autor da minha salvação. O que Tu sofreste, enquanto ser humano, é inimaginável. Tu foste obediente até a morte, e morte de cruz para me salvar. Ensina-me a honrar o Teu sacrifício. Capacita-me a seguir os Teus passos para ser aperfeiçoado em amor. Ajuda-me a me tornar um cristão maduro que discerne entre o bem e o mal. Em Teu nome, amém!

13 de novembro

DEUS NÃO É INJUSTO

📖 RECEBA
Hebreus 6:4-12

⁴É impossível, pois, que aqueles que uma vez foram iluminados, provaram o dom celestial, se tornaram participantes do Espírito Santo, ⁵provaram a boa palavra de Deus e os poderes do mundo vindouro ⁶e caíram, sim, é impossível outra vez renová-los para arrependimento, visto que, de novo, estão crucificando para si mesmos o Filho de Deus e expondo-o à zombaria. ⁷Porque a terra que absorve a chuva que frequentemente cai sobre ela e produz plantas úteis para aqueles que a cultivam recebe bênção da parte de Deus; ⁸mas, se produz espinhos e ervas daninhas, é rejeitada e está perto da maldição; e o seu fim é ser queimada. ⁹Quanto a vocês, meus amados, ainda que falemos desta maneira, estamos certos de que coisas melhores os esperam, coisas relacionadas com a salvação. ¹⁰Porque Deus não é injusto para se esquecer do trabalho que vocês fizeram e do amor que mostraram para com o seu nome, pois vocês serviram e ainda estão servindo aos santos. ¹¹Desejamos que cada um de vocês continue mostrando, até o fim, o mesmo empenho para a plena certeza da esperança, ¹²para que não se tornem preguiçosos, mas imitadores daqueles que, pela fé e pela paciência, herdam as promessas.

💡 REFLITA
A apostasia é algo grave. Qual a diferença entre pecados ocasionais e a apostasia deliberada? Por que é impossível para aquele que usufruiu das benesses da graça divina, mas conscientemente apostatou da fé em Cristo, ser outra vez renovado para arrependimento?

_____
_____
_____
_____
_____

⭕ REAJA
Veja o exemplo de Pedro, que negou Jesus (Lucas 22:54-62). Por que houve esperança de arrependimento para ele? Releia os versículos 10 a 12 do texto bíblico. De que forma essas palavras encorajam você a persistir na fé em Cristo? Em que elas o desafiam hoje?

_____
_____
_____
_____
_____
_____

🙏 ORE
Altíssimo Deus, Tu és bom comigo mesmo quando, por ignorância, peco contra ti. Senhor, sei da condenação que paira sobre aqueles que se afastam de ti e andam deliberadamente nos próprios caminhos como se Tu não existisses. Por isso, peço-te que me ajudes a perseverar na fé em Cristo e a seguir confiadamente na esperança que tenho em ti. Em nome de Jesus, amém!

14 de novembro

INSCRITAS NO CORAÇÃO

📖 RECEBA
Hebreus 8:3-6,10-12

³Pois todo sumo sacerdote é constituído para oferecer dons e sacrifícios; por isso, era necessário que também esse sumo sacerdote tivesse o que oferecer. ⁴Se ele estivesse na terra, nem mesmo sacerdote seria, visto existirem aqueles que oferecem os dons segundo a lei. ⁵Estes ministram em figura e sombra das coisas celestiais, assim como Moisés foi divinamente instruído, quando estava para construir o tabernáculo. Pois Deus disse: "Tenha cuidado para fazer tudo de acordo com o modelo que foi mostrado a você no monte". ⁶Mas agora Jesus obteve um ministério tanto mais excelente, quanto é também Mediador de superior aliança instituída com base em superiores promessas. [...]
¹⁰"Porque esta é a aliança que farei com a casa de Israel, depois daqueles dias, diz o Senhor: Imprimirei as minhas leis na mente deles e as inscreverei sobre o seu coração; e eu serei o seu Deus, e eles serão o meu povo. ¹¹E não ensinará jamais cada um ao seu próximo, nem cada um ao seu irmão, dizendo: 'Conheça o Senhor'; porque todos me conhecerão, desde o menor até o maior deles. ¹²Pois, para com as suas iniquidades, usarei de misericórdia e dos seus pecados jamais me lembrarei".

💡 REFLITA
Jesus Cristo, o Sumo Sacerdote instituído por Deus, está assentado à direita "do trono da Majestade nos céus" (v.1). Por que o sacerdócio de Cristo é superior ao sacerdócio levítico? De que lugar Jesus exerce esse Seu ofício? Como Mediador, o que Ele intermedeia?

_____
_____
_____
_____
_____

REAJA
A nova aliança em Cristo propõe uma transformação no interior da pessoa. Se você está aliançado com o Senhor, de que forma as leis de Deus, impressas e inscritas no seu coração, têm moldado o seu viver? O que isso representa em termos de relacionamento com o Senhor?

_____
_____
_____
_____
_____
_____

🙏 ORE
Poderoso Senhor, agradeço-te pela nova aliança que instituíste em Cristo. Ele é o Sumo Sacerdote, o Mediador, do qual eu carecia para me representar diante de ti. Aprouve a ti, Senhor, me reconciliar contigo por meio dele. Fortalece-me para cumprir as Tuas leis que são perfeitas e visam à restauração do meu ser. Ajuda-me a conhecer a ti cada vez mais. Em nome de Jesus, amém!

15 de novembro

NOVO E VIVO CAMINHO

 OUÇA

📖 RECEBA
Hebreus 10:19-29

[19]Portanto, meus irmãos, tendo ousadia para entrar no Santuário, pelo sangue de Jesus, [20]pelo novo e vivo caminho que ele nos abriu por meio do véu, isto é, pela sua carne, [21]e tendo um grande sacerdote sobre a casa de Deus, [22]aproximemo-nos com um coração sincero, em plena certeza de fé, tendo o coração purificado de má consciência e o corpo lavado com água pura. [23]Guardemos firme a confissão da esperança, sem vacilar, pois quem fez a promessa é fiel. [24]Cuidemos também de nos animar uns aos outros no amor e na prática de boas obras. [25]Não deixemos de nos congregar, como é costume de alguns. Pelo contrário, façamos admoestações, ainda mais agora que vocês veem que o Dia se aproxima. [26]Porque, se continuarmos a pecar de propósito, depois de termos recebido o conhecimento da verdade, já não resta sacrifício pelos pecados. [27]Pelo contrário, resta apenas uma terrível expectativa de juízo [...]. [28]Quem tiver rejeitado a lei de Moisés morre sem misericórdia, pelo depoimento de duas ou três testemunhas. [29]Imaginem quanto mais severo deve ser o castigo daquele que pisou o Filho de Deus, profanou o sangue da aliança com o qual foi santificado e insultou o Espírito da graça!

💡 REFLITA
O autor de Hebreus faz uma analogia nesse texto. Ela se refere a quê? Veja Marcos 15:33-38. Qual era a função do véu no Tabernáculo e no Templo? O que o sangue de Jesus proveu? Como e para que esse Caminho foi instituído? O que deve caracterizar aquele que anda por Ele (vv.22-23)?

_____
_____
_____
_____
_____

⭕ REAJA
Jesus instituiu a Sua Igreja. Releia os versículos 24 e 25. Quais são as recomendações do autor, válidas, inclusive, para a igreja contemporânea? Qual seria a razão pela qual muitos têm deixado de congregar? Por que é um engano pensar que se pode ser igreja sozinho?

_____
_____
_____
_____
_____

 ORE

Amado Pai, agradeço-te pelo novo e vivo caminho que é Cristo. Capacita-me a andar por Ele e me aproximar de ti com o coração sincero, limpo e pleno de fé. Fortalece-me para que eu não vacile diante das dificuldades que me sobrevêm. Encoraja-me no amor e na prática das boas obras para que eu persevere em caminhar junto aos meus irmãos de fé. Em nome de Jesus, amém!

16 de novembro

O QUE É A FÉ?

OUÇA

📖 RECEBA
Hebreus 11:1-7

¹Ora, a fé é a certeza de coisas que se esperam, a convicção de fatos que não se veem. ²Pois, pela fé, os antigos obtiveram bom testemunho. ³Pela fé, entendemos que o universo foi formado pela palavra de Deus, de maneira que o visível veio a existir das coisas que não são visíveis. ⁴Pela fé, Abel ofereceu a Deus um sacrifício mais excelente do que Caim, pelo qual obteve testemunho de ser justo, tendo a aprovação de Deus quanto às suas ofertas. Por meio da fé, mesmo depois de morto, ainda fala. ⁵Pela fé, Enoque foi levado a fim de não passar pela morte; não foi achado, porque Deus o havia levado. Pois, antes de ser levado, obteve testemunho de que havia agradado a Deus. ⁶De fato, sem fé é impossível agradar a Deus, porque é necessário que aquele que se aproxima de Deus creia que ele existe e que recompensa os que o buscam. ⁷Pela fé, Noé, divinamente instruído a respeito de acontecimentos que ainda não se viam e sendo temente a Deus, construiu uma arca para a salvação de sua família. Assim, ele condenou o mundo e se tornou herdeiro da justiça que vem da fé.

💡 REFLITA

O capítulo 11 de Hebreus relaciona personagens bíblicos que são considerados heróis por conta da fé que professavam em Deus. Conforme o texto, qual é a definição de fé? O que se pode entender pela fé? O que esses exemplos do Antigo Testamento atestam sobre os feitos da fé?

_____
_____
_____
_____
_____

⭕ REAJA

A fé não é um sentimento, mas sim uma postura ativa no relacionamento com Deus. Em que consiste a diferença entre o crer na Palavra de Deus e o viver de acordo com ela? Por que é impossível agradar a Deus sem fé? Você se considera uma pessoa de fé? Por quê?

_____
_____
_____
_____
_____
_____

🙏 ORE

Soberano Deus, convivo com muitos tipos de fé neste mundo; porém, sei que apenas a fé salvadora, a que é depositada em Cristo, é capaz de prover a reconciliação contigo. Agradeço-te, Senhor, por registrares em Tua Palavra exemplos encorajadores de homens e mulheres que viveram pela fé em ti. Ajuda-me a ser um cristão exemplar. Em nome de Jesus, amém!

17 de novembro

CORRAMOS COM PERSEVERANÇA

OUÇA

📖 RECEBA
Hebreus 12:1-3,7-10

¹Portanto, também nós, visto que temos a rodear-nos tão grande nuvem de testemunhas, livremo-nos de todo peso e do pecado que tão firmemente se apega a nós e corramos com perseverança a carreira que nos está proposta, ²olhando firmemente para o Autor e Consumador da fé, Jesus, o qual, em troca da alegria que lhe estava proposta, suportou a cruz, sem se importar com a vergonha, e agora está sentado à direita do trono de Deus. ³Portanto, pensem naquele que suportou tamanha oposição dos pecadores contra si mesmo, para que vocês não se cansem nem desanimem. [...]
⁷É para disciplina que vocês perseveram. Deus os trata como filhos. E qual é o filho a quem o pai não corrige? ⁸Mas, se estão sem essa correção, da qual todos se tornaram participantes, então vocês são bastardos e não filhos. ⁹Além disso, tínhamos os nossos pais humanos, que nos corrigiam, e nós os respeitávamos. Será que, então, não nos sujeitaremos muito mais ao Pai espiritual, para vivermos? ¹⁰Pois eles nos corrigiam por pouco tempo, segundo melhor lhes parecia; Deus, porém, nos disciplina para o nosso próprio bem, a fim de sermos participantes da sua santidade.

💡 REFLITA
Essa nuvem de testemunhas, os heróis da fé, é apresentada no capítulo 11. A partir do exemplo deles, qual foi a recomendação do autor aos hebreus a fim de que eles evitassem o cansaço e o desânimo diante das próprias lutas (vv.1-3)? De que forma ele enaltece a pessoa de Cristo?

_____
_____
_____
_____
_____

⚙ REAJA
Em termos de disciplina, o que a correção da parte de Deus evidencia? Qual o propósito dela? Observe isto: apenas aquele que persevera na jornada da fé é, de fato, disciplinado por Deus. De que forma isso encoraja você a prosseguir em sua jornada cristã?

_____
_____
_____
_____
_____
_____

🙏 ORE

Senhor amado, agradeço-te pelo exemplo de perseverança dos Teus servos do passado, pois eles, mesmo diante dos desafios, continuaram confiando em ti. Senhor, confesso que, por vezes, me sinto cansado e desanimado diante das circunstâncias da vida. Capacita-me a olhar firmemente para o Autor e Consumador da minha fé e a encontrar forças nele. Em nome de Jesus, amém!

18 de novembro

TENHA CUIDADO

📖 RECEBA
Hebreus 12:14-17,25-27

¹⁴Procurem viver em paz com todos e busquem a santificação, sem a qual ninguém verá o Senhor. ¹⁵Cuidem para que ninguém fique afastado da graça de Deus, e que nenhuma raiz de amargura, brotando, cause perturbação, e, por meio dela, muitos sejam contaminados. ¹⁶E cuidem para que não haja nenhum impuro ou profano, como foi Esaú, o qual, por um prato de comida, vendeu o seu direito de primogenitura. ¹⁷Vocês sabem também que, posteriormente, querendo herdar a bênção, foi rejeitado, pois não achou lugar de arrependimento, embora, com lágrimas, o tivesse buscado. [...]
²⁵Tenham cuidado e não se recusem a ouvir aquele que fala. Pois, se os que se recusaram a ouvir quem divinamente os advertia na terra não escaparam, muito menos escaparemos nós, se nos desviarmos daquele que dos céus nos adverte. ²⁶Naquele tempo, a voz dele abalou a terra, mas agora ele promete, dizendo: "Mais uma vez eu farei tremer não só a terra, mas também o céu". ²⁷Ora, as palavras "mais uma vez" significam a remoção dessas coisas abaladas, ou seja, das coisas criadas, para que permaneçam as coisas que não podem ser abaladas.

💡 REFLITA

O escritor de Hebreus conhecia muito bem o Antigo Testamento e fez menção dele em toda a sua carta. De que forma é possível viver em paz com todos e corretamente com Deus? Por que sem santificação ninguém poderá ver o Senhor? O que caracteriza o viver santo?

_____
_____
_____
_____
_____

○ REAJA

Leia Deuteronômio 29:18. A raiz de amargura, citada em Hebreus, está relacionada a quê? "Tenha cuidado e não se recusem a ouvir aquele que fala" (v.25). Leia Hebreus 1:1-2. Quem fala e o que Ele fala? O que o Senhor tem falado a você nestes dias? Como pretende atendê-lo?

_____
_____
_____
_____
_____
_____

🙏 ORE

Santíssimo Deus, ensina-me a buscar diligentemente a santificação, pois anseio contemplar a beleza da Tua santidade. Lava-me de qualquer impureza que porventura esteja restringindo o meu relacionamento contigo. Ajuda-me a perceber se há alguma raiz de amargura brotando em mim. Capacita-me a ouvir e a praticar o que me orientas em Tua Palavra. Em nome de Jesus, amém!

19 de novembro

INSTRUÇÕES PRÁTICAS

OUÇA

📖 RECEBA
Hebreus 13:1-9,15

¹Seja constante o amor fraternal. ²Não se esqueçam da hospitalidade, pois alguns, praticando-a, sem o saber acolheram anjos. ³Lembrem-se dos presos, como se estivessem na cadeia com eles; dos que sofrem maus-tratos, como se vocês mesmos fossem os maltratados. ⁴Digno de honra entre todos seja o matrimônio, bem como o leito conjugal sem mácula; porque Deus julgará os impuros e os adúlteros. ⁵Que a vida de vocês seja isenta de avareza. Contentem-se com as coisas que vocês têm, porque Deus disse: "De maneira alguma deixarei você, nunca jamais o abandonarei". ⁶Assim, afirmemos confiantemente: "O Senhor é o meu auxílio, não temerei. O que é que alguém pode me fazer?". ⁷Lembrem-se dos seus líderes, os quais pregaram a palavra de Deus a vocês [...]. ⁸Jesus Cristo é o mesmo ontem, hoje e para sempre. ⁹Não se deixem levar por doutrinas diferentes e estranhas, porque o que vale é ter o coração confirmado com graça e não com alimentos, que nunca trouxeram proveito aos que se preocupam com isso. [...]
¹⁵Por meio de Jesus, pois, ofereçamos a Deus, sempre, sacrifício de louvor, que é o fruto de lábios que confessam o seu nome.

💡 REFLITA
O amor fraternal deveria caracterizar a Igreja do Senhor, e a hospitalidade seria uma das formas de o demonstrar. O que é amor fraternal? Por que é importante que ele permeie a convivência na igreja? De que forma ser hospitaleiro fortalece a comunhão e amor entre os irmãos na fé?

_____
_____
_____
_____
_____

⭕ REAJA
Releia o texto bíblico. Em que ele o confronta e desafia hoje? "Jesus Cristo é o mesmo ontem, hoje e para sempre" (v.8). Como essa afirmação encoraja você a crescer em sua fé? De que forma você pode manifestar atos de bondade ao próximo e oferecer sacrifícios de louvor a Deus?

_____
_____
_____
_____
_____
_____

🙏 ORE

Imutável Senhor, ajuda-me a viver da maneira que agrada a ti. Capacita-me a praticar o amor fraternal para com meus irmãos na fé e a ser bondoso para com aqueles a quem Tu queres bem. Louvo a ti pelo Deus santo, justo e bom que és. Que o meu coração esteja firmado em ti e em Tua Palavra para não ser influenciado por falsos ensinamentos. Em nome de Jesus, amém!

20 de novembro

PEÇA SABEDORIA A DEUS

OUÇA

📖 RECEBA
Tiago 1:2-6,12-17

²Meus irmãos, tenham por motivo de grande alegria o fato de passarem por várias provações, ³sabendo que a provação da fé que vocês têm produz perseverança. ⁴Ora, a perseverança deve ter ação completa, para que vocês sejam perfeitos e íntegros, sem que lhes falte nada. ⁵Se, porém, algum de vocês necessita de sabedoria, peça a Deus, que a todos dá com generosidade e sem reprovações, e ela lhe será concedida. ⁶Peça-a, porém, com fé, em nada duvidando, pois o que duvida é semelhante à onda do mar. [...]

¹²Bem-aventurado é aquele que suporta com perseverança a provação. Porque, depois de ter sido aprovado, receberá a coroa da vida, a qual o Senhor prometeu aos que o amam. ¹³Ninguém, ao ser tentado, diga: "Sou tentado por Deus". Porque Deus não pode ser tentado pelo mal e ele mesmo não tenta ninguém. ¹⁴Ao contrário, cada um é tentado pela sua própria cobiça, quando esta o atrai e seduz. ¹⁵Então a cobiça, depois de haver concebido, dá à luz o pecado; e o pecado, uma vez consumado, gera a morte. ¹⁶Não se enganem, meus amados irmãos. ¹⁷Toda boa dádiva e todo dom perfeito vêm lá do alto, descendo do Pai das luzes, em quem não pode existir variação ou sombra de mudança.

💡 REFLITA

Tiago é franco e prático em suas instruções. No contexto em que viviam, as provações eram inevitáveis. O que os cristãos deveriam considerar ao passarem por elas. Que razão Tiago apresenta para isso (vv.3-4)? Por que não deve faltar sabedoria aos filhos de Deus?

_____
_____
_____
_____
_____
_____

🔄 REAJA

Por que é bem-aventurado "aquele que suporta com perseverança a provação" (v.12)? Releia os versículos 14 e 15. Como Tiago descreve o processo do pecado? Se "cada um é tentado pela sua própria cobiça" (v.14), de que forma você pode dizer "não" ao pecado e "sim" a Deus?

_____
_____
_____
_____
_____
_____

🙏 ORE

Pai das luzes, agradeço-te pela Tua imutabilidade e pelas boas dádivas que me concedes. Ajuda-me a me alegrar nas provações ao contemplar, antecipadamente, os acréscimos que elas trarão a minha fé e ao meu relacionamento contigo. Leva-me a reconhecer a minha cobiça a fim de que eu interrompa os processos que podem resultar em pecado. Em nome de Jesus, amém!

21 de novembro

PRATICANTE DA PALAVRA

📖 RECEBA
Tiago 1:19-27

¹⁹Vocês sabem estas coisas, meus amados irmãos. Cada um esteja pronto para ouvir, mas seja tardio para falar e tardio para ficar irado. ²⁰Porque a ira humana não produz a justiça de Deus. ²¹Portanto, deixando toda impureza e acúmulo de maldade, acolham com mansidão a palavra implantada em vocês, a qual é poderosa para salvá-los. ²²Sejam praticantes da palavra e não somente ouvintes, enganando a vocês mesmos. ²³Porque, se alguém é ouvinte da palavra e não praticante, assemelha-se àquele que contempla o seu rosto natural num espelho; ²⁴pois contempla a si mesmo, se retira e logo esquece como era a sua aparência. ²⁵Mas aquele que atenta bem para a lei perfeita, lei da liberdade, e nela persevera, não sendo ouvinte que logo se esquece, mas operoso praticante, esse será bem-aventurado no que realizar. ²⁶Se alguém supõe ser religioso, mas não refreia a sua língua, está enganando a si mesmo; a sua religião é vã. ²⁷A religião pura e sem mácula para com o nosso Deus e Pai é esta: visitar os órfãos e as viúvas nas suas aflições e guardar-se incontaminado do mundo.

💡 REFLITA

À luz da natureza da tentação e da orientação bíblica, o que significa estar pronto para ouvir, ser tardio no falar e tardio em ficar irado? Por que é importante se exercitar nisso? Tiago enfatiza o acolher, o ouvir e o praticar a Palavra de Deus (vv.21-25). Quais serão os resultados disso?

_____
_____
_____
_____

🔄 REAJA

A verdadeira religião é demonstrada quando a Palavra de Deus é praticada. Releia os versículos 26 e 27. Por que o seu falar deve ser coerente com o seu agir? Como Tiago definiu a "religião pura e sem mácula" (v.27)? De que forma você pode adaptar isso à sua vida cristã hoje?

_____
_____
_____
_____
_____

🙏 ORE

Maravilhoso Deus, ajuda-me a estar pronto para ouvir. Ensina-me a ser lento para falar e lento para me irar, pois quero manifestar a Tua justiça e não a minha. Capacita-me a acolher, a ouvir e a praticar a Tua Palavra a fim de que eu seja bem-aventurado. Que a minha vida reflita a Tua misericórdia e o Teu amor naquilo que realizo em prol de outros. Em nome de Jesus, amém!

22 de novembro

A FÉ SEM AS OBRAS É INÚTIL

OUÇA

📖 RECEBA
Tiago 2:8-10,14-20

⁸Se vocês, de fato, observam a lei do Reino, conforme está na Escritura: "Ame o seu próximo como a si mesmo", fazem bem. ⁹Se, no entanto, vocês tratam as pessoas com parcialidade, cometem pecado, sendo condenados pela lei como transgressores. ¹⁰Pois quem guarda toda a lei, mas tropeça em um só ponto, se torna culpado de todos. [...]
¹⁴Meus irmãos, qual é o proveito, se alguém disser que tem fé, mas não tiver obras? Será que essa fé pode salvá-lo? ¹⁵Se um irmão ou uma irmã estiverem com falta de roupa e necessitando do alimento diário, ¹⁶e um de vocês lhes disser: "Vão em paz! Tratem de se aquecer e de se alimentar bem", mas não lhes dão o necessário para o corpo, qual é o proveito disso? ¹⁷Assim, também a fé, se não tiver obras, por si só está morta. ¹⁸Mas alguém dirá: "Você tem fé, e eu tenho obras". Mostre-me essa sua fé sem as obras, e eu, com as obras, lhe mostrarei a minha fé. ¹⁹Você crê que Deus é um só? Faz muito bem! Até os demônios creem e tremem. ²⁰Seu tolo, você quer ter certeza de que a fé sem as obras é inútil?

💡 REFLITA
A fé no Senhor Jesus não condiz com a discriminação de pessoas. Leia Tiago 2:1-7. O que é tratar "as pessoas com parcialidade" (v.2)? Como Tiago classifica tal atitude (v.9)? "Ame o seu próximo como a si mesmo" (v.8); por que o cidadão do Reino deve observar esse mandamento?

_____
_____
_____
_____
_____

🔄 REAJA
Embora sejamos salvos pela graça de Deus, mediante a fé, e não por obras (Efésios 2:8-9), elas devem acompanhar a fé. Leia Mateus 5:16. Que orientação Jesus deu aos discípulos? Como esse versículo corrobora a abordagem de Tiago? Por que a "fé sem as obras é inútil" (Tiago 2:20)?

_____
_____
_____
_____
_____
_____

🙏 ORE

Amado Senhor, o que faço em relação à prática da Tua Palavra ainda é tão pouco diante do que devo fazer. Ajuda-me a crescer em boas obras. Capacita-me a exercer atos de amor e bondade para com as pessoas ao meu redor sem tratá-las com parcialidade. Habilita-me a demonstrar a minha fé em Cristo por meio das minhas obras. Em nome de Jesus, amém!

23 de novembro

ÓRGÃO INDOMÁVEL

 OUÇA

📖 RECEBA
Tiago 3:2-10

²Porque todos tropeçamos em muitas coisas. Se alguém não tropeça no falar, é um indivíduo perfeito, capaz de refrear também todo o corpo. ³Ora, se colocamos um freio na boca dos cavalos, para que nos obedeçam, também lhes dirigimos o corpo inteiro. ⁴Observem, igualmente, os navios que, sendo tão grandes e impelidos por fortes ventos, são dirigidos por um pequeníssimo leme, e levados para onde o piloto quer. ⁵Assim, também a língua, pequeno órgão, se gaba de grandes coisas. Vejam como uma fagulha incendeia uma grande floresta! ⁶Ora, a língua é um fogo; é um mundo de maldade. A língua está situada entre os membros do nosso corpo e contamina o corpo inteiro, e não só põe em chamas toda a carreira da existência humana, como também ela mesma é posta em chamas pelo inferno. ⁷Pois toda espécie de animais, de aves, de répteis e de seres marinhos se doma e tem sido domada pelo gênero humano, ⁸mas a língua ninguém é capaz de domar; é mal incontido, cheio de veneno mortal. ⁹Com ela, bendizemos o Senhor e Pai; também, com ela, amaldiçoamos as pessoas, criadas à semelhança de Deus. ¹⁰De uma só boca procede bênção e maldição. Meus irmãos, isso não deveria ser assim.

💡 REFLITA

Tropeçar não significa cair; no entanto, tropeços podem dificultar a caminhada. Por que a língua é algo tão difícil de se controlar? Quando e de que forma ela pode se tornar uma pedra de tropeço tanto para quem fala como para quem ouve? Como o dominar a língua afetará a saúde do corpo?

_____
_____
_____
_____
_____

☯ REAJA

Leia Provérbios 18:21. Como Salomão reforça a abordagem de Tiago? Por que é necessário que o uso da língua e o exercício da sabedoria andem juntos? Quais figuras Tiago usa para contrastar e evidenciar o poder da língua? Releia o texto. Que afirmações nele o confrontam hoje?

_____
_____
_____
_____
_____
_____

🙏 ORE

Bendito Deus, capacita-me a exercer a mansidão e o domínio próprio ao usar a minha língua. Que eu saiba usá-la com sabedoria, pois quero abençoar e não amaldiçoar, edificar e não destruir. Ajuda-me a vigiar a minha boca para que as minhas palavras não sejam inflamadas pelo inferno. Ensina-me, no poder do Teu Espírito, a domar a minha língua. Em nome de Jesus, amém!

24 de novembro

GRAÇA AOS HUMILDES

📖 RECEBA

Tiago 4:1-10

¹De onde procedem as guerras e brigas que há entre vocês? De onde, senão dos prazeres que estão em conflito dentro de vocês? ²Vocês cobiçam e nada têm; matam e sentem inveja, mas nada podem obter; vivem a lutar e a fazer guerras. Nada têm, porque não pedem; ³pedem e não recebem, porque pedem mal, para esbanjarem em seus prazeres. ⁴Gente infiel! Vocês não sabem que a amizade do mundo é inimizade contra Deus? Aquele, pois, que quiser ser amigo do mundo se torna inimigo de Deus. ⁵Ou vocês pensam que é em vão que a Escritura diz: "É com ciúme que por nós anseia o Espírito, que ele fez habitar em nós?". ⁶Mas ele nos dá cada vez mais graça. Por isso diz: "Deus resiste aos soberbos, mas dá graça aos humildes". ⁷Portanto, sujeitem-se a Deus, mas resistam ao diabo, e ele fugirá de vocês. ⁸Cheguem perto de Deus, e ele se chegará a vocês. Limpem as mãos, pecadores! E vocês que são indecisos, purifiquem o coração. ⁹Reconheçam a sua miséria, lamentem e chorem. Que o riso de vocês se transforme em pranto, e que a alegria de vocês se transforme em tristeza. ¹⁰Humilhem-se diante do Senhor, e ele os exaltará.

💡 REFLITA

Tiago aborda as motivações por trás das dissensões presentes na igreja. Que razões ele apresenta para isso (vv.1-3)? Por que "a amizade do mundo é inimizade contra Deus" (v.4)? A partir das repreensões de Tiago, como é possível entender o fato de que Deus resiste aos soberbos?

_____
_____
_____
_____
_____
_____

○ REAJA

Tiago repreende os cristãos e os chama à diligência para com Deus. Releia os versículos 7 a 10. Quais recomendações Tiago faz a eles? De que forma elas se aplicam a você hoje? Por qual motivo, para vivenciar cada vez mais a graça de Deus, você precisa fazer a sua parte?

_____
_____
_____
_____
_____
_____

🙏 ORE

Soberano Senhor, a minha vida está em tuas mãos. Sonda o meu interior e expõe as distorções e pecados que ele abriga. Toma-me pela mão e me conduz pelo Caminho eterno e cheio da Tua graça. Ensina-me a me humilhar diante de ti para que no tempo oportuno Tu me exaltes. Que eu saiba me sujeitar e me achegar a ti conforme Tu anseias que eu faça. Em nome de Jesus, amém!

25 de novembro

PREPARADO PARA SUA VINDA

OUÇA

📖 RECEBA
Tiago 5:7-11,13-16

⁷Portanto, irmãos, sejam pacientes até a vinda do Senhor. Eis que o lavrador aguarda com paciência o precioso fruto da terra, até receber as primeiras e as últimas chuvas. ⁸Sejam também vocês pacientes e fortaleçam o seu coração, pois a vinda do Senhor está próxima. ⁹Irmãos, não se queixem uns dos outros, para que vocês não sejam julgados. Eis que o juiz está às portas. ¹⁰Irmãos, tomem como exemplo de sofrimento e de paciência os profetas, que falaram em nome do Senhor. ¹¹Eis que consideramos felizes os que foram perseverantes. Vocês ouviram a respeito da paciência de Jó e sabem como o Senhor fez com que tudo acabasse bem; porque o Senhor é cheio de misericórdia e compaixão. [...]

¹³Alguém de vocês está sofrendo? Faça oração. Alguém está alegre? Cante louvores. ¹⁴Alguém de vocês está doente? Chame os presbíteros da igreja, e estes façam oração sobre ele, ungindo-o com óleo, em nome do Senhor. ¹⁵E a oração da fé salvará o enfermo, e o Senhor o levantará. E, se houver cometido pecados, estes lhe serão perdoados. ¹⁶Portanto, confessem os seus pecados uns aos outros e orem uns pelos outros, para que vocês sejam curados. Muito pode, por sua eficácia, a súplica do justo.

💡 REFLITA

Tiago encorajou os cristãos a serem "pacientes até a vinda do Senhor" (v.7). O que eles deveriam fazer enquanto aguardavam por isso? Escatologicamente Jesus ainda não voltou, mas e se isso ocorresse hoje, você estaria preparado para se encontrar com Ele? Por quê?

_____
_____
_____
_____
_____

○ REAJA

O contexto dos cristãos hebreus era de perseguição e dificuldades. O que Tiago recomendou às situações por ele elencadas? Que lugar a oração, a confissão e o louvor devem ocupar na vida do cristão? Qual tem sido a sua experiência pessoal no exercício dessas práticas espirituais?

_____
_____
_____
_____
_____
_____

🙏 ORE

Eterno Deus, quando limito o meu olhar ao que é terreno, o meu ânimo rapidamente esmorece diante de certas circunstâncias da vida. Ajuda-me, Senhor, a manter o meu olhar voltado para ti. Fortalece o meu coração, pois quero ser paciente e aguardar a Tua vinda com esperança e alegria. Inspira-me à vida de oração. Que os meus lábios sempre louvem a ti. Em nome de Jesus, amém!

26 de novembro

SEJA SANTO, POIS ELE É SANTO

 OUÇA

📖 RECEBA
1 Pedro 1:3-9,14-15

³Bendito seja o Deus e Pai de nosso Senhor Jesus Cristo, que, segundo a sua grande misericórdia, nos regenerou para uma viva esperança, mediante a ressurreição de Jesus Cristo dentre os mortos, ⁴para uma herança que não pode ser destruída, que não fica manchada, que não murcha e que está reservada nos céus para vocês, ⁵que são guardados pelo poder de Deus, mediante a fé, para a salvação preparada para ser revelada no último tempo. ⁶Nisso vocês exultam, embora, no presente, por breve tempo, se necessário, sejam contristados por várias provações, ⁷para que, uma vez confirmado o valor da fé que vocês têm, muito mais preciosa do que o ouro perecível, mesmo apurado pelo fogo, resulte em louvor, glória e honra na revelação de Jesus Cristo. ⁸Mesmo sem tê-lo visto vocês o amam. Mesmo não o vendo agora, mas crendo nele, exultam com uma alegria indescritível e cheia de glória, ⁹obtendo o alvo dessa fé: a salvação da alma. [...]

¹⁴Como filhos obedientes, não vivam conforme as paixões que vocês tinham anteriormente, quando ainda estavam na ignorância. ¹⁵Pelo contrário, assim como é santo aquele que os chamou, sejam santos vocês também em tudo o que fizerem.

💡 REFLITA

Pedro começou citando a obra salvífica de Deus em Jesus Cristo. Em meio as provações, por que era imprescindível que os cristãos mantivessem a salvação deles em mente? Qual o valor da fé que eles professavam? Em que ela deveria resultar? O que significa ser salvo e viver como salvo?

_____
_____
_____
_____
_____

⚙ REAJA

A regeneração em Cristo trouxe uma nova condição ao, outrora, pecador. Releia os versículos 14 e 15. O que o relacionamento com Deus exige de você? Como você entende isto: "Sejam santos, porque eu sou santo" (v.16)? De que maneira é possível ser santo em tudo o que você fizer?

_____
_____
_____
_____
_____

🙏 ORE

Bendito Deus e Pai, dou-te graças por me regeneraste para um viva esperança em Cristo Jesus. Agradeço-te por Tua misericórdia se renovar sobre mim a cada manhã e me oportunizar conhecer um pouco mais da Tua graça. Que a minha fé em Cristo traga louvor, glória e honra ao Teu nome. Capacita-me a obedecer a ti e a ser santo como Tu desejas que eu seja. Em nome de Jesus, amém!

27 de novembro

OBEDIÊNCIA À VERDADE

 OUÇA

📖 RECEBA
1 Pedro 1:17-25

¹⁷E, se vocês invocam como Pai aquele que, sem parcialidade, julga segundo as obras de cada um, vivam em temor durante o tempo da peregrinação de vocês, ¹⁸sabendo que não foi mediante coisas perecíveis, como prata ou ouro, que vocês foram resgatados da vida inútil que seus pais lhes legaram, ¹⁹mas pelo precioso sangue de Cristo, como de um cordeiro sem defeito e sem mácula. ²⁰Ele foi conhecido antes da fundação do mundo, mas foi manifestado nestes últimos tempos, em favor de vocês. ²¹Por meio dele, vocês creem em Deus, o qual o ressuscitou dentre os mortos e lhe deu glória, para que a fé e a esperança de vocês estejam em Deus. ²²Tendo purificado a alma pela obediência à verdade, e com vistas ao amor fraternal não fingido, amem intensamente uns aos outros de coração puro. ²³Porque vocês foram regenerados não de semente corruptível, mas de semente incorruptível, mediante a palavra de Deus, a qual vive e é permanente. ²⁴Porque "toda a humanidade é como a erva do campo, e toda a sua glória é como a flor da erva. A erva seca, e a flor cai; ²⁵mas a palavra do Senhor permanece para sempre". Esta palavra é o evangelho que foi anunciado a vocês.

💡 REFLITA
Considerar-se um filho de Deus é algo sério, visto que, além de Pai, Ele é o justo Juiz. O que Ele julgará em relação aos Seus filhos? Durante a jornada de fé, em que é necessário fixar o olhar e prosseguir? O que isso evitará enquanto se caminha deste lado da eternidade?

_____
_____
_____
_____
_____

⚪ REAJA
Pedro ressalta a temporalidade e a fragilidade da vida humana, bem como a Palavra de Deus, "a qual vive e é permanente". Isso atesta o que sobre a Bíblia? Sendo você um dos regenerados por meio dessa "semente incorruptível" (v.23), o que o seu viver deve manifestar?

_____
_____
_____
_____
_____

🙏 ORE
Eterno Pai e justo Juiz, ensina-me o temor que te agrada, pois quero ser considerado fiel por ti. Senhor, agradeço-te pelo alto preço que pagaste para me resgatar do império das trevas e me transportar para o Teu Reino de amor. Ajuda-me a manter a minha alma purificada pela obediência à verdade da Tua Palavra. Capacita-me a viver em ti. Em nome de Jesus, amém!

28 de novembro

COMO PEDRAS QUE VIVEM

📖 RECEBA
1 Pedro 2:1-7,9-10

¹Portanto, abandonem toda maldade, todo engano, hipocrisia e inveja, bem como todo tipo de maledicência. ²Como crianças recém-nascidas, desejem o genuíno leite espiritual, para que, por ele, lhes seja dado crescimento para a salvação, ³se é que vocês já têm a experiência de que o Senhor é bondoso. ⁴Chegando-se a ele, a pedra que vive, rejeitada, sim, pelos homens, mas para com Deus eleita e preciosa, ⁵também vocês, como pedras que vivem, são edificados casa espiritual para serem sacerdócio santo, a fim de oferecerem sacrifícios espirituais agradáveis a Deus por meio de Jesus Cristo. ⁶Pois isso está na Escritura: "Eis que ponho em Sião uma pedra angular, eleita e preciosa; e quem nela crer não será envergonhado". ⁷Portanto, para vocês, os que creem, esta pedra é preciosa. [...] ⁹Vocês, porém, são geração eleita, sacerdócio real, nação santa, povo de propriedade exclusiva de Deus, a fim de proclamar as virtudes daquele que os chamou das trevas para a sua maravilhosa luz. ¹⁰Antes, vocês nem eram povo, mas agora são povo de Deus; antes, não tinham alcançado misericórdia, mas agora alcançaram misericórdia.

💡 REFLITA

Cristo é a "pedra que vive", rejeitada pelos homens; enquanto, os que creem nele são "como pedras que vivem". Sendo assim, como os crentes em Jesus devem agir (vv.1-5)? Por que desejar "o genuíno leite espiritual" (v.2). Para que ser edificado "casa espiritual" (v.5)?

_____
_____
_____
_____
_____

⟳ REAJA

Aquilo que outrora pertencia exclusivamente a Israel, Deus concedeu à Sua Igreja por meio de Cristo. Releia os versículos 9 e 10. O que Pedro afirma que você é em Jesus? Para que o Senhor cedeu tais privilégios a você? Como essas palavras o levam a reavaliar sua vida cristã?

_____
_____
_____
_____
_____

🙏 ORE

Deus amado, a Tua Palavra é "útil para o ensino, para a repreensão, para a correção, para a educação na justiça" (1 Timóteo 3:16). Ajuda-me a fazer o que Tu me orientas, por meio dela, a fim de que a minha vida seja edificada em ti. Agradeço-te pelos privilégios que me concedes em Cristo. Capacita-me diariamente a proclamar as Tuas virtudes em meu viver. Em nome de Jesus, amém!

29 de novembro

CONDUTA EXEMPLAR

 OUÇA

📖 RECEBA
1 Pedro 2:11-17,25

¹¹Amados, peço a vocês, como peregrinos e forasteiros que são, que se abstenham das paixões carnais, que fazem guerra contra a alma, ¹²tendo conduta exemplar no meio dos gentios, para que, quando eles os acusarem de malfeitores, observando as boas obras que vocês praticam, glorifiquem a Deus no dia da visitação. ¹³Por causa do Senhor, estejam sujeitos a toda instituição humana, quer seja ao rei, como soberano, ¹⁴quer seja às autoridades, como enviadas por ele, tanto para castigo dos malfeitores como para louvor dos que praticam o bem. ¹⁵Porque assim é a vontade de Deus, que, pela prática do bem, vocês silenciem a ignorância dos insensatos. ¹⁶Como pessoas livres que são, não usem a liberdade como desculpa para fazer o mal; pelo contrário, vivam como servos de Deus. ¹⁷Tratem todos com honra, amem os irmãos na fé, temam a Deus e honrem o rei. [...] ²⁵Porque vocês estavam desgarrados como ovelhas; agora, porém, se converteram ao Pastor e Bispo da alma de vocês.

💡 REFLITA
Pedro destaca novamente a ideia de que os filhos de Deus estão no mundo, mas não pertencem a ele. Sendo assim, o que os cidadãos do Reino devem fazer para manifestar, diante dos incrédulos, uma conduta exemplar? Por que Deus deseja que os Seus filhos pratiquem o bem?

_____
_____
_____
_____
_____

⭕ REAJA
"Por causa do Senhor" (v.13). De que forma essa expressão pode nortear a sua maneira de agir e de viver neste mundo? Releia o versículo 17. A que a exortação contida nele o desafia hoje? De que forma você tem ouvido a Deus e seguido os passos de Jesus, o Pastor e Bispo da sua alma?

_____
_____
_____
_____
_____

🙏 ORE
Pastor e Bispo da minha alma, agradeço-te pelo inigualável exemplo que deixaste: Tu nunca pecaste, não revidaste quando insultado nem quando maltratado, tampouco abriste a Tua boca para ofender ou proferir mentiras. Senhor, Tu carregaste em Teu corpo os meus pecados e, pelas Tuas feridas, curaste a minha alma. Ajuda-me a seguir os Teus passos. Em Teu nome, amém!

30 de novembro

BÊNÇÃO POR HERANÇA

 OUÇA

📖 RECEBA
1 Pedro 3:8-16

⁸Finalmente, tenham todos o mesmo modo de pensar, sejam compassivos, fraternalmente amigos, misericordiosos, humildes. ⁹Não paguem mal com mal, nem ofensa com ofensa. Pelo contrário, respondam com palavras de bênção, pois para isto mesmo vocês foram chamados, a fim de receberem bênção por herança. ¹⁰Pois: "Aquele que quer amar a vida e ter dias felizes refreie a língua do mal e evite que os seus lábios falem palavras enganosas; ¹¹afaste-se do mal e pratique o bem, busque a paz e empenhe-se por alcançá-la. ¹²Porque os olhos do Senhor repousam sobre os justos, e os seus ouvidos estão abertos às suas súplicas, mas o rosto do Senhor está contra aqueles que praticam o mal".
¹³Ora, quem há de maltratá-los, se vocês forem zelosos na prática do bem? ¹⁴Mas, mesmo que venham a sofrer por causa da justiça, vocês são bem-aventurados. Não tenham medo das ameaças, nem fiquem angustiados; ¹⁵pelo contrário, santifiquem a Cristo, como Senhor, no seu coração, estando sempre preparados para responder a todo aquele que pedir razão da esperança que vocês têm. ¹⁶Mas façam isso com mansidão e temor, com boa consciência, de modo que, naquilo em que falam mal de vocês, fiquem envergonhados.

💡 REFLITA
Pedro evidencia novamente o seu desejo de que os crentes em Jesus deem bom testemunho do evangelho de Cristo. Quais são as recomendações que ele faz aos seus leitores (vv.8-9)? O que provavelmente Pedro queria reforçar com o Salmo 34:12-16? Esses versículos realçam o quê?

_____
_____
_____
_____
_____

🔄 REAJA
O contexto em que os cristãos viviam na época de Pedro era bem difícil. Por que as dificuldades e os sofrimentos tornam a vivência do evangelho mais desafiadora? Qual o efeito de ser encorajado a partir do exemplo de Cristo? De que forma se lembrar do amor de Deus por você o fortalece?

_____
_____
_____
_____
_____
_____

🙏 ORE
Bendito Senhor, agradeço-te por me disponibilizares toda provisão necessária para que eu consiga obedecer a ti. Assim, capacita-me a ter o mesmo modo de pensar de Cristo a fim de que eu possa caminhar em amor e em unidade com meus irmãos na fé. Ajuda-me a amar a vida como uma dádiva que me concedes e a usufruir de dias felizes neste mundo. Em nome de Jesus, amém!

1.º de dezembro

PENSE O MESMO QUE CRISTO

OUÇA

📖 RECEBA
1 Pedro 4:1-2,7-13

¹Ora, tendo Cristo sofrido na carne, estejam também vocês armados do mesmo pensamento. Pois aquele que sofreu na carne rompeu com o pecado, ²para que, no tempo que lhes resta na carne, vocês não vivam mais de acordo com as paixões humanas, mas segundo a vontade de Deus. [...]
⁷O fim de todas as coisas está próximo; portanto, sejam criteriosos e sóbrios para poderem orar. ⁸Acima de tudo, porém, tenham muito amor uns para com os outros, porque o amor cobre a multidão de pecados. ⁹Sejam mutuamente hospitaleiros, sem murmuração. ¹⁰Sirvam uns aos outros, cada um conforme o dom que recebeu, como encarregados de administrar bem a multiforme graça de Deus. ¹¹Se alguém fala, fale de acordo com os oráculos de Deus; se alguém serve, faça-o na força que Deus lhe dá, para que, em todas as coisas, Deus seja glorificado, por meio de Jesus Cristo, a quem pertence a glória e o domínio para todo o sempre. Amém! ¹²Amados, não estranhem o fogo que surge no meio de vocês, destinado a pô-los à prova, como se alguma coisa extraordinária estivesse acontecendo. ¹³Pelo contrário, alegrem-se na medida em que são coparticipantes dos sofrimentos de Cristo.

💡 REFLITA
O cristão, independentemente das lutas que possa vir a enfrentar, é desafiado a manter-se fiel a Deus. À vista disso, o que é estar armado com o mesmo pensamento de Cristo? De que maneira é possível submeter o tempo restante "na carne" à vontade de Deus?

_____
_____
_____
_____
_____

○ REAJA
A obediência a Deus e o amor ao próximo devem evidenciar o viver cristão. Releia os versículos 7 a 13. Quais são as recomendações de Pedro aos cristãos de todas as épocas? De que forma as exortações dele desafiam você hoje? O que de prático você fará com relação a isso?

_____
_____
_____
_____
_____
_____

🙏 ORE
Pai de amor, o viver neste mundo está cada vez mais desafiador. Ajuda-me a me armar com o mesmo pensamento de Cristo a fim de vencer os meus embates diários. Que a Tua vontade prevaleça em vez dos anseios da carne. Capacita-me a amar e a servir a ti com integridade de coração para que Tu sejas glorificado em tudo o que eu fizer. Em nome de Jesus, amém!

2 de dezembro

SOBRIEDADE E VIGILÂNCIA

📖 RECEBA
1 Pedro 5:5-14

⁵Peço [...]. Que todos se revistam de humildade no trato de uns com os outros, porque "Deus resiste aos soberbos, mas dá graça aos humildes". ⁶Portanto, humilhem-se debaixo da poderosa mão de Deus, para que ele, em tempo oportuno, os exalte. ⁷Lancem sobre ele todas as suas ansiedades, porque ele cuida de vocês. ⁸Sejam sóbrios e vigilantes. O inimigo de vocês, o diabo, anda em derredor, como leão que ruge procurando alguém para devorar. ⁹Resistam-lhe, firmes na fé, certos de que os irmãos de vocês, espalhados pelo mundo, estão passando por sofrimentos iguais aos de vocês. ¹⁰E o Deus de toda a graça, que em Cristo os chamou à sua eterna glória, depois de vocês terem sofrido por um pouco, ele mesmo irá aperfeiçoar, firmar, fortificar e fundamentar vocês. ¹¹A ele seja o domínio para sempre. Amém! ¹²Por meio de Silvano, que considero um irmão fiel, escrevo para vocês de forma resumida, exortando e testemunhando que esta é a genuína graça de Deus. Continuem firmes nessa graça. ¹³Aquela que se encontra na Babilônia, também eleita, manda saudações, e o mesmo faz o meu filho Marcos. ¹⁴Saúdem uns aos outros com um beijo fraterno. Paz a todos vocês que estão em Cristo.

💡 REFLITA
A humildade é uma virtude imprescindível ao servir a Deus. Por que o cristão, seja na igreja ou fora dela, deve se revestir "de humildade no trato de uns com outros" (v.5)? De que forma, a humildade, exemplificada por Jesus, abençoa outros e a vida daqueles que a exercem?

_____
_____
_____
_____
_____

🔄 REAJA
Para prevalecer contra o mundo, o pecado e o diabo, é necessário humilhar-se "debaixo da poderosa mão de Deus" (v.6). Releia os versículos 7 a 11. Quais são as instruções de Pedro quanto a isso? Qual delas é a mais difícil para você atender? Por quê?

_____
_____
_____
_____
_____
_____

🙏 ORE
Soberano Deus, Tu tens cuidado de mim e me instruído, mediante Tua Palavra, a ser mais que vencedor em ti. Ajuda-me a ser firme em minha fé para resistir às investidas do inimigo da minha alma. Creio que Tu és maior e mais poderoso do que qualquer coisa que possa vir sobre mim. Fortalece a minha mente e o meu coração em ti. Em nome de Jesus, amém!

3 de dezembro

A SUFICIÊNCIA EM CRISTO

 OUÇA

📖 RECEBA
2 Pedro 1:3-10

³Pelo poder de Deus nos foram concedidas todas as coisas que conduzem à vida e à piedade, pelo pleno conhecimento daquele que nos chamou para a sua própria glória e virtude. ⁴Por meio delas, ele nos concedeu as suas preciosas e mui grandes promessas, para que por elas vocês se tornem coparticipantes da natureza divina, tendo escapado da corrupção das paixões que há no mundo. ⁵Por causa disso, concentrando todos os seus esforços, acrescentem à fé que vocês têm a virtude; à virtude, o conhecimento; ⁶ao conhecimento, o domínio próprio; ao domínio próprio, a perseverança; à perseverança, a piedade; ⁷à piedade, a fraternidade; à fraternidade, o amor. ⁸Porque essas qualidades, estando presentes e aumentando cada vez mais, farão com que vocês não sejam nem inativos, nem infrutíferos no pleno conhecimento do nosso Senhor Jesus Cristo. ⁹Pois aquele que não tem estas coisas é cego, vendo só o que está perto, e se esqueceu da purificação dos seus antigos pecados. ¹⁰Por isso, irmãos, procurem, com empenho cada vez maior, confirmar a vocação e a eleição de vocês; porque, fazendo assim, vocês jamais tropeçarão.

💡 REFLITA

Todas as coisas necessárias para se manter firme na fé, em Cristo, já foram providenciadas por Deus. Qual a forma de se chegar "à vida e à piedade" (v.3) propostas por Ele? O que significa ser "coparticipantes da natureza divina" (v.4)? Como é possível evitar de se tropeçar na fé?

_____
_____
_____
_____
_____

🔄 REAJA

A jornada cristã começa com a fé em Cristo, porém, ela deve ser progressiva para se tornar robusta. Observe os versículos 5 a 9. Conforme as recomendações de Pedro, o que você deve acrescentar a sua fé? Tais qualidades, quando acrescidas e nutridas, trarão o que à sua vida?

_____
_____
_____
_____
_____
_____

🙏 ORE

Amado Senhor, agradeço-te por me concederes o privilégio de usufruir da Tua suficiência. Tu és tudo que eu necessito para agradar a Deus Pai e transitar neste mundo sem tropeçar na fé. Ajuda-me a chegar ao pleno conhecimento da Tua pessoa e da Tua obra redentora. Ensina-me a usar os recursos que Tu disponibilizas para que eu siga os Teus passos. Em Teu nome, amém!

4 de dezembro

LEMBRE-SE DA OBRA DE CRISTO

📖 RECEBA
2 Pedro 1:12-19

¹²Por esta razão, sempre estarei pronto para fazer com que vocês se lembrem destas coisas, embora já as conheçam e tenham sido confirmados na verdade que receberam. ¹³Também considero justo, enquanto estou neste tabernáculo, despertar essas lembranças em vocês, ¹⁴certo de que estou prestes a deixar o meu tabernáculo, como efetivamente nosso Senhor Jesus Cristo me revelou. ¹⁵Mas, de minha parte, me esforçarei ao máximo para que sempre, mesmo depois da minha partida, vocês se lembrem dessas coisas. ¹⁶Porque não lhes demos a conhecer o poder e a vinda do nosso Senhor Jesus Cristo seguindo fábulas engenhosamente inventadas, mas nós mesmos fomos testemunhas oculares da sua majestade. ¹⁷Porque ele recebeu honra e glória da parte de Deus Pai, quando, pela Suprema Glória, lhe foi enviada a seguinte voz: "Este é o meu Filho amado, em quem me agrado". ¹⁸Ora, nós ouvimos esta voz vinda do céu quando estávamos com ele no monte santo. ¹⁹Assim, temos ainda mais segura a palavra profética, e vocês fazem bem em dar atenção a ela, como a uma luz que brilha em lugar escuro, até que o dia clareie e a estrela da alva nasça no coração de vocês.

💡 REFLITA

A entrada no Reino eterno de Deus é garantida pelo Senhor e Salvador Jesus Cristo, desde que se tenha fé nele. Pedro repetidamente lembrava os cristãos disso. Por que lembrar-se dos feitos do Senhor é importante à constância da fé? Repetir a Palavra de Deus contribui para quê?

_____
_____
_____
_____
_____

◯ REAJA

A origem das Escrituras é o próprio Deus, logo, Sua Palavra é superior a toda e qualquer obra literária. Você crê nisso? Por quê? Pedro compartilhou o que ele vivenciou. Qual a diferença entre ouvir falar sobre Cristo e ter a pessoa dele habitando em sua vida pelo Espírito Santo?

_____
_____
_____
_____
_____

🙏 ORE

Imutável e eterno Deus, quão grandes são as Tuas obras. Valida-me pela prática da Tua verdade, pois a Tua Palavra é verdade e Tu tens me conduzido, por meio dela, à vida e à piedade. Prepara-me para o futuro contigo. Usa a minha vida para testemunhar do Teu amor e bondade aos que Tu queres alcançar com a Tua salvação. Em nome de Jesus, amém!

5 de dezembro

A QUEM VOCÊ TEM OUVIDO?

📖 RECEBA
2 Pedro 2:1-7,9

¹Assim como surgiram falsos profetas no meio do povo, também haverá falsos mestres entre vocês. Eles introduzirão heresias destruidoras, chegando a renegar o Soberano Senhor que os resgatou, trazendo sobre si mesmos repentina destruição. ²E muitos seguirão as suas práticas libertinas, e, por causa deles, o caminho da verdade será difamado. ³Movidos por avareza, eles explorarão vocês com palavras fictícias. Mas, para eles, a condenação decretada há muito tempo não tarda, e a destruição deles não caiu no esquecimento. ⁴Pois Deus não poupou anjos quando pecaram, mas, lançando-os no inferno, prendeu-os com correntes de escuridão, reservando-os para o juízo. ⁵E ele não poupou o mundo antigo, mas preservou Noé, pregador da justiça, e mais sete pessoas, quando fez vir o dilúvio sobre o mundo de ímpios. ⁶E, reduzindo a cinzas as cidades de Sodoma e Gomorra, condenou-as à ruína completa, tendo-as posto como exemplo do que viria a acontecer com os que vivessem impiamente; ⁷mas livrou o justo Ló, que ficava aflito com a conduta libertina daqueles insubordinados. [...] ⁹Assim, o Senhor sabe livrar da provação os piedosos e manter os injustos sob castigo, para o Dia do Juízo.

💡 REFLITA

Da mesma forma que "homens falaram da parte de Deus, movidos pelo Espírito Santo" (1:21), falsos mestres disseminaram heresias entre o povo do Senhor. O que Pedro afirma em relação a esses homens (2:1-3)? Por que é importante ficar alerta quanto a tais enganadores hoje?

____
____
____
____
____

↻ REAJA

Releia os versículos 4 a 7. Por que Deus não deixará impune aqueles que o rejeitam e seguem seus próprios caminhos? Observe o movimento *evangélico* na atualidade. Tudo o que se tem visto e ouvido é realmente bíblico? Por quê? O que você tem feito para seguir a Cristo?

____
____
____
____
____

🙏 ORE

Soberano Senhor, agradeço-te por me advertires quanto aqueles que adentram sorrateiramente na igreja e disseminam mentiras e discórdias. Ensina-me a discernir as ações dessas pessoas para que eu não seja enganado por elas e me afaste de ti. Ajuda-me a seguir a Tua verdade em todo tempo, pois ela me liberta e transforma o meu ser. Em nome de Jesus, amém!

6 de dezembro

SIGA NOS PASSOS DE CRISTO

OUÇA

📖 RECEBA
2 Pedro 2:12-13,18-21

¹²Esses, porém, como animais irracionais, seres guiados pelo instinto e que nascem para serem capturados e mortos, falando mal daquilo que não entendem, na sua destruição também hão de ser destruídos, ¹³recebendo injustiça como pagamento pela injustiça que praticam. Encontram prazer na satisfação de seus desejos libertinos em pleno dia. Como manchas e defeitos, encontram satisfação nas suas próprias mentiras, enquanto se banqueteiam com vocês. [...]
¹⁸Porque, falando com arrogância palavras sem conteúdo, enganam com desejos libertinos de natureza carnal aqueles que de fato estavam se afastando dos que vivem no erro. ¹⁹Prometem-lhes a liberdade, quando eles mesmos são escravos da corrupção, pois aquele que é vencido fica escravo do vencedor. ²⁰Portanto, se, depois de terem escapado das contaminações do mundo mediante o conhecimento do Senhor e Salvador Jesus Cristo, se deixam enredar de novo e são vencidos, o seu último estado se tornou pior do que o primeiro. ²¹Pois teria sido melhor que eles nunca tivessem conhecido o caminho da justiça do que, após conhecê-lo, voltar atrás e se afastar do santo mandamento que lhes havia sido dado.

💡 REFLITA

Pedro foi incisivo ao alertar os cristãos contra os falsos mestres que distorciam os ensinamentos de Cristo. Por que o apóstolo os compara com "animais irracionais"? O que esses homens, que diziam servir a Cristo, sofreriam como resultado de suas más ações?

_____
_____
_____
_____
_____
_____

○ REAJA

Esse tipo de pessoas são um risco à saúde do corpo de Cristo. O que as suas práticas dizem sobre eles? Observe isto: O "seu último estado se tornou pior do que o primeiro" (v.20). Quais as implicações dessa afirmação? O texto bíblico é um alerta para você ficar atento a quê?

_____
_____
_____
_____
_____
_____
_____

🙏 ORE

Misericordioso Deus, que desafiador é viver neste mundo corroído pelo pecado. Agradeço-te por não me deixares sozinho deste lado da eternidade. Ajuda-me a seguir nos passos de Jesus para que eu não me perca nem desonre o Teu nome. Capacita-me a absorver a verdade da Tua Palavra, pois são muitos aqueles que tentam enganar e confundir o Teu povo. Em nome de Jesus, amém!

7 de dezembro

ELE É PACIENTE COM VOCÊ

📖 RECEBA
2 Pedro 3:1-6,8-9

¹Amados, esta é, agora, a segunda carta que escrevo a vocês. Em ambas, procuro, com lembranças, despertar a mente esclarecida de vocês, ²para que se lembrem das palavras que, anteriormente, foram ditas pelos santos profetas, e também se lembrem do mandamento do Senhor e Salvador, que os apóstolos de vocês lhes ensinaram. ³Antes de tudo, saibam que, nos últimos dias, virão escarnecedores com as suas zombarias, andando segundo as próprias paixões ⁴e dizendo: "Onde está a promessa da sua vinda? Porque, desde que os pais morreram, todas as coisas permanecem como desde o princípio da criação". ⁵Acontece que, de propósito, esquecem que os céus existem desde muito tempo, e que a terra surgiu da água e através da água pela palavra de Deus. ⁶Com base nesta palavra também o mundo daquele tempo foi destruído, afogado em água. [...]
⁸Mas há uma coisa, amados, que vocês não devem esquecer: que, para o Senhor, um dia é como mil anos, e mil anos são como um dia. ⁹O Senhor não retarda a sua promessa, ainda que alguns a julguem demorada. Pelo contrário, ele é paciente com vocês, não querendo que ninguém pereça, mas que todos cheguem ao arrependimento.

💡 REFLITA
Os cristãos aos quais Pedro escreveu conheciam o evangelho de Cristo. O que ele diz que estava procurando fazer por meio de suas cartas? Por que era importante que os crentes em Jesus se lembrassem das palavras dos profetas e dos ensinamentos dos apóstolos?

_____
_____
_____
_____
_____
_____

⚪ REAJA
Algo sobre os últimos dias é que, em certo sentido, eles entendiam que havia começado na ascensão de Jesus. De que forma o tempo de Deus difere do nosso. Você pensa que Jesus está demorando a voltar? Por quê? De que forma, a paciência do Senhor significa salvação?

_____
_____
_____
_____
_____
_____

🙏 ORE
Senhor Jesus, somente Tu tens a capacidade de entender a complexidade espiritual destes dias nos quais estou vivendo. Confesso que, por vezes, chego a desanimar diante da proliferação das trevas neste mundo. Ajuda-me a me aproximar mais de ti e a seguir-te com mais vigor. Quero aguardar o Teu retorno com a viva esperança de um salvo em ti. Em Teu nome, amém!

8 de dezembro

AGUARDANDO O SEU RETORNO

📖 RECEBA
2 Pedro 3:11-18

¹¹Uma vez que tudo será assim desfeito, vocês devem ser pessoas que vivem de maneira santa e piedosa, ¹²esperando e apressando a vinda do Dia de Deus. Por causa desse dia, os céus, incendiados, serão desfeitos, e os elementos se derreterão pelo calor. ¹³Nós, porém, segundo a promessa de Deus, esperamos novos céus e nova terra, nos quais habita a justiça. ¹⁴Por essa razão, amados, esperando estas coisas, esforcem-se para que Deus os encontre sem mácula, sem culpa e em paz. ¹⁵E considerem a longanimidade do nosso Senhor como oportunidade de salvação, como também o nosso amado irmão Paulo escreveu a vocês [...], ¹⁶ao falar a respeito destes assuntos, como, de fato, costuma fazer em todas as suas cartas. Nelas há certas coisas difíceis de entender, que aqueles que não têm instrução e são instáveis deturparão, como também deturparão as demais Escrituras, para a própria destruição deles. ¹⁷Portanto, vocês, meus amados, visto que já sabem disso, tenham cuidado para que não sejam arrastados pelo erro desses insubordinados e caiam da posição segura em que se encontram. ¹⁸Pelo contrário, cresçam na graça e no conhecimento de nosso Senhor e Salvador Jesus Cristo.

💡 REFLITA

Conforme profetizado e ratificado por Cristo, Deus trará um juízo final a este mundo. Por que esse é um assunto que, por vezes, as pessoas evitam abordar? O que é mais importante: saber quando Jesus voltará ou estar pronto para encontrá-lo a qualquer momento? Por quê?

_____
_____
_____
_____

🔄 REAJA

Enquanto se aguarda o retorno do Senhor, Pedro recomenda: "esforcem-se para que Deus os encontre sem mácula, sem culpa e em paz" (v.14). O que você precisa fazer para isso ser uma realidade em sua vida? De que forma você pode crescer na graça e no conhecimento de Cristo?

_____
_____
_____
_____
_____
_____

🙏 ORE

Deus eterno, capacita-me a esperar o retorno de Jesus com alegria e paz no coração. Ensina-me a estar pronto para encontrar-me com Ele a qualquer momento. Livra-me daqueles que deturpam a Tua Palavra e tentam minar a viva esperança que tenho em ti. Ajuda-me a crescer na graça e no conhecimento do Senhor. Mantém-me firme em ti. Em nome de Jesus, amém!

9 de dezembro

COMUNHÃO COM DEUS

📖 RECEBA
1 João 1:1-10

¹O que era desde o princípio, o que ouvimos, o que vimos com os nossos próprios olhos, o que contemplamos e as nossas mãos apalparam, a respeito do Verbo da vida ² — e a vida se manifestou, e nós a vimos e dela damos testemunho, e anunciamos a vocês a vida eterna, que estava com o Pai e nos foi manifestada —, ³o que vimos e ouvimos anunciamos também a vocês, para que também vocês tenham comunhão conosco. Ora, a nossa comunhão é com o Pai e com o seu Filho, Jesus Cristo. ⁴E escrevemos estas coisas para que a nossa alegria seja completa. ⁵A mensagem que dele ouvimos e que anunciamos a vocês é esta: Deus é luz, e não há nele treva nenhuma. ⁶Se dissermos que mantemos comunhão com ele e andarmos nas trevas, mentimos e não praticamos a verdade. ⁷Se andarmos na luz, como ele está na luz, mantemos comunhão uns com os outros, e o sangue de Jesus, seu Filho, nos purifica de todo pecado. ⁸Se dissermos que não temos pecado nenhum [...] a verdade não está em nós. ⁹Se confessarmos os nossos pecados, ele é fiel e justo para nos perdoar os pecados e nos purificar de toda injustiça. ¹⁰Se dissermos que não cometemos pecado, fazemos dele um mentiroso, e a sua palavra não está em nós.

💡 REFLITA

João, o discípulo do amor, foi uma testemunha ocular de Jesus. Quais subsídios a experiência dele fornece à vida cristã? Qual o propósito da abordagem de João sobre o "Verbo da vida"? O que suas palavras indicam sobre o nível do relacionamento dele com o Senhor?

_____
_____
_____
_____
_____

⭕ REAJA

Releia os versículos 5 a 11. O que significa andar na luz? Quais palavras desse trecho mais o confrontam hoje? Por quê? Observe que João indica uma série de resultados decorrentes de certas ações. De que forma o seu viver revela se você tem, ou não, comunhão com Deus?

_____
_____
_____
_____
_____
_____

🙏 ORE

Pai de amor e bondade, agradeço-te pela vida dos Teus filhos que exemplificam o que é a verdadeira comunhão contigo. Capacita-me a andar em todo tempo na Tua luz para que eu não venha a tropeçar nas trevas. Ajuda-me a reconhecer e a confessar quando peco, pois não quero ser enganado por mim mesmo. Concede-me a humildade de Cristo. Em nome de Jesus, amém!

10 de dezembro

ANDE COMO JESUS ANDOU

OUÇA

📖 RECEBA
1 João 2:1-11

¹Meus filhinhos, escrevo-lhes estas coisas para que vocês não pequem. Mas, se alguém pecar, temos Advogado junto ao Pai, Jesus Cristo, o Justo. ²E ele é a propiciação pelos nossos pecados — e não somente pelos nossos próprios, mas também pelos do mundo inteiro. ³E nisto sabemos que o temos conhecido: se guardamos os seus mandamentos. ⁴Aquele que diz: "Eu o conheço", mas não guarda os seus mandamentos, esse é mentiroso, e a verdade não está nele. ⁵Mas quem guarda a sua palavra, nele verdadeiramente tem sido aperfeiçoado o amor de Deus. Nisto sabemos que estamos nele: ⁶quem diz que permanece nele, esse deve também andar assim como ele andou. ⁷Amados, não lhes escrevo um mandamento novo, mas um mandamento antigo […]. Esse mandamento antigo é a palavra que vocês ouviram. ⁸Por outro lado, o que lhes escrevo é um mandamento novo, aquilo que é verdadeiro nele e em vocês, porque as trevas vão se dissipando, e a verdadeira luz já brilha. ⁹Quem diz estar na luz, mas odeia o seu irmão, está nas trevas até agora. ¹⁰Quem ama o seu irmão permanece na luz, e nele não há nenhum tropeço. ¹¹Mas quem odeia o seu irmão está nas trevas, anda nas trevas e não sabe para onde vai.

💡 REFLITA

O pecado é um fato, mas é possível evitá-lo. O que João escreveu aos cristãos a fim de orientá-los quanto a isso? Que consequências o pecado traz ao relacionamento com Deus? No caso de o cristão pecar, a quem ele deve recorrer? A que João condiciona o conhecer a Cristo?

_____
_____
_____
_____
_____

🔄 REAJA

A obediência e o amor a Deus são essenciais para se permanecer em Cristo. De que forma esses dois aspectos têm caracterizado sua conduta cristã? Releia os versículos 7 a 11. Leia João 13:34-35. Como essas passagens se correlacionam? Para você, o que há de mais desafiante nelas?

_____
_____
_____
_____
_____
_____

🙏 ORE

Precioso Senhor, dou-te graças por, como meu Advogado, intercederes junto ao Pai por mim. Alegro-me por teres te tornado um ser humano como eu; assim, embora não tenhas pecado, Tu entendes as tentações às quais estou exposto. Ajuda-me a conhecer-te cada vez mais e a permanecer na luz amando os meus semelhantes como Tu desejas. Em Teu nome, amém!

11 de dezembro

PERMANEÇA NO PAI E NO FILHO

 OUÇA

📖 RECEBA
1 João 2:15-17,20-27

¹⁵Não amem o mundo nem as coisas que há no mundo. Se alguém amar o mundo, o amor do Pai não está nele. ¹⁶Porque tudo o que há no mundo — os desejos da carne, os desejos dos olhos e a soberba da vida — não procede do Pai, mas procede do mundo. ¹⁷Ora, o mundo passa, bem como os seus desejos; mas aquele que faz a vontade de Deus permanece para sempre. [...]
²⁰Vocês têm a unção que vem do Santo e todos têm conhecimento. ²¹Não escrevi a vocês porque não conhecem a verdade, mas porque vocês a conhecem, e porque nenhuma mentira procede da verdade. ²²Quem é o mentiroso, senão aquele que nega que Jesus é o Cristo? Este é o anticristo, o que nega o Pai e o Filho. ²³Todo aquele que nega o Filho, esse não tem o Pai; e aquele que confessa o Filho tem igualmente o Pai. ²⁴Permaneça em vocês o que vocês ouviram desde o princípio. Se o que ouviram desde o princípio permanecer em vocês, também vocês permanecerão no Filho e no Pai. ²⁵E esta é a promessa que ele mesmo nos fez: a vida eterna. ²⁶Isto que acabo de escrever para vocês é a respeito dos que estão tentando enganá-los. ²⁷Quanto a vocês, a unção que receberam dele permanece em vocês, e não precisam que alguém os ensine.

💡 REFLITA
Mundo aqui não se refere à criação, mas sim ao sistema decaído que nela atua e se opõe ao que agrada a Deus. Por que o amor ao mundo é incompatível com o amor do Pai? A sua vida evidencia mais amor ao mundo ou a Deus? De que forma o seu viver atesta isso?

_____
_____
_____
_____
_____

🔄 REAJA
Conhecimento é mais do que ter informações. No texto bíblico, esse conhecimento está relacionado a quê? Qual a advertência de João quanto aos ensinamentos dos "anticristos" que têm surgido ao longo da história? No que você deve permanecer para não ser enganado?

_____
_____
_____
_____
_____

🙏 ORE
Deus único e verdadeiro, ajuda-me a reavaliar o meu amor por ti, pois desejo amar-te de todo o meu coração, alma, entendimento e força. Capacita-me a andar sob a unção proveniente do Teu Santo Espírito a fim de que eu tenha o conhecimento da Tua pessoa e de Cristo, e assim permaneça nos Teus ensinamentos. Livra-me de todo engano. Em nome de Jesus, amém!

12 de dezembro

VIVA COMO FILHO DE DEUS

OUÇA

📖 RECEBA
1 João 3:1-9

¹Vejam que grande amor o Pai nos tem concedido, a ponto de sermos chamados filhos de Deus; e, de fato, somos filhos de Deus. Por essa razão, o mundo não nos conhece, porque não o conheceu. ²Amados, agora somos filhos de Deus, mas ainda não se manifestou o que haveremos de ser. Sabemos que, quando ele se manifestar, seremos semelhantes a ele, porque haveremos de vê-lo como ele é. ³E todo o que tem essa esperança nele purifica a si mesmo, assim como ele é puro. ⁴Todo aquele que pratica o pecado também transgride a lei, porque o pecado é a transgressão da lei. ⁵E vocês sabem que ele se manifestou para tirar os pecados, e nele não existe pecado. ⁶Todo aquele que permanece nele não vive pecando; todo aquele que vive pecando não o viu, nem o conheceu.
⁷Filhinhos, não se deixem enganar por ninguém. Aquele que pratica a justiça é justo, assim como ele é justo. ⁸Aquele que pratica o pecado procede do diabo, porque o diabo vive pecando desde o princípio. Para isto se manifestou o Filho de Deus: para destruir as obras do diabo. ⁹Todo aquele que é nascido de Deus não vive na prática de pecado, porque nele permanece a semente divina.

💡 REFLITA
O amor de Deus além de grande, é contínuo. Qual a abrangência de ser não apenas salvo, mas também filho de Deus? De que forma essa filiação foi instaurada? Por que a redenção em Cristo não é somente a restauração do que foi perdido com a queda do homem?

_____
_____
_____
_____
_____
_____

⟳ REAJA
Geralmente os filhos refletem os pais. Tendo nascido de Deus, de que forma você tem refletido o seu Pai celestial? Não "se deixem enganar por ninguém" (v.7). Por que é importante você ficar atento a isso? Para que Cristo se manifestou (v.8)? Como isso configura o seu viver com Deus?

_____
_____
_____
_____
_____
_____

ORE

Pai amado, como é bom ser reconhecido como um dos Teus filhos. O Teu amor é imensurável! Tu tens me concedido graça sobre graça para que eu viva como justo e não como pecador. Capacita-me a manifestar a Tua paternidade aos órfãos espirituais que, por estarem sem Cristo, ainda não foram adotados por ti. Pai, que Tu os tragas à Tua família. Em nome de Jesus, amém!

13 de dezembro

AMEMOS UNS AOS OUTROS

📖 RECEBA
1 João 3:11,16-24

¹¹Porque a mensagem que vocês ouviram desde o princípio é esta: que nos amemos uns aos outros. [...] ¹⁶Nisto conhecemos o amor: que Cristo deu a sua vida por nós; portanto, também nós devemos dar a nossa vida pelos irmãos. ¹⁷Ora, se alguém possui recursos deste mundo e vê seu irmão passar necessidade, mas fecha o coração para essa pessoa, como pode permanecer nele o amor de Deus? ¹⁸Filhinhos, não amemos de palavra, nem da boca para fora, mas de fato e de verdade. ¹⁹E nisto conheceremos que somos da verdade, bem como, diante dele, tranquilizaremos o nosso coração. ²⁰Pois, se o nosso coração nos acusar, Deus é maior do que o nosso coração e conhece todas as coisas. ²¹Amados, se o coração não nos acusar, temos confiança diante de Deus; ²²e aquilo que pedimos dele recebemos, porque guardamos os seus mandamentos e fazemos diante dele o que lhe é agradável. ²³E o seu mandamento é este: que creiamos no nome de seu Filho, Jesus Cristo, e nos amemos uns aos outros, segundo o mandamento que nos ordenou. ²⁴Quem guarda os seus mandamentos permanece em Deus, e Deus permanece nele. E nisto conhecemos que ele permanece em nós, pelo Espírito que nos deu.

💡 REFLITA
De fato, o amor ao Pai é imperativo ao relacionamento com Ele. Paralelamente a isso, o Pai instrui os Seus filhos a fazerem o quê? Por que Deus se importa mais com pessoas do que com coisas? De que forma o amor de Deus por você o capacita a amar o próximo?

_____
_____
_____
_____
_____

⭕ REAJA
Releia os versículos 16 a 18. Conforme João, qual é a definição de amor? De que forma o seu trato para com os irmãos testifica que você é nascido de Deus? Por que o amor não apenas deve ser verbalizado, mas também demonstrado? Que mandamento você deve observar hoje (v.23)?

_____
_____
_____
_____
_____

🙏 ORE
Deus da minha salvação, louvado sejas por quem Tu és: Pai de amor, de bondade e de misericórdia. Agradeço-te por teres me ensinado, por meio de Cristo, o que é o verdadeiro amor. Ajuda-me a ser aperfeiçoado neste amor a fim de eu o manifestar amando o meu próximo. Capacita-me a guardar os Teus mandamentos e a obedecer a ti. Em nome de Jesus, amém!

14 de dezembro

MAIOR É AQUELE QUE ESTÁ EM MIM

OUÇA

📖 RECEBA
1 João 4:1, 4-12

¹Amados, não deem crédito a qualquer espírito, mas provem os espíritos para ver se procedem de Deus; porque muitos falsos profetas têm saído mundo afora. [...]
⁴Filhinhos, vocês são de Deus e venceram os falsos profetas, porque aquele que está em vocês é maior do que aquele que está no mundo. ⁵Eles procedem do mundo; por essa razão, falam da parte do mundo, e o mundo os ouve. ⁶Nós somos de Deus. Quem conhece a Deus nos ouve; quem não é de Deus não nos ouve. Nisto reconhecemos o espírito da verdade e o espírito do erro. ⁷Amados, amemo-nos uns aos outros, porque o amor procede de Deus, e todo aquele que ama é nascido de Deus e conhece a Deus. ⁸Quem não ama não conhece a Deus, pois Deus é amor. ⁹Nisto se manifestou o amor de Deus em nós: em haver Deus enviado o seu Filho unigênito ao mundo, para vivermos por meio dele. ¹⁰Nisto consiste o amor: não em que nós tenhamos amado a Deus, mas em que ele nos amou e enviou o seu Filho como propiciação pelos nossos pecados. ¹¹Amados, se Deus nos amou de tal maneira, nós também devemos amar uns aos outros. ¹²Nunca ninguém viu Deus. Se amarmos uns aos outros, Deus permanece em nós, e o seu amor é, em nós, aperfeiçoado.

💡 REFLITA

Desde os primórdios da Igreja de Cristo sempre existiram aqueles que buscaram enganar as pessoas usando o evangelho. Por que nem toda experiência espiritual ou demonstração de "poder" procede de Deus? Qual a relevância dessa advertência para os cristãos hoje?

_____
_____
_____
_____
_____
_____

○ REAJA

João ressalta o amor como a principal característica daquele que é nascido de Deus. Releia os versículos 7 a 12. O que mais chama a sua atenção nessas declarações de João? Por quê? Em que consiste o amor? De que forma o amor de Deus pode ser aperfeiçoado em você?

_____
_____
_____
_____
_____
_____

🙏 ORE

Pai de amor, santo e eterno, Tu habitas em mim e és maior do que aquele que está no mundo. Tu és vitorioso sobre tudo e todos que militam contra ti. Agradeço-te por me proveres do que eu necessito para que eu possa obedecer a ti. Tu és amor, Senhor, aperfeiçoa-me no Teu amor. Ajuda-me a viver neste mundo por meio do Teu filho. Em nome de Jesus, amém!

15 de dezembro

DEUS NOS AMOU PRIMEIRO

📖 RECEBA
1 João 4:13-21

¹³Nisto conhecemos que permanecemos nele e que ele permanece em nós: pelo fato de nos ter dado do seu Espírito. ¹⁴E nós temos visto e damos testemunho de que o Pai enviou o seu Filho como Salvador do mundo. ¹⁵Aquele que confessar que Jesus é o Filho de Deus, Deus permanece nele, e ele permanece em Deus. ¹⁶E nós conhecemos o amor e cremos neste amor que Deus tem por nós. Deus é amor, e aquele que permanece no amor permanece em Deus, e Deus permanece nele. ¹⁷Nisto o amor é aperfeiçoado em nós, para que, no Dia do Juízo, mantenhamos confiança; pois, assim como ele é, também nós somos neste mundo. ¹⁸No amor não existe medo; pelo contrário, o perfeito amor lança fora o medo. Porque o medo envolve castigo, e quem teme não é aperfeiçoado no amor. ¹⁹Nós amamos porque ele nos amou primeiro. ²⁰Se alguém disser: "Amo a Deus", mas odiar o seu irmão, esse é mentiroso. Pois quem não ama o seu irmão, a quem vê, não pode amar a Deus, a quem não vê. ²¹E o mandamento que dele temos é este: quem ama a Deus, que ame também o seu irmão.

💡 REFLITA
É o Espírito Santo que nos guia "em toda a verdade" (João 16:13). Assim, já que Ele nos foi dado, o que João diz que conhecemos e cremos? O apóstolo insiste no fato de permanecermos em Deus e Ele permanecer em nós. De que forma isso torna-se possível?

_____
_____
_____
_____
_____

○ REAJA
"No amor não existe medo" (v.18). Qual a abrangência dessa afirmação de João? Em sua opinião, por que esse apóstolo é tão enfático quanto à verdade e ao amor? Em sua jornada cristã, o que mais desafia você: sentir o amor de Deus ou crer nesse amor? Por quê?

_____
_____
_____
_____
_____
_____
_____

🙏 ORE

Poderoso Senhor, o Teu amor é inesgotável e a minha capacidade é limitada para o compreender. Ajuda-me a crer no Teu amor mesmo quando não o sinto, pois quero lançar fora o medo de não ser amado por ti. Capacita-me a andar na Tua verdade amando a ti e aos meus semelhantes como Tu ordenaste. Agradeço-te por teres me amado primeiro. Em nome de Jesus, amém!

16 de dezembro

TESTEMUNHO DIVINO

📖 RECEBA
1 João 5:1-6,10-12

¹Todo aquele que crê que Jesus é o Cristo é nascido de Deus, e quem ama aquele que o gerou ama também o que dele é nascido. ²Nisto sabemos que amamos os filhos de Deus: quando amamos a Deus e praticamos os seus mandamentos. ³Porque este é o amor de Deus: que guardemos os seus mandamentos. E os seus mandamentos não são difíceis de guardar. ⁴Porque todo o que é nascido de Deus vence o mundo. E esta é a vitória que vence o mundo: a nossa fé. ⁵Quem é o que vence o mundo, senão aquele que crê que Jesus é o Filho de Deus? ⁶Este é aquele que veio por meio de água e sangue, Jesus Cristo. Ele não veio somente com a água, mas com a água e com o sangue. E o Espírito é o que dá testemunho, porque o Espírito é a verdade. [...]
¹⁰Aquele que crê no Filho de Deus tem, nele, esse testemunho. Aquele que não dá crédito a Deus faz de Deus um mentiroso, porque não crê no testemunho que Deus dá a respeito do seu Filho. ¹¹E o testemunho é este: que Deus nos deu a vida eterna, e esta vida está no seu Filho. ¹²Quem tem o Filho tem a vida; quem não tem o Filho de Deus não tem a vida.

💡 REFLITA

"Todo aquele que crê que Jesus é o Cristo é nascido de Deus" (v.1). Qual a relevância de se crer que Jesus é o Cristo? Como saber se amamos os filhos de Deus? Por que os mandamentos de Deus "não são difíceis de guardar" (v.3)? De que forma se vence o mundo pela fé?

_____
_____
_____
_____
_____

♻ REAJA

A vida eterna é uma dádiva divina recebida em Jesus Cristo. O que, na abordagem de João, chama a sua atenção para isso? Sob quais perspectivas o saber e o conhecer deixam de ser sinônimos? Por que, como na época de João, há tantos que se opõem à verdade do evangelho atualmente?

_____
_____
_____
_____
_____
_____

🙏 ORE

Misericordioso Deus, que privilégio é ser nascido de ti. Ajuda-me a honrar-te como meu amoroso Pai. Agradeço-te pela tremenda dádiva da vida eterna que me concedeste em Jesus, o Cristo. Capacita-me a guardar os Teus mandamentos como Tu desejas e a crer sem hesitar no testemunho que Tu mesmo dás a respeito do Teu Filho. Em nome de Jesus, amém!

17 de dezembro

O VERDADEIRO DEUS

OUÇA

📖 RECEBA
1 João 5:13-21

¹³Estas coisas escrevi a vocês que creem no nome do Filho de Deus para que saibam que têm a vida eterna. ¹⁴E esta é a confiança que temos para com ele: que, se pedirmos alguma coisa segundo a sua vontade, ele nos ouve. ¹⁵E, se sabemos que ele nos ouve quanto ao que lhe pedimos, estamos certos de que obtemos os pedidos que lhe temos feito. ¹⁶Se alguém vê o seu irmão cometer pecado que não leva à morte, pedirá, e Deus dará vida a esse irmão. Isso aos que cometem pecados que não levam à morte. Há pecado que leva à morte, e por esse não digo que se deva pedir. ¹⁷Toda injustiça é pecado, e há pecado que não leva à morte. ¹⁸Sabemos que todo aquele que é nascido de Deus não vive em pecado, porque quem é nascido de Deus guarda a si mesmo, e o Maligno não pode tocar nele. ¹⁹Sabemos que somos de Deus e que o mundo inteiro jaz no Maligno. ²⁰Também sabemos que o Filho de Deus já veio e nos tem dado entendimento para reconhecermos aquele que é o Verdadeiro. E nós estamos naquele que é o Verdadeiro, em seu Filho, Jesus Cristo. Este é o verdadeiro Deus e a vida eterna. ²¹Filhinhos, cuidado com os ídolos!

💡 REFLITA

Essa carta de João exorta os cristãos a firmarem sua aliança com Deus e serem comprometidos a viver a verdade do evangelho de Cristo alicerçados no amor. Diante disso, qual a confiança que devemos ter para com Deus? Como aprender a orar conforme a vontade de Deus?

_____
_____
_____
_____

⟳ REAJA

Se você é nascido de Deus, pertence ao Senhor. Logo, "guarda a si mesmo, e o Maligno não pode [lhe] tocar" (v.18). Quanto a isso, o que você faz para manter-se seguro? Quais são os recursos, recebidos do Senhor, para você evitar o pecado? Você está em Jesus Cristo?

_____
_____
_____
_____

🙏 ORE

Senhor de toda glória, dou-te graças pelo acesso que tenho a ti. Ensina-me a orar de acordo com a Tua vontade para que Tu atendas a minha oração. Ajuda-me a guardar a mim mesmo, pois sou nascido de ti. Submeto-me a ti, Deus Todo-poderoso. Dá-me entendimento para reconhecer Aquele que é verdadeiramente a vida eterna. Em nome de Jesus, amém!

18 de dezembro

JESUS VEIO EM CARNE

📖 RECEBA
2 João 1:3-11

³Que a graça, a misericórdia e a paz, da parte de Deus Pai e de Jesus Cristo, o Filho do Pai, estejam conosco em verdade e amor. ⁴Fiquei muito alegre por ter encontrado alguns de seus filhos que andam na verdade, de acordo com o mandamento que recebemos do Pai. ⁵E agora, senhora, peço-lhe, não como se escrevesse mandamento novo, mas o mesmo que temos tido desde o princípio: que nos amemos uns aos outros. ⁶E o amor é este: que andemos segundo os mandamentos de Deus. Este mandamento, como vocês ouviram desde o princípio, é que vocês vivam nesse amor. ⁷Porque muitos enganadores têm saído mundo afora, os quais não confessam que Jesus Cristo veio em carne; este é o enganador e o anticristo. ⁸Tenham cuidado para que não percam aquilo que temos realizado com esforço, mas recebam plena recompensa. ⁹Todo aquele que vai além da doutrina de Cristo e nela não permanece não tem Deus; o que permanece na doutrina, esse tem tanto o Pai como o Filho. ¹⁰Se alguém for até vocês e não levar esta doutrina, não o recebam em casa, nem lhe deem as boas-vindas. ¹¹Porque aquele que lhe dá boas-vindas se faz cúmplice das suas obras más.

💡 REFLITA

Nessa breve carta, João encoraja a Igreja do Senhor a permanecer fiel à verdade do evangelho, ao amor e à doutrina de Cristo. O que é andar na verdade? Qual o mandamento que João relembra aos filhos de Deus? Por que o amor é o âmago dos mandamentos divinos?

_____
_____
_____
_____
_____
_____

🔄 REAJA

João adverte contra os muitos enganadores de sua época. O que esses falsos mestres ensinavam? O que ele quis dizer com ir "além da doutrina de Cristo" (v.9)? De que forma isso se constata na atualidade? Por que acolher enganadores torna a pessoa cúmplice deles?

_____
_____
_____
_____
_____
_____

 ORE

Deus de graça e verdade, bendito seja o Teu glorioso nome entre todos aqueles que professam a Jesus Cristo como Senhor e Salvador. Fortalece a Tua Igreja para que ela se mantenha fiel aos Teus mandamentos amando a ti e ao próximo. Concede aos Teus filhos intrepidez para combater os falsos ensinamentos que tentam desviá-los dos Teus caminhos. Em nome de Jesus, amém!

19 de dezembro

FIEL À VERDADE

OUÇA

📖 RECEBA
3 João 1:2-11

²Amado, peço a Deus que tudo corra bem com você e que esteja com boa saúde, assim como vai bem a sua alma. ³Pois fiquei muito alegre quando os irmãos vieram e deram testemunho de que você é fiel à verdade e vive de acordo com a verdade. ⁴Não tenho maior alegria do que esta, a de ouvir que os meus filhos vivem de acordo com a verdade. ⁵Amado, você tem sido fiel no que faz pelos irmãos, mesmo quando são estrangeiros. ⁶Estes deram testemunho, diante da igreja, do amor que você tem. Você fará bem encaminhando-os em sua jornada de um modo que agrada a Deus. ⁷Pois foi por causa do Nome que eles saíram, sem receber nada dos gentios. ⁸Portanto, devemos acolher esses irmãos, para que nos tornemos cooperadores com eles na proclamação da verdade.

⁹Escrevi algumas palavras à igreja, mas Diótrefes, que gosta de exercer a primazia entre eles, não nos dá acolhida. ¹⁰Por isso, quando eu for aí, farei com que se lembre das obras que ele pratica, proferindo contra nós palavras caluniosas [...]. ¹¹Amado, não imite o que é mau, e sim o que é bom. Quem pratica o bem procede de Deus; quem pratica o mal jamais viu a Deus.

💡 REFLITA
Essa foi uma carta endereçada a Gaio, um homem muito amado por João. Como esse apóstolo o considerava? Qual o testemunho que os irmãos davam sobre Gaio? Pense sobre sua conduta; se questionadas, o que as pessoas na igreja, ou fora dela, diriam a seu respeito? Por quê?

_____
_____
_____
_____
_____

🔄 REAJA
Se Gaio foi um bom exemplo de cristão, Diótrefes foi o oposto dele. Como João o descreve? Como é possível identificar os "Diótrefes" na igreja contemporânea? Qual o conselho de João a Gaio (v.11)? De que maneira isso é um alerta para você hoje?

_____
_____
_____
_____
_____
_____

🙏 ORE
Deus de graça e bondade, ajuda-me a cuidar bem da minha alma para que ela seja saudável e isso se reflita em minha saúde física. Capacita-me não apenas a crer em ti, mas também a viver para ti. Que o meu bom testemunho testifique da veracidade da Tua Palavra transformadora. Que eu seja sábio para rejeitar o mal e praticar o bem. Em nome de Jesus, amém!

20 de dezembro

CERTOS INDIVÍDUOS

OUÇA

📖 RECEBA
Judas 1:1-4,12-13

¹Judas, servo de Jesus Cristo e irmão de Tiago, aos que foram chamados, são amados em Deus Pai e guardados em Jesus Cristo. ²Que a misericórdia, a paz e o amor lhes sejam multiplicados. ³Amados, quando eu me empenhava para escrever-lhes a respeito da salvação que temos em comum, senti que era necessário corresponder-me com vocês, para exortá-los a lutar pela fé que uma vez por todas foi entregue aos santos. ⁴Pois certos indivíduos, cuja sentença de condenação foi promulgada há muito tempo, se infiltraram no meio de vocês sem serem notados. São pessoas ímpias, que transformam em libertinagem a graça do nosso Deus e negam o nosso único Soberano e Senhor, Jesus Cristo. [...]

¹²Esses são como rochas submersas nas festas de fraternidade que vocês fazem, banqueteando-se com vocês sem qualquer receio. São pastores que apascentam a si mesmos; são nuvens sem água impelidas pelos ventos; são árvores que, em plena estação dos frutos, continuam sem frutos, duplamente mortas e arrancadas pela raiz; ¹³são ondas bravias do mar, que espumam as suas próprias sujeiras; são estrelas sem rumo, para as quais está reservada a mais profunda escuridão, para sempre.

💡 REFLITA
Essa é uma carta dirigida aos cristãos fiéis a Cristo. Sobre o que Judas intencionava escrever à igreja? Por que ele mudou de tópico e passou a exortar os irmãos a lutar pela fé? Existe essa mesma necessidade hoje? Quais seriam formas práticas de se batalhar pela fé?

_____
_____
_____
_____
_____
_____

🔄 REAJA
Judas escreveu: "certos indivíduos [...] se infiltraram no meio de vocês" (v.4). O que a palavra infiltrar sugere a você? Quem eles são e o que fazem para desacreditar a obra de Deus? Releia os versículos 12 e 13. Quais palavras chamam a sua atenção? Por quê?

_____
_____
_____
_____
_____
_____

🙏 ORE
Pai eterno, como é bom saber que sou amado em ti e guardado no Teu Filho, Jesus. Há muitos que, como eu, usufruem do privilégio da salvação em Cristo. Agradeço-te por podermos nos fortalecer mutuamente em ti. Capacita-me a lutar pela fé e a discernir aqueles que se infiltram na igreja sem estarem comprometidos contigo nem com a Tua Palavra. Em nome de Jesus, amém!

21 de dezembro

AMADOS, LEMBREM-SE...

 OUÇA

📖 RECEBA
Judas 1:17-25

¹⁷Mas vocês, meus amados, lembrem-se das palavras anteriormente proferidas pelos apóstolos de nosso Senhor Jesus Cristo. ¹⁸Eles diziam a vocês: "Nos últimos tempos, haverá zombadores, andando segundo suas ímpias paixões". ¹⁹São estes os que promovem divisões, seguem os seus próprios instintos e não têm o Espírito. ²⁰Mas vocês, meus amados, edificando-se na fé santíssima que vocês têm, orando no Espírito Santo, ²¹mantenham-se no amor de Deus, esperando a misericórdia do nosso Senhor Jesus Cristo, que conduz para a vida eterna. ²²E tenham compaixão de alguns que estão em dúvida; ²³salvem outros, arrebatando-os do fogo; quanto a outros, sejam também compassivos, mas com temor, detestando até a roupa contaminada pela carne. ²⁴E ao Deus que é poderoso para evitar que vocês tropecem e que pode apresentá-los irrepreensíveis diante da sua glória, com grande alegria, ²⁵a este que é o único Deus, nosso Salvador, mediante Jesus Cristo, Senhor nosso, sejam a glória, a majestade, o poder e a autoridade, antes de todas as eras, agora, e por toda a eternidade. Amém!

💡 REFLITA

Judas alerta quanto aos "zombadores" que andam "segundo suas ímpias paixões" (v.18). Como eles são descritos (v.19)? Lembre-se: eles frequentavam a igreja. Assim, Judas encorajou os fiéis a Cristo a agirem diferente deles. Que recomendações práticas Judas fez aos cristãos?

_____
_____
_____
_____
_____

🔄 REAJA

Releia os versículos 24 e 25. Essas palavras de louvor a Deus lembram você de quê? Como elas podem o ajudar a enfrentar tempos difíceis? Lembre-se do poder do Senhor disponível a você. Por que sua identidade, como cristão, deve estar fundamentada no que Deus fez por você?

_____
_____
_____
_____
_____
_____

🙏 ORE

Deus de toda glória e poder, ajuda-me a ficar atento quanto a certos indivíduos que não vivem conforme o evangelho de Cristo e ainda promovem divisões na Tua casa. Fortalece-me em ti para que eu pratique o que a Tua Palavra orienta. Agradeço-te por evitar que eu tropece e por me manter puro em ti. Capacita-me a permanecer fiel a ti. Em nome de Jesus, amém!

22 de dezembro

LER, OUVIR E GUARDAR

OUÇA

📖 RECEBA
Apocalipse 1:1-8

¹Revelação de Jesus Cristo, a qual Deus lhe deu para mostrar aos seus servos as coisas que em breve devem acontecer e que ele, enviando o seu anjo, deu a conhecer ao seu servo João, ²que atestou a palavra de Deus e o testemunho de Jesus Cristo, quanto a tudo o que viu. ³Bem-aventurado aquele que lê, e bem-aventurados aqueles que ouvem as palavras da profecia e guardam as coisas nela escritas, pois o tempo está próximo. ⁴João, às sete igrejas que estão na província da Ásia: Que a graça e a paz estejam com vocês, da parte daquele que é, que era e que há de vir, da parte dos sete espíritos que estão diante do seu trono ⁵e da parte de Jesus Cristo, a Fiel Testemunha, o Primogênito dos mortos e o Soberano dos reis da terra. Àquele que nos ama e, pelo seu sangue, nos libertou dos nossos pecados, ⁶e nos constituiu reino, sacerdotes para o seu Deus e Pai, a ele a glória e o domínio para todo o sempre. Amém! ⁷Eis que ele vem com as nuvens, e todo olho o verá, até mesmo aqueles que o traspassaram. E todas as tribos da terra se lamentarão por causa dele. Certamente. Amém! ⁸"Eu sou o Alfa e o Ômega", diz o Senhor Deus, "aquele que é, que era e que há de vir, o Todo-Poderoso".

💡 REFLITA
No grego antigo, a palavra apocalipse significa "revelação, tirar o véu". Assim, conforme afirma João, esse livro é a "Revelação de Jesus Cristo" (v.1). Essa revelação é para quem? Por que aquele que lê, ouve e guarda as palavras escritas no Apocalipse é bem-aventurado?

_____
_____
_____
_____
_____

🔄 REAJA
A Bíblia começa falando da origem do mundo e termina abordando o final dele. Por que você deve estar familiarizado com toda a Bíblia antes de Apocalipse fazer sentido para você? Releia os versículos 7 e 8. Eles falam especificamente de quê? Isso o desperta para que hoje?

_____
_____
_____
_____
_____
_____
_____

🙏 ORE
Senhor Deus, Tu és Aquele que é, que era e que há de vir; louvado seja o Teu nome para todo sempre. Capacita-me a ler, a ouvir e a guardar adequadamente as Tuas profecias para que eu não seja enganado pelas muitas especulações e interpretações delas na atualidade. Senhor, ensina-as a mim, pois quero entendê-las verdadeiramente. Em nome de Jesus, amém!

23 de dezembro

O PRIMEIRO E O ÚLTIMO

📖 RECEBA
Apocalipse 1:12-20

¹²Voltei-me para ver quem falava comigo e, ao me voltar, vi sete candelabros de ouro ¹³e, no meio dos candelabros, um semelhante a um filho de homem, com vestes talares e cingido, à altura do peito, com um cinto de ouro. ¹⁴A cabeça e os cabelos dele eram brancos como alva lã, como neve. Os olhos eram como chama de fogo. ¹⁵Os seus pés eram semelhantes ao bronze polido, como que refinado numa fornalha. A voz era como som de muitas águas. ¹⁶Na mão direita ele tinha sete estrelas, e da sua boca saía uma afiada espada de dois gumes. O seu rosto brilhava como o sol na sua força.
¹⁷Ao vê-lo, caí aos seus pés como morto. Porém ele pôs sobre mim a mão direita, dizendo:
—Não tenha medo. Eu sou o primeiro e o último ¹⁸e aquele que vive. Estive morto, mas eis que estou vivo para todo o sempre e tenho as chaves da morte e do inferno. ¹⁹Escreva, pois, as coisas que você viu, as que são e as que hão de acontecer depois destas. ²⁰Quanto ao mistério das sete estrelas que você viu na minha mão direita e quanto aos sete candelabros de ouro, as sete estrelas são os anjos das sete igrejas, e os sete candelabros são as sete igrejas.

💡 REFLITA
Tema de debates teológicos, o Apocalipse aborda basicamente a segunda vinda de Jesus e o triunfo dos salvos por Ele. Em que a visão do Cristo em Apocalipse é diferente do descrito em Isaías 53? De que forma João descreve a aparência daquele que falava com ele?

_____
_____
_____
_____
_____
_____

⭕ REAJA
Jesus é Aquele que vive. O que o Senhor ordena a João? Por que era importante que João registrasse tudo o que estava vendo? Se uma visão de Jesus, semelhante a essa, fosse dada a você hoje, qual seria a sua reação? De que forma ela afetaria sua conduta cristã?

_____
_____
_____
_____
_____
_____

🙏 ORE
Precioso Jesus, Tu és lindo no esplendor da Tua glória. Agradeço-te por teres ordenado ao Teu servo João registar algo tão tremendo; assim, posso ter um vislumbre da Tua magnífica pessoa. Tu és o primeiro e o último, Aquele que vive para todo sempre. Tu triunfaste sobre todos os Teus inimigos. Ajuda-me a adorar a ti da maneira como Tu mereces. Em Teu nome, amém!

24 de dezembro

CONHEÇO AS SUAS OBRAS

 OUÇA

📖 RECEBA
Apocalipse 2:1-7

¹—Ao anjo da igreja em Éfeso escreva: "Estas coisas diz aquele que conserva na mão direita as sete estrelas e que anda no meio dos sete candelabros de ouro: ²Conheço as obras que você realiza, tanto o seu esforço como a sua perseverança. Sei que você não pode suportar os maus e que pôs à prova os que se declaram apóstolos e não são, e descobriu que são mentirosos. ³Você tem perseverança e suportou provas por causa do meu nome, sem esmorecer. ⁴Tenho, porém, contra você o seguinte: você abandonou o seu primeiro amor. ⁵Lembre-se, pois, de onde você caiu. Arrependa-se e volte à prática das primeiras obras. Se você não se arrepender, virei até você e tirarei o seu candelabro do lugar dele. ⁶Mas você tem a seu favor o fato de que odeia as obras dos nicolaítas, as quais eu também odeio. ⁷Quem tem ouvidos, ouça o que o Espírito diz às igrejas: 'Ao vencedor, darei o direito de se alimentar da árvore da vida, que se encontra no paraíso de Deus'".

💡 REFLITA

João recebeu essa mensagem às "igrejas na província da Ásia" (1:4) enquanto estava exilado na "ilha chamada Patmos" (1:9). A primeira exortação é para à igreja em Éfeso. Quais são os elogios de Jesus a essa igreja? Há, contudo, um "porém"; o que Jesus tinha contra ela?

_____
_____
_____
_____
_____

⟳ REAJA

Observe o texto bíblico. Ele o desafia a reavaliar o quê? Releia os versículos 5 a 7. Qual a ordem de Jesus à igreja que tinha abandonado o seu primeiro amor? De que forma essa orientação serve para você hoje? "Quem tem ouvidos, ouça" (v.7); o que significa esse ouvir?

_____
_____
_____
_____
_____
_____
_____
_____

🙏 ORE

Pai de amor, capacita-me a ouvir realmente a Tua voz, tanto de conforto como de repreensão, pois tudo que falas a mim é para o meu bem. Tu és Aquele que conhece o meu ser e o meu fazer. Fortalece-me para seguir amando o Senhor com integridade de coração. Ajuda-me a discernir os deslizes que, sorrateiramente, afastam-me de ti. Em nome de Jesus, amém!

25 de dezembro

FRIO OU QUENTE? DECIDA-SE!

📖 RECEBA
Apocalipse 3:14-22

¹⁴—Ao anjo da igreja em Laodiceia escreva: "Estas coisas diz o Amém, a testemunha fiel e verdadeira, o princípio da criação de Deus. ¹⁵Conheço as obras que você realiza, que você não é nem frio nem quente. Quem dera você fosse frio ou quente! ¹⁶Assim, porque você é morno, e não é nem quente nem frio, estou a ponto de vomitá-lo da minha boca. ¹⁷Você diz: 'Sou rico, estou bem de vida e não preciso de nada'. Mas você não sabe que é infeliz, sim, miserável, pobre, cego e nu. ¹⁸Aconselho que você compre de mim ouro refinado pelo fogo, para que você seja, de fato, rico. Compre vestes brancas para se vestir, a fim de que a vergonha de sua nudez não fique evidente, e colírio para ungir os olhos, a fim de que você possa ver. ¹⁹Eu repreendo e disciplino aqueles que amo. Portanto, seja zeloso e arrependa-se. ²⁰Eis que estou à porta e bato; se alguém ouvir a minha voz e abrir a porta, entrarei em sua casa e cearei com ele, e ele, comigo. ²¹Ao vencedor, darei o direito de sentar-se comigo no meu trono, assim como também eu venci e me sentei com o meu Pai no seu trono. ²²Quem tem ouvidos, ouça o que o Espírito diz às igrejas".

💡 REFLITA

Sejam realidades presentes, em todas as épocas, na Igreja de Cristo, ou períodos sucessivos em sua história, o fato é que essas mensagens expõem a condição da Igreja. Como a igreja de Laodiceia é descrita? Espiritualmente, o que a mornidão representa?

_____
_____
_____
_____
_____

○ REAJA

"Quem dera você fosse frio ou quente!" (v.15). Qual a relevância dessa declaração de Jesus? Observe os versículos 19 e 20. De que forma eles o confrontam hoje? O que o Senhor dará "Ao vencedor" (v.21)? Vencedor é aquele que vence. Sendo assim, o que você precisa vencer?

_____
_____
_____
_____
_____

🙏 ORE

Glorioso Senhor Jesus, agradeço-te por Tuas advertências, para que eu busque o que é correto, e por Teu encorajamento, a fim de que eu prossiga em te conhecer. Amado Senhor, se porventura eu te deixar de fora das minhas decisões, desperta-me para ouvir quando Tu bateres à porta do meu coração, pois desejo que Tu conduzas a minha vida para a Tua glória. Em Teu nome, amém!

26 de dezembro

HONRA, LOUVOR E GLÓRIA

 OUÇA

📖 RECEBA
Apocalipse 4:4,6-11

⁴Ao redor do trono havia também vinte e quatro tronos, e neles estavam sentados vinte e quatro anciãos, vestidos de branco e com coroas de ouro na cabeça. [...]
⁶No meio do trono e à volta do trono havia também quatro seres viventes [...]. ⁷O primeiro ser vivente era semelhante a um leão, o segundo era semelhante a um novilho, o terceiro tinha o rosto semelhante ao de ser humano e o quarto ser vivente era semelhante a águia quando está voando. ⁸E os quatro seres viventes, tendo cada um deles, respectivamente, seis asas, estavam cheios de olhos, ao redor e por dentro. Não tinham descanso, nem de dia nem de noite, proclamando: "Santo, santo, santo é o Senhor Deus, o Todo-Poderoso, aquele que era, que é e que há de vir". ⁹Sempre que esses seres viventes davam glória, honra e ações de graças ao que está sentado no trono [...], ¹⁰os vinte e quatro anciãos se prostravam diante daquele que está sentado no trono, adoravam o que vive para todo o sempre e depositavam as suas coroas diante do trono, proclamando: ¹¹"Tu és digno, Senhor e Deus nosso, de receber a glória, a honra e o poder, porque criaste todas as coisas e por tua vontade elas vieram a existir e foram criadas".

💡 REFLITA
João descreve, de forma singular, a visão que ele teve. Quem ele viu ao redor do trono de Deus? O que eles proclamam ao que está assentado no trono, Aquele que vive para todo o sempre? Como esse exemplo do Céu confronta a adoração oferecida a Deus na Terra?

_____
_____
_____
_____
_____

○ REAJA
No Céu, a adoração a Deus acontece ininterruptamente. De que forma a adoração dos seres viventes e dos anciãos inspiram você a rever a sua? Observe o que eles declararam ao Eterno. E quanto a você, como um redimido em Cristo, o que proclamará ao Senhor hoje?

_____
_____
_____
_____
_____

🙏 ORE
Deus eterno, Tu és o Santo e o Todo-Poderoso Senhor. Tu criaste todas as coisas e, por Tua vontade, trouxeste-me à existência. A vida que Tu tens me concedido em Cristo, eu a submeto a ti como expressão de honra, de louvor e de glória ao Teu nome. Com gratidão, eu me achego a ti e rendo-te graças pelo Deus de amor e misericórdia que és. Em nome de Jesus, amém!

27 de dezembro

SOMENTE ELE É DIGNO

📖 RECEBA
Apocalipse 5:1-9

¹Vi, na mão direita daquele que estava sentado no trono, um livro em forma de rolo escrito por dentro e por fora, e selado com sete selos. ²Vi, também, um anjo forte, que proclamava com voz forte: —Quem é digno de quebrar os selos e abrir o livro? ³Ora, nem no céu, nem sobre a terra, nem debaixo da terra, ninguém podia abrir o livro, nem mesmo olhar para ele. ⁴E eu chorava muito, porque ninguém foi achado digno de abrir o livro, nem mesmo de olhar para ele. ⁵Então um dos anciãos me disse: —Não chore! Eis que o Leão da tribo de Judá, a Raiz de Davi, venceu para quebrar os sete selos e abrir o livro. ⁶Então vi, no meio do trono e dos quatro seres viventes e entre os anciãos, em pé, um Cordeiro que parecia que tinha sido morto [...]. ⁷O Cordeiro foi e pegou o livro da mão direita daquele que estava sentado no trono. ⁸E, quando ele pegou o livro, os quatro seres viventes e os vinte e quatro anciãos se prostraram diante do Cordeiro [...], ⁹e cantavam um cântico novo, dizendo: "Digno és de pegar o livro e de quebrar os selos, porque foste morto e com o teu sangue compraste para Deus os que procedem de toda tribo, língua, povo e nação".

💡 REFLITA

Nesse capítulo, João retoma a visão referente ao trono divino, destacando o "livro em forma de rolo", na mão do Senhor, e "selado com sete selos" (v.1). Ele também viu um anjo forte. O que o anjo perguntava? O que João constatou que o fez chorar? De que forma ele foi consolado?

_____
_____
_____
_____
_____

○ REAJA

Releia os versículos 6 a 9. Quem é o Cordeiro mencionado por João? Por que somente Ele é digno de "quebrar os selos e abrir o livro"? Ser lembrado de que você foi comprado por Cristo e para Deus ministra o que ao seu coração hoje? Que cântico novo você entoará a Ele por isso?

_____
_____
_____
_____
_____
_____
_____

🙏 ORE

Bendito Cordeiro de Deus, somente Tu és digno de "receber o poder, a riqueza, a sabedoria, a força, a honra, a glória e o louvor". Tu foste morto e pelo Teu sangue me compraste para Deus. Como sou grato a ti por tão grande salvação! Coloca em meus lábios um novo cântico de louvor a ti, pois Tu és merecedor de toda a minha adoração. Em Teu nome, amém!

28 de dezembro

ELE REINARÁ PARA SEMPRE

📖 RECEBA

Apocalipse 11:15-19

¹⁵O sétimo anjo tocou a trombeta, e houve no céu vozes fortes, dizendo: "O reino do mundo se tornou de nosso Senhor e do seu Cristo, e ele reinará para todo o sempre". ¹⁶E os vinte e quatro anciãos que estavam sentados no seu trono, diante de Deus, prostraram-se sobre o seu rosto e adoraram a Deus, ¹⁷dizendo: "Graças te damos, Senhor Deus, Todo-Poderoso, que és e que eras, porque assumiste o teu grande poder e passaste a reinar. ¹⁸Na verdade, as nações se enfureceram; chegou, porém, a tua ira, e o tempo determinado para serem julgados os mortos, para se dar o galardão aos teus servos, os profetas, aos santos e aos que temem o teu nome, tanto aos pequenos como aos grandes, e para destruíres os que destroem a terra". ¹⁹Abriu-se, então, o santuário de Deus, que se acha no céu, e foi vista a arca da sua aliança no seu santuário, e sobrevieram relâmpagos, vozes, trovões, terremoto e forte chuva de granizo.

💡 REFLITA

A sétima trombeta é uma breve introdução ao juízo final, descrito por João no restante de Apocalipse. De que forma essa antevisão do pleno triunfo do Senhor pode fortalecer a fé dos cristãos e trazer alegria a eles em meio às dificuldades que enfrentam hoje?

_____
_____
_____
_____
_____
_____

💭 REAJA

O texto relata que o momento predito pelos profetas e anunciado por Cristo havia chegado. Essa é uma ocasião que você aguarda com alegria ou tristeza? Por quê? De que forma essa antevisão, compartilhada por João, convida você a reavaliar o seu viver cristão?

_____
_____
_____
_____
_____
_____
_____

🙏 ORE

Senhor Deus, Todo-Poderoso, Tu és fiel em cumprir a Tua Palavra. Dou-te graças porque a esperança dos Teus filhos não será frustrada. Agradeço-te pelo dia em que Tu trarás justiça a este mundo, e o triunfo do Teu amado Filho será finalmente estabelecido sobre a Terra. Ajuda-me a aguardar este dia com a alegre expectativa da volta de Cristo. Em nome de Jesus, amém!

29 de dezembro

CÂNTICO DA VITÓRIA

 OUÇA

📖 RECEBA
Apocalipse 15:1-7

¹Vi no céu outro sinal grande e maravilhoso: sete anjos que tinham os sete últimos flagelos, pois com estes se consumou a ira de Deus. ²Vi como que um mar de vidro, misturado com fogo, e também os que venceram a besta, a sua imagem e o número do seu nome. Eles estavam em pé junto ao mar de vidro, tendo harpas que lhes foram dadas por Deus. ³E entoavam o cântico de Moisés, servo de Deus, e o cântico do Cordeiro, dizendo: "Grandes e admiráveis são as tuas obras, Senhor Deus, Todo-Poderoso! Justos e verdadeiros são os teus caminhos, ó Rei das nações! ⁴Quem não temerá e não glorificará o teu nome, ó Senhor? Pois só tu és santo. Por isso, todas as nações virão e se prostrarão diante de ti, porque os teus atos de justiça se fizeram manifestos". ⁵Depois destas coisas, olhei, e abriu-se no céu o santuário do tabernáculo do testemunho. ⁶E os sete anjos que tinham os sete flagelos saíram do santuário, vestidos de linho puro e resplandecente e cingidos, à altura do peito, com cintos de ouro. ⁷Então um dos quatro seres viventes deu aos sete anjos sete taças de ouro, cheias da ira de Deus, que vive para todo o sempre.

💡 REFLITA

O número sete é recorrente em Apocalipse. Biblicamente, ele transmite a ideia de perfeição e consumação. Por que João reporta a visão dos "sete anjos que tinham os sete últimos flagelos" (v.1) como um sinal grande e maravilhoso que ele viu no Céu? De onde eles saíram?

_____
_____
_____
_____
_____
_____

🔄 REAJA

Independentemente das linhas teológicas sobre os acontecimentos finais narrados em Apocalipse, o fato é que eles ocorrerão. De que forma saber disso mexe com você? Releia os versículos 3 e 4. O que esse cântico de vitória ministra à sua vida hoje?

_____
_____
_____
_____
_____
_____

🙏 ORE

Poderoso Deus, como não temer a ti e ao Teu nome diante dos Teus grandiosos feitos. Eu tenho visto e provado o quanto Tu és bom e misericordioso para com aqueles que te temem. Tu jamais deixaste de alertar os Teus filhos a respeito do juízo que há sobre aqueles que desprezam a ti e a Tua Palavra. Ajuda-me a ser fiel e a permanecer firme em ti. Em nome de Jesus, amém!

30 de dezembro

VERBO DE DEUS

📖 RECEBA
Apocalipse 19:6-14

⁶Então ouvi o que parecia ser a voz de uma grande multidão, uma voz como de muitas águas e como de fortes trovões, dizendo: "Aleluia! Pois reina o Senhor, nosso Deus, o Todo-Poderoso. ⁷Alegremo-nos, exultemos e demos-lhe a glória, porque chegou a hora das bodas do Cordeiro, e a noiva dele já se preparou. ⁸A ela foi permitido vestir-se de linho finíssimo, resplandecente e puro". Porque o linho finíssimo são os atos de justiça dos santos.
⁹Então o anjo me disse: —Escreva: "Bem-aventurados aqueles que são chamados à ceia das bodas do Cordeiro". E acrescentou: —São estas as verdadeiras palavras de Deus. [...]
¹¹Vi o céu aberto, e eis um cavalo branco. O seu cavaleiro se chama Fiel e Verdadeiro e julga e combate com justiça. ¹²Os seus olhos são como chama de fogo; na cabeça dele há muitos diademas; tem um nome escrito que ninguém conhece, a não ser ele mesmo. ¹³Está vestido com um manto encharcado de sangue, e o seu nome é "Verbo de Deus". ¹⁴Os exércitos do céu o seguiam, montados em cavalos brancos e vestidos de linho finíssimo, branco e puro.

💡 REFLITA

A palavra "Aleluia" não aparece em nenhum outro livro do Novo Testamento. O que ela traz em seu significado? Nesse trecho, qual a razão que João apresenta para tamanha celebração? Por que o versículo 9 deveria ser o ideal de todo aquele que professa sua fé em Cristo?

_____
_____
_____
_____
_____

⭕ REAJA

Eis o campeão do Céu em Seu cavalo branco. O que vem à sua mente ao ler a cena descrita por João? "Fiel e Verdadeiro e julga e combate com justiça" (v.11); o que isso indica sobre esse cavaleiro? O Seu "nome é 'Verbo de Deus'" (v.13). Leia João 1:1-4; o que significa esse nome?

_____
_____
_____
_____
_____

🙏 ORE

Rei dos reis e Senhor dos senhores, Tu és inigualável. O Fiel e Verdadeiro guerreiro, o único capaz de vencer os inimigos de Deus. Ajuda-me a me alegrar, a exultar e a glorificar o Teu nome enquanto aguardo o Teu retorno. Verbo de Deus e Pastor da minha alma, conduz-me a bem-aventurança de ser chamado à ceia das Tuas bodas. Em Teu nome, amém!

31 de dezembro

VENHO SEM DEMORA

 OUÇA

📖 RECEBA
Apocalipse 22:1-5,12-14,17

¹Então o anjo me mostrou o rio da água da vida, brilhante como cristal, que sai do trono de Deus e do Cordeiro. ²No meio da praça da cidade, e de um e de outro lado do rio, está a árvore da vida, que produz doze frutos, dando o seu fruto de mês em mês. E as folhas da árvore são para a cura dos povos. ³Nunca mais haverá qualquer maldição. Nela estará o trono de Deus e do Cordeiro. Os seus servos o adorarão, ⁴contemplarão a sua face, e na sua testa terão gravado o nome dele. ⁵Então já não haverá noite, e não precisarão de luz de lamparina, nem da luz do sol, porque o Senhor Deus brilhará sobre eles, e reinarão para todo o sempre. [...]

¹²—Eis que venho sem demora, e comigo está a recompensa que tenho para dar a cada um segundo as suas obras. ¹³Eu sou o Alfa e o Ômega, o Primeiro e o Último, o Princípio e o Fim. ¹⁴Bem-aventurados aqueles que lavam as suas vestes, para que tenham direito à árvore da vida e entrem na cidade pelos portões. [...]

¹⁷O Espírito e a noiva dizem: —Vem!
Aquele que ouve, diga: —Vem!
Aquele que tem sede venha, e quem quiser receba de graça a água da vida.

💡 REFLITA
Embora muitos enxerguem apenas o juízo divino em Apocalipse, a mensagem do livro está repleta de esperança e encorajamento. De que forma a descrição que João forneceu, da cidade celestial, motiva você a continuar caminhando em direção a ela? O que mais o encanta nesse texto?

_____
_____
_____
_____
_____

◯ REAJA
O Apocalipse aterroriza você ou inspira sua fé em Cristo? Por quê? Releia os versículos 12 a 14. Por que Jesus deve ser o início, o meio e o fim para o cristão? Lavar as vestes, obviamente, no sangue do Cordeiro, significa o quê? Você está pronto para dizer: "Vem!" a Jesus hoje?

_____
_____
_____
_____
_____
_____

🙏 ORE
Amado Noivo, Tu és "o Alfa e o Ômega, o Primeiro e o Último, O Princípio e o Fim"; Aquele que era, que é e que há de vir. Sendo assim, desde que ascendeste ao Céu, Tu estás pronto para retornar e cumprir todas as palavras proferidas pelo Pai. Tu recompensarás a cada pessoa conforme as suas obras. Senhor, anseio contemplar para sempre a Tua face. Em Teu nome, amém!

Se você gostou desta leitura, compartilhe com outros!

- Presenteie alguém com um exemplar deste livro.
- Mencione-o em suas redes sociais.
- Escreva uma avaliação sobre ele em nosso site ou no site da loja onde você o adquiriu.
- Recomende este livro para a sua igreja, clube do livro ou para seus amigos.

Ministérios Pão Diário valoriza as opiniões e perspectivas de nossos leitores. Seu *feedback* é muito importante para aprimorarmos a experiência de leitura que nossos produtos proporcionam a você.

Conecte-se conosco:

Instagram: paodiariooficial
YouTube: @paodiariobrasil
Facebook: paodiariooficial
Site: www.paodiario.org

Ministérios Pão Diário
Caixa Postal 9740
82620-981 Curitiba/PR

Tel.: (41) 3257-4028
WhatsApp: (41) 99812-0007
E-mail: vendas@paodiario.org

Escaneie o QR Code e conheça todos os outros materiais disponíveis em nosso site:

publicacoespaodiario.com.br